扎囊年鉴

གྲ་ནང་གི་ལོ་རིམ་མེ་ལོང་།

2022

（总第7卷）

扎囊县地方志编纂委员会　编

方志出版社
Publishing House of Local Records

图书在版编目（CIP）数据

扎囊年鉴. 2022 / 扎囊县地方志编纂委员会编.—
北京：方志出版社, 2022.11
ISBN 978-7-5144-5363-8

Ⅰ. ①扎… Ⅱ. ①扎… Ⅲ. ①扎囊县 – 2022 – 年鉴
Ⅳ. ①Z527.54

中国版本图书馆CIP数据核字（2022）第232748号

责任编辑：王娜
责任校对：刘玉霞
责任印制：梅中英
出 版 者：方志出版社
地　　址：北京市朝阳区潘家园东里 9 号（国家方志馆4层）
邮　　编：100021
网　　址：http://www.zgfzcb.cn
发　　行：方志出版社图书营销中心（010–67110500）
印　　刷：河南金宝丽印刷科技有限公司
开　　本：889毫米 × 1194毫米　1/16
印　　张：22.25
字　　数：605千字
版　　次：2022年11月第1版
印　　次：2022年11月第1次印刷
定　　价：350.00元

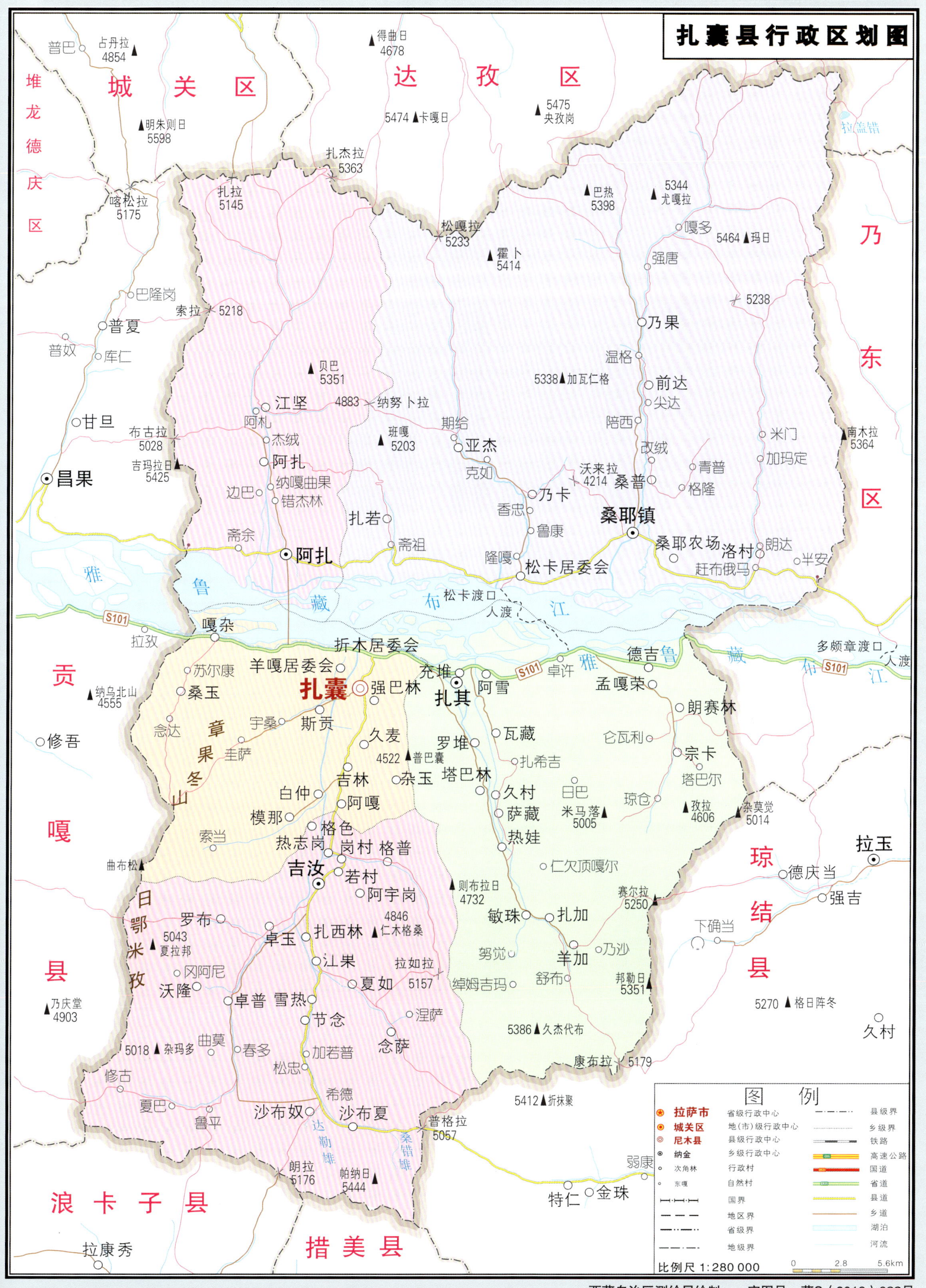
扎囊县行政区划图
城关区
达孜区
堆龙德庆区
乃东区
贡嘎县
琼结县
浪卡子县
措美县
雅鲁藏布江
扎囊
桑耶镇
阿扎
扎其
吉汝
昌果
拉玉
章果冬山
日鄂米孜
S101
图例
拉萨市 省级行政中心
城关区 地(市)级行政中心
尼木县 县级行政中心
纳金 乡级行政中心
次角林 行政村
东嘎 自然村
国界
地区界
省级界
地级界
县级界
乡级界
铁路
高速公路
国道
省道
县道
乡道
湖泊
河流
比例尺 1:280 000
0 2.8 5.6km
西藏自治区测绘局绘制
审图号：藏S（2018）022号

2021年12月30日，国家乡村振兴考核组组长严之尧（后排中）在扎囊县羊嘎金丝帽厂调研

2021年9月7日，湖南省人大常委会副主任、省总工会主席周农（前排中）率团到扎囊县总工会考察湖南对口支援工作

ཆུ་ མཛོད།
玉水库

2021年7月27日，扎囊县召开全国烟草系统援藏现场会

2021年12月30日，扎囊县召开2021年巩固拓展脱贫攻坚成果同乡村振兴有效衔接考核评估汇报会

2021年10月24日，新时代文明实践文艺会演活动现场

2021年9月5日，扎囊县艺术团到阿扎乡江津村开展“我们的中国梦”——送文艺巡演活动

2021年6月25日，扎囊县文艺演出艺术团走进武警扎囊县中队

2021年9月17日，扎囊县艺术团到措美县交流演出

2021年6月25日，川藏铁路拉林段开通运营。图为扎囊站

2021年12月8日，扎囊县县城整体提升功能项目主体工程完工

《扎囊年鉴（2022）》编纂委员会

《扎囊年鉴（2022）》编辑部

编辑说明

一、《扎囊年鉴》自2016年开始编纂，每年出版一卷，2022年卷为第七卷。

二、《扎囊年鉴》以马克思列宁主义、毛泽东思想、邓小平理论、“三个代表”重要思想、科学发展观、习近平新时代中国特色社会主义思想为指导，坚持辩证唯物主义和历史唯物主义的立场、观点和方法，始终坚持“实事求是、质量第一、存史资政、服务大众”的办鉴宗旨，全面、系统、翔实地记述扎囊县上一年度政治、经济、文化、社会等各项事业的基本情况，为社会各界与国内外人士了解和研究扎囊县提供翔实资料。

三、《扎囊年鉴》分为正文与彩页两部分。正文采取分类编辑法，以类目、分目、条目为主要框架结构。个别包含多方面资料的条目，则在段落间加插楷体标题提示，方便读者查阅全书。

四、《扎囊年鉴（2022）》载录扎囊县2021年经济社会发展的基本情况，设有特载、大事记、县情概览、中国共产党扎囊县委员会、扎囊县人民代表大会、扎囊县人民政府、中国人民政治协商会议扎囊县委员会、纪律检查（监察）、人民团体、法治、军事、经济综合管理、农业农村、交通・通信、商务、财税・金融、城市建设・环境保护、文化・教育・体育、旅游、卫生健康、社会生活、乡镇概况、附录等。

五、《扎囊年鉴》的编辑宗旨，在于求真务实，力求真实生动地反映扎囊县在改革开放和现代化建设中取得的崭新成就。

六、《扎囊年鉴》入鉴资料、图片均由各撰稿单位提供，并经主要负责人审核。部分资料由编辑部收集，主要数据和统计资料由扎囊县统计局提供，部分数据由各相关部门提供。由于统计口径等原因，相关部分的个别数据与统计资料不一致的，以统计资料为准。本书中农田土地面积的计量单位使用“亩”。

目 录

特 载

大事记

县情概览

基本地情

国民经济和社会发展概况

中国共产党扎囊县委员会

综述

办公室工作

档案工作

机要工作

组织 编办

县、乡、村换届工作

宣传工作

统一战线（民族宗教）

巡察工作

扎囊县人民代表大会

综述

办公室工作

专门委员会

扎囊县人民政府

综述

办公室工作

行政审批和便民服务

应急管理

消防救援

信访工作

藏语文与编译工作

后勤服务

中国人民政治协商会议扎囊县委员会

综述

办公室工作

纪律检查（监察）

综述

重要会议

人民团体

总工会

共青团

妇联

工商联

法　　治

政法委及综治

公安

检察

法院

司法行政

军 事

人民武装

武警扎囊县中队

经济综合管理

发展和改革

审计

统计

自然资源和规划管理

市场监督管理

乡村振兴

农业农村

综述

水利

林业和草原

交通·通信

交通运输

邮政

电信

移动

联通

商 务

综述

自身建设

财税・金融

财政

税务

中国农业银行扎囊县支行

城市建设・环境保护

住房和城乡建设

生态环境

城市管理和综合执法

文化·教育·体育

文化（文物）

教育

体育

旅　　游

综述

景点简介

卫生健康

综述

医疗保障

扎囊县中心医院

妇幼健康

疾病预防与控制

扎囊县藏医院

社会生活

民政

人力资源和社会保障

退役军人事务

供电

乡镇概况

扎唐镇

桑耶镇

吉汝乡

扎其乡

阿扎乡

附 录

特 载

在县委十届四次全会上的讲话

中共扎囊县委书记 唐 勇

（2022 年 1 月 12 日）

各位委员，同志们：

今天，召开县委全会，主要任务是坚持以习近平新时代中国特色社会主义思想为指导，深入学习贯彻党的十九届六中全会、自治区第十次党代会、市第二次党代会精神，审议通过县委贯彻落实《中共扎囊县委员学习贯彻党的十九届六中全会、自治区第十次党代会、市第二次党代会精神 加快推进扎囊长治久安和高质量发展走在全市前列的意见》，着力推进扎囊长治久安和高质量发展走在全市前列。

下面，我讲几点意见。

一、深刻领会党的十九届六中全会、自治区第十次党代会、市第二次党代会的重大意义，切实用会议精神武装头脑、指导实践、推动工作

党的十九届六中全会是在中国共产党成立一百周年的重要历史时刻，在党和人民胜利实现第一个百年奋斗目标、全面建成小康社会，正在向着全面建成社会主义现代化强国的第二个百年奋斗目标迈进的重大历史关头，召开的一次具有里程碑意义的重要会议。

要深刻领会习近平总书记在十九届六中全会上的重要讲话精神。习近平总书记发表的重要讲话，全面总结了过去一年党和国家工作取得的巨大成就，深刻阐明了制定决议的战略考虑，对贯彻落实全会精神提出了明确要求，为我们学习贯彻好全会精神提供了根本遵循。我们要把学习宣传贯彻全会精神作为当前和今后一个时期的重大政治任务，切实把思想和行动统一到全会精神上来，把全会的精神转化为扎囊各族干部群众干事创业的强大动力，激发奋进新征程、建功新时代的巨大热情。

要深刻领会党的百年奋斗重大成就和历史经验。党的十九届六中全会审议通过了《中共中央关于党的百年奋斗重大成就和历史经验的决议》，全面总结了党百年奋斗的重大成就和历史经验，深刻揭示了“过去我们为什么能够成功、未来我们怎样才能继续成功”，团结带领全国各族人民夺取新时代中国特色社会主义伟大胜利，具有重大现实意义和深远历史意义。我们要从党的百年奋斗史中汲取智慧和力量，弘扬伟大建党精神，始终在政治上忠诚核心、思想上紧随核心、行动上捍卫核心，奋力推动扎囊长治久安和高质量发展开新局、谱新篇。

要深刻领会党的百年奋斗的初心使命和重大成就。一百年来，党始终把为中国人民谋幸福、为

中华民族谋复兴作为自己的初心和使命，始终坚持共产主义理想和社会主义信念，团结带领全国各族人民为争取民族独立、人民解放和实现国家富强、人民幸福而不懈奋斗。决议分四个历史时期，对党的百年光辉历程和重大成就用“四个伟大飞跃”进行了全面总结。我们要在深刻领会新时代党的努力方向中走好新时代的赶考路，立足当下、着眼长远，用全会精神统一思想、凝聚共识、坚定信心、增强斗志。

要深刻领会中国特色社会主义新时代的历史性成就和历史性变革。党的十八大以来，以习近平总书记为主要代表的中国共产党人，坚持把马克思主义基本原理同中国具体实际相结合、同中华优秀传统文化相结合，坚持毛泽东思想、邓小平理论、“三个代表”重要思想、科学发展观，深刻总结并充分运用党成立以来的历史经验，从新的实际出发，创立了习近平新时代中国特色社会主义思想，习近平总书记是这一伟大思想的主要创立者。决议贯通党的十八大和十九大以来这九年党的全部理论和实践，从十九大报告概括的“八个明确”拓展为“十个明确”对习近平新时代中国特色社会主义思想的核心内容作了进一步概括，这些战略思想和创新理念，是党对中国特色社会主义建设规律认识深化和理论创新的重大成果。

新时代以来，以习近平同志为核心的党中央高瞻远瞩，审时度势，准确研判，精心部署，果断采取行动，带领全党全军全国各族人民众志成城，迎难而上，取得了一场场惊心动魄斗争的伟大胜利，经受了一次次惊涛骇浪的严峻考验，创造了极不寻常的辉煌业绩，交出了一份份人民满意、世界瞩目、足以载入史册的答卷。决议从13个方面分领域对党的十八大以来党治国理政采取的重大方略、重大工作、重大举措进行了系统阐述。

决议确立了习近平总书记党中央的核心、全党的核心地位，确立了习近平新时代中国特色社会主义思想的指导地位，反映了全党全军全国各族人民共同心愿，对新时代党和国家事业发展、对推进中华民族伟大复兴历史进程具有决定性意义。我们要倍加珍惜，坚定不移沿着习近平总书记指引的方向为方向，以党的旗帜为旗帜，坚定不移做“两个确立”的忠诚捍卫者、“两个维护”的示范引领者。

要深刻领会党的百年奋斗的历史意义和历史经验。一百年来，党始终践行初心使命，团结带领全国各族人民绘就了人类发展史上的壮丽画卷，中华民族伟大复兴展现出前所未有的光明前景，从5个方面总结了党百年奋斗的历史意义，积累了10条宝贵的历史经验。这10个坚持的历史经验是系统完整、相互贯通的有机整体，明确了向第二个百年奋斗目标进军的行动方向。我们要在新的赶考路上，始终牢记“十个坚持”这一以史为鉴的历史智慧和百年辉煌的制胜法宝，并将之作为开创未来的行动纲领和根本遵循。

要深刻领会以史为鉴、开创未来的重要要求。党团结带领中国人民又踏上了实现第二个百年奋斗目标新的赶考之路，号召全体党员要牢记中国共产党是什么、要干什么这个根本问题。我们要弄清楚自己的第一身份是党员、第一职责是为党工作，弄清楚党在西藏的过去、现在、未来，始终牢记总书记的殷殷嘱托，不断增强做好新时代扎囊工作的历史使命感和政治责任感。

自治区第十次党代会，是在“两个一百年”奋斗目标交汇的战略节点，西藏工作站在新起点、面临新形势新任务的重要时期，全区各族人民在以习近平同志为核心的党中央坚强领导下，意气风发向着建设团结富裕文明和谐美丽的社会主义现代化新西藏迈进的历史时刻召开的一次重要会议。

要深刻领会自治区第十次党代会的重大意义。大会全面总结了西藏过去五年的奋斗历程和辉煌成就，清醒地认识到存在的风险挑战和困难问题，精准分析了当前工作面临的新要求、新希望，为西藏今后五年的工作明确了指导思想、锚定了奋斗目标、部署了工作任务，是我们做好各项工作的重要遵循。我们要站在增强“四个意识”、坚定“四个自信”、捍卫“两个确立”、做到“两个维护”的高度，深刻把握自治区第十次党代会的重大意义，以身作则、率先垂范，扑下身子抓落实、撸起袖子加油干。

要深刻领会自治区第十次党代会的精神实质。深刻把握过去五年奋斗历程和辉煌成就。从11个方面重点工作总结了过去五年取得的全方位进步和历史性成就，提出“10个必须”的历史经验，充分证明了习近平总书记关于西藏工作的重要论述无比英明正确，充分证明了党中央关于西藏工作的方针政策无比英明正确，充分证明了新时代党的治藏方略无比英明正确。我们要认真总结、结合当前工作基础，精准谋划工作目标，再接再厉、乘势而上，进一步坚定全面建设社会主义现代化西藏的信心和决心。深刻把握未来五年工作面临的新机遇。今后五年，是进入全面建成社会主义现代化新西藏、向第二个百年奋斗目标进军的第一个五年，西藏工作呈现新特征新形势，为谱写雪域高原长治久安和高质量发展新篇章、建设社会主义现代化新西藏提出了新任务新要求、带来了新机遇新希望。我们要增强忧患意识和机遇意识，抓住机遇、应对挑战，把党中央、区党委、市委赋予的优惠政策和自身面临的战略机遇转化为发展优势、竞争优势，让全县各族人民共享发展成果、奔向共同富裕。深刻把握未来五年工作的指导思想和奋斗目标。指导思想的提出，与时俱进，为我们提供了行动指南。着力推进“四个创建”、努力做到“四个走在前列”，是贯彻落实“两步走”战略安排第一步的具体实践，是抓好“四件大事”、实现“四个确保”的重要载体。我们要从政治、战略和全局的高度看待、审视和推动工作，始终以习近平总书记指引的方向为方向，以党的旗帜为旗帜，主动对标对表，谋划扎囊工作走在全市前列的路径和措施，为全区实现“四个创建”“四个走在前列”的奋斗目标作出应有贡献。深刻把握未来五年工作的重点任务。部署的8个方面重点任务，紧扣习近平总书记视察西藏时强调的“八大任务”，找准了贯彻党中央决策部署和西藏实际的最佳结合点，要求具体，操作性很强。我们要认真学习，一项一项细化落实举措，有针对性地谋划、实施一批重大工程项目、重大产业、重大政策措施，确保党代会精神在扎囊落地见效。深刻把握加强党的建设伟大工程的极端重要性。坚持严的主基调，从6个方面部署了党的建设重点任务，为不断巩固党在西藏的执政地位、夯实党在西藏的执政基础提出了要求。我们要加强党的全面领导，坚持求真务实、真抓实干，落实好各项任务，让党在西藏的执政基础牢牢夯实、坚如磐石、稳如泰山。

市第二次党代会是在“两个一百年”历史交汇之际，深入学习贯彻党的十九届六中全会和习近平总书记视察西藏重要讲话重要指示精神，深入学习贯彻西藏自治区第十次党代会精神的关键时期，召开的一次十分重要的会议。

要深刻领会市第二次党代会的重大意义。大会全面回顾总结过去五年成就，规划了未来五年的目标任务、重点措施，明确了“六个走在全区前列”的具体目标，将中央、自治区的部署要求与山南的实际情况紧密结合，精准把握山南的经济基础、历史机遇和发展定位，顺应了全市各族干部群众的期待，绘就了山南未来五年经济社会发展的美好蓝图。我们要紧跟新时代、顺应新时代，以感恩的心态、赶考的状态、奔跑的姿态，朝着习近平总书记指引的方向和党中央确定的目标砥砺前进，在高质量发展中促进共同富裕，努力创造无愧于时代的新业绩，确保与全国全区全市同步实现社会主义现代化和共同富裕的伟大目标。

要深刻领会市第二次党代会的精神实质。深刻把握过去五年的奋斗历程和未来五年的奋斗目标。从11个方面回顾五年极不平凡的奋斗历程和来之不易的成就，立足山南实际，提出“7个必须”的奋斗经验，坚持把“走在前列”作为谋划和推动各项工作的基本准则和目标追求。我们要用“跳起来摘桃子”的劲头，以钉钉子精神推动党中央、区党委、市委各项决策部署落地生效，为全面建设团结富裕文明和谐美丽的社会主义现代化新扎囊而不懈奋斗。

二、着力推进“四个创建”，努力做到“四个走在前列”，推进“六个走在全区前列”，为推动扎囊长治久安和高质量发展走在全市前列不懈努力奋斗

站在“两个一百年”奋斗目标的战略节点，站在西藏工作的新起点，全县各级党组织、党员干部要紧紧围绕着力推进“四个创建”，努力做到“四个走在前列”和市“六个走在全区前列”的具体目标，下非常之功、用恒久之力，着力推进扎囊长治久安和高质量发展走在全市前列。

（一）坚持总体国家安全观，不断开创维稳工作新局面。深刻理解和把握总体国家安全观，坚持走中国特色国家安全道路，坚决落实维护稳定第一位的工作任务，多谋长久之策、多行固本之举。全面系统提升基层社会治理能力。全面加强社会综合治理，落实管住油、重点人员、社会面三管齐下工作机制，结合政法队伍教育整顿，组织公安、武警、双联户、红袖标、四护队、平安志愿者等，全力确保国家安全、社会稳定、人民幸福。全面落实党委（党组）意识形态工作责任制和党委（党组）书记第一责任人责任，牢牢掌握意识形态工作领导权，定期分析研判网上舆情风险点，确保全县意识形态领域保持安全平稳态势。持续推广新时代“枫桥经验”，密切关注“双拖欠”等信访突出问题，加强矛盾纠纷排查化解工作，真正做到信访问题件件有着落、事事有回音。严格落实安全生产责任制，持续深化道路交通、建筑施工、学校、消防等重点行业领域安全生产专项治理。坚持“外防输入、内防反弹”工作目标，稳妥有序推进疫苗接种工作，科学精准做好疫情防控工作，牢牢守住人民群众生命安全底线。

（二）统筹“稳”和“进”，在相互促进中实现高质量发展。坚持“稳”字当头，稳中求进工作总基调，立足新发展阶段，完整准确全面贯彻新发展理念，服务融入新发展格局，落实“三个赋予、一个有利于”要求，确保经济社会发展当前有活力、未来有潜力。坚持在提升基础中推动高质量发展。立足扎囊资源优势和发展条件，主动服务和融入全区“一核一圈两带三区”发展格局，协助做好拉林铁路（扎囊段）复线工程前期工作、拉萨至泽当快速通道建设、加快文化旅游创意园区建设，抓住拉萨山南一体化发展，进一步完善“十四五”规划项目，做大做优项目盘子，加快推进高质量发展新进程。深化农牧业供给侧结构性改革，优化一产、壮大二产、提升三产，坚持稳粮、兴牧、强特色，大力发展青稞、牦牛等特色农牧业产业。加快发展清洁能源产业，推进光伏电站清洁能源建设，为“双碳”目标贡献力量。坚决守住耕地保护红线，提高粮食单产，确保青稞安全，巩固粮食主产县地位。大力支持龙头企业发展，壮大农牧民专业合作社。依托民族手工业园区，持续提升“氆氇之乡、智慧扎囊”品牌影响力。大力发展文化旅游服务业，提高三产在国民经济中的比重。深入推进乡村振兴战略，持续巩固脱贫攻坚成果，严格落实“四个不摘”要求，坚决守住返贫底线、实施乡村建设行动，持续改善乡村面貌。加大招商引资力度，最大限度用好招商引资优惠政策，支持发展“飞地经济”，提高项目落地率。深入推进新型城镇化战略，坚持产城融合、城乡融合，优化布局生产空间。深化改革开放，优化营商环境，继续深化“放管服”改革，确保政府服务事项网上可办率达100%。坚持在发展中保障和改善民生。坚持以人民为中心的发展思想，把群众身边的小事当作各级党委、政府的大事来抓，紧紧围绕人民群众最关心、最直接、最现实的利益问题，认真办好民生实事，切实增强各族群众的获得感、幸福感、安全感。始终将群众增收工作摆在攻坚位置，推动群众收入持续稳定增长，确保农牧民群众人均可支配收入增长13%。提高就业质量，确保高校毕业生就业率保持在98%以上。强化困难群众就业援助，扎实做好城镇困难人员、残疾人和退役军人等重点群体就业工作，确保零就业家庭动态清零。全面贯彻党的教育方针，落实立德树人根本任务，坚持社会主义办学方向，推动义务教育优质均衡发展，加强国家通用语言文字教学，提高教育教学质量，培养德智体美劳全面发展的社会主义建设者和接班人。大力弘扬中华优秀传统文化，实施文化惠民工程，推动红色资源、非遗传承、文物保护的发展。加强健康扎囊建设，完善公共卫生应急保障体系。落实“四个最严”要求，加强食品药品安全工作。持续完善社会保障体系，为全县各族人民提供全方位全周期健康保障服务。

（三）落实生态文明理念，构筑生态安全屏障。牢固树立“绿水青山就是金山银山，冰天雪地也是金山银山”的理念，坚持生态保护第一，坚定不移走生态优先、绿色发展之路，努力实现扎囊生态保护和可持续发展取得新成就。推进生态修复治理。坚持山水林田湖草沙冰一体化保护和系统治理，着力打造雅江中游“百里生态走廊”，持续推进重点区域生态公益林、“先造后补”“拉萨周边”等造林绿化工程项目。坚决抓好中央、区党委巡视和环保督察反馈问题整改,持续深入开展生态修复工作。正确处理保护与发展的关系,科学划定并严守生态保护红线。深入打好污染防治攻坚战,严明生态环境保护责任,深入落实河长制、湖长制、林长制。强化人居环境整治工作。持续改善人居环境,大力推进绿色生态城区建设,加快推进生态宜居美丽乡村建设,持续开展生态环境“六大”专项整治行动,真正使扎囊环境净起来、绿起来、亮起来、美起来。实施生态富民工程。落实国家生态综合补偿机制,积极争取我县纳入重点生态功能区转移支付范围。对接自治区、市落实好生态保护补偿机制、野生动物侵占草原资源补偿机制,积极争取各项生态补偿,让群众在参与生态建设中走上致富路、吃上生态饭。

(四)坚持以铸牢中华民族共同体意识为主线,夯实民族团结进步基础。全面贯彻习近平总书记关于加强和改进民族工作的重要思想,做好新形势下民族工作,提升新时代民族工作质量,促进各民族交往交流交融,增强各族人民对中华民族的归属感和认同感。强化中华民族共同体意识教育和建设。坚持既“管肚子”更“管脑子”,深入开展中华民族共同体意识教育。全面推广普及国家通用语言文字,促进各民族交往交流交融。持续深入推进民族团结进步创建“九进”活动,深入开展爱国主义教育,深化“培养什么人、怎样培养人、为谁培养人”教育活动,把爱我中华的种子埋入每一个青少年的心灵深处。发挥新时代文明实践中心和扎囊融媒体中心作用,深刻阐释党的英明伟大和社会主义制度的无比优越性。深化民族团结进步示范创建工作,确保建成自治区级民族团结进步模范县,创建本级民族团结进步模范单位占比达80%以上。促进民族交往交流交融。深入开展民族团结进步模范县创建,引导群众到县外学习、就业,吸引外地群众到扎囊就业、创业、生活。加大与县外经济、文化、人员的双向交流力度,让各族群众越走越近、越走越亲。

(五)坚持依法管理宗教事务,积极推进藏传佛教中国化。坚持“五个有利于”标准,善于运用法治思维和法治方式处理宗教领域矛盾和问题,促进宗教健康传承,积极引导宗教与社会主义社会相适应、与中国特色社会主义新时代相适应。严格落实“三个不增加”规定和“三项要求”,加强对寺庙人、财、物及佛事活动管理,推动寺庙财税监管全覆盖。常态化开展“遵行四条标准、争做先进僧尼”教育实践活动成果。加强活佛转世“国内寻访、金瓶掣签、中央政府批准”宣传,使广大群众认识到中央政府在达赖、班禅等大活佛转世上具有无可争辩的最终决定权。加大寺庙法制宣传教育力度,不断增进“五个认同”,大力培养政治上靠得住、宗教上有造诣、品德上能服众、关键时起作用的宗教界人士。

(六)坚持全面从严治党,加强党的政治建设。做好新时代党的工作,关键在党。坚决做到“两个维护”。始终在政治立场、政治方向、政治原则、政治道路上同以习近平同志为核心的党中央保持高度一致,不断增强拥护核心、跟随核心、捍卫核心的思想自觉、政治自觉、行动自觉。强化理论武装。始终把深入学习贯彻习近平新时代中国特色社会主义思想作为首要政治任务,把新时代党的治藏方略作为重要内容,全面系统、融会贯通地学习领会习近平总书记西藏工作重要论述、习近平总书记视察西藏重要讲话重要指示精神,真正学出坚定信念、学出绝对忠诚、学出使命担当、学出实际成效。加强人才队伍建设。坚持新时代好干部标准和民族地区干部“四个特别”要求,树立凭能力用干部、以实绩论英雄的用人导向,善于识人德才、识人本质、识人潜能,源源不断选拔使用适应新时代要求的优秀干部,着力培养新时代忠诚干净担当的高素质干部队伍。切实加强基层党组织建设。要着眼强基固本、长远发展,以提升组织力为重点,突出政治功能,抓紧抓实基层党组织建设,切实把企业、农村、机关、学校、社会组织、村(居)等各类基层党组织建设成为宣传党的主张、贯彻党的决定、领导基层治理、团结动员群众、推动改革发展的坚强战斗堡垒。切实加强作风建设。严格执行中央八项规定及其实施细则精神,落实为基层减负有关要求,针对“四风”特别是形式主义、官僚主义突出问题的危害性、顽固性、反复性,容不得任何“喘口气、歇歇脚”的念头。坚决落实转变作风、狠抓落实的要求，以作风建设的新进展、新成效取信于民。切实加强党风廉政建设和反腐败斗争。牢固树立西藏虽然处于反分裂斗争前沿阵地和主战场、维护稳定任务重，但在党风廉政建设和反腐败斗争问题上没有任何特殊性的思想，把严的主基调长期坚持下去，以“一刻不停”的现实紧迫和“永远在路上”的坚韧执着，知难而进、久久为功。

三、以务实高效的作风，扎实推动党的十九届六中全会、自治区第十次党代会、市第二次党代会精神落地见效

全面贯彻落实党的十九届六中全会、自治区第十次党代会、市第二次党代会精神是当前和今后一个时期的重大政治任务，全县各级党组织和广大党员干部要通过学习确保会议精神转化为推动各项事业发展的强大动力。

（一）抓“常”深化学习，确保全域覆盖。各级党组织和领导干部要把学习党的十九届六中全会、自治区第十次党代会、市第二次党代会精神作为党委（党组）、理论学习中心组学习的重要内容，认真学习研究，发挥“关键少数”，做到带头学、深入学、持久学，在学懂弄通做实上走在前列，用我们自身示范带动“绝大多数”。广大党员干部要原原本本学、逐条逐段领悟，发扬理论联系实际的优良学风，立足当前、着眼长远，牢记中国共产党是什么、要干什么这个根本问题，深悟精髓要义，让会议精神实质深入脑海、深入骨髓。组织部、党校要把学习贯彻党的十九届六中全会、自治区第十次党代会、市第二次党代会精神纳入干部培训的重要内容，对党员干部分期分批进行专题培训，实现全县党员干部学习全覆盖。

（二）抓“细”强化宣传，营造强大声势。各级党委（党组）要全面领会精神实质，准确把握重大意义、总体要求、重点任务，精心组织开展形式多样、丰富多彩的宣传宣讲活动，推动会议精神进企业、进农牧区、进机关、进校园、进社区、进寺庙、进军营、进网络，确保家喻户晓、人人皆知。各级领导干部和各位党代表要第一时间深入分管单位、联系乡（镇）、村（居）、寺庙，努力用群众听得懂的语言、喜闻乐见方式，让党中央的方针政策深入基层、深入人心。宣传部门要依托新时代文明实践中心（所、站）、“智慧扎囊”微信公众号、扎囊融媒、“村村通”等平台，大力宣传党的十九届六中全会、自治区第十次党代会、市第二次党代会精神，发挥驻村工作队、村干部、农牧民骨干宣讲员作用，持续营造学习宣传贯彻全会和党代会精神的浓厚氛围。

（三）抓“实”强化作风，推动落地见效。各级党组织和领导干部要大力弘扬伟大建党精神，践行“两路”精神、老西藏精神和孔繁森精神，把心思用在干事创业上，把精力用在狠抓落实上，知责于心，担责于身，履责于行。各级党组织和广大党员干部要改进作风，狠抓落实，坚持注重实际，实事求是，讲真话、讲实话、干实事、求实效，敢于较真碰硬，坚决反对各种形式主义、官僚主义，使人民群众获得感、幸福感、安全感更加充实、更有保障、更可持续。广大党员干部要充分认识“今天再晚也是早、明天再早也是晚”的深刻内涵，树牢只争朝夕、奋勇争先的意识，对中央、区党委、市委工作要求闻令而动、雷厉风行、奋勇争先，在与时代赛跑中跑出扎囊加速度。

（四）抓“长”固化实效，做到久久为功。各级党组织和广大党员干部要把学习贯彻会议精神与学习贯彻习近平总书记关于西藏工作的重要论述和新时代党的治藏方略有机结合，与学习贯彻习近平总书记视察西藏重要讲话重要指示精神和中央“七次会”精神有机结合，与贯彻县委十届四次全会有机结合，与抓好本职工作、推动落地见效紧密结合，加强调度、压实责任，确保党中央、区党委、市委决策部署取得实实在在的成效。县纪委、县委督查室、县政府督查室要坚持目标导向、问题导向、结果导向，到实地和现场督导检查，经常开展重点任务专项督查，把学习贯彻党的十九届六中全会、自治区第十次党代会、市第二次党大会精神纳入督查通报范围，严格督导、较真碰硬。

这里，我再强调几点，新的一年已开始，一定要做好节前疫情防控各项工作要求，从严从紧从细落实好各项防控措施，持续加强巩固疫情防控成果。一定要紧盯“双拖欠”等突出问题，切实站稳人民立

场，扎实做好根治欠薪工作。一定要统筹抓好节前维护稳定、安全生产、意识形态安全等各项工作，层层压实责任，确保工作推进持续有力。

各位委员、同志们，伟大的时代赋予我们光荣使命，崇高的事业召唤我们开拓奋进。让我们将更加紧密地团结在以习近平同志为核心的党中央周围，坚持以习近平新时代中国特色社会主义思想为指导，全面贯彻落实习近平总书记关于西藏工作的重要论述和新时代党的治藏方略以及习近平总书记视察西藏重要讲话重要指示精神，贯彻王君正书记在山南考察调研和参加山南代表团讨论时的讲话精神，充分学习党的历史经验，弘扬伟大建党精神，努力推动扎囊长治久安和高质量发展走在全市前列，为实现自治区“四个创建、四个走在全列”和市“六个走在全区前列”的具体目标做出应有贡献，以更加优异的成绩迎接党的二十大胜利召开。

政府工作报告

——在扎囊县第十四届人民代表大会第三次会议上

扎囊县人民政府县长 索朗格桑

（2022 年 1 月 14 日）

现在，我代表扎囊县人民政府，向大会作报告，请予审议，并请各位政协委员和列席会议的同志提出意见。

2021 年工作回顾

2021 年，是中国共产党成立 100 周年，西藏和平解放 70 周年。我们坚持以习近平新时代中国特色社会主义思想为指导，坚持贯彻党的十九届六中全会和中央第七次西藏工作座谈会精神，全面贯彻习近平总书记关于西藏工作的重要论述和新时代党的治藏方略，在市委、市政府和县委的坚强领导下，全县各族人民团结一心、主动作为，完成全年主要目标任务，实现“十四五”良好开局。

——社会大局和谐稳定。严密防范分裂破坏活动，保持违法犯罪严打高压态势，大庆之年社会治安形势持续和谐稳定。坚决落实综合性维稳防控措施，深化平安扎囊建设，创新和加强社会治理，着力抓好“大庆年”各类重要节点的安保工作，常态化开展扫黑除恶工作，排查化解矛盾纠纷，信访案件办结率 97.14%，信访积案全部销号。常态化排查整治安全生产隐患，道路交通安全事故起数同比下降 450%，全年未发生重大及以上安全生产事故。依法管理宗教事务，深入开展“遵行四条标准、争做先进僧尼”教育实践活动，宗教工作法治化水平不断提升。深入开展民族团结进步创建工作，铸牢中华民族共同体意识，促进各民族守望相助、手足情深。

——经济实力稳步提升。坚持稳中求进总基调，扎实做好“六稳”“六保”工作，经济社会持续健康发展。地区生产总值预计完成 19.5 亿元，同比增长 8.2%，巩固产业结构“二、三、一”格局。预计完成全社会固定资产投资 18 亿元，同比增长 40.2%。预计完成社会消费品零售总额 2.44 亿元，同比增长 8%。预计完成财政收入 5721 万元，同比增长 30.2%。完成税收收入 8994 万元，同比增长 95%。农村居民人均可支配收入预计 16925 元，同比增长 15.55%。扎囊县高质量发展的基础更加夯实。

——基础设施不断完善。始终坚持蓄势赋能、夯基固本，以稳投资、重项目为关键，持续加强基础设施建设力度。卓玉水库等水利项目建成并投入使用，农村供水和灌溉保障率分别达到 100% 和 80%。主电网实现行政村全覆盖。拉林铁路通车运营，结束了扎囊县千百年来没有铁路的历史，辖区内第二条高速公路 S5 加快推进，农村公路通车里程达 340 余千米。5G 网络实现县城全覆盖，4G 网络、乡镇通邮率、广播电视覆盖率均达 100%。县城老旧小区改造、公租房建设等项目扎实推进，保障性住房建成 48 套，完成 101 省道改扩建并通车，完成污水处理厂改扩建工程招标工作。基础设施短板不断补齐，经济社会发展基础愈加坚实。

——乡村振兴初显成效。严格落实“四不摘”要求，持续巩固拓展脱贫攻坚成果同乡村振兴有效衔接。严格落实政府和教育“双线”责任，义务教育适龄儿童失学辍学动态清零；落实医疗保障、大病保险、医疗救助三重保障政策；实施农村饮水维修养护工程32处，163处水源点均达到水质检测指标；建立健全防返贫动态监测和帮扶机制，加强“三类人”监测，设立用好55.38万元的防返贫基金；全县干部职工“结对子”、“认亲戚”、“以买代帮”，真情帮扶170余万元；动员辖区企业、施工队捐资18.9万元，帮扶困难群众93人。农村人居环境整治行动工作稳步推进，完成28个村庄实用性建设规划，洛村乡村振兴示范点，桑耶社区、扎西林村乡村振兴项目加快建设，完成农村改厕5296户，住房改造任务有序收尾。持续深化易地扶贫搬迁帮扶机制，实施土地开垦、矮化苹果等7个配套产业项目，带动搬迁群众257人持续增收，守住了不发生规模性返贫的底线。脱贫群众人均可支配收入增长到12509.44元，同期增长14.48%，脱贫群众感党恩、自我发展意识更加强烈。

——产业发展持续向好。始终坚持优化结构、提质增效。一产不断优化。在确保粮食安全的基础上，进一步优化调整种植结构，各类农作物播种面积达7.7万亩，粮食产量达2.7万吨，其中，青稞产量达1.1万吨，同比单产增产10斤。肉奶、蔬菜产量分别达0.69万吨和1.1万吨。建成高标准农田4.15万亩，种植优质青稞、小麦6.02万亩，出售优质种子201吨，青稞、牲畜良种覆盖率分别达到97%和105%。投入资金5.2亿元，实施矮化苹果、侧柏、文冠果等龙头产业项目7个。二产逐步壮大。全力推进民族手工业园区建设，以提质创品为重点转型发展民族手工业，支持氆氇、金丝帽、虱雕、藏香、陶瓷等传统产业，实现产值625万元。加强对西藏宏佳防水科技有限公司、金砻建材、金润建材等行业的服务指导，规范建材行业健康发展，鼓励辉言气体优化发展。三产持续提升。旅游产业持续向好，深化文旅融合，续建雅鲁藏布江风光带旅游基础设施建设项目，做活乡村旅游产业，接待游客45.63万人次，创收5216.4万元，同比分别增长33%和67.7%。

——改革开放激发活力。持续推进“互联网+政务服务”和“一网一门一次”改革，政务服务事项网上可办结率达到100%。减税降费570余万元。各类市场主体发展到3760家，注册资金36亿元。组织465家商户参加各类展销会、物交会，销售收入804.7万元。积极构建“清”“亲”政商关系，以“引得进、落得下、能发展”的理念，先后接洽企业10家，招商引资到位资金9000万元。

——民生福祉更加殷实。始终坚持以人为本、破解难题，抓好改善民生、凝聚人心这个出发点和落脚点，提升各族群众获得感、幸福感、安全感。本级投入330万元扎实开展“我为群众办实事”活动，用心用情用力办理百件民生实事。高校毕业生就业率100%；实现农牧民转移就业12061人，创收8975.6万元。全面落实15年义务教育免费“三包”政策，持续加大本级财政对教育事业投入力度，学生入学率均达到市委、市政府要求，送教上门全覆盖，中小考喜获“双冠”。新冠疫苗免费接种61786人次，构建起坚实长效的新冠免疫屏障。健康扎囊行动深入开展，全年无孕产妇死亡，5岁以下儿童死亡率控制在5.8‰，住院分娩率达到100%，家庭医生签约率和随访管理工作率均达到100%。药品、医用耗材价格持续降低。有序推广健康茶。城乡居民参保34405人，参保率95.6%，兑现各类医疗保障资金1011.56万元，各类社会保障资金1237.52万元，优抚资金171.02万元。实施文物保护利用项目1个，文物修缮4个。播放电影1000余场次。公共文化服务覆盖城乡，文艺队伍遍布村居，各类演出566场，优秀作品不断涌现，文化服务体系不断健全，群众精神文化生活不断丰富。

——生态环境保持优良。始终坚持绿色发展、护治结合，牢固树立“两山论”，打造生态文明高地，生态安全屏障日益坚实。全力推进2020年“两江四河”流域造林绿化工程等7个新建植树造林项目，完成确权面积3831.02亩的第二轮集体林权制度改革工作，广泛开展“万人万亩义务植树”活动，植树造林3810亩，新增绿化面积2.16万亩。开工实施2021年雅江流域“山水林田湖草沙冰”生态保护修复项目，有序推进“增减挂”，稳步开展国土空间规划编制，严格执行耕地“占补平衡”制度，严守永久基本农田保护面积8.05万亩，耕地保有量10.35

万亩红线。实行最严格水资源管理，落实“河湖长制”“林长制”。创建完成自治区级生态文明建设示范乡镇1个，示范村8个。环境空气质量持续保持良好，雅江两岸冬春季风沙天气明显减少，蓝天、碧水、净土良好态势持续巩固。

——对口援藏持续深化。始终坚持双向交流、人才援助，用好用足用活援藏资源优势，丰富受援工作内涵，推动受援工作从单向支援向双向互动转变，组织63人前往株洲市考察学习，促进政府间交往交流向全社会交往交流交融转变，加快输血为主向造血活血转变。实施援藏项目8个，完成投资3200万元。教育、医疗等人才“组团式”援藏进一步深化，23名援藏干部人才奋战扎囊、书写华章。

同时，我们还加强国防动员、外事侨务、妇女儿童、防震减灾、城市管理、统计调查、双拥、电力、气象、人防、消防、金融、体育等工作，凝聚出推进社会经济高质量发展的强大合力。

各位代表！过去的一年，我们坚持把党的全面领导贯穿政府工作全过程，坚决贯彻落实党中央决策精神，区党委、市委的部署要求和县委的工作安排，做到令行禁止、政令畅通。坚持不懈加强法治政府建设，主动接受人大法律监督和工作监督、政协民主监督、监委监察监督、社会舆论监督，强化审计监督，办理人大代表建议55件、政协委员提案49件，办复率100%。

各位代表！过去一年成绩的取得，根本在于以习近平同志为核心的党中央的领航掌舵和亲切关怀，根本在于中国特色社会主义制度的无比优越，根本在于习近平总书记关于西藏工作的重要论述和新时代党的治藏方略的英明正确，得益于自治区党委、政府，市委、市政府和县委的坚强领导、有力指挥，得益于县人大及其常委会、政协和社会各界的有效监督、大力支持，得益于株洲人民的倾力援助、无私奉献，得益于历届班子一张蓝图绘到底、真抓实干促发展。在此，我代表县人民政府，向各位代表、各位委员和全县各族干部群众、离退休老同志、驻军部队，向株洲人民和关心支持参与扎囊发展的各界人士，表示衷心的感谢，并致以崇高的敬意！

在肯定成绩的同时，我们也清醒地认识到，全县经济社会发展中还存在一些不容忽视的短板和弱项。主要是：经济发展的新动能还需进一步提升，龙头产业不具规模；巩固脱贫攻坚成果同乡村振兴有效衔接还需进一步探索；政务环境还不够优良，行政效能和服务意识还需要进一步提升；少数干部作风不实、担当不足现象不同程度存在。我们必须采取更加有力有效的措施，认真加以解决。

2022年总体要求

2022年，是深入贯彻落实自治区第十次党代会和山南市第二次党代会精神的开局之年，是全面实施“十四五”规划的重要之年，更是党的二十大召开之年，节点关键、意义重大。

做好2022年政府工作，要坚持以习近平新时代中国特色社会主义思想为指导，全面贯彻落实党的十九大和十九届历次全会精神，深入贯彻落实中央第七次西藏工作座谈会和中央经济工作会议精神，深入贯彻习近平总书记关于西藏工作的重要论述和新时代党的治藏方略，贯彻落实自治区第十次党代会和区党委经济工作会议精神，按照山南市第二次党代会和市委经济工作会部署，落实扎囊县十次党代会和县委经济工作会任务，以迎接服务党的二十大胜利召开为主线，弘扬伟大建党精神和“两路”精神、老西藏精神，增强“四个意识”、坚定“四个自信”、捍卫“两个确立”、做到“两个维护”，胸怀“两个大局”、心系“国之大者”，完整、准确、全面贯彻新发展理念，服务融入新发展格局，着力抓好“四件大事”、实现“四个确保”，保持平稳健康的经济环境、和谐稳定的社会环境和风清气正的政治环境。

今年工作的主要预期目标是：地区生产总值增长8%以上；全社会固定资产投资增长12.5%以上；社会消费品零售总额增长8%以上；财政收入增长5%以上；农村居民人均可支配收入增长13%；城镇登记失业率控制在3%以内。

各位代表！在新时代的背景下，我们迎来了更好的发展契机。在新时代的使命中，我们凝聚了更强的发展动力。在新时代的征程上，我们积蓄了更大的发展潜力。只要我们乘势而上、顺势而为,必将在新一轮区域竞争中赢得发展先机!经过多年的实践洗礼,我们实现了在挑战中“追梦”成长,在探索中“逐梦”前行,团结干事已成为扎囊政治生态的现实写照,激情工作更是我们扎囊干部的鲜明标签!我们要善于“在危机中育先机,于变局中开新局”,以“为官有为”“为政善为”的时代担当,唱响更多“扎囊声音”,续写更好“扎囊故事”,只要我们不忘初心、坚守始终,必将担负起新时代赋予我们的光荣使命!我们坚信,通过全县各族干群戮力奋斗,一个社会更加和谐、经济更加繁荣、群众更加幸福、生态更加优美的扎囊必将呈现在雅砻大地。

2022 年工作安排

2022 年,我们要聚焦自治区“四个创建”“四个走在前列”和山南市“六个走在全区前列”的目标任务,以“抓项目、壮产业、促招商、建园区、兴桑耶”为抓手,努力推动扎囊长治久安和高质量发展,重点抓好以下工作:

一、抓协同发展,培育壮大新动能

主动融入“一核一圈两带三区”区域发展新格局。抢抓雅江中游“百亿产业长廊”建设机遇,大力发展园区经济,延伸民族手工业、设施农业、青稞良种繁育产业链,把区位优势转化为发展动能,把扎囊打造成拉萨山南一体化发展的“桥头堡”。主动融入和服务拉萨核心增长极。以桑耶文化旅游创意园区为主核,加快建设桑耶国家级特色小城镇,构建集旅游观光、休闲娱乐、民宿体验、趣味采摘等于一体的综合配套服务产业链,打造拉萨郊游热门“打卡地”和消费服务的“后花园”。

二、抓转型升级,发展壮大支柱产业

大力发展特色农牧业产业。坚持稳粮、兴牧、强特色,推动传统产业现代化升级,支持西普农业、绿之源、戈壁田园等现代农业产业和江平奶牛养殖现代牧业产业提质增效;强化矮化苹果田间管理,为丰产增收打好基础;持续种业振兴行动,抓好青稞良种繁育基地建设;高度重视粮食安全,确保粮食增产;抢抓全区十万亩饲草料基地建设机遇,积极争取部分投资落地扎囊,发展高原草业。大力发展清洁能源产业。坚持水光风热互补、源网荷储一体,抢抓雅江中游水光互补电站群建设机遇,加大与上级部门的对接力度,抓紧谋划一批清洁能源建设项目,扎实推进扎其、吉汝风电场项目前期工作。大力发展民族手工业产业。投资 1.46 亿元建成民族手工业园区,扶持氆氇、金丝帽、虱雕、藏香、陶瓷等民族手工业,将“小而散”的传统民族手工业纳入到园区建设中,实现民族手工业定量化、标准化、规模化生产,推动民族手工业产业规模化发展。力争藏式家具园项目尽快落地建设。大力发展文化旅游产业。统筹规划沙漠公园、青朴沟、扎央宗等景区全域旅游线路,做好西普、藏草、江平、戈壁田园、绿之源、生态采摘园宣传工作,把扎囊旅游打造成为西藏旅游东南环线最重要的节点和枢纽,促进乡村振兴与文化旅游深度融合。抓好旅游基础设施建设,提升扎囊旅游景区知名度和服务能力,力争年内接待游客数量、旅游收入分别增长 20.53% 和 58%。

三、抓项目落地,积极扩大有效投资

要高水平谋划项目。坚持长短结合,向上争取,善于想新招抓项目谋划,要适度超前开展基础设施投资项目前期工作,紧扣高质量发展主题,谋划、储备一批打基础、管长远、关全局、惠民生的重大项目,让更多项目纳入国家、自治区、市规划盘子,确保经济发展当前有活力,未来有潜力。抢抓国家发行债券机遇,加强政府债券项目申报和跟踪,争取获得更多资金支持,力争全年固定资产投资达到 20 亿元以上。要高质量建设项目。进一步增强狠抓项目建设的责任感,坚持前期项目抓开工、在建项目抓进度、竣工项目抓投产、投产项目抓效益,建好项目“点”、延长产业“线”,扩大经济“面”。要紧盯重大项目建设,协助推动 S5 拉萨至泽当快速通道建成通车,加快推进民主水库、桑耶国家级特色小城镇、民族手工业园区、雅江县城段防洪堤及沿江公路、阿扎乡完小等项目前期工作,力争年内开工建设形成更多实物量。要高效率管理服务项目。围绕项目立项、开工、建设、投产、运营等各环节,加强项目前期工作和要素保障,增强各部门主动服务

意识和协同配合观念，精准快速解决影响项目建设的“绊脚石”，杜绝资金等项目、项目等前期的现象。加强项目全过程监管、督查、跟踪，落实党风廉政建设主体责任，强化项目资金风险防控，确保投资发挥应有效益。

四、抓巩固衔接，加快实施乡村振兴战略

巩固拓展脱贫攻坚成果。实施扶贫产业提档升级、脱贫人口增收、乡村建设三大行动。投入资金1000万元扶持雅藏蜜瓜扶贫产业项目；安排50万元以上专项资金，加强防返贫动态监测帮扶；年内完成洛村、桑耶社区、扎西林村3个乡村振兴基础设施提升项目，开工建设孟卡荣村、章达村、热正岗村3个乡村振兴巩固提升项目。做好易地扶贫搬迁后续帮扶，提高产业扶贫项目带动脱贫群众增收水平，新增开垦土地1600亩，让群众稳得住、有就业、可融入、逐步能致富。深化农牧区改革成果。严守耕地和草场红线，发挥自然资源国土监管员作用，坚决整治农村乱占耕地建房等问题，防止耕地“非农化”“非粮化”。稳步推进农村承包地“三权分置”改革，做好农村集体产权制度改革“后半篇”文章，加快林权制度、农业水价、供销社等改革，规范开展城乡建设用地“增减挂”。继续培育家庭农牧场，建强农牧民专业合作组织，实现粮食耕种收综合机械化率80%以上，构建适应乡村振兴要求的农牧区农牧业发展体制机制。持续改善农牧区面貌。持续开展村庄清洁行动，因地制宜推进农牧区户用厕所改造，提升生活垃圾村收集、乡转运、县处理能力。统筹县域内城镇和乡村规划建设，再创建自治区级生态文明建设示范乡镇1个、示范村3个，切实解决“有新房没新村、有新村没新貌”的问题，引导群众更加讲卫生、讲文明、讲进步，培育时代乡风、传承良好家风、弘扬淳朴民风。

五、抓内生动力，扎实推进改革开放创新

大力优化营商环境。深化“放管服”改革，深入推进“互联网+政务服务”“减证便民”等改革措施，扩大“证照分离”改革覆盖面。落实“一件事情一次办”，努力实现审批事项最少、审批时间最短、审批效率最高、审批服务最好，为市场主体添活力，为群众办事增便利。市场主体增长10%以上。完善信用服务市场监管体制，健全守信激励和失信惩戒机制。继续落实减税降费政策。扎实做好“双清欠”和劳资纠纷化解工作。坚持“引进来、走出去”，加大招商引资力度，力争完成招商引资3亿元以上。持续巩固深化“亲”“清”政商关系，引进更多带动作用强、综合效益好的优质企业和项目落地，不断完善招商营商环境。持续扩大对内对外开放。坚持精准援藏，重点深化技术人才援助、企业帮扶、双向交流合作等领域，加强教育、医疗等“组团式”援藏，加大援藏资金的争取力度。探索订单式援藏产业模式。

六、抓共享发展，提升群众幸福指数

促进就业增收。继续实行“千名干部联系千名高校毕业生”机制，深入开展就业观念转变行动，推进区外“组团式”就业，确保高校毕业生综合就业率保持在98%以上。加大力度开展农牧民培训工作，实现农牧民转移就业1.3万人以上，创收9000万元以上。办好人民满意教育。继续以打造“教育强县”为目标，持续加大本级财政对教育的投入力度，加快城乡义务教育一体化发展；全力提升教学质量，发挥教育人才“组团式”援藏作用，实施“互联网+教育”工程，促进优质教育资源共享，力争小学其他省市西藏班录取率达到毕业生总数的6%以上。巩固提升“五个100%”目标。认真落实大学生资助等惠民政策，学生营养改善补助标准再提高200元。改扩建久村等5个幼儿园和桑耶完小教工宿舍。提高卫生健康水平。健全重特大疾病医疗保险和救助政策，实行职工基本医疗保险门诊共济保障。抓好重大疾病防治，大力开展村医培训和绩效考核工作，着力提升乡镇、村居医疗卫生水平，确保群众享受医疗“三重保障”全覆盖。落实好城乡居民健康体检、妇女“两癌”筛查救治全覆盖任务。扎实做好新冠肺炎疫情防控，完成全部接种人群第三针加强免疫。普及推广健康茶，加强食品药品监管，切实守护好百姓“舌尖上的安全”。丰富文化生活。深入推进文化“润边”工程。继续完善文化基础设施建设，新建扎囊县艺术团排练场项目。广泛开展文艺下乡活动，举办好氆氇文化节、农牧民运动会，促进文体事业繁荣发展。加强文物古籍保护、研究和利用，做好非遗传承发展和申报工作。完善体育设施，加大体育场社会开放，年内开工建设扎囊县体育馆项目。强化社会保障。落实好城乡居民基本医疗保险、基本养老保险、城乡居民最低生活保障制度，及时足额兑现各类社会保障资金，织密织牢民生保障安全网，加快推进县城公租房、老旧小区改造项目建设进度，进一步健全城镇住房保障供应体系。建立以居家为基础、社区为依托、机构为补充的多层次养老服务体系，高龄老人健康补贴再提高200元。全面开展未成年人保护，加强对困难儿童的关爱，呵护他们健康成长。加快城乡社会救助体系建设，落实困难群众价格临时补贴，做好困难群众临时救助。支持工青妇工作。健全残疾人康复体系。深化民族团结进步模范区创建。完整、准确、全面贯彻落实习近平总书记关于加强和改进民族工作的重要思想，牢牢把握大团结大联合的主题，推广使用好国家通用语言文字，促进各民族交往交流交融，打牢民族团结基石，铸牢中华民族共同体意识，打造一批“中华民族一家亲、同心共筑中国梦”的文艺精品力作。依法治理民族事务，深入落实“五个有利于”，完善寺庙管理长效机制，常态化推进“遵行四条标准、争做先进僧尼”教育实践活动，着力推进宗教事务治理法治化，积极引导藏传佛教与社会主义社会相适应。

七、抓绿水青山，着力创建生态文明高地

加快绿色低碳发展。牢固树立习近平总书记生态文明思想，认真践行绿水青山就是金山银山、冰天雪地也是金山银山的理念，坚定不移走生态优先、绿色发展之路，深化生态文明示范创建工作，落实“三线一单”生态环境分区管控要求。加强绿色低碳发展，推广清洁能源技术，切实守护好扎囊生灵草木、万水千山。积极实施并继续申报“山水林田湖草沙冰”生态修复项目，着力推动白鸡山、孤西鸟、鑫玉等采石场生态修复工作。持续打造好雅江中游“百里生态走廊”、“湘藏生态走廊”，提高雅江两岸绿色“颜值”。实施好2022年造林绿化项目，落实15.05万株乡村“四旁”植树、689.1亩营造林、3.5万亩封山育林任务。加强环境综合治理。深入打好污染防治攻坚战，大力实施空气质量保持行动。开展好人居环境综合整治工作，落实最严格的生态环境保护制度，加强系统监督和全过程监管，提升环境监测执法能力，力争2022年县域生态环境保护考核达到“优秀”等次。

八、抓自身建设，着力提升社会治理水平

坚守社会稳定底线。牢固树立稳定压倒一切的思想，深入开展反分裂、反渗透等专项斗争，常态化开展扫黑除恶专项斗争，坚持和发展新时代“枫桥经验”，深化“四级信访接待日”“六定”化解调处等机制，不断提升基层社会治理体系和治理能力，推动社会大局由持续稳定走向长治久安。坚守安全生产底线。深化安全生产专项整治三年行动，压实防灾减灾救灾和安全生产责任，强化救灾物资储备，全力做好“大应急、多灾种”预防和救援，完善公路安全防护设施和警示提示，严防重特大事故发生。坚守廉洁从政底线。坚决落实全面从严治党要求，严格贯彻中央八项规定及其实施细则，一体推进不敢腐、不能腐、不想腐机制建设。加大对重点领域、关键岗位和重要环节的风险防控，把谈话提醒、干部约谈、严肃问责结合起来，严管厚爱、抓早抓小，切实把党风廉政建设和反腐败斗争引向深入。自觉运用法治思维和法治方式推动工作，树牢法治理念，提升依法决策、依法行政、依法办事的能力和水平。全面转变作风。严控“三公”经费和一般性支出下降10%，坚持花钱必问效、无效必问责，以政府的“紧日子”换取群众的“好日子”。大力弘扬“老西藏精神”和“两路”精神，狠抓作风转变、狠抓工作落实，推动“四查四问”落地见效，说干就干、马上就干，干就干好、干就干成，我们要坚持以更实的担当作为，坚持更浓的为民情怀，不忘初心、牢记使命，以实干实绩让党放心、让人民满意！

各位代表！扬帆起航正当时，凝心聚力再出发！让我们更加紧密地团结在以习近平同志为核心的党中央周围，在市委、市政府和县委坚强领导下，紧紧依靠和团结全县各族人民，同心同德、开拓进取，努力开创扎囊长治久安和高质量发展新局面，以优异的成绩迎接党的二十大胜利召开！

名词解释

1.“六稳”：即稳就业、稳金融、稳外贸、稳外资、稳投资、稳预期。

2.“六保”：即保居民就业、保基本民生、保市场主体、保粮食能源安全、保产业链供应链稳定、保基层运转。

3.“一网一门一次”改革：推动企业和群众办事线上“一网通办”，线下“只进一扇门”，现场办理“最多跑一次”。

4.“两个确立”：中国共产党第十九届中央委员会第六次全体会议指出，党确立习近平同志党中央的核心、全党的核心地位，确立习近平新时代中国特色社会主义思想的指导地位。

5.“四件大事”：即稳定、发展、生态、强边。

6.“四个确保”：确保国家安全和长治久安，确保人民生活水平不断提高，确保生态环境良好，确保边防巩固和边境安全。

7.“四个创建”“四个走在前列”：2021 年 11 月 27 日，在西藏自治区第十次党代会上，王君正书记所作报告明确提出，要着力创建全国民族团结进步模范区，努力做到民族团结进步走在全国前列；要着力创建高原经济高质量发展先行区，努力做到高原经济高质量发展走在全国前列；要着力创建国家生态文明高地，努力做到生态文明建设走在全国前列；要着力创建国家固边兴边富民行动示范区，努力做到固边兴边富民行动走在全国前列。

8.“六个走在全区前列”：2021 年 11 月 1 日，在西藏山南市第二次党代会上，许成仓书记所作报告明确提出，在铸牢政治忠诚上走在全区前列；在推进社会治理体系和治理能力现代化上走在全区前列；在推动高质量发展上走在全区前列；在提升各民族人民生活品质上走在全区前列；在加强生态文明建设上走在全区前列；在强边固防兴边富民上走在全区前列。

9.“一核一圈两带三区”：“一核”即做大做强拉萨核心增长极，“一圈”即以拉萨为中心辐射山南、日喀则、林芝、那曲的三小时经济圈，“两带”即边境沿线发展带、铁路经济带，“三区”即藏中南重点开发区、藏东清洁能源开发区、藏西北生态涵养区。

10. 家庭农牧场：以家庭成员为主要劳动力，以家庭为单位进行生产经营核算，从事种植业、养殖业为主的农牧业规模化、集聚化、商品化生产经营，实行自主经营、自我积累、自我发展、自负盈亏、科学管理的新型农牧业经营主体。

11.“五个 100%”目标：实现中小学藏语汉语教育普及率 100%，小学数学课程开课率 100%，中学数理化生课程教学计划完成率 100%，中学理化生实验课程开出率 100%，职业技术学校国家目录规定课程开出率 100%。

12. 职工基本医疗保险门诊共济保障：从 2022 年起对职工基本医疗保险参保者，建立普通门诊统筹，实现普通门诊可由统筹基金报销；建立家庭成员个人账户共享机制，家庭成员可以共同使用个人账户余额看病就医。

13.“五个有利于”：习近平总书记在中央第七次西藏工作座谈会上指出，要以有利于维护祖国统一和社会稳定、有利于增进“五个认同”、有利于团结宗教界人士和信教群众、有利于藏传佛教健康传承、有利于减轻信教群众负担为标准，积极引导藏传佛教与社会主义社会相适应，不断推进藏传佛教中国化。

14.“三线一单”：是生态环境保护的重要措施，包括：设定生态保护红线、环境质量底线、资源利用上线，编制生态环境准入清单。

15.“四级信访接待日”：在政府、纪检、组织、政法四个系统，开展市、县、乡、村四个层级信访接访活动。

16.“六定”机制：定包案领导、定责任单位、定化解方案、定化解时限、定化解目标、定工作要求化解调处矛盾纠纷。

17.“四查四问”：查作风、问初心；查责任、问担当；查漏洞、问短板；查落实、问成效。

扎囊县人民代表大会常务委员会工作报告

——在扎囊县第十四届人民代表大会第三次会议上

县委副书记、县人大常委会主任　牛献智

（2022 年 1 月 14 日）

各位代表：

受县人大常委会委托，我向大会报告工作，请予审议。

2021 年工作回顾

2021 年，在县委的坚强领导下，县人大常委会高举习近平新时代中国特色社会主义思想伟大旗帜，深入学习贯彻党的十九大和十九届二中、三中、四中、五中、六中全会精神，以及中央人大工作会议、中央第七次西藏工作座谈会精神，深入学习贯彻习近平法治思想、习近平总书记关于坚持和完善人民代表大会制度重要思想、关于西藏工作的重要论述、视察西藏重要讲话重要指示精神和新时代党的治藏方略，坚持党的领导、人民当家作主、依法治国有机统一，恪守初心使命，依法履职尽责，积极主动作为，为全力助推扎囊长治久安和高质量发展作出了积极贡献。一年来，共组织召开人代会 3 次、常委会会议 6 次，听取“一府一委两院”及相关职能部门专项工作报告 16 次，开展专题询问 1 次、履职评议 1 次，作出决议决定 12 项，提出审议意见 6 条。按照市委、县委提名、“一府一委两院”提请，依法任免干部 126 人次。

一、围绕中心服务大局，一以贯之凝心聚力、尽职尽责

人大是政治机关，人大工作是党的工作重要组成部分。必须把坚持党的领导作为首要政治原则，始终保持正确政治方向。县人大常委会始终把坚持党的领导贯穿于人大工作全过程、各方面，认真落实县委决策部署，确保人大工作始终与县委同步同向。

（一）强化政治统领，严格执行请示报告。县人大常委会自觉坚持和依靠党的领导，建立健全向县委请示报告重大事项制度，明确报告事项清单。就人大重大事项、重要工作、重要会议、重要活动等及时主动报告，一年来，共向县委请示报告 12 件次。

（二）围绕县委决策，依法决定重大事项。依法决定重大事项是地方国家权力机关的一项重要职权。县人大常委会从人大职能和特点出发，突出重点，注重实效，对事关全县政治、经济和社会生活中带有战略性、长远性和根本性的重大问题，依法行使重大事项决定权，及时把县委高质量发展的重大决策部署变为全县人民的意志，为全县经济社会发展提供有力保证。先后对《关于全县“六五”普法规划实施情况和“七五”普法安排情况的报告》《扎囊县国民经济和社会发展第十四个五年规划和二〇三五年远景目标纲要》等作出了决议或决定，使我县指标体系更具科学性和指导性。

（三）坚持依法任免，加强任后履职监督。坚持党管干部原则和人大依法任免有机统一，严格依法做好任免工作，从组织上保证了地方国家机关的正常运转。具体工作中，扎实落实了拟任命人员任前

法律知识考试、拟任职表态发言、颁发任命证书、向宪法宣誓等制度，进一步增强了被任命人员的法律意识、责任意识、公仆意识。同时，县人大常委会加强对国家机关工作人员的任前审查，邀请“一府一委两院”负责人和组织部门负责人，分别就拟任职人员情况在常委会会议上作说明。

（四）凝聚人大力量，助力乡村振兴。一年来，县人大常委会以高度的政治责任感和历史使命感，坚持把巩固脱贫攻坚成果同乡村振兴有效衔接这个政治任务厚植在全县人大系统中，体现在人大工作中，全县人大系统形成整体联动、齐抓共推的强大合力。通过组织全县县乡 386 名人大代表和机关干部职工积极开展巩固脱贫攻坚同乡村振兴有效衔接各项工作，利用“人大制度宣传月”“千名人大代表送宪法（送法律）”等载体，积极宣传国家、自治区、市、县各级脱贫攻坚和乡村振兴有关政策、举措。受益群众 1.5 万余人次，发放宣传资料 1000 余张，组织 15 名代表开展防止返贫调研 1 次。县、乡两级人大常委会机关扎实开展定点帮扶，26 名干部职工与 17 户 86 名贫困人员完成结对帮扶，累计投入慰问资金、物资折款近 10 万元。上述工作的开展，为全县巩固脱贫攻坚成果有效衔接乡村振兴贡献了人大力量。

（五）聚焦维护社会稳定，服务全县维稳工作。坚持稳定压倒一切，增强忧患意识，把维护社会和谐稳定作为第一责任，切实落实好各项维稳工作措施。一是按照县委总体部署，县人大常委会主要负责同志分管全县维稳工作，积极融入全县中心工作；二是积极安排班子成员参与国安指挥部带班值班工作，服从大局，服务大局。2021 年常委会班子成员参与带班 80 余人（次），以实际行动有效落实维稳制度；三是高危敏感期，安排常委会班子成员蹲点乡镇、寺庙开展维稳督导，为确保全县和谐稳定作出了积极贡献。

二、高质量高标准，顺利完成了县乡人大换届工作

根据相关法律规定和区、市、县委关于做好县乡人大换届工作安排，扎囊县两级人大换届选举于今年 3 月份全面启动以来，在县委的坚强领导和市人大常委会的有力指导下，县人大常委会精心组织、扎实工作，5 月下旬依法选举产生了县乡两级新一届人大代表，5 月底和 7 月初先后召开乡（镇）新一届人民代表大会第一次会议和扎囊县新一届人民代表大会第一次会议，依法选举产生新一届县乡两级地方国家机关领导班子，圆满完成了县乡两级人大同步换届选举工作任务。

（一）选举产生县乡两级人大代表。选举产生县级人大代表 132 名，其中，党政领导干部代表 18 名。妇女代表 34 名。基层代表 114 名（农牧民代表 81 名，一线工人 2 名，专业技术人员 9 名，非公有制经济人士 2 名，统战宗教人士 5 名，其他干部 14 名，解放军代表 1 名）；选举产生乡级人大代表 245 名，其中，党政领导干部 44 名。妇女代表 63 名，基层代表 201 名（农牧民代表 166 名，一线工人 6 名，专业技术人员 17 名，非公有制经济人士 5 名，统战宗教人士 5 名，其他干部 2 名）。

（二）选举产生县乡国家机关领导人员。选举产生县级国家机关领导人员 36 名。其中，县人大常委会组成人员 25 人（主任 1 人、副主任 4 人、委员 20 人）；县长 1 人、副县长 7 人；选举县监察委员会主任 1 人、人民法院院长 1 人、人民检察院检察长 1 人。设立财政经济和农牧城建环境资源委员会，配备专职主任委员 1 人，兼职委员 4 人；设立法制司法监察和民族宗教委员会，配备专职主任委员 1 人，兼职委员 3 人；设立教育科学文化卫生和社会建设委员会，配备专职主任委员 1 人，兼职委员 3 人。选举产生乡（镇）国家机关领导人员 35 人。其中，乡（镇）人大主席 5 人、副主席 5 人；乡（镇）长 5 人、副乡（镇）长 20 人。5 个乡（镇）均配备兼职乡（镇）人大副主席 1 人。

（三）选举产生山南市第二届人民代表大会代表。2021 年 10 月 28 日至 29 日，扎囊县第十四届人民代表大会召开第二次会议，选举产生了扎囊县出席山南市第二届人民代表大会代表 27 人。其中，党政领导干部代表 7 人，农牧民代表 5 人，一线工人代表 1 人，专业技术人员代表 2 人，其他代表 12 人，少数民族代表 20 人（藏族 19 人、白族 1 人）。

三、坚持精准监督，群众重大关切监督取得新突破

县人大常委会始终坚持民生问题导向、资金使用导向、司法公正导向，完善监督方式方法，突出监督工作重点，努力提升监督实效。一年来，听取和审议专项工作报告6次，开展执法检查5次，专题调研和委托调研9次。

（一）聚焦民生热点监督。坚持把解决好人民群众最关心、最直接、最现实的问题作为工作的出发点和落脚点，加强了对改善民生工作的监督力度，使改革发展成果更多地转向民生、惠及百姓。比如，围绕教育事业问题，配合山南市人大常委会开展了全县教育经费投入和使用管理情况专题调研，有力促进教育公平，扎实推动教育事业稳步发展；围绕卫生健康问题，开展了《中华人民共和国食品安全法》执法检查，经常委会会议审议执法检查报告并形成审议意见移交政府限时处理。

（二）聚焦经济运行监督。坚持把促进宏观经济平稳运行放在重要位置，加强对预算管理的监督，督促县政府强化预算法定意识，不断提高依法执行预算和管理预算水平。一年来，在代表大会上听取和审查了上一年度财政预算执行情况和本年度财政预算（草案）的报告、上一年度国民经济和社会发展计划执行情况和本年度国民经济和社会发展计划（草案）的报告；在常委会上听取和审议了上一年度本级财政决算（草案）的报告、本年度上半年财政预算执行情况报告和国民经济和社会发展计划执行情况的报告。通过加强对经济运行、财政预决算及相关重点工作的监督，有力促进了全县经济平稳健康发展。

（三）聚焦公正司法监督。把公正司法和依法行政作为监督重点，积极推进依法治县。针对普法工作，开展了“七五”普法工作情况专题调研；针对民事审判工作，配合市人大开展了县人民法院民事审判工作及人民检察院就检察机关适用认罪认罚从宽制度落实情况调研；县人大常委会下还就《西藏自治区民族团结进步模范区创建条例》、《中华人民共和国未成年人保护法》和《西藏自治区实施〈中华人民共和国未成年人保护法〉办法》等法律法规贯彻实施情况组织开展执法检查，针对民族团结工作开展了《西藏自治区民族团结进步模范区创建条例》贯彻落实情况专题询问。同时，积极配合区、市人大开展立法评估、法律法规草案征求意见等工作，促进了我县相关法律法规的有效贯彻执行。围绕“法在我身边”、人大制度宣传月、“千名代表送宪法（法律）”等活动，组织全县各级人大代表、人大干部、相关部门等组成工作组，深入乡（镇）村（居）开展法律法规宣传宣讲，进一步提升了我县广大群众和人大代表尊法守法用法意识。

（四）聚焦生态环保监督。全面贯彻习近平生态文明思想，坚持把生态环境保护摆在更加突出位置。一是及时听取和审议了上一年度环境质量状况和环境保护目标完成情况的报告，认真提出意见建议，为打好污染防治战和保护碧水蓝天提供了保障。二是开展《西藏自治区国家生态文明高地建设条例》执法检查，督促相关部门大力宣传生态保护环境相关法律法规，加强对生活垃圾、建筑垃圾处置、垃圾焚烧等进行重点监督，进一步提高了全县关心支持和参与环境保护的主动性和自觉性。

四、坚持主体地位，人大代表工作展现新的活力

坚持以人民为中心，尊重代表主体地位，支持和保障代表依法履职，不断提升保障水平，代表工作活力持续增强，代表作用得到有效发挥。

（一）持续提升代表素质能力。为使新当选代表了解和掌握人大各项制度和相关知识，了解和掌握与代表履职相关的法律法规，增强代表意识，切实履行代表职责，充分发挥代表作用，提高工作业务能力和水平，县人大常委会以邀请专家学者授课等方式开展培训，一是组织72名新当选人大代表进行集中培训，通过培训提升新任代表的履职能力，提高思想认识。二是选派业务能手先后赴5个乡（镇），对200余名乡（镇）人大代表以会代训，宣讲政策，效果良好。

（二）积极组织闭会期间活动。依托“人大代表之家”“代表联络站”等平台，以及“三聚”“八个一”“法在我身边”“千名人大代表送宪法（法律）”“民族团结从我做起”“弘扬生态文明、建设美丽扎囊”和铸牢中华民族共同体意识学习教育实践等活动，

积极组织各级代表认真开展业务学习、工作述职、经验交流、联系选民、帮扶群众、宣讲政策等，丰富了代表在闭会期间的活动。此外，针对项目建设，开展代表视察和观摩，确保代表对全县的项目建设情况有进一步的了解和掌握，进一步增强了代表的履职意识和工作热情。一年来，县人大常委会组织法律法规宣讲 7 场次，发放各类宣传资料 500 余册，共有 200 余名各级人大代表积极参加，受教育群众达 3 万余人次。

（三）不断加强代表建议督办。2021 年度，代表共提出各种意见建议 55 件，县人大常委会及时移交政府办理。采取跟踪督办、现场督办等方式，督促承办单位认真办理和答复，并与县政府督查室对代表建议办理情况进行督查。截至目前，55 件意见建议中，已办理 6 件，正在办理 31 件，因条件限制一时难以实施列入规划 11 件，因缺少上位政策性文件支持、体制机制改革推进等原因确实难以解决需做好解释工作 7 件。

五、严于律己，强化自身建设提升履职能力

县人大常委会始终大力加强自身建设，不断锤炼严而实的工作作风，提升做好新时代新形势下人大工作的能力水平。

（一）扎实开展主题教育和实践活动。按照县委统一安排，先后组织开展党史学习教育、“政治标准要更高、党性要求要更严、组织纪律性要更强”专题教育等活动，成效明显。在各类活动中，紧密结合人大工作实际，精心制订方案，严格组织落实，一年来，县人大党组集中学习 12 次，开展专题研讨 5 次，召开党组班子民主生活会 2 次。通过认真开展主题教育和实践活动，有效解决常委会领导班子和机关干部在思想、工作、作风、纪律等方面存在的突出问题，促进了机关建设，树立了良好形象。

（二）建立健全相关制度规范各项工作。一年来，县人大常委会从常委会议事规则入手，在原有的基础上进一步修改完善了《扎囊县人大常委会议事规则》《扎囊县人民代表大会常务委员会联系人大代表办法》《扎囊县人民代表大会常务委员会组成人员守则》《扎囊县人民代表大会常务委员会代表视察办法》《扎囊县人大常委会关于切实加强和改进全县各级人大代表工作充分发挥闭会期间代表作用的决定》《扎囊县人大财政经济委员会咨询专家库工作规则》《扎囊县人大常委会机关财务管理制度》等 7 项制度，促进了县人大常委会工作的规范化、制度化建设。

（三）切实加强领导班子和干部队伍建设。县人大常委会坚持把政治建设摆在首位，组织常委会领导班子成员和机关干部学理论、学法律、学业务，用党的科学理论武装头脑，进一步增强“四个意识”、坚定“四个自信”、捍卫“两个确立”、做到“两个维护”，自觉对标对表县委工作大局，始终保持人大工作正确的政治方向。常委会班子认真坚持民主集中制原则，注重班子团结，形成了工作合力，高度重视干部队伍教育培养和作风建设，加强机关管理，提高了工作效能。

（四）强化作风建设持续正风肃纪。县人大党组成立以常委会主任为组长的党风廉政建设责任制工作领导小组，全面实行“一岗双责”，持续深化中央八项规定及其实施细则精神要求，将党风廉政建设责任制工作列入重要议事日程，同部署、同落实、同检查。一年来，县人大党组组织召开专题民主生活会 2 次，常委会领导班子以普通党员身份参加所在支部活动 13 次，通过组织学习典型案例通报、观看市纪委制作的反腐倡廉警示教育片、参观市检察院廉政教育基地、落实巡视巡察整改、开展专项治理工作等进一步筑牢了人大干部拒腐防变思想防线。同时，常委会班子成员按照分工层层签订党风廉政责任书，坚持从严控制和压缩“三公”经费支出，坚持个人重大事项报告制度，坚持带头开展述责述廉，坚持强化县人大常委会机关党费规范化收缴管，进一步增强了干部不能腐不敢腐不想腐的思想意识。

各位代表，一年来，成绩的取得，根本在于习近平总书记的领航掌舵和党中央的坚强领导，根本在于习近平新时代中国特色社会主义思想和习近平总书记西藏工作重要论述的科学指引，离不开县委的坚强领导和市人大常委会的有力指导，离不开全县各级人大代表、常委会组成人员和各级人大工作者共同努力，离不开“一府一委两院”协同配合和各乡

（镇）人大有力支持。在此，我代表县人大常委会向大家表示衷心的感谢，并致以崇高的敬意！

同时，我们也清醒地认识到，人大工作与县委要求、群众期待和时代使命相比，存在一些不足：主要是监督力度有待进一步加强，监督方式有待进一步改进，各室委的职能作用有待进一步发挥，人大工作规范化、科学化水平有待进一步提高，县乡之间、各乡（镇）之间、各村之间人大工作还存在差异等等；这些问题和短板影响了我县人大工作向前发展，对此，我们虚心听取各位代表意见建议，在今后的工作中不断加强和改进。

2022 年的工作安排

各位代表，党中央首次召开中央人大工作会议，习近平总书记发表重要讲话，对新时代人大工作提出了更高要求和目标，人大工作重任在肩。站在新的历史起点上，扎囊县人大常委会工作总体要求是：在县委坚强领导下，坚持以习近平新时代中国特色社会主义思想为指导，深入贯彻落实党的十九大、十九届历次全会精神和中央人大工作会议、中央第七次西藏工作座谈会精神，全面贯彻落实习近平法治思想、习近平总书记关于坚持和完善人民代表大会制度重要思想、关于西藏工作重要论述、视察西藏重要讲话重要指示精神和新时代党的治藏方略，增强“四个意识”、坚定“四个自信”、做到“两个维护”，坚持党的领导、人民当家作主、依法治国有机统一，坚持稳中求进工作总基调，不断发展全过程人民民主，锚定“四件大事”，以自治区第十次党代会和区党委经济工作会议部署及市委“六个走在前列”为指导，围绕县委经济工作会议确立的奋斗目标，依法履行职责，主动担当作为，高质量做好监督、决定、任免及代表和人大自身建设等方面的工作，切实为推动扎囊实现长治久安和高质量发展走在全市前列提供法治保障。

一、聚焦新思想，始终坚持党的领导。坚决捍卫“两个确立”，坚决做到“两个维护”是党的十八大以来最重要的政治成果、最重要的历史经验。新时代下，我县人大工作要坚持不懈用习近平新时代中国特色社会主义思想统揽人大各项工作，深入学习领会贯彻好习近平总书记在中央人大工作会议上的重要讲话精神，按照党中央关于加强和改进人大工作的意见，以及自治区党委关于人大工作“五个方面”具体要求，切实推进我县新时代下人大工作取得新进步、新实效，以实际行动体现人大系统对坚决捍卫“两个确立”，坚决做到“两个维护”行动自觉。在坚持党的全面领导这一最高政治原则下，坚决贯彻落实好党中央、区党委、市委、县委的各项决策部署，把党的领导落实到全县人大工作各方面全过程，把党的主张转化为全县群众的自觉行动。

二、立足新时代，主动服务发展大局。紧紧围绕全县中心工作，主动融入、积极作为，服务全局促发展，履职尽责抓落实。一是围绕推动县委决策部署的贯彻落实，把事关全县改革发展稳定和直接关系人民群众切身利益的重大事项、重大问题列入常委会议题，在深入调查和审议的基础上，依法作出决议、决定。二是认真贯彻落实中央办公厅印发的《关于健全人大讨论决定重大事项、各级政府重大决策出台前向本级人大报告的实施意见》的通知，依法监督和支持“一府一委两院”开展工作，推进我县民主法治建设。三是充分发挥县乡两级人大和代表的监督、履职作用，在巩固脱贫攻坚、推进乡村振兴、做好疫情防控等全县中心工作中发挥人大作用，贡献人大力量。

三、着眼新形势，依法行使监督职权。县人大常委会紧紧围绕全县经济社会发展大局和人民群众普遍关心的突出问题，加大依法监督力度。一是运用专题询问、履职视察等监督方式，积极回应社会关切。二是围绕经济平稳运行强化监督。三是加强生态环保工作监督。四是围绕法律法规实施开展执法检查监督。五是围绕农业农村、卫生、教育、民生保障领域重点监督。六是试行票决制、完善专题询问的组织方式和工作机制等，进一步完善我县人大监督机制，丰富监督手段。七是通过对人大任命干部的履职评议和对县直部门的工作评议等开展民主监督，强化被评对象责任感。

四、深化新实践，不断提升履职水平。一是强化代表履职服务保障。组织代表开展履职培训，提高代表履职能力和水平。丰富闭会期间代表活动内容和形式，进一步拓宽代表知情知政的渠道。二是加强与代表和群众的联系。持续强化“双联系”制度，支持和引导人大代表汇聚民意、反映民情、回应民声。三是加大代表建议议案的督办力度。坚持重点建议重点督办，综合运用多种监督形式，进一步提高建议议案办理质量和进度。四是强化做好规定动作。持续深入开展好“三聚”“八个一”“千名代表送宪法送法律”“法在我身边”“五查五增质效提升”“人大代表履职手册学习”等活动，不断提升代表依法履职水平。

五、落实新要求，着力增强工作本领。一是着力提升履职能力。深入学习贯彻党的十九大及其历次全会精神，以及中央人大工作会议和中央第七次西藏工作座谈会精神等，不断锤炼人大机关干部从严从实优良作风，切实增强做好人大工作的责任感和使命感。二是着力提高工作效能。加强人大干部队伍建设，完善常委会及其机关工作制度，激发工作活力，不断提高参谋服务水平。三是着力增强工作合力。注重与上级人大的沟通联系和对乡（镇）人大工作的指导，建立健全人大各工作委员会与对口职能部门联系机制，形成工作合力。

六、注入新动力，改进作风狠抓落实。全面贯彻落实区党委改进作风狠抓落实工作推进会精神，一是按照“六个表率”“四问四查”要求，从按时上下班、玩手机等细枝末节抓起，一点一点抓，一个一个改，从小到大，从点到面，逐步改进全县人大作风、会风、文风；二是建立健全各项人大议事制度、学习制度，会议制度、财务管理制度等等，通过制度建设规范人大工作，形成“铁打的制度流水的兵”；三是进一步严格执行中央八项规定及其实施细则，扎实做好党风廉政建设和意识形态工作，坚持新时代好干部标准和民族地区干部“四个特别”要求，打造让群众满意、让县委放心、不给组织添乱的人大工作队伍。

各位代表，风好帆悬开新局，砥砺奋进谱新篇。让我们更加紧密地团结在以习近平同志为核心的党中央周围，高举习近平新时代中国特色社会主义思想伟大旗帜，在县委的坚强领导下，恪尽职守、勇于担当，真抓实干、奋发有为，不断开创新时代人大工作新局面，为助推我县经济社会长治久安和高质量发展走在全市前列做出新的更大贡献，以优异成绩迎接党的二十大胜利召开！

中国人民政治协商会议扎囊县委员会常务委员会工作报告

——在政协第三届扎囊县委员会第二次会议上

查 斯

（2022 年 1 月 13 日）

各位委员：

我代表中国人民政治协商会议第三届扎囊县委员会常务委员会，向大会报告工作，请予审议。

2021 年工作回顾

一年来，在县委的坚强领导下，在县人大、政府的大力支持下，县政协党组团结带领全县政协组织、政协各参加单位和广大政协委员，始终高举爱国主义和中国特色社会主义伟大旗帜，深入学习贯彻习近平新时代中国特色社会主义思想、习近平总书记关于加强和改进人民政协工作的重要思想、关于西藏工作的重要论述和新时代党的治藏方略，牢牢把握团结、民主两大主题，立足新发展阶段，完整准确全面贯彻新发展理念，服务和融入新发展格局，努力寻求最大公约数、画出最大同心圆，不断实现政协工作新突破、新发展，为扎囊长治久安和高质量发展作出了应有贡献。

（一）坚决维护核心，强化政治引领，始终把党的领导作为政协工作的根本原则。坚持把党的领导作为人民政协事业发展进步的根本保证，加强思想政治引领，确保我县政协事业始终沿着正确的政治方向发展。一是深入学习党的创新理论，夯实共同思想政治基础。以推动“两学一做”学习教育常态化制度化、“不忘初心、牢记使命”主题教育、“三更”专题教育、党史学习教育为抓手，坚持以党组理论学习中心组学习为引领，采用“集中学习＋理论研讨，主题党日＋谈感受，视察＋参观学习红色基地＋交流体会，委员培训＋视察”等形式，深入学习党的创新理论最新成果，深入学习贯彻党的十九大和十九届历次全会、中央第七次西藏工作座谈会、自治区第十次党代会和山南市第二次党代会精神，深入学习贯彻习近平总书记“七一”重要讲话、视察西藏时重要讲话重要指示精神，深入学习贯彻王君正书记在山南考察调研时的重要讲话精神，深刻理解把握新时代党对人民政协工作的新部署新要求，坚持学懂弄通笃行。截至目前，共集中学习达 70 余次。开展学习研讨 9 次，委员培训 1 次，撰写学习心得体会 40 余篇。二是坚持党的全面领导，自觉践行“两个维护”。把坚决做到“两个维护”作为第一位的政治要求，始终在思想上政治上行动上同以习近平同志为核心的党中央保持高度一致，把党的主张和区党委、市委、县委的部署要求贯彻落实到政协履职全过程、各方面。坚持重大事项请示报告制度，主动向县委汇报政协工作、重要事项 30 余次，始终在县委的坚强领导下依法依章履职。三是坚决扛起政治责任，将党的工作要求落实落细。充分发挥政协党组把方向、管大局、保落实的重要作用，严格执行民主集中制，严格落实“三重一大”决策制度，认真贯彻落实市委关于加强新时代山南政协系统党的建设工作的实施意见，建立健全政协领导班子联系党外委员制度，着力推进党的工作对政协委员的全覆盖。以党员“三包五带五促”为抓手，扎实推进县委提出的“3355”工作，“十小进农家”创建小康文明示范户活动。以学史力行为落脚点，深入开展为民办实事活动，积极解决西卡学村道路维修、桑耶社区搬迁户取暖木材等问题，以实际行动践行政协责任担当。截至目前，政协机关干部开展结对帮扶工作共4次、折合资金4.4万余元；开展为民办实事活动5次、投入资金1万余元。

（二）倾力服务中心，有效履行职能，始终把助推高质量发展作为政协工作的重要职责。坚持把改善民生、凝聚人心作为履职的出发点和落脚点，紧紧围绕稳定、发展、生态、强边四件大事，建真言、献良策，积极助推县委重大决策部署贯彻落实。一是围绕换届工作优化委员结构。政协党组在县委的坚强领导和市政协的有力指导下，在大会临时党支部、大会主席团的直接领导下，严格落实县乡换届工作部署要求，县政协党组、县委组织部、统战部深入调研，广泛征求社会各界意见建议，对委员结构进行优化，三届扎囊县政协委员中，中共党员、党外人士、妇女、研究生比例较上届分别提高23.2%、45.6%、6%、50%，政协人才库、智囊团作用得到显著提升。7月4—6日，顺利召开政协第三届扎囊县委员会第一次会议，高质量完成了政协换届工作，为推动扎囊县政协事业健康有序发展奠定了坚实的基础。二是围绕重大决策部署协商议政。围绕县委重大决策积极咨政建言，委员们认真听取和协商讨论政府工作报告、政协常委会工作报告、提案工作情况报告和其他报告等方面建言献策，广泛征求意见，汇集多方智慧，共商大计，政协二届七次会议、政协三届一次会议共提出了37条意见建议。围绕我县重点工程项目建设、民族团结创建工作，组织委员开展了专题调研。三是围绕重要任务开展民主监督。突出助推重要任务落实，重点项目建设、产业发展、生态保护、民生改善、优惠政策落地等工作，聚力做好专项监督。按照县委安排，县政协主席班子成员主动承担巩固扩展脱贫攻坚成果同乡村振兴有效衔接迎检、疫情防控等工作任务。积极组织委员30余人次，参加县委常委会、县长办公会、中小考监考、民主评议、听证会、审判会等工作，认真履行了民主监督职能，为委员知情明政和开展监督工作创造条件。四是立足本职工作献计出力。一年来，全县各界别政协委员靠前履职，甘愿奉献，主动承担社会责任。针对建议修建吉汝乡沙布夏村蓄水池的提案，县政协主要领导积极与县委政府主要领导沟通协调，力争2022年县政府投资50万元新建沙布夏村蓄水池及配套设施，解决沙布夏村1000余亩耕地灌溉问题。工商界尼玛委员积极为德吉新村维修公厕，解决群众实际困难。宗教界委员阿旺单增发挥自身优势，免费开展义诊发放药物，得到干部群众一致好评。

（三）广泛聚力凝心，发挥统战功能，始终把团结民主作为政协工作的不变主题。坚持把人民政协作为解决人心向背、力量对比的重要平台，认真履行维护稳定第一政治责任，把凝聚共识工作做在人心上、落到关键处，着力促进社会长治久安。一是聚焦特殊使命，着力铸牢中华民族共同体意识。坚持把铸牢中华民族共同体意识、促进宗教与社会主义社会相适应作为政协发挥特殊优势作用的职责使命和履职重点，各宗教界委员结合自身实际，深入宣讲自治区民族团结进步模范区创建条例及规划，牢固树立“三个离不开”思想，树立正确的“五观”，增进“五个认同”，不断促进各民族交往交流交融。助力开展“遵行四条标准、争做先进僧尼”等四项教育活动，深入宣讲党的宗教政策和利寺惠僧政策，教育引导广大僧尼认清十四世达赖和达赖集团的反动本质，旗帜鲜明反对分裂，坚决维护祖国统一。积极发挥各界别委员作用，教育引导信教群众理性对待宗教，减少宗教消费，过好当下幸福生活，不断淡化宗教消极影响，促进宗教与社会主义社会相适应。二是创新工作载体，广泛凝聚共识。根据《政协领导班子联系党外委员制度》，通过走访座谈、看望慰问、听取意见、了解思想动态等形式，积极发挥政协领导班子在思想引领、带头履职、民族团结、合作共事等方面的模范作用，切实强化思想政治引领，教育引导广大委员讲好中国故事、西藏故事、政协故事，用身边的新发展新变化，把惠在何处、惠从何来讲清楚、讲明白，着力坚定各族群众感党恩听党话跟党走的信心和决心。截至目前，共入户宣讲40余次，节前慰问4万余元。三是主动担当作为，勇担政治责任。县政协常委会班子成员以团结为基础，视稳定为生命，履行一岗双责，深入维稳一线，带头值班带班，每逢敏感节点、重大节庆日，坚守阵地、心系稳定，深入基层、蹲点驻村，走村入户、扶贫帮困，宣讲党的政策，为全县稳定保驾护航。各位委员严守政治纪律、工作纪律，发挥模范带头作用，在各条战线上争当维护稳定团结的排头兵。

（四）坚持贴近民心，创新履职载体，始终把为民尽责作为政协工作的价值追求。创新工作举措，努力推动政协经常性工作出彩出新，积极打造政协工作新亮点。一是创新开展提案工作。完善提案督办机制，以办理前征求意见、办理中民主协商、办理后跟踪问效等方式，积极会同县委、政府督察室组织提案办理单位，提案人联合对政协提案，开展交办、督办、实地视察、通报、“回头看”等工作，推动提案得到有效落实。截至目前，政协三届一次会议共收到提案51件、立案49件，立案率达到96.1%，提案全部办复，回复率达100%。二是不断深化各级政协交流合作。积极协助广西、山西、安徽、陕西、林芝、日喀则、阿里及我市有关县（区）政协等20余个地方政协考察团在我县调研考察学习，促进了工作交流，提高了扎囊知名度和美誉度。组织县政协干部和政协委员60余人次赴我县各重要产业、重大项目和隆子、错那两地进行了考察学习，进一步开阔了视野，增长了见识。三是着力做实社情民意信息。通过以入户、座谈等方式深入委员家中开展了“坐诊”听民意、“出诊”察民情、“会诊”解民忧等方式，着眼于人民群众普遍关注的热点、难点问题，收集并办结3条、上报涉及市级社情民意1条。四是积极加强政协宣传工作。为反应县政协工作动态和委员履职风采，广泛宣传政协理论和政协业务知识，切实增强政协工作的社会影响力。截至目前共上报60余篇工作动态，其中市级政协采用并刊登50余篇。同时，根据县委统一部署，政协领导班子成员深入各乡（镇），各村（居）集中宣讲党的十九届六中全会、中央第七次西藏工作座谈会、区党委第十次党代会和市委第二次党代会精神，习近平总书记“七一”重要讲话、视察西藏重要讲话重要指示精神等18场次；结合委员培训专题宣讲3场次。各界别政协委员结合自身岗位，深入第一线，传播正能量，广泛凝聚共识，发挥了先锋模范作用。

（五）坚守使命初心，夯实工作基础，始终把自身建设作为政协工作的基本前提。始终把加强自身建设作为强基固本的关键，坚持在强自身、提能力、打基础上下功夫，着眼解决薄弱环节、补齐工作短板，不断提升政协工作水平。一是狠抓委员履职效能建设。完善委员履职工作规则、委员联络服务办法等制度，研究制定《委员考核办法》，加强委员履职登记，健全完善委员履职档案，对委员履职实行量化考核，积极组织基层委员参加履职活动，着力推动“荣誉委员”向“责任委员”转变。二是狠抓政协自身力量建设。积极争取县委、政府支持，为每个乡镇政协联络办解决2万元活动经费，进一步完善充实各乡（镇）政协委员联络办公室人员、设备。为发挥乡镇政协联络力量，组织县委办、县委组织部、各乡镇，开展了交叉考核工作，按照“五有”工作要求，进一步加强了基层政协工作力量，确保基层政协工作落地落实。三是狠抓机关作风建设。坚持全面从严治党，强化主体责任，突出问题导向，认真落实党风廉政建设工作要求，及时召开巡视“回头看”反馈意见整改专题民主生活会，组织召开党风廉政建设和反腐败工作专题会议，层层签订了党风廉政建设和反腐败工作责任书，从严教育管理干部职工，持之以恒正风肃纪。积极改进文风会风，提高工作效能，力戒形式主义和官僚主义，领导干部作风和机关工作作风进一步转变。密切联系服务群众，主动为基层办实事做好事，积极帮助困难群众排忧解难，进一步密切了党群干群关系，充分展示了人民政协为人民的时代风采。

在肯定成绩的同时，对标对表新时代人民政协的新使命新要求，我们的工作还存在不少短板和弱项，还有一些亟待加强和改进的地方，离县委的要求还有一定的差距。主要是对新时代如何进一步发挥政协作用研究不够多；政协系统党的建设

"两个全覆盖"还不完善；基层政协委员活动不够规范；提案质量不高、提案服务水平有待进一步提高；委员履职活力还需进一步激发等。对此，我们一定会高度重视，认真对待，深入研究，在今后工作中切实加以改进。

2022年工作安排

2022年我县政协工作总体思路是：坚持以习近平新时代中国特色社会主义思想为指导，深入贯彻习近平总书记关于加强和改进人民政协工作的重要思想、关于西藏工作的重要论述和新时代党的治藏方略，深入贯彻习近平总书记在"七一"重要讲话、总书记视察西藏重要讲话重要指示精神，深入贯彻党的十九届五、六中全会和自治区第十次党代会、山南市第二次党代会精神，深入学习贯彻王君正书记在山南考察调研时的重要讲话精神，聚焦抓好"四件大事"、完成"四个确保"、实现"六个走在前列"，切实加强人民政协专门协商机构建设，认真履职尽责、凝心聚力，提高建言资政和凝聚共识水平，着力助推县委、政府各项决策部署贯彻落实，切实担负好"落实下去、凝聚起来"的政治责任，为推进扎囊县长治久安和高质量发展，建设团结富裕文明和谐美丽的社会主义现代化新扎囊做出新贡献。

（一）坚持党对政协工作的全面领导。坚持牢记人民政协是政治组织，增强"四个意识"、坚定"四个自信"、做到"两个维护"，牢牢把握正确的政治方向，强化为党做好政协工作的使命感、责任感和紧迫感。要自觉服从县委的全面领导，带头落实县委的部署要求，主动向县委汇报请示政协工作的重要事项、重要活动、重要问题，把发挥"三个重要"的作用贯通起来，把"三个赋予、一个有利于"的要求体现出来，把各族各界群众的智慧和力量凝聚到实现我县"十四五"规划和二〇三五年远景目标上来，确保县委决策部署在政协政令畅通、执行到位、落地见效。按照新时代党的建设总要求，切实扛起管党治党政治责任，着力加强政协系统党的建设，进一步强化政协党组织的政治领导力、思想引领力、群众组织力、社会号召力，充分发挥政协党组把方向、管大局、保落实的领导作用。积极发挥政协党内领导班子联系党外委员的作用，加强思想政治引领，最大限度地把各族各界群众的积极性、主动性和创造性调动起来，为推进我县各项事业凝人心、添助力、增合力。

（二）坚持广泛凝聚人心和力量。坚持把加强思想政治引领、广泛凝聚共识作为中心环节，把凝聚共识作为政协重要职能，立足西藏社会主要矛盾和特殊矛盾，深刻认识政协工作的特殊性，针对委员组成和工作对象上民族宗教界人士和党外委员占比高的实际，突出工作侧重点，扎实推进民族团结创建活动，积极教育引导广大委员爱党爱国，拥护社会主义制度，站稳维护祖国统一、开展反分裂斗争的政治立场，让"三个离不开""五个认同"思想更加深入人心。助力深化"遵行四条标准、争做先进僧尼"教育实践活动，发挥好宗教界委员和宗教界代表人士的作用，积极教育引导寺庙僧尼更加自觉地爱国爱教、遵规守法，教育引导信教群众理性对待宗教、追求健康文明生活方式、过好今生幸福生活，淡化宗教消极影响。聚焦"四件大事"和群众普遍关切的问题进行深入协商，把凝聚共识贯穿到调查研究、视察考察、协商履职等各个方面各个环节，提供决策参考，转变把履行职责简单地等同于就贯彻落实政策提出意见建议的现象，鼓励和支持委员深入界别群众，正面发声、宣传政策、解疑释惑、理顺情绪、服务群众，更加全面地履职尽责，为助推我县各项事业发展汇聚强大正能量。

（三）坚持有效发挥协商议政作用。坚持把围绕中心、服务大局，紧盯稳定、发展、生态、强边四件大事，瞄准我县"十四五"规划，结合我县实际拓展协商平台，丰富协商内容，提高协商质量，在专门协商机构更好"专"出特色、"专"出质量、"专"出水平上下功夫。把履职质量导向放在更加突出的位置，注重从"做了什么""做了多少"向"做出来什么效果"转变，把提高双向发力质量贯穿政协工作的全过程和各方面。全面落实党委会同政府、政协制定实施年度协商计划制度，每年围绕县委政府中心工作，组织开展1—2次协商活动，经常性灵活性开展专题协商、对口协商、界别协商和提案办理协商等，更好地发挥专门协商机构作用。要坚持有事好商量、众人的事情由众人商量，深入开展民主协商、参政协商、社会协商，更加充分地保障群众的民主权利，全力助推我县治理体系和治理能力现代化。要抓好委员队伍建设，教育引导委员坚定为国履职、为民尽责的情怀，强化政治责任，增强履职本领，加强服务管理，让委员真正严起来、紧起来、动起来，跟上新时代的步伐，跟上县委的要求，切实增强专门协商机构的工作实效。

（四）坚持加强和完善制度建设。坚持把加强制度建设作为推进政协工作的提质增效的关键，针对工作短板和弱项，积极做好与上级政协的对接衔接，加强学习借鉴和探索创新，坚持落细落小落实，进一步建立健全我县政协组织坚持和完善党对政协领导的制度、专门协商机构的制度、化解矛盾凝聚共识的制度、强化政协委员责任担当制度等各项制度，结合实际健全完善年度协商计划制定、专门委员会工作、委员履职成果转化等重要制度，着力抓好具体落实，政协领导班子带头维护制度权威、做制度执行的表率，政协干部和委员要尊重政协制度、维护政协制度、执行政协制度，把制度意识体现在思想上、落实到行动上、贯穿于工作中，切实强化制度的执行力，真正通过严格执行各项制度创新履职方法。

（五）坚持加强政协自身建设。坚持把加强自身建设作为加强和改进人民政协工作的重要基础，着力提升能力素质，强化作风建设，确保我县政协队伍在新时代“跟得上趟、承得了重”。继续狠下功夫，继续抓好乡镇政协联络办建设。按照“五有”要求，创新建立县政协主席班子成员联系乡镇政协联络办工作办法，落实“1114”工作法，即：乡镇政协联络办每年至少开展1次协商活动，开展1次培训工作，开展1次委员家访，上报4篇社情民意信息，力争乡镇政协工作有创新、有特色、有亮点。着力提高政协工作质量和水平，要强化政协领导班子成员的主责主业，树立“一线”意识、培育“一线”干劲、拿出“一线”精神，更好地担负起工作责任。加强政协常委会建设，坚持学在前、想在前、干在前，在带头谋事创业、带头履职尽责、带头发挥作用上做好表率。加强委员队伍建设，完善以会带训方式，建立健全轮训制度，通过西藏社会主义学院和市委党校培训班等途径，切实提高委员履职能力水平。要加强纪律作风建设，认真落实党风廉政建设责任制，严格执行中央八项规定精神，强化日常教育监督，从严要求管理政协干部和政协委员，持续深入改进作风，始终树好政协形象。

大事记

1月

4日 扎囊县召开村(社区)“两委”换届工作安排部署会。县委书记、县村(社区)“两委”换届工作领导小组组长雷丰出席会议并讲话,市委宣传部部务委员、驻市委宣传部纪检监察组组长、市委第二指导检查组副组长白玛多吉作指导讲话。

7日 扎囊县新时代文明实践中心理论政策志愿宣讲组深入桑耶镇、阿扎乡开展中共十九届五中全会及中央第七次西藏工作座谈会精神宣讲、“感党恩、听党话、跟党走”宣讲会、“四讲四爱”群众教育实践活动“回头讲”巡回宣讲活动。

8日 扎囊县公安局举行庆祝中国人民警察节活动。县委常务副书记欧雷,县委常委、政法委书记、公安局局长索朗巴珠分别致辞。

同日 市委第二指导检查组副组长、市委宣传部部务委员、市纪委监委派驻市委宣传部纪检组组长白玛多吉一行深入桑耶镇指导村(社区)“两委”换届工作。县委常委、组织部部长黄健及县换届领导工作小组办公室相关人员一同检查。

8—10日 县民创办开展市级民族团结试点单位指导自验评估工作。

10日 县委常委、组织部部长黄健深入西卡学村调研村“两委”换届前期工作开展情况。县政协副主席、扎其乡党委书记边巴次仁,扎其乡党委副书记、乡长庞伟等一同调研。

12日 县市监局组织执法人员对辖区内市场主体开展各项安全监督检查工作。

14日 扎囊县召开县委经济工作会议。县委书记雷丰出席并讲话,县委副书记、县长唐勇作具体安排部署。

同日 召开中共扎囊县第九届委员会第八次全体会议。会议审定通过《中共扎囊县委员会关于制定国民经济和社会发展第十四个五年规划和2035年远景目标的建议(讨论稿)》〔以下简称《建议(讨论稿)》〕,县委书记雷丰就《建议(讨论稿)》向全会作了说明。

同日 扎囊县政协组织召开政协第二届扎囊县委员会第十次常委会。会议审议通过《县政协二届第十次常委会议议程(草案)》《关于召开县政协二届第七次会议的决定(草案)》《县政协二届第七次会议议程(草案)》《县政协二届第七次会议日程(草案)》《政协常委会工作报告(草案)及报告人、提案工作情况报告(草案)及报告人(草案)》。

15日 县十三届人大九次会议各代表团召开第一次会议。会上推选各代表团团长、副团长,酝酿大会主席团成员、秘书长名单和大会议程。

同日 政协第二届扎囊县委员会第七次会议第一次全体会议开幕。县委书记雷丰,县委副书记、县长唐勇,县委副书记、人大常委会主任巴桑次仁等县领导到会。

同日 召开政协第二届扎囊县委员会第七次会议提案审查会。梳理提案33件,立案32件。

16日　县政协组织召开政协第二届扎囊县委员会第十一次常委会。会议审议通过县政协第二届第十一次常委会会议议程（草案）、政协常委会工作报告决议（草案）、提案工作情况报告决议（草案）、提案审查情况报告（草案）、政治决议（草案），听取各小组讨论情况汇报。

同日　扎囊县十三届人大九次会议隆重开幕。县委书记雷丰出席，大会执行主席达娃主持，县委副书记、县长唐勇代表县政府向大会作报告。会议听取县人民政府副县长央拉所作的《扎囊县人民政府关于扎囊县十三届人大七次会议议案、建议、批评和意见办理情况的报告》，书面审查《扎囊县国民经济和社会发展第十四个五年计划和二〇三五年远景目标纲要（草案）》《扎囊县2020年国民经济和社会发展计划执行情况及2021年国民经济和社会发展计划（草案）的报告》和《扎囊县2020年财政预算执行情况和2021年财政预算（草案）的报告》。

同日　政协第二届扎囊县委员会第七次会议胜利闭幕。大会审议通过政协第二届扎囊县委员会第七次会议关于常务委员会工作报告的决议，审议通过政协第二届扎囊县委员会第七次会议关于提案工作情况报告决议，审议通过提案审查情况的报告，审议通过政协第二届扎囊县委员会第七次会议政治决议。

16—17日　县十三届人大九次会议举行主席团第二次会议。会议听取各代表团审议“六个报告和一个规划纲要（草案）”的情况，审议通过扎囊县人民政府工作报告的决议（草案）、扎囊县“十四五”时期国民经济和社会发展规划和二〇三五年远景目标纲要的决议（草案）、扎囊县2020年国民经济和社会发展计划执行情况及2021年国民经济和社会发展计划的决议（草案）、扎囊县2020年财政预算执行情况和2021年财政预算的决议（草案）、扎囊县人大常委会工作报告的决议（草案）、扎囊县人民法院工作报告的决议（草案）、扎囊县人民检察院工作报告的决议（草案）。

17日　扎囊县召开疫情防控工作安排部署会。县委书记雷丰出席并讲话，县委副书记、人大常委会主任巴桑次仁主持。县委副书记、县长唐勇及副县长央拉出席。

19日　扎囊县召开2021年社区矫正工作联席会议。县委常委、政法委书记、公安局局长索朗巴珠出席会议并讲话，县法院院长格桑次仁出席并解读相关法律法规。

21日　县委书记雷丰主持召开县委理论学习中心组第一次学习会，就习近平总书记近期重要讲话和重要指示批示精神进行学习，研究扎囊县贯彻意见。

22日　山南市人大常委会副主任陈海清到扎囊县宣讲区党委人大工作会议精神。

30—31日　扎囊县由县委、人大、政府、政协主要领导和相关部门组成的慰问组开展“三大节日”走访慰问活动。慰问组分别赴拉萨市、山南市、各乡镇、村居，对“三老”人员、驻军部队、驻村工作队、驻寺干部、宗教界代表人士、退役军人、弱势群体、困难妇女、困难职工等开展慰问。

2月

3日　扎囊县召开“政治标准要更高，党性要求要更严，组织纪律性要更强”专题教育动员部署会。县委书记雷丰出席并讲话，县委副书记、县长唐勇主持。

5日　扎囊县部分村（社区）圆满完成换届选举工作，选举产生新一届党组织班子。县委书记雷丰，县委副书记、县长唐勇，县委副书记、人大常委会主任巴桑次仁，县政协主席达娃等分别赴联系村居开展指导。

同日　扎囊县委常委会班子召开2020年度民主生活会，县委书记雷丰主持并讲话。市委组织部副部长田卫斌、市纪委监委第三监督检查室一级主任科员旦增罗布到会指导并点评，县委班子成员参加会议。

6日　山南市人民检察院党组书记、检察长刘志刚等人赴扎囊县开展调研督导工作。

7日　扎囊县德吉新村第一批西藏自治区基层

理论宣讲示范基地挂牌成立。市委常委、宣传部部长燕红致辞并与区党委讲师团团长范磊共同为基地揭牌，县委书记雷丰主持。

8日 县政府党组召开2020年度民主生活会，县委副书记、政府党组书记、县长唐勇主持会议并讲话。县委常委、纪委书记、监委主任骆新，县委组织部相关负责人到会指导并点评，“两代表一委员”应邀出席会议，在家政府党组班子成员参加会议。

9日 县委书记雷丰主持召开县委理论学习中心组学习会暨“政治标准要更高、党性要求要更严、组织纪律性要更强”专题教育第一次研讨会。

12日 县委书记雷丰，县委副书记、县长唐勇，县委副书记、人大常委会主任巴桑次仁开展节前走访慰问活动，向坚守岗位的一线干部职工送去春节的问候和节日的祝福。

18日 扎囊县被中央农办、农业农村部评为2020年度全国村庄清洁行动先进县。

22日 自治区人大常委会副主任、市委书记许成仓深入扎囊县调研生态保护、乡村振兴、产业发展、巡视整改、党的建设等各项工作。

23—24日 县委书记雷丰，县委副书记、县长唐勇，县委副书记、人大常委会主任、政协主席达娃赴联系村居指导村民委员会换届工作。

27日 扎囊县62个村（社区）村（居）民委员会换届选举工作完成。

28日 中国共产党扎囊县第九届纪律检查委员会第六次全体会议召开，县委书记雷丰出席会议并讲话。会议审议通过骆新代表县纪委常委会所作的题为《坚持党章和宪法赋予繁荣职责定位 为全面建设社会主义现代化新扎囊提供坚强政治保障》的工作报告。

3月

3日 扎囊县召开党史学习教育动员会，对扎囊县党史学习教育工作进行动员部署。县委书记雷丰出席会议并讲话，县委副书记、人大常委会主任巴桑次仁主持，县级领导、县中（直）单位负责人参加会议。

4日 政协扎囊县委员会党组召开“政治标准要更高、党性要求要更严、组织纪律性要更强”专题教育第一次集中学习研讨交流会。县政协党组书记、主席达娃主持并讲话。

同日 县委副书记、县长唐勇赴扎唐镇桑玉村和嘎杂村督导检查各项工作开展情况。

5日 全县广大党员干部群众同步收听收看十三届全国人大四次会议开幕式，认真聆听政府工作报告，学习领会大会精神。

同日 扎囊县新时代文明实践中心组织文明志愿者、巾帼志愿者、青年志愿者等开展“学雷锋情暖敬老院志愿服务”“喜迎大庆 学习雷锋”环境综合整治、送医送药送理论、文明劝导等活动。

6日 县人大常委会党组召开理论学习中心组学习暨“政治标准要更高、党性要求要更严、组织纪律性要更强”专题教育第一次研讨会。县委副书记、人大常委会主任巴桑次仁主持并讲话。

8—11日 扎囊县举办2021年新任村（社区）干部岗前教育暨国家通用语言培训班。

10日 扎囊县召开民族团结进步创建培训会。

11日 扎囊县召开“四讲四爱”群众教育实践活动先进集体和优秀宣讲员表彰大会。县委书记雷丰出席并讲话，县委副书记、人大常委会主任巴桑次仁作安排部署，县委常委、宣传部部长陈奎胜主持。

同日 扎囊县召开宣传思想暨意识形态工作会议。县委书记雷丰出席并讲话，县委副书记、人大常委会主任巴桑次仁主持，县委常委、宣传部部长陈奎胜作安排部署。

同日 扎囊县召开政法队伍教育整顿动员部署会。县委书记雷丰出席并讲话。县委副书记、人大常委会主任巴桑次仁主持。

12日 扎囊县开展万人万亩义务植树活动。义务植树面积共0.26万亩，其中市直机关560亩，参与人数6000余人；扎囊县各机关435亩。参与人数490人；各乡镇、村居2005亩，参与人数3700余人。栽植树种主要有樟子树、刺槐、杨柳插杆等。

15日 县市监局联合消防大队开展以“守护

安全 畅通消费”为主题的消费者权益保护日活动。

16日 扎囊县春耕春播工作全面铺开。市政府副市长索朗曲巴、县委书记雷丰到现场指导。

17日 扎囊县召开县十三届人大九次会议代表意见建议交办会。县委副书记、人大常委会主任巴桑次仁主持并讲话。县委常委、副县长扎西多布杰,县人大常委会副主任永才出席会议。

同日 扎囊县召开2020年度“遵行四条标准争做先进僧尼”教育实践活动表彰大会。县委书记雷丰出席并讲话,县委副书记、敏珠林寺管会党组书记李世能主持。

18日 扎囊县召开县委理论学习中心组党史学习暨“三更”(政治标准要更高、党性要求要更严、组织纪律性要更强)专题教育第二次研讨会,围绕“三更”专题加强党性修养、坚定理想信念、勇于担当作为开展交流研讨。

23日 县委常委、宣传部部长陈奎胜等人深入辖区铁路沿线村庄开展路外安全宣传教育活动。

24日 扎囊县组织党员干部集中观看警示教育片《全面从严治党在西藏》第一集《没有任何特殊性》、第二集《正风肃纪不松劲》。

28日 扎囊县隆重举行西藏百万农奴解放62周年纪念日“升国旗唱国歌”仪式。县委书记雷丰出席并讲话,县委副书记、县长唐勇主持,县级领导出席仪式。

29日 扎囊县召开乡村振兴专干座谈会,县委常委、组织部部长黄健主持会议并讲话。

同日 扎囊县召开第十三届人民代表大会常务委员会第二十五次会议。会议听取审议县人民政府关于法治政府建设情况的报告、县直有关部门学习宣传贯彻执行山南市出台的5件地方性法规情况的报告、县委组织部关于人事任免职事项的说明、县人民政府人事任职的议案、县监察委人事任职的议案以及县人民法院人事任命的议案。会议任命朱军强为县监察委副主任、旦增平措为扎囊县财政局(政府国有资产监督管理委员会)局长(主任)、朱忠奎为扎囊县交通局局长、潘博浩为扎囊县统计局局长。

31日 纪念西藏民主改革62周年自治区宣讲团宣讲报告会在扎囊县举行。西藏自治区社科院党组成员、副院长、一级巡视员吴庆军以《深入学习贯彻新时代党的治藏方略 推进西藏长治久安和高质量发展》为题作宣讲报告。

4月

1日 广西隆林县政协副主席张顺国一行18人莅临扎囊县考察调研巩固脱贫攻坚成果助推乡村振兴工作经验做法。县政协党组副书记、副主席、二级调研员达娃索朗一同考察调研。

2日 县党史学教办组织县级领导干部、四级调研员及乡镇党政正职以“缅怀革命先烈 传承红色精神”为主题,前往山南市烈士陵园和博物馆开展现场学习活动。

同日 扎囊县新时代文明实践中心组织县委宣传部、统战部、民宗局、文化局、司法局、卫健委、农业农村局等单位,在吉汝乡热正岗村开展新时代文明实践活动之送文化、送科技、送医疗、送法律、送温暖,“五下乡”活动。

8日 县人大常委会开展执法检查和专题调研,对扎囊县《中华人民共和国森林法》《西藏自治区实施〈中华人民共和国森林法〉办法》开展执法检查,调研全县国有自然资源资产管理情况。

10日 扎囊县召开第九批驻村工作总结暨第十批驻村工作动员部署会。县委书记雷丰出席会议并讲话,县政协主席达娃主持。

12日 扎囊县召开十三届人民代表大会常务委员会第二十六次会议,县委副书记、人大常委会主任巴桑次仁主持。会议审议通过《扎囊县县乡两级人大换届选举工作实施方案(草案)》《关于扎囊县第十四届人民代表大会名额分配和选区划分的决定(草案)》《扎囊县县乡两级人民代表大会代表换届选举日的决定(草案)》《扎囊县人民代表大会常务委员会关于任命县选举委员会组成人员的决定(草案)》《扎囊县人民代表大会常委会关于任命乡级选举委员会组成人员的决定(草案)》等。

14日 扎囊县召开政法队伍教育整顿工作第

二次推进会。县委书记雷丰主持。会议传达学习《全国政法队伍教育整顿期间“自查从宽，被查从严”政策的意见》以及自治区第三督导组对扎囊县进行督导检查反馈意见。

15日 扎囊县召开县委理论学习中心组学习会暨党史学习教育第一专题研讨、“三更”专题教育第三次研讨会。

同日 中国共产党扎囊县第九届委员会第九次全体会议召开，县委书记雷丰出席会议并讲话。会议表决通过《关于召开中国共产党扎囊县第十次代表大会的决议（草案）》，安排部署县乡换届相关事宜。会议宣读《关于召开中国共产党扎囊县第十次代表大会的决议（草案）》〔简称“决议（草案）”〕，并就决议（草案）向全会作出说明。

19日 扎囊县召开中央第十巡视组反馈意见整改专题民主生活会。县委书记雷丰主持并作个人对照检查。市委组织部副部长、老干部局局长潘华泉，市纪委监委派驻民政局纪检组组长格萨出席并点评指导。

23日 市人大常委会副主任贡觉多吉一行赴扎囊县对“雅砻环保行”活动进行检查指导。市县相关领导陪同。

25日 扎囊县召开政法队伍教育整顿学习教育环节转段动员部署会，推动扎囊县教育整顿走深走实。县委书记雷丰出席并讲话。

27日 扎囊县召开乡镇领导班子任职暨廉政谈话会。县委书记雷丰出席并讲话，县委副书记、县长唐勇主持，县委常委、组织部部长黄健宣读县委任职文件；县委常委、纪委书记骆新作廉政讲话。

29—30日 扎囊县5个乡镇基层党代表（党员）大会召开完毕。自治区巡回督导组组长、区党委组织部组织三处处长普布桑珠，市委组织部副部长刘猛一行到扎唐镇、扎其乡督导检查党代表大会开展情况。

5月

11日 扎囊县开展以“开展政法队伍教育整顿，构建平安和谐法治扎囊”为主题的法律宣传活动。

12日 扎囊县举行党史学习教育暨“三更”专题教育知识竞赛，全县共9个党总支80余人参加。县委常务副书记欧雷，县委常委、组织部部长黄健，县政协副主席马忠福出席活动。

18日 扎囊县召开农村集体产权制度改革暨农牧民增收工作推进会。县委书记雷丰出席并讲话，政府副县长刘志刚主持。

20日 扎囊县举行党史学习教育专题辅导报告会。会议邀请自治区党校党建教研部张梦圆作专题辅导。县委常务副书记欧雷主持会议，县领导雷丰、唐勇等出席会议。

同日 以团区委宣传和新媒体工作部二级调研员贺骥为组长的自治区青年宣讲团赴扎囊县开展党史学习教育宣讲，县委常委、组织部部长黄健主持宣讲活动。

22日 扎囊县开展县乡两级人民代表大会代表换届选举，按照法定程序选举产生第十四届县人民代表大会代表和新一届乡（镇）人民代表大会代表。

27日 县委召开常委会会议，听取县乡领导班子换届工作进展情况汇报。县委书记唐勇主持并讲话。

28日 扎囊县5个乡（镇）分别召开新一届人民代表大会第一次会议。县委常委带队的换届选举指导组分赴各乡镇，对人民代表大会的召开情况进行具体督查指导，确保人民代表大会各项程序依法依规进行。

31日 扎囊县举行乡村振兴局挂牌仪式。县委常委、常务副县长（人选）丁永涛，县委常委、县委办主任（人选）普布玉珍出席。

6月

3日 扎囊县5个乡（镇）分别召开党代表会议。县乡换届工作指导检查组分赴各乡（镇），对会议召开情况进行督促指导。各乡（镇）全票选举出席中国共产党扎囊县第十次代表大会代表115名。

4日 扎囊县召开县委农村工作暨农牧民增收工作会议，县委书记唐勇出席并讲话，县委副书记、县长(人选)索朗格桑主持会议。

9日 扎囊县召开县委理论学习中心组学习会暨党史学习教育第二专题研讨、“三更”(政治标准要更高、组织纪律性要更强、党性要求要更严)专题教育第四次研讨会。县委书记唐勇主持会议。

10日 县委副书记、县人大常委会主任(人选)牛献智赴扎唐镇哲木社区，调研指导驻村工作，看望慰问驻村工作队员，县人大常委会副主任达娃一同调研。

同日 扎囊县召开“三个规定”(2015年中共中央办公厅、国务院办公厅印发的《领导干部干预司法活动、插手具体案件处理的记录、通报和责任追究规定》，中央政法委印发的《司法机关内部人员过问案件的记录和责任追究规定》，最高人民法院、最高人民检察院、公安部、国家安全部、司法部印发的《关于进一步规范司法人员与当事人、律师、特殊关系人、中介组织接触交往行为的若干规定》)大宣讲暨党政领导干部公开承诺会议，县委常委、政法委书记、公安局局长索朗巴珠主持会议，自治区司法厅戒毒所管理局二级调研员、第三现场指导组组长红兵授课。

11日 扎囊县举办庆祝中国共产党成立100周年、西藏和平解放70周年“中国梦·劳动美——我和党的故事”演讲比赛。

17日 第十四届扎囊县人民代表大会机关第二个选区选举大会隆重举行。县委书记唐勇、副县长杨志军以普通选民身份参加投票选举。

同日 扎囊县开展我为群众办实事之“零距离”残疾鉴定服务。县残联协同县人民医院为疑似残疾人和需登记变更的残疾人开展“零距离”残疾鉴定服务。

18日 扎囊县团县委召开“2020年度先进少先队集体、优秀少先队员、少先队辅导员”表彰会议。

20日 扎囊县委组织部举办2021年度县(中)直机关、乡(镇)机关发展对象暨入党积极分子集中培训班。

21日 扎囊县举办“光荣在党50年”纪念章颁发仪式，向党龄达到50年的、健在的、表现良好的15名老党员代表颁发“光荣在党50年”纪念章。县委书记唐勇出席颁发仪式，为老党员代表颁发纪念章，带领参加仪式的党员干部重温入党誓词，并发表讲话。

22日 县委书记唐勇，县委副书记、县长(人选)索朗格桑，县委副书记、人大常委会主任(人选)牛献智，县政协主席(人选)查斯，县委常务副书记欧雷，分别前往各乡(镇)对获得“光荣在党50年”纪念章、生活困难党员、老党员、基层党员干部、驻村干部、村“两委”班子成员、大学生村官、乡村振兴专干进行走访慰问。

23日 中国共产党扎囊县第九届委员会第十次全体会议召开，会议由县委常委会主持。县委书记唐勇出席会议，就第十届县委委员、候补委员、纪委委员候选人建议名单作说明并讲话。

同日 县委副书记、县长(人选)索朗格桑赴德吉林村参观村集体手工编织氆氇公司，并慰问驻村工作队。

同日 扎囊县纪委监委、县委“三更”领导小组办公室牵头组织全县正科级以上领导干部、县纪委监委全体在家干部、县委巡察办全体在家干部职工开展“学习党史守初心，廉政教育筑防线”活动。

24日 扎囊县召开“庆七一·感党恩”退役老党员座谈会。县委书记唐勇，县委常委、人武部政委姚浩，县委常委、县委办(人选)主任普布玉珍出席。

25日 拉林铁路正式开通运营，首列复兴号动车驶入扎囊站。

同日 县委书记唐勇，县委副书记、县长(人选)索朗格桑带队赴代表驻地看望出席县第十次党代会的各乡(镇)代表团代表，向各位党代表在各自工作岗位上为扎囊经济社会发展做出的贡献表示感谢。

同日 中国共产党扎囊县第十次代表大会各代表团召集人会议召开。会议简要通报大会筹备情况，成立中国共产党扎囊县第十次代表大会临时党委；布置推选各代表团推选代表团正副团长；讨论《中国共产党扎囊县第十次代表大会议程(草案）》；酝酿《中国共产党扎囊县第十次代表大会主席团建议名单》《中国共产党扎囊县第十次代表大会秘书长建议名单》《中国共产党扎囊县第十次代表大会资格审查委员会建议名单》。

同日 中国共产党扎囊县第十次代表大会预备会议召开。唐勇、牛献智、查斯等县领导出席会议。会议介绍大会筹备情况，说明大会指导思想、主要任务，提出开好大会的要求。会议通过代表资格审查委员会名单、大会主席团和秘书长名单、大会议程（草案）和其他需要确认的事项；宣布大会主席团第一次会议通过的有关事项。

26日 中国共产党扎囊县第十次代表大会隆重开幕，大会执行主席索朗格桑主持会议。县委书记唐勇代表中国共产党扎囊县第九届委员会作题为《全面贯彻新时代党的治藏方略 努力建设团结富裕文明和谐美丽的社会主义现代化新扎囊》的工作报告；中共扎囊县第九届纪律检查委员会以书面形式向大会作题为《强化政治监督 坚定不移全面从严治党 为扎囊县"十四五"建设新征程提供坚强保证》的工作报告。

同日 扎囊县举办庆祝中国共产党成立100周年和西藏和平解放70周年"永远跟党走"文艺会演暨"三优一先"表彰仪式。

27日 新选举产生的中国共产党扎囊县纪律检查委员会召开第一次全体会议。受中国共产党扎囊县第十次代表大会主席团委托，骆新主持会议。会议讨论通过《中国共产党扎囊县纪律检查委员会第一次全体会议选举办法》和监票、计票人名单。会议以无记名投票的方式选举并经县委十届一次全会通过，产生新一届纪律检查委员会书记、副书记、常务委员会委员。骆新当选为中国共产党扎囊县第十届纪律检查委员会书记。

同日 中国共产党扎囊县第十次代表大会圆满完成各项议程，胜利闭幕。唐勇主持会议并代表大会主席团作闭幕讲话。大会通过《中国共产党扎囊县第十次代表大会关于中国共产党扎囊县第九届委员会报告的决议》《中国共产党扎囊县第十次代表大会关于中国共产党扎囊县第九届纪律检查委员会报告的决议》。

同日 中国共产党扎囊县第十届委员会举行第一次全体会议。受中国共产党扎囊县第十次代表大会主席团的委托，唐勇主持会议并代表大会主席团作讲话。会议通过《中国共产党扎囊县第十届委员会第一次全体会议选举办法（草案）》和监票人名单。会议以无记名投票方式选举产生中国共产党扎囊县第十届委员会常务委员会委员和书记、副书记。新当选的十届县委常委是丁永涛、牛献智、尼玛次仁、李世能、陈奎胜、庞伟、姚浩、骆新、索朗巴珠、索朗格桑、唐勇、黄健、普布玉珍。唐勇当选为扎囊县委书记，索朗格桑、牛献智、李世能当选为副书记。

29日 扎囊县召开政法队伍教育整顿纠察整改环节总结暨总结提升环节动员部署会。县委书记、政法委队伍教育整顿领导小组组长唐勇出席并讲话。县委副书记、教育整顿领导小组常务副组长李世能主持。

30日 县委书记唐勇以"铭记奋斗历程 担当历史使命，从党的奋斗历史中汲取前进力量"为主题，为全县党员干部上专题党课。县委副书记、县长（人选）索朗格桑主持。

7月

1日 扎囊县全体干部职工集中收看庆祝中国共产党成立100周年大会直播，一起聆听习近平总书记发表的重要讲话，共同见证党的盛典、人民的节日，共同学习习近平总书记重要讲话精神。

同日 县委书记唐勇主持召开县委理论学习中心组学习会议，学习贯彻习近平总书记在庆祝中国共产党成立100周年大会上的重要讲话精神。

2日 扎囊县开展"四大班子"走访慰问活动。县委书记唐勇，县委副书记、县长（人选）索朗格桑，县委副书记、县人大常委会主任（人选）牛献智，县政协主席（人选）查斯等县级领导分别前往各村（社区）、单位对老党员、村干部、历任干部、政法干警进行走访慰问。

3日 扎囊县召开"庆百年、颂党恩、建新功"

基层干部群众座谈会。县委书记唐勇主持会议并讲话。

4日　政协扎囊县委员会召开政协第三届扎囊县委员会第一次会议主席团第一次会议，全体主席团成员参加会议。会议由县政协副主席阿旺旦增主持。会议审议通过《政协第三届扎囊县委员会第一次会议主席团常务主席、常务主席会议主持人名单》《政协第三届扎囊县委员会第一次会议全体会议执行主席和主持人名单》《政协第三届扎囊县委员会第一次会议副秘书长名单》《政协第三届扎囊县委员会第一次会议分组办法和委员小组召集人名单》。

同日　中国人民政治协商会议第三届扎囊县委员会第一次会议预备会议顺利召开。会议审议通过《政协第三届扎囊县委员会第一次会议议程和日程》《政协第三届扎囊县委员会第一次会议主席团及大会秘书长名单》《政协第三届扎囊县委员会第一次会议提案审查委员会组成人员名单》。

5日　政协第三届扎囊县委员会第一次会议提案审查会顺利召开。县政协主席（人选）查斯出席会议并讲话。会议按照政协提案工作条例相关规定要求，对政协第三届扎囊县委员会第一次会议期间收到的28件提案逐件进行讨论审查，经审查，决定立案27件。

同日　中国人民政治协商会议第三届扎囊县委员会第一次全体会议隆重开幕。县委书记唐勇，县委副书记、县长（人选）索朗格桑，县委副书记、县人大常委会主任（人选）牛献智等在家全体县级干部及全县区、市政协委员，各乡（镇）、各寺管会、县中（直）各部门负责人共计70人列席本次会议，大会由县政协副主席阿旺旦增主持。会议听取达娃代表政协第二届扎囊县委员会常务委员会所作的《政协第二届扎囊县委员会常务委员会工作报告》以及达娃索朗代表政协第二届扎囊县委员会常务委员会所作的《政协第二届扎囊县委员会常务委员会提案工作报告》。

同日　县十四届人大一次会议和县政协三届一次会议党员大会召开。县委书记唐勇主持并讲话。

6日　中国人民政治协商会议第三届扎囊县委员会第二次全体会议（选举会）顺利召开。县政协主席（人选）查斯主持。会议审议通过政协第三届扎囊县委员会第一次会议选举办法；政协第三届扎囊县委员会主席、副主席、常务委员候选人建议名单；政协第三届扎囊县委员会第一次会议总监票人、监票人名单。根据大会选举办法，经无记名投票选举，选举产生政协扎囊县第三届委员会主席、副主席、常务委员。经大会选举，查斯当选为政协扎囊县第三届委员会主席，阿旺旦增、马忠福、韩新峰、拉吉当选为政协扎囊县第三届委员会副主席。土旦群培、扎西、尼玛、平措次仁、达娃次仁、拉巴扎西、德珍（女）等13名委员当选为政协第三届扎囊县委员会常务委员。

同日　中国人民政治协商会议第三届扎囊县委员会第一次会议闭幕。大会审议通过《政协第三届扎囊县委员会第一次会议关于政协第二届扎囊县委员会常务委员会工作报告的决议》《政协第三届扎囊县委员会第一次会议关于政协第二届扎囊县委员会提案工作情况报告的决议》《政协第三届扎囊县委员会第一次会议提案审查委员会关于政协第三届扎囊县委员会提案审查情况报告》《政协第三届扎囊县委员会第一次会议政治决议》。

同日　扎囊县第十四届人民代表大会第一次会议隆重开幕。大会执行主席唐勇、牛献智、达娃、永才、玉珍、黄健、庞伟等出席。会议听取县人民政府副县长杨志军所作的政府工作报告；听取县人大常委会副主任永才所作的人大常委会工作报告、县人民法院副院长达娃所作的法院工作报告、县人民检察院检察长揣丽颖所作的检察院工作报告。会议书面审查《扎囊县2016—2021年国民经济和社会发展计划执行情况与今后五年工作安排的报告》《扎囊县2016—2021年财政预算执行情况的报告》。

7日　扎囊县召开第十四届人民代表大会第一次会议第二次全体会议暨选举会，县委书记、大会执行主席唐勇主持。会议表决通过《关于扎囊县第十四届人大常委会组成人员名额的决定（草案）》《扎囊县第十四届人民代表大会第一次会议关于设立扎囊县第十四届人民代表大会各专门委员会的决定（草案）》《关于扎囊县第十四届人民代表大会财政经济和农牧城建环境资源委员会、法治司法监察和民族宗教委员会、教育科学文化卫生和社会建设委员会主任委员、委员人选名单(草案)》《扎囊县第十四届人民代表大会第一次会议选举办法(草案)》《扎囊县第十四届人民代表大会第一次会议总监票人、监票人名单(草案)》。会议选举牛献智为扎囊县第十四届人民代表大会常务委员会主任,永才、达娃、玉珍、张小武为扎囊县第十四届人民代表大会常务委员会副主任,陈奎胜、黄健、丹增、龙珍卓嘎、尼玛扎桑、尼玛顿珠、吉米念扎、达珍、达瓦次仁、任建梅、次仁多吉、杨定州、陈俊宇、旺扎、格桑白珍、益西旦增、普布次仁、普布洛桑、樊蓉、德吉卓玛为扎囊县第十四届人民代表大会常务委员会委员。选举索朗格桑为扎囊县人民政府县长,丁永涛、班旦罗布、李小华、杨志军、王广明、扎西央金、平措次仁为扎囊县人民政府副县长。选举骆新为扎囊县监察委员会主任,嘎珠为扎囊县人民法院院长,揣丽颖为扎囊县人民检察院检察长。

同日 扎囊县第十四届人民代表大会第一次会议召开第三次全体会议暨闭幕大会。会议表决通过《关于政府工作报告的决议(草案)》《关于扎囊县2016—2021年国民经济和社会发展计划执行情况与今后五年工作安排报告的决议(草案)》《关于扎囊县2016—2021年财政预算执行情况报告的决议(草案)》《关于扎囊县人民法院工作报告的决议(草案)》《关于扎囊县人民检察院工作报告的决议(草案)》。

13日 扎囊县召开县级领导班子党史学习教育专题读书班暨县委理论学习中心组学习会,县委书记唐勇主持。

同日 扎囊县召开县委理论学习中心组学习会,专题学习习近平总书记在庆祝中国共产党成立100周年大会上的重要讲话精神。县委书记唐勇主持会议。

同日 扎囊县召开县委听取政法队伍教育整顿"回头看"专题报告会。县委书记、政法队伍教育整顿领导小组组长唐勇主持并讲话。

14日 扎囊县政府党组召开理论学习中心组学习会、党史学习教育第三专题研讨会暨"一把手"讲坛。县委副书记、县长索朗格桑主持并讲话。

同日 县委副书记、政府党组书记、县长索朗格桑为党员干部讲党史学习教育专题党课。

16日 县政协召开政协三届一次会议提案交办会议暨政协二届七次会议提案督办会议。县政协党组书记、主席查斯主持并讲话。

同日 扎囊县扫黄打非办、网评中心、公安局治安大队、市监局等单位联合开展文化市场专项检查工作。

17日 县委副书记、县长索朗格桑赴孟卡荣村调研乡村振兴工作开展情况。

19日 扎囊县召开学习贯彻习近平总书记"七一"重要讲话精神专题宣讲报告会,西藏自治区社科院党组成员、副院长,西藏社科联副主席吴庆军受邀作宣讲。县委副书记、县人大常委会主任牛献智主持。

23日 扎囊县召开政府党组理论学习中心组学习会暨第二期"一把手"讲坛。县委副书记、县长索朗格桑主持会议并讲话。

同日 扎囊县召开2021年项目工作推进会。县委副书记、县长索朗格桑出席并讲话。县委常委、常务副县长丁永涛主持。

28日 县委副书记、县长索朗格桑主持召开十届县委第5次常委会(扩大)会议,传达学习《全面贯彻新时代党的治藏方略 谱写雪域高原长治久安和高质量发展新篇章》——习近平总书记在西藏视察时的重要讲话精神,相关部门负责人紧紧围绕总书记重要讲话精神进行研讨发言。

29日 扎囊县召开学习贯彻习近平总书记"七一"重要讲话精神专题宣讲报告会。市委党校副校长、法学副教授、市委宣讲团成员张清作专题宣讲报告,县委书记唐勇主持。

30日 扎囊县召开县委理论学习中心组党史学习教育读书班暨专题四研讨会,县委书记唐勇主持。

31日 扎囊县第九批援藏工作队开展"我为群众办实事"活动之桑耶社区举行易地搬迁点配套农田新建网围栏项目启动仪式。县委常务副书记欧雷代表第九批援藏工作队出席。

8月

1日　县委书记唐勇带队，政府副县长杨志军及县退役军人事务局工作人员赴县人武部、县武警中队、县消防、桑耶镇消防开展“八一”走访慰问活动。

5—6日　各县级干部深入各乡（镇）村（居）宣讲习近平总书记在庆祝中国共产党成立100周年大会上的重要讲话精神。

6日　扎囊县人大常委会开展《中华人民共和国食品安全法》执法检查。

10日　县委书记唐勇深入帮久拉康、措杰拉措拉康、查色寺、阿扎寺寺管会以及隔壁田园、绿之源等，调研疫情防控、巡视整改、寺庙管理、环境卫生整治、企业发展等工作。

13日　扎囊县召开2021年上半年全面从严治党专题会议，县委书记唐勇主持。

19日　扎囊县组织干部群众集中收看西藏和平解放70周年庆祝大会直播。

23日　由自治区人大民宗外侨主任通嘎带队的调研组赴敏珠林寺管会调研宗教工作法治化建设情况。市人大常委会副主任陈海清，县委副书记、敏珠林寺管委会党组书记李世能，县委常委、统战部部长尼玛次仁，县人大常委会副主任达娃等一同调研。

24日　扎囊县召开政府党组理论学习中心组学一会、党史第四专题学史力行研讨会暨第四期“一把手”讲坛。县委副书记、县长索朗格桑主持并讲话。

同日　县政协举办2021年度政协委员培训。县政协主席查斯出席并讲话。

同日　扎囊县召开十四届县人民政府2021年第一次全体会议暨经济运行情况通报会，全面总结上半年经济运行情况，深入分析存在困难和问题，安排部署下一阶段工作。县委副书记、县长索朗格桑主持并讲话。

26日　扎囊县召开县委理论学习中心组学习会。县委书记唐勇主持。

27日　市委副书记卓锋在扎囊县宣讲习近平总书记重要讲话重要指示精神，调研指导党史学习教育开展情况。

28日　扎囊县开展村（社区）“两委”干部国家通用语言测试。县委常务副书记、县国家通用语言测试领导小组组长欧雷担任主考官，县委常委、纪委书记、监委主任、领导小组常务副组长骆新担任巡视员，全程参与监督、巡考。

31日　扎囊县召开县委十届二次全会。会议由县委常委会主持。会议听取县委常委会工作报告；审议通过《中共扎囊县委员会关于坚决贯彻落实习近平总书记视察西藏重要讲话重要指示精神奋力谱写长治久安和高质量发展新篇章的实施意见》。县委书记唐勇代表县委常委会向全会作报告，并就实施意见（讨论稿）作说明。

同日　扎囊县十四届人大常委会召开第一次会议。县委副书记、人大常委会主任牛献智主持会议。会议听取审议《扎囊县人民政府关于扎囊县民族团结进步模范区创建工作开展情况的报告》《县人大常委会执法检查组关于检查〈西藏自治区民族团结进步模范区创建条例〉实施情况的报告》《扎囊县人民政府关于2021年上半年国民经济和社会发展计划执行情况的报告（草案）》《扎囊县人民政府关于2021年上半年财政预算执行情况的报告（草案）》《扎囊县人民政府关于2020年财政决算（草案）的报告》《扎囊县人大财政经济和农牧城建环境资源委员会关于2020年扎囊县本级财政预算（草案）的审查结果的报告》。

同日　县防汛抗旱指挥部办公室组织县应急管理局、消防大队、卫健委、桑耶镇等相关单位在桑耶镇松卡居委会开展山洪灾害防御培训及应急实战演练。

9月

2日　扎囊县召开生态文明建设工作推进会。县委副书记、县长索朗格桑主持并讲话。会议听取相关部门关于生态文明建设、河湖长制、土地违法问题整改、国土绿化、人居环境整治及中央生态环境保护督察反馈问题整改工作情况汇报。

同日 扎囊县开展2021年秋冬季新冠肺炎疫情处置综合应急演练。县委书记唐勇到演练场指导检查并作讲话。

5日 十届扎囊县纪委第2次常委会（扩大）会议召开。县委常委、纪委书记、监委主任骆新主持并讲话。会议听取案件监督管理室2021年问题线索办理及对处置未办结、立案未办结起底排查情况汇报。

7日 县委副书记、县长索朗格桑通过“走、听、看、问、查、记”等方式，深入各村居调研指导基层党组织建设、农牧民增收、集体经济发展、脱贫攻坚与乡村振兴衔接工作、党史学习教育、人居环境整治及疫情防控等工作。

9日 扎囊县人大常委会对拟任命干部进行法律知识考试。

10日 扎囊县召开宣传思想和意识形态工作会议。县委书记唐勇出席并讲话，县委常务副书记欧雷主持。

11日 县委书记唐勇主持召开县委常委会（扩大）会议。

同日 扎囊县委常委会班子召开区党委第三巡视组巡视“回头看”反馈意见整改专题民主生活会。县委书记唐勇主持并讲话。市纪委常委、巡察办主任孙守英，市委组织部编办副主任边旦次仁出席会议、全程指导。县委常委会班子成员参加会议，县纪委监委、县委组织部有关负责人及“两代表一委员”列席会议。

同日 扎囊县召开山南市专家人才服务团基层行活动——“送党课进基层”专题讲座，县委副书记、县长索朗格桑出席。市委党校综合教研室副主任、中级讲师李园作专题讲座。

12日 县政府党组召开区党委第三巡视组巡视“回头看”反馈意见整改专题民主生活会，县委副书记、政府党组书记、县长索朗格桑主持。县委常委、组织部部长黄健，县纪委副书记、监委副主任朱军强到会指导，部分“两代表一委员”受邀参会。

同日 扎囊县政协组织部分政协机关干部及委员赴隆子、错那两个县考察学习边境小康村建设、乡镇政协联络办建设等方面的成功经验及做法。

同日 县政协党组召开区党委第三巡视组巡视“回头看”反馈意见整改专题民主生活会，县政协党组书记、主席查斯主持。县纪委副书记、监委副主任朱军强，县委组织部副部长尼玛次仁到会指导并作点评。

14日 县人大常委会党组召开区党委第三巡视组巡视“回头看”反馈意见整改专题民主生活会。县委副书记、县人大常委会党组书记、主任牛献智主持并讲话。县委常委、纪委书记、监委主任骆新，县委组织部副部长尼玛次仁到会指导。党员代表、县级人大代表、政协委员列席会议。

24日 县委书记唐勇深入雅鲁藏布江风光旅游基础设施建设项目现场进行调研指导，县委常委、副县长汤立，县委常委、县委办主任普布玉珍一同调研。

26日 市政协党组成员、副主席（人选）吾金一行赴扎囊县检查指导政协工作。

27日 以“建设美丽新扎囊 圆梦幸福新时代”为主题的2021年扎囊氆氇文化节开幕。

28日 扎囊县召开基层党建工作推进会。县委书记唐勇主持会议并讲话。

同日 扎囊县开展氆氇文化节系列活动群众拔河比赛。县政协党组书记、主席查斯出席活动并为获奖队组颁奖。

同日 扎囊县开展氆氇文化节系列活动“感党恩 庆丰收”中国农民丰收节暨扎囊儿女心向党红歌歌舞大赛。

29日 县委书记唐勇主持召开县委常委会（扩大）会议。

30日 扎囊县召开县委全面依法治县委员会会议。县委书记、县委全面依法治县委员会组长唐勇出席会议并作讲话。

10月

8日 县委副书记、县长索朗格桑深入各学校就学校食品安全、校园环境卫生、各类安全隐患等开展调研。政府副县长扎西央金一同调研。

9 日　扎囊县组织干部职工集中收听收看纪念辛亥革命 110 周年大会直播盛况，认真聆听习近平总书记发表的重要讲话。

11 日　扎囊县国家网络安全宣传周正式启动，县委宣传部（网信办）联合县公安局、国安办、司法局等 12 家单位开展集中宣传活动。县委书记唐勇亲临现场指导，县委常委、宣传部部长陈奎胜参加。

同日　县委书记唐勇在桑耶镇就易地搬迁、产业发展、乡村治理等工作进行调研，县委副书记、人大常委会主任牛献智一同调研。

同日　扎囊县组织召开全县土地违法问题整改情况暨警示约谈专题会。县委副书记、县长索朗格桑主持并讲话。

12—14 日　县政协开展三届一次会议提案督办活动，县政协协同县委、政府督查室，深入县委统战部，县农业农村局、水利局、旅发局、卫健委、住建局、发改委、电力公司等 19 个提案承办单位，采取上门走访等方式，对县政协三届一次会议委员提案办理工作进行全面督办。

14 日　中国共产党扎囊县第十届委员会第三次全体会议召开，县委书记唐勇主持。县委书记唐勇对《扎囊县出席中国共产党山南市第二次代表大会代表候选人预备人选名单》作了说明，县委委员审议通过《扎囊县出席中国共产党山南市第二次代表大会代表候选人预备人选名单》。

同日　县委书记唐勇主持召开县委常委会（扩大）会议暨县委理论学习中心组学习会。

15 日　市人大常委会调研组赴扎囊县开展防止返贫工作情况专题调研。县人大常委会副主任永才、政府副县长班旦罗布以及县相关部门负责人陪同。

18 日　县委书记唐勇深入扎其乡宗卡村、朗赛岭村进行调研，实地走访了解驻村干部工作生活和群众生产生活情况。

同日　市“扫黄打非”工作调研组赴扎囊县调研指导“扫黄打非”工作。县委常委、宣传部部长陈奎胜一同调研。

19 日　扎囊县举行县委理论学习中心组学习暨习近平总书记“七一”重要讲话和视察西藏重要讲话重要指示精神专题报告会。自治区党委党校党史党建教研部副主任曲宗作专题辅导报告。县委书记唐勇主持。

同日　扎囊县召开政府党组理论学习中心组学习会暨第七期“一把手”讲坛。县委副书记、县长索朗格桑主持会议并讲话。

22 日　扎囊县第十四届人民代表大会常务委员会召开第二次会议。会议听取审议《扎囊县人大常委会关于开展〈中华人民共和国食品安全法〉贯彻落实情况执行检查报告》《扎囊县人民代表大会常务委员会关于接受普布洛桑辞去扎囊县第十四届人民代表大会代表职务的决定（草案）》《扎囊县人民代表大会常务委员会代表资格审查委员会关于个别代表的代表资格报告及公告（稿）》《扎囊县人民代表大会常务委员会关于召开扎囊县第十四届人民代表大会第二次会议的决定（草案）》；会议审议有关人事任免事项，县委组织部作关于人事任免职事项说明。

25—30 日　县政协党组书记、主席查斯率政协班子成员开展联系党外委员活动。

27 日　扎囊县召开十届县委第 11 次常委会（扩大）会议。县委书记唐勇主持并讲话。

同日　扎囊县召开中国共产党扎囊县委员会党代表会议，县委书记唐勇主持会议。会议通过《中国共产党扎囊县委员会党代表会议选举办法》，介绍扎囊县出席中国共产党山南市第二次代表大会代表候选人名单，通过监票人名单、宣布计票人名单等事项。

28 日　扎囊县召开第十四届人民代表大会二次会议党员大会，受县委书记唐勇委托，县委副书记、县人大常委会主任牛献智主持并讲话。

同日　扎囊县召开第十四届人民代表大会二次会议预备会议，县人大常委会副主任永才主持。会议通过县第十四届人民代表大会第二次会议议程（草案）、大会主席团和秘书长名单（草案）。

29 日　扎囊县举行第十四届人民代表大会第二次会议全体会议。县委书记唐勇主持。会议表决通过扎囊县第十四届人民代表大会财政经济和农牧城建环境资源委员会主任委员人选的表决办法(草案)、扎囊县第十四届人民代表大会财政经济和农牧城建环境资源委员会主任委员人选名单(草案)、大会选举办法(草案),表决通过扎囊县第十四届人民代表大会第二次会议总监票人、监票人名单(草案),宣布计票人名单。会议以无记名投票、等额选举方式,选举产生扎囊县出席山南市第二届人民代表大会代表27名,补选产生扎囊县第十四届人民代表大会常务委员会委员1名。

同日 县委书记唐勇赴桑耶镇宣讲习近平总书记视察西藏重要讲话精神。

11月

1—12日 扎囊县县级干部深入联系村居宣讲习近平总书记视察西藏重要讲话精神。

5日 扎囊县开展新时代文明实践推动日暨“五下乡”活动。

同日 扎囊县召开打击治理电信网络新型违法犯罪工作联席会议。县委常委、政法委书记、公安局局长索朗巴珠出席并讲话。政府副县长王广明主持。

9日 扎囊县2021年“119”消防宣传月启动仪式在扎囊大队举行,县消防安全委员会成员单位、消防志愿者、重点单位和社区居民代表等100余人参加活动。县委副书记、县长索朗格桑出席仪式并讲话。

同日 扎囊县组织驻拉萨、泽当36名县退休干部职工回县参观考察产业发展、脱贫攻坚、城市建设、基础设施建设、火车站运营等情况。县委书记唐勇,县委副书记、县长索朗格桑亲切接见老同志,县委常委、组织部部长黄健陪同。

10日 扎囊县召开县委常委会(扩大)会议暨县委理论学习中心组学习会,县委书记唐勇主持并讲话。

11日 扎囊县召开平安建设(综治工作)专题会议。县委常委、政法委书记、公安局局长索朗巴珠出席并讲话。

同日 县政协组织各乡镇党政主要负责人、政协联络办负责人,开展乡镇政协联络办交叉考核工作。

12日 县政府党组召开理论学习中心组学习会暨近期重点工作推进会。县委副书记、县长索朗格桑主持并讲话。

15日 扎囊县召开扫黑除恶常态化暨四大行业领域整治推进部署会。县委副书记、人大常委会主任出席并讲话,县委常委、组织部部长黄健主持。

同日 县政协党组召开理论学习中心组第11次学习会议,政协党组书记、主席查斯主持并讲话。

16日 县委书记唐勇深入扎唐镇施贡村、强巴林村调研指导巩固拓展脱贫攻坚成果同乡村振兴有效衔接相关工作。

同日 扎囊县召开惠民惠农财政补贴“一卡通”管理问题专项治理工作部署会议。县委常委、常务副县长丁永涛主持。

17日 扎囊县组织在家县级干部、县(中)直各单位干部职工、农牧民群众代表共计530余人参观西藏和平解放70周年成就展。

同日 县委书记唐勇主持召开县委常委会(扩大)会议,专题学习中共十九届六中全会精神,研究部署扎囊县贯彻意见。

19日 县人大常委会召开规范性文件备案审查工作培训会。县人大常委会副主任玉珍出席。

20日 林芝市察隅县政协党组成员、副主席罗琼率队到扎囊县考察学习。市政协社会法制外事教科文卫体委员会二级调研员白玛次仁、县政协副主席马忠福等一同调研。

22日 扎囊县召开党史学习教育推进会议,深入学习贯彻中共十九届六中全会精神和习近平总书记“七一”重要讲话、视察西藏重要讲话重要指示精神,研究部署下一阶段任务。

23日 扎囊县召开民族团结进步创建工作推进会暨迎接自治区初验工作安排部署会。县委副书记、敏珠林寺管会党组书记李世能出席并讲话。

24日 扎囊县召开第九批短期援藏专业技术人才欢送座谈会。县委常务副书记欧雷出席并讲话。县委常委、组织部部长黄健主持。

26日 扎囊县召开县委理论学习中心组学习会,县委副书记、县长索朗格桑主持并讲话。

29 日　扎囊县举行庆祝西藏和平解放 70 周年中央代表团赠送纪念品发放仪式，向农牧民群众转赠纪念品洗衣机。

同日　县委副书记、县长索朗格桑到扎其乡孟卡荣村调研乡村振兴示范项目规划工作。

30 日　扎囊县举行融媒体中心挂牌仪式，县委常务副书记欧雷出席并讲话，县委常委、宣传部部长陈奎胜主持，县委常委、组织部部长黄健出席。

同日　扎囊县政府党组召开理论学习中心组学习会暨第九期“一把手”讲坛。县委副书记、县长索朗格桑主持会议并讲话。

12 月

2 日　县委书记唐勇到山南市雅砻物资交流会扎囊县指挥部及扎囊县展区开展检查，慰问工作人员。县委常委、县委办主任普布玉珍陪同。

4 日　扎囊县普法成员单位集中开展以“习近平法治思想为指引 坚定不移走中国特色社会主义法治道路”为主题的宪法宣传日活动。

同日　扎囊县召开十届县委第 14 次常委会（扩大）会议。县委书记唐勇主持并讲话。

5 日　自治区第十次党代会代表、县委书记唐勇赴桑耶镇宣讲自治区第十次党代会精神，深入学习贯彻自治区党委书记王君正在山南代表团审议时的讲话精神。

9 日　扎囊县中共十九届六中全会精神、自治区第十次党代会精神、市第二次党代会精神宣讲启动暨骨干宣讲员培训班开班。县委常委、宣传部部长陈奎胜出席并讲话。

10 日　自治区人大常委会副主任、市委书记许成仓在扎囊县进村居、入学校、走工地、访农户、到寺庙。宣讲中共十九届六中全会精神，调研维护稳定、人居环境整治、乡村振兴、生态环境保护、重大项目建设、党的建设等工作。

同日　扎囊县政府党组召开理论学习中心组学习会暨第十期“一把手”讲坛。县委副书记、县长索朗格桑主持会议并讲话。

13 日　县委书记、县委审计委员会主任唐勇主持召开中共扎囊县委 2021 年审计委员会第一次会议。

同日　扎囊县召开“今冬明春”森林草原防灭火专题会议。政府副县长李小华出席会议并作安排部署。

13—19 日　扎囊县开展新任职村（社区）“两委”主干暨学校党组织书记能力素养提升班，共计 35 人，在株洲市委党校进行研修学习。

14 日　中共十九届六中全会和自治区第十次党代会精神暨山南市宣讲团扎囊县宣讲报告会召开。山南市赴扎囊县宣讲团组长、市委副书记、市政府常务副市长汪华东作宣讲。县委书记唐勇主持。

同日　自治区宣讲团成员、自治区文联党组成员、副主席李雪梅赴扎囊县开展专题宣讲。市委宣传部二级调研员谢爱霞陪同。县委书记唐勇主持。

同日　市政府副市长平措在扎囊县敏珠林寺宣讲中共十九届六中全会精神和自治区第十次党代会精神。

17 日　县人大常委会组织市、县两级人大代表进行全县部分项目建设情况集中视察。县委常委、常务副县长丁永涛，县人大常委会副主任永才等参加。

18 日　县委书记唐勇出席桑耶镇巩固拓展脱贫攻坚成果同乡村振兴有效衔接工作会议并讲话，县委常委、桑耶镇党委书记庞伟主持。

19 日　扎囊县各单位深入各自包村点，进行巩固拓展脱贫攻坚同乡村振兴有效衔接工作开展情况，同时开展第四季度结对帮扶工作。

20 日　市人大常委会副主任安兴国带队市农业农村调研组实地督导孟卡荣村环境卫生综合整治工作。

23 日　扎囊县基层党务工作者考察团到株洲市荷塘小学考察调研党建工作。

24 日　扎囊县组织全县干部职工入户排查关于防止返贫动态监测“三类”人员摸排和帮扶工作。

25 日　扎囊县召开十届县委第 15 次常委会（扩大）会议暨县委理论学习中心组学习会。县委书记唐勇主持并讲话。

31 日　县委书记唐勇赴县信访局调研指导，详细了解 2021 年信访各项工作开展情况。

县情概览

基本地情

【地理位置】 扎囊县位于雅鲁藏布江中游、山南市西北部、冈底斯山南侧，县境地处北纬28° 27′ 50″—29° 34′ 53″、东经90° 03′ 34″—90° 38′ 06″。东临乃东区和琼结县，西连贡嘎县，南与措美县和浪卡子县接壤，北与拉萨市城关区和达孜区相连。全县总面积2173平方千米。中共扎囊县委员会、扎囊县人民政府驻地为扎塘镇扎塘居委会，全县平均海拔3620米，距西藏首府拉萨100千米，距山南市政府所在地泽当街道45千米。

【历史沿革与行政区划】 扎囊县历史悠久，西藏扎氏就世居于此地。吐蕃地方政权时期，扎囊的桑耶地方一直是藏王牙帐所在的重地之一。吐蕃地方政权后期，王室后裔云丹一支在扎囊桑耶寺附近扎下脚跟。13世纪初，扎囊由蔡巴万户管辖。14世纪中叶，元顺帝授权西藏帕竹地方政权接管西藏地方事务，建立“政教合一”的政权，设立宗政府，扎囊有白玛宗（今阿扎乡）。清康熙五十四年（1715），创立噶厦地方政权，扎囊归属洛喀（山南）基巧。1959年经过西藏民主改革以后，正式成立扎囊县，将扎囊划分为吉汝、结林、扎其、桑伊4个区，设县址于扎唐，隶属山南地区（专区）管辖。1962年，山南分工委研究决定，增设扎塘区。1987年，扎囊县撤区并乡，1988年，全县撤区并乡工作结束，扎囊县下辖11个乡：扎塘乡、吉林乡、吉汝乡、雪拉乡、卓玉乡、阿扎乡、扎其乡、民主乡、朗赛岭乡、松卡乡、桑耶乡，63个村民委员会。2002年，对各乡镇行政区域进行调整，将原有的11个乡合并为3个乡、2个镇，即吉汝乡、扎其乡、阿扎乡，桑耶镇、扎塘镇，下辖64个行政村、294个自然村。至2021年底，扎囊县下辖3个乡、2个镇、62个行政村。

【人口】 截至2021年，全县总人数36656人，总户数9793户，其中居住在城镇的人口为9918人，占27.06%；居住在乡村的人口为26738人，占72.94%。

国民经济和社会发展概况

【主要经济指标】 2021年，扎囊县全年完成地区生产总值195158.9万元，同比增长7.3%，巩固产业结构“二、三、一”格局。完成全社会固定资产投资193541万元，同比增长50.8%。完成社会消费品零售总额2340万元，同比增长3.1%。完成财政收入5721万元，同比增长30.2%。完成税收收入8994万元，同比增长88.5%。农村居民人均可支配收入预计16896元，同比增长15.3%。脱贫群众人均可支配收入增长到12509.44元，同期增长14.48%，城镇登记失业率严格控制在3%以内。

【农牧业】 2021年，农、林、牧业总产值17614.6万元，同比增长11.03%。农业产值完成8733.88万元，同比增长14.44%；林业产值628.75万元，同比减少 30.47%；牧业产值 7769.06 万元，同比增长 13.21%；农林牧渔服务业产值 482.91 万元，同比增长 0.4%。农牧业、林业、牧业及农林牧渔服务业比重分别为 49%、4%、44%、3%。全年粮食产量 26989.67 吨，同比增长 4.01%。小麦播种面积比上年增加 652.34 公顷，产量 1.6 万吨，同比增长 41.35%；青稞播种面积（亩）比上年减少 638.85 公顷，产量 1.08 万吨，同比减产 25.64%；全县牲畜存栏 8.3 万头（只、匹），同比增加 1831 头，其中牛占 39%、羊占 57.5%、猪占 3.5%。与上年对比，牛的存栏增加 3137 头，出栏增加 1040 头；羊的存栏减少 555 只，出栏减少 57 只；猪的存栏减少 795 头，出栏增加 1298 只。肉产量 1490.36 吨，同比增长 9.9%；奶产量 5430.26 吨，同比增长 22.24%；蛋产量 106.73 吨，同比增长 3.79%。

【产业发展】 大力发展特色农牧业产业。坚持稳粮、兴牧、强特色，推动传统产业现代化升级，支持西普农业、绿之源、戈壁田园等现代农业产业和江平奶牛养殖现代牧业产业提质增效；强化矮化苹果田间管理，为丰产增收打好基础；持续种业振兴行动，抓好青稞良种繁育基地建设；高度重视粮食安全，确保粮食增产；抢抓全区十万亩饲草料基地建设机遇，积极争取部分投资落地扎囊，发展高原草业。大力发展清洁能源产业。坚持水光风热互补、源网荷储一体，抢抓雅江中游水光互补电站群建设机遇，加大与上级部门的对接力度，抓紧谋划一批清洁能源建设项目，扎实推进扎其、吉汝风电场项目前期工作。大力发展民族手工业产业。投资 1.46 亿元建成民族手工业园区，扶持氆氇、金丝帽、虱雕、藏香、陶瓷等民族手工业，将“小而散”的传统民族手工业纳入到园区建设中，实现民族手工业定量化、标准化、规模化生产，推动民族手工业产业规模化发展。力争藏式家具园项目尽快落地建设。大力发展文化旅游产业。统筹规划沙漠公园、青朴沟、扎央宗等景区全域旅游线路，做好西普、藏草、江平、戈壁田园、绿之源、生态采摘园宣传工作，把扎囊旅游打造成为西藏旅游东南环线最重要的节点和枢纽，促进乡村振兴与文化旅游深度融合。抓好旅游基础设施建设，提升扎囊旅游景区知名度和服务能力，力争年内接待游客数量、旅游收入分别同比增长 33% 和 67.7%。

【乡村振兴】 2021 年，扎囊县严格落实“四不摘”要求，持续巩固拓展脱贫攻坚成果同乡村振兴有效衔接。严格落实政府和教育“双线”责任，义务教育适龄儿童失学辍学动态清零；落实医疗保障、大病保险、医疗救助三重保障政策；实施农村饮水维修养护工程 32 处，163 处水源点均达到水质检测指标；建立健全防返贫动态监测和帮扶机制，加强“三类人”监测，设立用好 55.38 万元的防返贫基金；全县干部职工“结对子”“认亲戚”“以买代帮”，真情帮扶 170 余万元；动员辖区企业、施工队捐资 18.9 万元，帮扶困难群众 93 人。农村人居环境整治行动工作稳步推进，完成 28 个村庄实用性建设规划，洛村乡村振兴示范点，桑耶社区、扎西林村乡村振兴项目加快建设，完成农村改厕 5296 户，住房改造任务有序收尾。持续深化易地扶贫搬迁帮扶机制，实施土地开垦、矮化苹果等 7 个配套产业项目，带动搬迁群众 257 人持续增收，守住了不发生规模性返贫的底线。脱贫群众人均可支配收入增长到 12509.44 元，同比增长 14.48%，脱贫群众感党恩、自我发展意识更加强烈。

【深化改革】 大力优化营商环境。深化“放管服”改革，深入推进“互联网 + 政务服务”“减证便民”等改革措施，扩大“证照分离”改革覆盖面。落实“一件事情一次办”，努力实现审批事项最少、审批时间最短、审批效率最高、审批服务最好，为市场主体添活力，为群众办事增便利。市场主体同比增长 10% 以上。完善信用服务市场监管体制，健全守信激励和失信惩戒机制。继续落实减税降费政策。扎实做好“双清欠”和劳资纠纷化解工作。坚持“引进来、走出去”，加大招商引资力度，力争完成招商引资 3 亿元以上。持续巩固深化“亲”“清”政商关系，引进更多带动作用强、综合效益好的优质企业和项目落地，不断完善招商营商环境。持续扩大对内对外开放。坚持精准援藏，重点深化技术人才援助、企业帮扶、双向交流合作等领域，加强教育、医疗等"组团式"援藏，加大援藏资金的争取力度。探索订单式援藏产业模式。

【重点集体经济简介】

扎囊县扎唐镇羊嘎居委会藏帽"次仁金果"农民专业合作社　扎囊县扎唐镇羊嘎居委会藏帽"次仁金果"农民专业合作社于2013年8月成立，主要生产和经营藏式帽子。合作社面积为650平方米，截至年底有45名员工。合作社按照"村委会+专业合作社+基地+贫困户"的形式经营管理，并将该项目国家投资的一部分资金作为项目收益（建档立卡贫困户的股金），由项目所在村委会、专业合作社按股金给贫困群众分红。同时为45名职工解决就业问题，一年累计发放工资240多万元，按绩效发放工资，每人每月6500元至15000元不等，实现农户增收。该合作社月均生产藏帽2500多只，每只价格300元到1400元不等，除去原材料费用、人工费用，每只藏帽净利润50到200元不等。几年下来，员工的经济收入由每人每月工资3000到5000元提高到6000到15000元，合作社每年纯收入由几十万提高到200多万元。据统计自2013年该合作社成立以来各村已经脱贫户有11户（9名建档立卡户，其中7户于2016年已脱贫，2户于2018年实现脱贫）。2015年扎囊县获得企业市场开拓奖，2016年获得捐赠岗位12个，该企业并获得2016年扎囊县企业产品优秀奖；2017年获得民族手工业突出贡献奖、山南市文化产业创新创业大赛创业组一等奖；2018年获得扎囊县最美扶贫企业奖；2019年获得"全国民族特需商品定点企业"称号。

扎囊县虱雕工艺农民专业合作社　1994年，在拉萨开办"娘热阿妈藏式家具厂"，招收扎其乡申藏村、民主村等地待业青年20余人，2012年在扎囊县委、县人民政府、扎其乡人民政府的支持和帮助下正式成立扎囊县扎其虱雕工艺农民合作社，并根据县人民政府、县教体局领导的意图开设木雕培训班，在原有的基础上配备各种设施设备。2021年有木工操作室、雕刻室、绘画室、产品展厅室，形成"一条龙式"操作管理模式。扎囊县工业园区新建于2015年，2016年投入使用。占地面积9233平方米，建筑面积4345.34平方米，其中：粗加工、精加工、油漆、绘画、成品5个车间建筑面积约为290.16平方米，综合楼1306.02平方米，食堂369.16平方米，学员宿舍1350平方米，门卫室30平方米，其他1000平方米。工程总投资为1174万元，其中，县扶贫办700万元，县教体局、职教中心340万元，虱雕合作社自筹134万元。项目实施后年均总销售额能达到800万元。生产经营年成本为425万元，一年员工工资250多万、纯利润为25万元左右。扎囊县虱雕工艺农民专业合作社，先后培养180多名虱雕技术人员，2021年厂内员工60多名，员工月平均工资达5000元左右，技术员月平均工资达7500元，同时享受奖金、节日慰问金、全勤奖等。主要运营木雕产品、仿古建筑装修、寺庙装修、各类档次的藏式家具生产，销售于整个西藏乃至全国各地。

孟卡荣合作社　孟卡荣村在自治区、市、县、乡党委，政府的领导和县农业农村局、县农业推广站技术员的支持和指导下，利用国家农机购置补贴相关政策的有利条件，于2013年注册成立孟卡荣专业农机合作社，2021年合作社有员工13人，合作社总面积为3300平方米，注册资金为831000元，内设糌粑加工厂、磨面加工厂、羊毛加工厂、车库、种子包衣房等。合作社有各类机械设备35台（套），其中农用机械29台，分别为联合收割机6台；"翻地804"3台、"1404"1台、"1304"4台、"604"1台；大型播种机4台；大型犁4台；旋耕机3台；深松机2台；其他机械共计6台，分别为装载机2台、小型挖机2台、垃圾车1台、其他1台，总价值折合人民币为260万元。2019年3月国庆70周年农业成果巡礼"农民合作社风采"彩色专版登报，并升级为"国家级农机专业合作社"，实现规模化、专业化现代农业产业经管模式，全村从"小农经营"的传统模式中解放出来。合作社解决剩余劳力就业至少30余人（贫困户8人）。

孟卡荣村按照县委和农业农村部门提出的"十不缺"工作要求，尝试利用繁殖优种及加快高标准农田建设方式提高农业生产工作成效，保障春耕备耕生产物资能够“产得出、运得走、备得上”，做到统一片区、统一整地、统一品种、统一种子精选包衣、统一机耕机播、统一施肥、统一灌溉、统一管理、统一技术指导、统一收获的“十个统一”管理，通过以上举措，粮食产量由原先250千克1亩提高到375千克1亩，种子价格由原先4元1千克提高到6元1千克，解决年产量低及优良种子卖不出去的难点。

全村共有8户36人，2016年年底实现全村脱贫摘帽，孟卡荣党支部把合作社作为发展“三农”工作中心，带动贫困户农业增收，2016年至2021年合作社统一销售。自统一销售以来，原本散户销售2元的价格升至集体销售3元。另外，合作社在饲草料种植区种植300亩青饲玉米，亩均产出6.5吨，按每千克0.8元市场价折算，增加150多万元。

中国共产党扎囊县委员会

综述

【概况】 2021年，中共扎囊县委员会（以下简称扎囊县委）在以习近平同志为核心的党中央的关心关怀下，在自治区党委、市委的坚强领导下，在湖南省株洲市的援助下，团结带领广大党员干部和各族群众，始终高举中国特色社会主义伟大旗帜，坚持以习近平新时代中国特色社会主义思想为指导，贯彻落实习近平总书记“建设美丽幸福西藏　共圆伟大复兴梦想”重要题词精神，贯彻落实中共十九届六中全会以及中央第七次西藏工作座谈会精神，贯彻落实习近平总书记在西藏视察时的重要讲话重要指示批示精神，贯彻落实自治区第十次党代会精神，贯彻落实王君正书记在山南考察调研、参加山南代表团讨论时讲话指示精神，认真贯彻党中央、自治区党委重大决策部署、市委工作要求，增强“四个意识”、坚定“四个自信”、捍卫“两个确立”、做到“两个维护”，胸怀“两个大局”、心系“国之大者”，坚持稳中求进工作总基调，立足新发展阶段，完整准确全面贯彻新发展理念，服务和融入新发展格局，深化反分裂斗争，铸牢中华民族共同体意识，引导藏传佛教与社会主义社会相适应，推动高质量发展，改善和保障民生，推进生态文明建设，加强党的组织和政权建设，突出抓好稳定、发展、生态、强边四件大事，实现“四个确保”。

2021年8月5日，扎囊县委书记唐勇（后排右二）以普通党员身份参加县委办每周学习会

【理论学习】 2021年，扎囊县委召开县委常委会（扩大）会议31次、县委理论学习中心组学习会15次，把学习贯彻习近平总书记视察西藏重要讲话重要指示批示精神作为当前和今后一个时期一项重大政治任务，精心安排部署，召开县委常委会（扩大）会议2次，研究部署学习贯彻工作，县委主要负责同志及班子成员深入基层一线宣传宣讲35次。

【经济发展】 2021年，扎囊县地区生产总值完成195158.9万元，同比增长 7.3%；全社会固定资产投资完成 193541 万元，同比增长 50.8%，社会消费品零售总额完成 23360 万元，同比增长 3.2%；地方财力稳步增长，财政收入完成 5721 万元，同比增长 30.2%；农村居民人均可支配收入达到 16896 万元，同比增长 15.3%。

【产业增收】 2021 年，扎囊县推动拉林铁路（扎囊段）、市政配套设施主体工程、S5 拉萨至泽当快速通道、卓玉水库等重点项目及时复工建设，矮化苹果、“两江四河”流域绿化工程、高标准农田、久麦搬迁点等重大项目进展顺利。全县 39 家规模以下工业企业有 38 家复产，复产率达 97.4%，实现营业收入 3557.6 万元，同期增长 84.8%。不断优化种植业结构，苗圃、车厘子、葡萄、文冠果、花椒、蔬菜等绿色产业稳步发展。全县完成播种面积 7.7 万亩，其中青稞种植面积达 2.62 万亩。畜牧业发展态势良好，肉、蛋、奶产量保持稳定。接待游客 38.6 万人次，同比增长 110%；实现旅游收入 4632 万余元，同比增长 136%。

【教育事业】 2021 年，扎囊县全面贯彻党的教育方针，巩固提升均衡发展水平、“5 个 100%”和控辍保学成果，2021 年中考、小考喜获“双冠”，中考总成绩居全市十二县（区）第一，小考录取人数首次位居全市第一。荣获“2017—2020 年全国群众体育先进单位”称号。严格落实政府和教育“双减”责任，实行县、乡、村、校四级联动机制，抓好义务教育控辍保学工作，义务教育阶段适龄儿童入学率、巩固率均达 100%，义务教育适龄儿童少年失学辍学动态清零；兑现“三包”伙食费、装备费、营养改善经费 2246.84 万元，大学生资助资金 1005.5 万元；开展送教上门服务每名学生 20 余人次。

【医疗事业】 2021 年，扎囊县加快健康扎囊建设，新冠肺炎疫情防控有序推进。推进城乡居民及在编僧尼免费健康体检工作。“两降一升”工作得到进一步加强，全年无孕产妇死亡，5 岁以下儿童死亡率控制在 5.8‰以内，住院分娩率达到 100%，门诊总就诊量 72757 人，收治住院 873 人，病床使用率 82.87%，开展家庭医生签约和随访管理工作。

【文化事业】 2021 年，扎囊县委弘扬中华优秀传统文化，推动红色资源、非遗传承、文物保护的发展，赓续红色血脉，深入推进文化“润边”理论 + 文艺宣讲活动，开展“我们的中国梦”文化进万家活动和文艺下乡演出 70 场。以“美丽西藏、可爱家乡”优秀文化产品乡村供给工程资源为培训教材，组织专业人员对相关部门进行业务辅导，特别是在习近平总书记视察西藏期间，《庆丰收》舞蹈作品完成在西藏和平解放 70 周年晚会上文艺会演任务。

【社会保障】 2021 年，扎囊县开展农牧民技能培训 24 期 1017 人，主要培训内容为中式烹调、藏餐厨师、氆氇编织、蔬菜园艺、民族手工缝纫、汽车驾驶等，开班率达 100%，实现农牧民转移就业 12056 人，创收 8930.27 万元，分别完成市下达目标的 100.46% 和 106.03%。推进 2021 年应届高校毕业生就业工作，就业率达 99.78%，比 2020 年高出 0.19%。兑现 4991 名 60 周岁以上老人养老金 12467859.79 元。密切关注“双拖欠”等信访突出问题，加强矛盾纠纷排查化解工作，协调解决各类信访问题 87 件，涉及资金 1600 余万元，化解率 96.6%。

【生态环境】 2021 年，扎囊县正确处理保护与发展的关系，结合自治区党委第三巡视组巡视“回头看”反馈意见整改工作，加大采石采砂审批监管力度，严格落实矿山生态修复责任，将阿扎乡章达村、白鸡山、孤西鸟采石场纳入 2021 年雅江流域“山水林田湖草沙冰”生态保护修复项目实施范围，关停鑫玉采石场，成立工作专班，同步推进生态修复工作。加强大气、水、土壤污染防治，生态环境持续良好。全面实施山水林田湖草沙冰一体化保护和系统治理，着力打造雅江中游“百里生态走廊”，实施国土绿化面积 1.54 万亩，开展“万人万亩”义务植树造林 0.26 万亩；持续推进“两江四河”流域、重点区域生态公益林、“先造后补”等造林绿化工程，增加造林面积 1.28 万亩。落实生态岗位资金 619.33 万元。严格落实“河湖长制”，全县环境质量持续向好，扎囊县地表水、环境空气、生活饮用水各项指标均达到或优于国家标准。创建完成自治区级生态文明建设示范乡镇1个、示范村8个。

2021年10月15日，扎囊县委书记唐勇（左二）到吾隆村调研群众增收工作

【维护社会稳定】 2021年，扎囊县委坚决贯彻落实习近平总书记“西藏是重要的国家安全屏障，承担着拱卫祖国西南边陲的政治责任”“反分裂是西藏工作必须长期坚持的重大工作”“确保国家安全、社会稳定、人民幸福”等重要指示要求，准确把握西藏工作的阶段性特征，准确把握反分裂斗争面临的新形势，全力维护国家安全和社会稳定。全面落实“维护稳定是现阶段西藏工作第一位的工作任务”的要求，全面加强社会面管控，累计组织双联户、红袖标、四护队、平安志愿者、公安、武警等2万余人次，完善维稳工作制度，各乡（镇）、村（社区）、寺管会、学校维稳督导100余次，确保在3月重要时期及全国两会、中国共产党成立100周年、习近平总书记视察西藏工作期间、西藏和平解放70周年大庆活动等节点和重大会议期间绝对安全。

【社会综合治理】 2021年，扎囊县公安机关重拳出击，严厉打击违法犯罪行为，累计破获刑事案件44起，抓获犯罪嫌疑人89人，挽回经济损失200余万元。常态化开展扫黑除恶专项斗争，不断巩固专项斗争成果。

【宗教领域管理】 2021年，扎囊县委严格落实“三个不增加”（不增加宗教场所、不增加寺庙僧尼编制、不增加佛事活动）要求，开展公路铁路沿线、宗教活动场所、旅游景点、民俗点等宗教标志物清理整治工作，取缔乱设玛尼转经筒乱象，累计清理旧经幡和垃圾近500吨，规范宗教标志物52处，清理63处。坚持“五个有利于”要求，严格审批佛事活动，在疫情防控期间，暂停举办大型宗教活动，加强对寺庙僧尼的依法管理，严格执行僧尼的请销假制度。

【意识形态工作】 2021年，扎囊县委全面落实党委（组）意识形态工作责任制和党委（组）书记第一责任人责任，牢牢掌握意识形态工作领导权。持续开展“扫黄打非”和文化市场综合执法。不断加强阵地管理，净化文化市场。定期分析研判网上舆情风险点，及时发现和有效处置涉及扎囊县舆情，全年未发生大的网络舆情事件，全县意识形态领域保持安全平稳态势。

【安全生产】 2021年，扎囊县严格落实安全生产责任制，持续深化道路交通、建筑施工、学校、消防等重点行业领域安全生产专项治理，严格落实24小时应急值班值守制度，加强信息调度分析，完善应急响应与处置机制。共开展非煤矿山、消防安全、道路交通等重点领域安全检查141次，发现隐患517处，整改517处，安全生产形势持续向好。

【脱贫攻坚】 加强领导固成果。2021年，扎囊县委召开县委常委会会议、专题会18次；县政府常务会议，县长办公会、调度会13次。研究巩固拓展脱贫攻坚成果同乡村振兴有效衔接工作，研究制定县“十四五”规划，巩固拓展脱贫攻坚成果同乡村振兴有效衔接方案，2021年度财政涉农资金统筹整合使用实施方案，“三岩”和县内易地搬迁群众后续帮扶、扶贫产业实施和利益联结，“百件民生实事”资金等事宜，安排应急返贫资金55万元，整合资金6.58亿元，实施项目18个。

发展产业促增收。2021年，扎囊县申报2022年财政衔接乡村振兴项目9个1.62亿元。中央、自治区、市、县四级财政投入资金5.2亿元，实施矮化苹果、侧柏、文冠果等产业项目6个，带动9850人增收，人均增收16770元，带动建档立卡脱贫群众2410人，促进增收2084.6万元。建成高标准农田4.15万亩，种植优质青稞、小麦6.02万亩，出售优质种子201吨，带动当地群众增收120.6万元。加快推进民族手工业园区建设，支持氆氇、金丝帽等民族手工业发展，促进群众人均增收3.72万元。坚守底线防返贫。2021年，扎囊县结合5个乡(镇)行政区划，划分巩固拓展脱贫攻坚成果同乡村振兴有效衔接五大战区，明确5名正县级领导干部分别任战区总指挥长，其余县级干部任副指挥长，各乡镇党政主要负责人任现场作战指挥长，确定联络员和成员单位，实行分片包干、一包到底。

坚持摘帽不摘政策。2021年，扎囊县严格落实政府和教育“双线”责任，实行县、乡、村、校四级联动机制，抓好义务教育控辍保学工作，开展送教上门服务每名学生20余人次，依法保障残疾儿童受教育的权利。持续推进“先诊疗后付费”政策，落实医疗保险、大病保险、医疗救助三重保障政策，为171人次患者兑现医疗报销148.17万元、200人次患者兑现大病保险246.74万元、36人次患者兑现医疗救助10.55万元，无因病返贫群众。全面排查住房安全隐患，近两年改造农村住房440户。实施农村饮水维修养护工程32处，完成水源点水质检测163处，群众饮水安全得到提升。继续落实精准扶贫小额信贷，按照1.08%的利率为166户建档立卡脱贫户信贷829万元。

坚持摘帽不摘帮扶。2021年，市、县、乡2300余名干部职工持续结对帮扶1402户建档立卡脱贫群众，每季度至少开展一次帮扶，帮政策、帮就业、帮教育、帮医疗、帮救助，落实帮扶资金120万元，巩固提升脱贫质量。动员辖区企业、施工队开展献爱心活动，捐资18.9万元，帮扶群众93人。

坚持摘帽不摘监管。2021年，扎囊县健全防止返贫致贫动态监测机制，加强“三类人”（脱贫不稳定户、边缘易致贫户、突发严重困难户）监测，每月数据筛查，根据年人均纯收入低于6000元或者存在致贫返贫风险、突发严重困难的情形，确定监测6户30人，及时启动帮扶工作。完善监督体系，依托县乡纪检监察机关、巡视巡察工作组、村务监督委员会，开展扶贫产业、易地搬迁配套产业、村级“三资”（农村集体的资金、资产、资源)、生态补偿资金、惠农惠民政策资金专项检查53次，立案2件，追(回)缴资金347余万元。选取历年来查处的5起扶贫领域典型案件开展警示教育。

【党的建设】 民主政治建设。2021年，扎囊县委全方位支持县人大常委会及其各专委会依法履行职能，开展执法检查、代表视察、干部任免、建议督办等工作，听取和审议专项工作报告6次，开展执法检查5次，专题调研和委托调研9次，依法进行人事任免126人次，提出代表意见建议55件。支持县政协履行政治协商、民主监督、参政议政职能，开展调

2021年12月20日，扎囊县委副书记、县长索朗格桑（左一）在扎其乡开展调研

2021年12月25日，扎囊县委副书记、人大常委会主任牛献智（左二）到结对帮扶户家中了解生产生活情况

研4次，委员提案51件，立案49份。听取、审阅县人大常委会和县政协请示报告42次。党管武装工作全面加强，扎囊县被评为全市征兵工作先进单位。坚持把统一战线摆在重要位置，不断巩固发展新时代爱国统一战线。大力支持县工会、团委、妇联、工商联、检察院、法院等部门立足职能、行使职权，民主法治建设得到全面强化。

基层组织建设。2021年，扎囊县委坚持把政治纪律和政治规矩挺在前面，巩固深化“不忘初心、牢记使命”主题教育成果，集中开展政治教育培训5期，深化实施村居干部文化素质提升工程，累计培训580余人次。推进基层党组织标准化建设，打造自治区级“六个基本”工程（领导人员能力建设工程、党组织凝聚力工程、党员先锋工程、人才强企工程、反腐倡廉工程、企业文化建设工程）、农牧区党建示范点1个、市级党建示范点14个。提出“党建+”的党建工作思路，选出一批有代表性的党组织，打造成示范。国有企业和“两新”（新经济组织和新社会组织）组织建设全面加强，深入开展违规违纪发展党员整治工作，累计排查整治问题1434条，发展党员程序不断规范。按照“绘出好蓝图、选出好干部、配出好班子、树立好导向、形成好气象”的总体要求，开展换届工作，产生新一届县领导班子成员32人，40岁以下7人，占21.9%；“80后”乡（镇）党政正职8人，其中“85后”乡（镇）党政正职3人，提拔重用的乡（镇）党政正职1人。村（社区）“两委”班子换届做到高质量、零事故，实现一批优秀乡村振兴专干进入班子。“两委”班子100%是党员成果持续巩固，初中及以上学历242人，占68.6%。坚持新时期好干部标准和民族地区干部“四个特别”要求，突出政治标准，提拔调整84人，职级晋升41人，干部梯次结构不断优化。

全面从严治党。2021年，扎囊县委持续开展党风廉政建设和反腐败斗争，认真贯彻落实中央八项规定及其实施细则精神，以深化主体责任为抓手，召开县委2021年上半年落实全面从严治党专题会。县纪委持续加大执纪问责力度，受理问题线索18件，形成24件处置件，办结13件，给予党纪政务处分11人，收缴违纪资金4万余元，下发典型案例通报2起。运用监督执纪“四种形态”处理22人次。严格落实“三个区分开来”（把因缺乏经验先行先试出现的失误与明知故犯行为区分开来，把国家尚无明确规定时的探索性试验与国家明令禁止后的有规不依行为区分开来，把为推动改革的无意过失与为谋取私利的故意行为区分开来）要求，为扎其乡申藏村1名受到不实举报的党员澄清正名。深入推进九届县委巡察反馈问题整改，对发现的1065个问题进行检查，截至年底，已完成整改1048个，整改率达98.4%。坚持从讲政治的高度对待巡视，坚决整改巡视反馈问题，中央第十巡视组反馈的41项问题已全部完成整改；区党委巡视“回头看”反馈意见涉及扎囊县的42项任务整改工作基本完成。

【疫情防控】 2021年，扎囊县坚持“外防输入、内防反弹”工作目标，坚持统筹谋划、全面部署、突出重点，稳妥有序推进疫苗接种工作，科学精准做好疫情防控工作，从严从实落实疫情防控措施，以“认识有高度，工作有温度，落实有速度，措施有梯度，推进有强度”为工作原则，实行县委书记和县长“双组长”制度，领导小组下设8个专项组，并根据实际，及时调整工作方案。严格执行疫情防控“五大战区”责任制，制定《扎囊县疫情联防联控五大战区包片工作方案》，选派2名县级干部为指挥长，实行三级包保制，牢牢守住人民生命安全底线。

【县委常委会会议】

2021年县委常委会（含扩大会议）会议共召开32次。

2021年7月28日，受县委书记唐勇委托，县委副书记、县长索朗格桑在县委400会议室主持召开十届县委第5次常委会（扩大）会议，传达学习习近平总书记在西藏视察时的重要讲话精神，进行专题研讨，安排部署贯彻落实工作。

会上，县级干部、各乡（镇）、部门主要负责人代表紧紧围绕习近平总书记在西藏视察时的重要讲话精神进行研讨发言。

会议要求，要在学深悟透上下功夫，各党委（党组）、各党支部要分别采取理论中心组学习会、每周集中学习会的方式专题学习习近平总书记在西藏视察时的重要讲话精神。加强认识，提高思想认识，不断增强政治判断力、政治领悟力、政治执行力，把学习贯彻习近平总书记在西藏视察时的重要讲话精神作为当前头等大事和长期政治任务，切实增强学习紧迫感，认真学习领会习近平总书记重要讲话的精神实质、丰富内涵。全面结合学，要把贯彻落实总书记在西藏视察时的重要讲话精神与习近平总书记在庆祝中国共产党成立100周年大会上的重要讲话精神结合起来，与贯彻落实中央第六次、第七次西藏工作座谈会精神结合起来，与贯彻总书记西藏工作重要论述和新时代党的治藏方略结合起来，才能准确把握总书记对西藏工作提出的重要要求，不断引向深入。广泛深入学，制定行之有效的措施，坚持领导干部带头学、周密组织深入学、部门联动相互学、结合实际工作学，通过采取集中学习、交流研讨、个人自学等形式，结合当前党史教育和“三更”专题教育，全面领会其政治意义、历史意义、现实意义和实践意义，不断增强“四个意识”、坚定“四个自信”、做到“两个维护”，自觉把思想行动统一到总书记重要讲话精神上来。

会议指出，习近平总书记在考察时的重要讲话精神，既是对西藏工作的充分肯定和殷切期望，又是对我们站在新的起点上，做好扎囊各项工作的总要求，全县广大党员干部一定要进一步坚定信心、保持政治定力，切实以习近平总书记的重要讲话精神武装头脑、指导实践、推动工作，把功夫下在狠抓落实上，以实际行动体现对以习近平同志为核心的党中央的绝对领导，以实际行动成效回报总书记和党中央对西藏各族干部群众的亲切关怀。

会议要求，要在以学促干上下功夫，以实际行动忠实践行习近平总书记在西藏视察时的重要讲话精神。要狠抓社会和谐稳定。深刻领悟习近平总书记关于提高社会治理水平的重要指示精神，坚持稳定优先、稳定压倒一切，强化底线思维、增强忧患意识、发扬斗争精神，以防患于未然为原则做工作、以防止出大事打基础做准备、以敢于担当落实责任为标准看干部、以稳得住守得好不添乱为底线，全面贯彻党的宗教工作基本方针，积极引导藏传佛教与社会主义社会相适应，淡化宗教消极影响，持续开展宗教标识物整治工作，全面铸牢中华民族共同体意识，坚定不移把维护稳定、反对分裂工作做细做实。要狠抓经济高质量发展。深刻领悟习近平总书记关于推动高质量发展的重要指示精神，坚持稳中求进工作总基调，立足新发展阶段，完整、准确、全面贯彻新发展理念，服务和融入新发展格局，牢牢把握改善民生、凝聚人心出发点和落脚点，坚持“三个赋予，一个有利于”，推动县第十次党代会确定的发展目标和“十四五”规划落实落地，让群众的获得感成色更足、幸福感更可持续、安全感更有保障。要狠抓生态文明建设。深刻领悟总书记关于加强生态文明建设的重要指示精神，牢固树立“绿水青山就是金山银山、冰天雪地也是金山银山”的理念，继续实行最严格生态保护政策，坚持绿色发展、循环发展、低碳发展，统筹山水林田湖草沙冰系统治理，持续开展雅江两岸、铁路、公路沿线和“四旁”造林绿化，巩固消除“无树户”“无树村”成效，坚决抓好中央、区党委巡视和环保督察反馈问题整改，着力让扎囊的天更蓝、水更绿、空气更清新。要狠抓防汛救灾工作。深刻领悟总书记对防汛救灾工作作出的重要指示精神，坚持人民至上、生命至上，始终把保障人民群众生命财产安全放在第一位，全面贯彻落实好十届县委第4次常委（扩大）会议精神特别是关于做好防汛救灾工作要求，切实从思想上、组织上、行动上做好防汛救灾各项工作。

会议指出，要把“富脑袋”摆在更加突出的位置上，采取形式多样、喜闻乐见的方式广泛宣传习近平总书记在西藏视察时的重要讲话精神，真正把以习近平同志为核心的党中央对西藏工作的高度重视、对西藏人民的关心关怀传达到各个领域。

会议要求，要在广泛宣传上下功夫，县委宣传部要结合现阶段工作实际，制定习近平总书记在西藏视察时的重要讲话精神宣讲方案，广泛宣传习近平总书记对西藏各族干部群众的亲切关怀和似海恩情，大力宣传中央第六次西藏工作座谈会以来扎囊县各项事业取得的全方位进步、历史性成就，让广大党员干部群众深刻明白这些成就的取得根本在于以习近平同志为核心的党中央领航把舵、运筹帷幄，根本在于习近平总书记的英明睿智、亲切关怀，根本在于习近平新时代中国特色社会主义思想特别是治边稳藏战略思想的科学指引，进一步把广大党员干部群众的思想和行动统一到总书记重要讲话精神上来，进一步坚定感党恩、听党话、跟党走的信心和决心。

【县委全委会会议】

2021年县委全委会会议共召开4次，分别为县委十届一次全会、二次全会、三次全会、四次全会。

县委十届一次全会。2021年6月27日，召开扎囊县第十届委员会第一次全体会议，会议主要任务是通过《中国共产党扎囊县第十届委员会第一次全体会议选举办法（草案）》和监票人名单，会议以无记名投票方式选举产生中国共产党扎囊县第十届委员会常务委员会委员和书记、副书记。

县委十届二次全会。2021年8月31日，召开十届县委二次全会，会议传达学习习近平总书记视察西藏重要讲话重要指示精神、区党委九届十次全会精神和市委一届九次全会精神；听取县委常委会工作报告；审议通过《中共扎囊县委员会关于坚决贯彻落实习近平总书记视察西藏重要讲话重要指示精神 奋力谱写长治久安和高质量发展新篇章的实施意见》，会议号召各级各部门在新的起点上接续奋斗、不懈奋斗，以实际行动为“建设美丽幸福西藏、共圆伟大复兴梦想”贡献力量，奋力续写新时代扎囊长治久安和高质量发展的新篇章。

县委十届三次全会。2021年10月14日，召开十届委员会第三次全体会议，主要任务是审议《扎囊县出席中国共产党山南市第二次代表大会代表候选人预备人选名单》并进行表决。

县委十届四次全会。2022年1月12日，召开十届委员会第四次全体会议，会议主要任务是传达学习中共十九届六中全会、自治区第十次党代会和市第二次党代会精神，审议通过《中共扎囊县委员会关于深入学习贯彻党的十九届六中全会、自治区第十次

2021年12月24日，扎囊县委常务副书记欧雷（左二）到章达村开展调研

2021年12月26日，扎囊县委副书记李世能（右二）在扎加村开展调研

党代会、市第二次党代会精神努力推进扎囊长治久安和高质量发展走在全市前列的实施意见(讨论稿)》,提前谋划、对接跑办,做好项目储备和前期工作,力保2022年工作开好局。

（桂彩云）

【机构领导】

县委书记

雷　丰(藏族,4月免)

唐　勇(4月任)

县委副书记,政府县长

唐　勇(4月免)

索朗格桑(藏族,7月任)

县委副书记,人大常委会主任

巴桑次仁(藏族,7月免)

牛献智(7月任)

县委常务副书记

欧　雷(援藏)

县委副书记、敏珠林寺管会党组书记

李世能

县委常委、人武部政委

姚　浩

县委常委,政府常务副县长

丁永涛(7月任)

县委常委,副县长

汤　立(援藏)

县委常委、政法委书记,公安局局长

索朗巴珠(藏族)

县委常委、纪委书记、监委主任

骆　新(已故)

县委常委、宣传部部长

陈奎胜

县委常委、组织部部长、直属机关工委书记

黄　健

县委常委、统战部部长,民宗局局长

尼玛次仁(藏族)

县委常委、桑耶镇党委书记

索朗多布杰(藏族)

庞　伟(5月任)

县委常委、县委办主任

普布玉珍(女,藏族,5月任)

办公室工作

【概况】 2021年,中共扎囊县委员会办公室(以下简称县委办)紧紧围绕县委的决策部署和全县中心工作任务,高标准地做好服务发展、服务决策、服务落实的"三服务"工作,为全县各项工作的推进落实提供有效保障。

【办文工作】 2021年,县委办坚持执行"三审三校"制度,各类公文从起草、送审、会签、复核、登记、印制、分发到归档,既做到了程序流畅、责任明确,又促进相互交流、互相学习。全年牵头起草大型材料90余份、上报市委信息440余篇;下发县委红头文件135份、县委办红头文件79份、党办通报10期。

【办会工作】 2021年,县委办坚持提前准备、分工负责、面面俱到的办会原则,高标准承办县委常委会、县委全委会、县委经济工作会议等重要会议,协助各部门办好各类会议,中央拓展脱贫攻坚同乡村振兴有效衔接迎检会、2021年扎囊氆氇文化节等重要活动。

【领导交办事情办理】 2021年,县委办坚持完成上级以及各位领导交办的各项事情,带头深入宣传落实中共十九届六中全会以及中央第七次西藏工作座谈会精神,贯彻落实自治区第十次党代会精神,贯彻落实自治区党委书记王君正在山南考察调研、参加山南代表团讨论时讲话指示精神,围绕统筹疫情防控和经济社会发展建言献策、督促落实,同时做好基层减负、中共八项规定自查自纠、保密等工作，较好完成全年工作任务，推动各项工作顺利实施。

【队伍建设】 2021年，县委办始终坚持“团结、互助”的办公室氛围，按照“分工不分家”的工作原则，鼓励办公室每位成员以诚相待，虚心学习各位成员的长处；坚持民主集中制，有效解决工作中存在的突出问题，营造公平公正的工作氛围，形成各司其职、各尽其能的良好氛围。

2021年12月26日，扎囊县委常委、县委办主任普布玉珍（右）到久麦村结对帮扶户家中了解情况

【作风建设】 2021年，县委办坚持从严治党，自觉维护良好形象。组织委员与纪检委员全面监督管理县委办干部的工作、思想动态，持续开展“党员示范岗”“作风建设先进个人”等活动，在办公室内形成严肃认真的党内政治生活环境，形成风清气正的工作环境，使每一名干部都能专心致志、心无旁骛地干事创业。

【机关效能建设】 2021年，县委办坚持“日事日毕、日事日清、日事日结”的办事原则，切实将办公室大大小小的事项明确到人、责任到人，确保办公室相关值班、办文、办事、办会都有章可循，使工作不断走向规范化，减少工作的随意性和盲目性。

（桂彩云）

档案工作

【概况】 2021年，扎囊县档案馆（以下简称县档案馆）制订接收计划，落实工作措施，明确工作责任，确保应接收单位的文书档案、实物档案的整理和移交工作有序进行。为确保移交单位文件材料归档质量，采取口头答复、电话咨询、现场指导等形式开展档案业务指导工作。执行档案收集、整理、移交各项标准，确保接收进馆档案的规范。接收文书档案148盒3826件，疫情办归档文件目录3本，剪辑刊登在《西藏日报》《西藏法制报》《山南报》涉及扎囊县相关报道34篇。

【档案法治建设】 2021年，县档案馆开展《中华人民共和国档案法》档案法律法规的宣传和学习。交流中共十九届五中全会精神学习体会，让历史说话、用史实发言，大量运用各种档案史料、档案工作者先进事迹等，进行内容丰富、深入浅出的分析阐释。

【档案专项检查和业务指导】 2021年，为深入贯彻落实《中华人民共和国档案法》等法律法规，县档案馆联合政府办、人大办对全县42个单位进行专项检查和业务指导。从检查的总体情况看，各单位对档案工作比较重视，档案意识普遍增强，档案基础设施得到完善，业务建设逐步规范，对问题突出的单位发出限期整改意见。

【档案利用】 2021年，县档案馆在档案的利用工作中，把服务社会利用作为档案工作的根本目的，把满足人民群众需要作为档案工作的发展方向，按照提供利用相关规定，提高服务质量，改进服务方式，共接到来访人员88人次，提供档案559卷次，取件602件次，复印413件，为扎囊经济发展和社会稳定做出贡献。尤其是为县方志办开展地方志工作，提供翔实资料，为经济建设、落实政策、机关查考等方面提供大量翔实的凭据、依据，充分发挥档案为县委、县政府中心工作服务以及在维护公民合法权利和社会稳定工作中的积极作用。

【馆库日常管理】 2021年，县档案馆开展档案“八防”（防高温、防潮湿、防盗、防火、防霉菌、防光、防尘、防虫）工作，加强日常管理，完善各类管理台账。尤其把档案安全作为工作的重中之重，开展档案安全教育和各类档案的借阅工作，牢固树立安全底线思维，突出抓好实体安全、信息安全、设施设备安全和环境安全，提升档案安全保障水平。每季度开展一次馆藏档案安全大检查，及时发现和堵住档案安全漏洞，开展全县文书档案统计工作和各单位每年度立卷情况登记工作。

（桂彩云）

机要工作

【概况】 2021年，中共扎囊县委员会机要局（以下简称县委机要局）完成机房、办公区域、会议室线路改造、改善“520”加密会议室硬软件设施，同时划拨安可替代设备运维费5万元纳入扎囊县2021年财政预算中，推进机要密码工作建设力度，有效保障机要工作的正常运转。

【普法宣传】 2021年，县委机要局利用“智慧扎囊”微信公众平台宣传普法5次，点击量1609次，全国法制宣传日已开展宣传活动6次，发放资料500余份，解答群众密码法相关知识56人，累计受教育达300余人，2021年下半年县委机要局将与各学校进行协调，将密码法知识进学校，积极推进密码教育扎根在师生当中。

【涉密人员离岗交接工作】 2021年，县委机要局严格按照《扎囊县机要秘书管理规定》对于涉及机要秘书人员调换、离岗，严格进行脱密期管理；同时对新机要秘书进行政审、培训。在交接过程中，进行现场监督，把好交接程序，做到账物相符，切实做好密码工作实体和信息完整。

【规章制度建设】 2021年，县委机要局完善《中共山南市扎囊县委机要局工作制度汇编》，明确“机要局”工作成员的工作职责、保密管理，突出密码设备、密码通信管理为重点，及时建立完善各项巡检台账，认真落实巡检制度，值班制度、奖惩制度，使各项工作能够有章可循，有据可依，构建完善扎囊县机要密码工作可持续发展的工作制度。

【国产化试点工作】 2021年，县委机要局推进党政机关电子公文系统安全可靠应用，早日实现安可替代。根据相关文件精神及会议部署，前期对县委、政府替代设备进行统计并上报。

【密码安全专项检查】 2021年，县委机要局先后7次深入各单位开展密码安全专项检查，实施密码安全检查力度，推进密码绝对安全，确保不漏一人、一机、一报，狠抓责任落实，深化治理整顿，建立和完善隐患治理和排查体系，预防和减少一般事故、遏制较大事故、杜绝重大以上事故的发生，确保全县密码安全形势继续保持总体稳定好转。

【密码电报整理归档】 2021年，县委机要局坚持办文要准、办事要稳、作风要严的要求，及时、准确、安全地完成了各项密码电报管理工作，全年未出现失泄密事件。完成2020年各类密码电报保管、清退、整理归档及2019年文件销毁各项工作，并指导检查各单位归档情况。

（桂彩云）

【机构领导】

县委办主任

白玛次旺（藏族，5月免）

县委常委、县委办主任

普布玉珍（女，藏族，5月任）

县委办常务副主任、保密委员会办公室主任，保密局局长

雷　善　辉（8月任）

县委办副主任、机要局局长、密码管理局局长

边巴曲杰（藏族）

县委办副主任、保密委员会办公室主任、国家保密局局长

李　玉　来（5月免）

县委办副主任、档案局局长

米玛次仁（藏族）

档案馆馆长

格桑玉珍（女，藏族）

组织 编办

【概况】 2021年,扎囊县委组织部在县委、县政府的正确领导下,坚决贯彻习近平总书记关于全面从严治党、组织工作、西藏工作的重要论述和党中央、自治区党委决策部署、市委工作要求、市委组织部具体安排,以党的政治建设为统领,以增强政治功能和提升组织力为重点,聚焦"质量提升年"目标,树立大抓基层的鲜明导向,抓基础、抓规范,扎实推进政治、思想、组织、作风和纪律建设,着力打造高素质专业化干部队伍和人才队伍建设,着力增强基层党组织的创造力、凝聚力和战斗力,着力提高组织部门自身建设的整体水平,为推动扎囊长治久安和高质量发展提供了坚强组织保证和干部人才支撑。

【干部监督管理】 2021年,扎囊县委组织部为加强全县干部职工的日常管理、规范调动、生病探望慰问等工作,制定出台《扎囊县机关事业单位干部职工休假外出暂行管理办法》《扎囊县机关事业单位工作人员调动管理暂行办法》《扎囊县干部职工生病住院探望慰问制度(试行)》,进一步改进工作作风,提高工作效率,科学配置人才,做到严管厚爱,确保各项工作运转有序,更好地为全县经济建设和社会发展服务。对5名长期病假干部情况进行摸排,收集最新病情证明,采取"糊名盲审"的方式,征求援藏医生意见,判定干部"泡病号"问题。要求长期病假干部每月提供市级公立医院或三甲医院最新病情证明,在重大节日期间对长期病假干部进行慰问,同时适时组织纪检、组织干部实地走访慰问,了解长期病假干部情况。在2021年"三大节日"开展慰问活动,慰问对象共34人,其中去世基层干部4人,在职去世干部职工11人,长期病假人员5人,大病党员干部14人,发放慰问金17000元。

2021年11月28日,山南市委组织部副部长,老干部局局长潘华泉(左二)一行工作组到扎囊县氆雕藏式木雕产业发展有限责任公司指导党建工作开展情况

【强基惠民】 2021年,全县共派出186名驻村干部到62个村(社区)开展驻村工作。组织所在村(社区)"两委"班子开展国家通用语言培训790余场次,开展"党群活动日"活动490余场次,开展主题党日活动496余场次。开展农牧区人居环境整治1680余场次,走村入户查看脱贫户基本情况160余次,共发现防返贫监测户6户30人,积极组织脱贫群众、低收入的群众到扎囊县产业项目点务工720余人。向农牧民群众宣传巩固拓展脱贫攻坚成果、实施乡村振兴战略相关政策、各项支农惠农政策320余场次,覆盖群众达17000余人次。认真开展"我为群众办实事"实践活动,帮助解决群众急难愁盼问题440余件。开展联合巡逻5400余次,化解各类矛盾纠纷70余起,深入开展反分裂斗争教育286场次,开展铸牢中华民族共同体意识教育360余场次。

【党建工作】 2021年,扎囊县委深入学习习近平总书记关于全面从严治党、组织工作、西藏工作的重要论述,新时代党的建设总要求和新时代党的组织路线,全国、全自治区、全市组织部长会议精神,换届政策和严肃换届风气的要求,认真落实主体责任,强化思想政治建设,顺利完成换届工作,深入开展"四个"专项整治工作,加大抓党建促乡村振兴、抓党建促农村宗教治理工作力度。认真落实发展党员指导性计划，持续整顿软弱涣散党组织，扎实推动村集体经济，开展“党旗在基层一线高高飘扬”活动。2021 年，全县党员 4797 人，其中，男性 3416 人，占比 71.2%，女性 1381 人，占 28.8%；汉族 370 人，占 7.7%；农牧民党员 3358 人，占比 70%；干部职工党员 1218 人，占比 25.39%；退休党员 89 人，占 1.86%；其他党员 132 人，占比 2.75%。

【干部队伍建设】 2021 年，扎囊县委坚持以习近平新时代中国特色社会主义思想为指导，在市委的坚强领导下，在市委组织部的有力指导下，坚决贯彻落实中共十九大和十九届历次全会精神，贯彻落实习近平总书记关于党的建设、干部工作、西藏工作的重要论述和新时代的建设总要求、组织路线、治党方略，贯彻落实自治区第十次党代会、市第二次党代会精神，认真落实《党政领导干部选拔任用工作条例》，以县乡领导班子换届为契机，认真做好干部推荐和选拔任用工作，推进实现干部队伍革命化、年轻化、知识化、专业化。优化寺管会干部队伍。2021 年，向市委推荐使用县处级干部 17 名，提拔调整晋升科级干部 149 人，其中提任上一级职务 30 人，进一步使用 6 人，转任同级领导职务 12 人，平职调整 34 人，免去领导职务 26 人，晋升职级 41 人，截至年底，全县“90 后”正科级干部 5 人，领导班子整体功能和干部队伍结构进一步优化。

【干部教育培训】 2021 年，扎囊县委组织部认真贯彻落实《中国共产党党员教育管理工作条例》，将培训工作列为党建工作的一项重点工作，以提高党员干部业务能力、保持党员先进性为主题，制订全年教育培训计划，分批分期对党员进行教育培训，突出政治教育和政治训练，不断加强党员教育培训的力度。2021 年，举办新任村（社区）干部能力提升暨国家通用语言培训班 4 期，第十批驻村工作队综合业务培训 2 期，党员政治教育暨党务工作者培训 1 期，入党积极分子及发展对象培训 2 期，选派 10 批 82 人次赴自治区外学校、各级党校开展党性教育培训。组织各乡（镇）党委副书记、组织委员、部分村（社区）第一书记到琼结县、桑日县、拉萨城关区、堆龙德庆区进行实地学习交流，借鉴农牧区基层党建工作经验。

2021年9月28日，扎囊县召开基层党建工作推进会

【党员队伍建设】 2021 年，扎囊县委组织部严格按照发展党员指导性计划要求，对全县各级党组织加强组织领导，落实政治责任，摸底分析现状，精准分解计划，突出重点领域，不断优化结构，严把入口关，确保质量过硬。全县共发展党员人数 155 人（预备党员）。扎实开展违规违纪发展党员专项整治工作，稳妥有序开展不合格党员组织处置工作，探索实施党员积分制管理模式，加强流动党员的教育管理。加大党内激励关怀帮扶力度，做好困难党员、“三老人员”关心关爱工作。

【基层组织建设】 2021 年，扎囊县委组织部不断加强基层党组织建设，坚持以问题为导向，以创新活动为平台，精准施策，将问题变成课题，在基层党组织建设中强力突破、迅速改进，实现了根本性提升。截至年底，全县共有基层党组织 255 个，其中 9 个党工委

（乡镇党委5个、直属机关工委1个、“两新”工委1个、社区党委1各、公安局党委1个）；35个党总支（县直机关党总支部1个、乡镇党总支部1个、村社区党总支部32个、非公党总支部1个）；211个党支部（县直机关党支部56个、乡镇机关党支部28个、村社区党支部113个、“两新”党支部14个）。

【援藏工作】 2021年，湖南省株洲市援藏工作队坚持以习近平新时代中国特色社会主义思想为指导，全面贯彻落实中共十九大和十九届历次全会精神，贯彻落实自治区第十次党代会精神和市第二次党代会精神，坚持新时代党的治藏方略，积极协调招商引资，推进民生项目建设，在湖南总队，株洲市委、市政府以及扎囊县委、县政府的领导下，各项工作承接有序推进。2021年，湖南省株洲市选派8名短期援藏人员到扎囊贡献力量，实施援藏实体项目7个，总投资6150万元，洽谈企业40余家，签约项目4个，协调资金8.9亿元。

2021年7月1日，扎囊县举行“光荣在党50年”纪念章颁发仪式

【机构编制保障】 2021年，扎囊县委编办坚持以习近平新时代中国特色社会主义思想为指导，及时召开县委编委会学习《中国共产党机构编制工作条例》《机构编制监督检查工作办法》等文件精神，聚焦“稳定、发展、生态、强边”四件大事，践行以人民为中心的发展思想，助力乡村振兴促进法的有效推进，研究乡村振兴领域各部门所属事业单位的机构设立事宜；加快传统媒体和新兴媒体的融合，成立扎囊县融媒体中心；明确特困供养人员机构的功能定位，五保集中供养中心更名为特困人员集中供养中心；进一步规范全县事业单位编制，为县委党校、县不动产登记中心、县政务服务中心等7家单位核增部分事业编制。

【机构编制管理】 2021年，扎囊县委编办认真落实“严控总量、统筹使用、有减有增、动态平衡、保证重点、服务发展”要求，严守编制基数“红线”，严肃机构编制纪律，把牢人员入口关、出口关。严格按照年初制订的年度用编计划，为人员短缺领域以“量出为入”原则提供录（聘）用岗位。对未经编办核编招录单位进行严格追责，填写机构编制整改台账，并明确整改期限。

【机构改革】 2021年，扎囊县委编办深刻领会《关于推进基层整合审批服务执法力量的实施方案》精神，认真梳理所有乡（镇）机构职能、人员编制、领导职数等基本情况，并制定改革推进任务进度表，对照进度表多次前往各乡镇征求意见。乡镇改革方案经市委机构编制委员会办公室审核，县委、县政府及县委编委研究同意，各乡镇优化设置5个内设机构，并为部分事业单位核增领导职数。

【老干部工作】 2021年，扎囊县委高度重视老干部工作，密切注视老干部生活、心理状态，坚持以人为本、服务为先的工作宗旨，全面落实老干部的政治、生活待遇，县委、政府在“三大节日”期间，对全县416名退休干部职工进行慰问，发放慰问品折合人民币12.48万元，慰问金20.8万元。投入87万元，维修驻拉萨退休干部活动场所，新建县机关退休干部活动场所，举办6次宣讲会，重点宣

2021年8月12日，扎囊县组织基层党务工作者到拉萨堆龙德庆区参观标准化建设

讲总书记在中国共产党成立100周年大会上的讲话精神、习近平总书记视察西藏重要讲话精神、十九届六中全会精神等内容。组织53名驻拉萨、泽当退休干部职工回县参观考察，现身说法宣讲好新西藏、新扎囊的变化，当好正能量宣讲员。

【党建活动】 2021年，扎囊县直属机关工委结合开展党史学习教育和“政治标准要更高，党性要求要更严，组织纪律性要更强”专题教育，加强机关政治建设，严明纪律规矩，严肃政治标准。开展承诺践诺、“我为群众办实事”等活动，推行“马上就办”“让群众最多跑一次”，推动机关党员改进作风、密切联系群众。认真学习贯彻《关于破解“两张皮”问题推动中央和国家机关党建和业务工作深度融合的意见》，着力解决机关党建“灯下黑”、“两张皮”、弱化虚化边缘化问题。

县、乡、村换届工作

【概况】 2020年12月开始，扎囊县委多次组织召开换届前期准备工作专题会议、换届工作动员部署会议，研究部署换届工作，解读换届政策。第一时间成立县乡村换届工作领导小组、制定县乡换届工作方案、村（社区）“两委”换届方案、制定换届前期准备工作任务清单、成立5个换届工作指导检查组、成立换届领导小组工作专班、实行县级干部包村制度，并按照市换届办下发的《全市村（社区）“两委”换届工作指导检查清单》《全市县乡领导班子换届工作指导检查清单》进行细化，形成县级指导检查清单，对换届工作全过程进行部署指导。对县级包村干部、各指导检查组成员、村（社区）“两委”换届工作人员、村（社区）“两委”干部、第一书记等实现培训全覆盖，吃准吃透换届政策，确保换届方向“不跑偏”、换届政策“不走样”。县委书记亲自挂帅，组织精干力量，推动24个县级包村干部、5个县级指导检查组以及乡（镇）党政领导班子下沉到各村（社区）指导检查换届工作。各乡（镇）成立领导小组及指导检查组。各乡（镇）党委成立以党委书记为组长的5个领导小组和32个指导检查组，全面落实县级领导干部包乡包村蹲点、乡（镇）领导班子成员包村联户制度。

【宣传动员】 在全县广大党员群众中开展政策法规、纪律宣传和思想教育活动，为切实宣传好人选资格条件，扎囊县录制藏语汉语版“六个基本条件”“十个不得作为候选人的情形”“八个优先推荐”“十个不选”人选条件宣传语，通过村（社区）宣传喇叭进行广播宣传，通过县直属机关、村（社区）的电子显示屏、张贴宣传标语、悬挂宣传横幅等方式在全县全面深入宣传换届工作的重大意义和相关法律法规等内容。通过智慧扎囊、走进扎囊、扎囊融媒等媒体网络平台发布有关村（社区）“两委”换届信息，正确引导舆论宣传，网信部门加强舆情防控工作，制定舆情应急处理预案，对与换届有关的重大网络舆情及时跟踪，妥善处理。截至年底，全县共组织宣传活动193场，悬挂宣传横幅130条，张贴宣传标语962张，发放各种宣传资料927份。

【村（社区）选举】 2021年2月27日，扎囊县5个乡（镇）57个行政村5个社区“两委”班子换届工作如期完成。选举出的新一届村(社区)“两委”班子成员354人,其中,新进120人、留任234人;中共正式党员348人、中共预备党员6人,实现100%是党员。其中,女性干部82人,占23.16%,比上一届增加3.61%;实现年龄、学历“一降一升”,“两委”班子成员平均年龄42.8岁,总体比上一届降低1岁;初中及以上学历242人,占68.36%,较上一届增加137人。

选举产生村(社区)党组织书记62人,新进7人、留任55人。其中,致富带头人22人、技术能手6人、优秀双联户长2人、外出务工经商返乡人员1人、文明家庭1人、农牧民专业合作经济组织负责人2人、选派干部6人、其他23人;女性干部1人,占1.6%.35周岁及以下7人,占11.29%;36周岁至40周岁5人,占8.06%;41周岁至45周岁7人,占11.29%;46周岁至50周岁9人,占14.52%;51周岁至55周岁24人,占38.71%;56周岁至60周岁9人,占14.52%;61周岁至65周岁1人,占1.61%。初中及以上学历51人,占82.26%;其中高中学历1人,占1.61%;大专及以上学历3人占4.84%。

村(居)务监督委员会班子成员187人。桑耶镇桑耶社区、念果村各增设1名,吉汝乡沙布奴村预留1名。新进100人、留任87人;中共正式党员186人、中共预备党员1人,党员占100%。其中,村(居)务监督委员会班子成员中女性干部10人,占5.35%;班子成员平均年龄45.07岁,比上一届减少2.48岁;班子成员中初中及以上学历干部81人占43.32%,较上一届增加47人,高中学历5人,占,2.67%,较上一届增加4人;大专及以上学历1人,占0.54%。会使用国家通用语言81人,占43.32%。

选举产生村(居)务监督委员会主任62人。其中,女性干部2人,占3.2%;初中及以上学历干部32人,占51.61%。

党组织换届选举工作中46个村(社区)全票当选,16个村(社区)高票当选。村(居)民委员会及村(居)务监督委员换届选举工作中,29个村(社区)全票当选,33个村(社区)高票当选。

【乡(镇)换届选举】 4月30日,全县五个乡(镇)基层党代表(党员)大会召开完毕,完成换届选举工作。此次换届选举中,乡(镇)党代表会议代表380人,其中,各级领导干部代表64人,生产和工作一线代表316人。在生产和工作一线代表中,各类专技人员代表27人,各条战线先进模范代表289人。在各条战线先进模范代表中,工人代表13人,农牧民代表237人,其他方面代表39人。妇女代表108人,少数民族代表356人,45岁以下代表209人。换届选举产生新一届党的委员会委员45人,书记5人,副书记15人,纪律检查委员会委员23人,书记5人,副书记4人。

5月28日,全县5个乡(镇)分别召开新一届人民代表大会第一次会议。全县257名乡(镇)级人大代表以无记名投票方式,依法选举产生乡(镇)人大主席5名、乡(镇)长5名、副乡(镇)长20名,顺利完成选举任务。

【县级党代表选举】 6月3日,各乡(镇)党代表会议选举出席中国共产党扎囊县第十次代表大党代表115人(扎唐镇26人、吉汝乡27人、扎其乡29人、桑耶镇19人、阿扎乡14人),均为全票当选。其中,各级领导干部代表50人。生产和工作一线人员代表316人,其中,各类专业技术人员代表3人;各条战线先进模范代表9人,其中,工人代表1人;农牧民代表53人,其他方面代表5人。妇女代表29人,少数民族代表89人(藏族代表88人、珞巴族代表1人),45岁以下代表76人。

6月16日,中共扎囊县直属机关工作委员会召开党代表会议选举直属机关选区出席中国共产党扎囊县第十次代表大会代表。此次换届选举中,县直属机关选区党代表会议实到代表116名,经无记名投票选举,共推选出该选区出席中国共产党第十次代表大会代表69名,其中:领导干部代表4名,各类专业技术人员代表5名,各条战线先进模范人物代表60名;女性代表22人。

此次换届选举中,产生中国共产党第十次代表大会代表186人(含援藏干部3名),其中,各级领导干部代表54名,各类专业技术人员代表8名,各条战线先进模范人物代表122名,农牧民代表53名;妇女代表51名;藏族和其他少数民族代表138名；年龄在45岁以下的代表137名；研究生及以上学历7名，大学学历112名。

【县党委、纪委换届】 6月26—27日，中国共产党扎囊县第十次代表大会在县多功能厅召开。大会采取等额选举的办法和无记名投票的方式，换届选举产生中国共产党扎囊县第十届委员会委员28名、候补委员5名和纪律检查委员会委员11名。

6月27日，中国共产党扎囊县第十届委员会第一次全体会议及第十届纪律检查委员会第一次全体会议召开。大会采取等额选举的办法和无记名投票的方式，选举产生中国共产党扎囊县第十届委员会县委常委13名、县委书记1名、副书记3名及中国共产党扎囊县第十届纪律检查委员会常委5名、书记1名、副书记2名。

【县人大、政协换届选举】 7月6—7日，扎囊县第十四届人民代表大会第一次会议、中国人民政治协商会议第三届扎囊县委员会第一次会议陆续召开选举扎囊县人民政府县长、副县长，县人大常委会主任，人大常务委员会委员，县监察委员会主任，县人民法院院长，县人民检察院检察长，县政协委员、常务委员，县政协主席、副主席。

（杜　波）

【机构领导】

县委组织部部长

黄　健〔8月任县委党校（行政学院）校长〕

常务副部长

德吉卓玛（女，藏族）

副部长、编办主任

尼玛次仁（藏族）

副部长、县委老干部局局长

阿旺玉珍（女，藏族）

副部长、二级主任科员

德吉央金（女，藏族）

副部长、公务员局局长

王正杰

宣传工作

【概况】 2021年，中共扎囊县委员会宣传部（以下简称县委宣传部）加挂县新闻出版局、县政府新闻办公室、县广播电视局牌子。人员编制7名，领导职数5名，有人员15名，其中1名长期病假，文化市场执法大队1名（因机构改革1月归文化局）。5个乡（镇）均有专（兼）职宣传委员各1名。县委网络安全和信息化委员会办公室设在县委宣传部，加挂县互联网信息办公室牌子。

【意识形态责任制落实】 全面落实党委（组）意识形态工作责任制，3月11日，召开全县宣传思想暨意识形态工作会议，县委书记雷丰出席会议并讲话，对2021年宣传思想和意识形态工作进行安排部署。9月10日，召开全县宣传思想暨意识形态工作会议，听取各级党委（党组）落实意识形态工作责任制情况汇报，总结上半年宣传思想和意识形态工作，安排部署下半年工作，县委书记唐勇出席会议并讲话。持续开展“扫黄打非”和文化市场综合执法，开展“扫黄打非”专项行动22次，参与人数98人次。

【理论武装】 坚持把学习宣传贯彻习近平新时代中国特色社会主义思想作为首要政治任务，深入学习贯彻中共十九届五中全会和中央第七次西藏工作座谈会精神，学习贯彻习近平总书记关于

2021年3月11日，全县宣传思想暨意识形态工作会召开

西藏工作重要论述和新时代党的治藏方略，学习贯彻习近平总书记“七一”重要讲话和视察西藏时的重要讲话重要指示精神，为县级领导配备党史学习教育书本，各级党委（党组）积极征订，全县广大党员干部人手一套《习近平谈治国理政》第一、二、三卷；召开《习近平谈治国理政》第一、二、三卷，习近平《论中国共产党历史》等学习教育读书班、学习研讨会，安排中心组成员讲心得、谈体会、讲党课。全年召开县委理论学习中心组学习会15次，开展理论知识测试2次，各级党委（党组）组织学习610余次，学习成效显著。落实巡听旁听制度，对县政协党组、扎唐镇、扎其乡、阿扎乡、桑耶镇党委理论学习中心组学习会进行旁听，现场提出问题、工作要求，进行理论知识测试，推动理论学习规范化。

【舆论宣传】 围绕庆祝中国共产党成立100周年和西藏和平解放70周年，宣传县委、县政府在全面深化改革、脱贫攻坚、民生领域保障、生态文明建设等方面的具体举措和取得成效成就。制作《走出大山》《十小进农家》《再唱山歌给党听》《红旗飘飘》《永远跟党走》《广电先锋》6部微视频，策划制作栏目《童心向党》7期、《向党说句心里话》5期、《光荣在党50年》2期。“智慧扎囊”微信公众平台采编发各类新闻信息稿件1900篇，点击量达26万余次。融媒体中心挂牌扎囊广播电视台累计推送各类视频300余个，“扎囊融媒”抖音账号自2021年5月13日开通运行以来，累计推送各类视频127个。新华社、《人民日报》、央视新闻联播等中央媒体刊登扎囊县新闻稿件69篇，中国西藏新闻网、《西藏日报》等自治区媒体刊登扎囊县新闻55篇，《山南报》、山南网、微山南官方等市级媒体刊登扎囊县新闻300余篇，“学习强国”平台推送稿件20余篇。在铁路沿线、江北高速路等路段铺设庆祝中国共产党成立100周年、庆祝西藏和平解放70周年等宣传标语83条，新建“祖国万岁”山体字、新建5处大型户外广告牌立柱内容为“中国人民万岁”“中国共产党万岁”“中华人民共和国万岁”“治国必治边 治边先稳藏”“绿水青山就是金山银山”等标语，在全县营造浓厚氛围。

【党史学习教育】 2021年，县委召开县委常委会研究党史学习教育5次，县级财政划拨20万元作为启动资金，抽调3名工作人员组建综合协调、实践活动、简报材料、宣传报道等4个专班小组和由5名县委常委任组长的巡回指导组，开展巡回指导检查工作，下发《关于开展“我为群众办实事”实践活动的工作方案》，深入开展“我为群众办实事”实践活动。依托新时代文明实践中心（所、站）扎实开展党史故事周、知识竞赛、演讲比赛等“10+2”活动，各级党员干部累计走村入户“访民情”320余次覆盖4600余户，收集群众困难和意见建议54条，办结54条，办结率达100%；排查调节各类矛盾纠纷10余件；为残疾人办理残疾证到期换证250件，为重度肢体残疾人适配辅器具42件。各单位各部门紧扣全县“百件民生实事”清单，严格按照规定时间完成，真正解决群众急难愁盼问题，使农牧民群众深切感受党和政府的关心关怀。先后解决拖欠民工工资120余万元；为桑耶镇洛村解决300亩集体林地草种子500千克，折合资金4万元；

2021年6月26日，扎囊县庆祝中国共产党成立100周年和西藏和平解放70周年“永远跟党走”文艺会演暨“三优一先”表彰仪式

2021年6月11日，扎囊县委宣传部组织开展“中国梦·劳动美”我和党的故事演讲比赛

为12户三岩搬迁群众及时解决热水紧缺问题，折合资金约10万元；投入26万元完成桑耶社区搬迁点农田灌溉水渠修建等；召开党史学习教育专题组织生活会，县委常委班子带头参加所在党支部组织生活会，带头检视剖析问题，5个乡（镇）、60家县（中）直单位全部召开专题组织生活会。

【精神文明建设】 扎实推进新时代文明实践中心（所、站）建设，理论政策宣讲、环境卫生整治、送医送药下乡等志愿服务活动形成常态化、制度化。深入开展系列文明实践活动，9月5日，启动扎囊县新时代文明实践推动日活动，县委书记唐勇出席活动并宣布启动，其他所（站）相继启动，开展各类实践活动共1477场次，服务群众7.6万人次。12月9日，开展新时代文明实践中心骨干宣讲员培训，对各乡（镇）党委副书记、宣传委员，62个行政村（居）骨干宣讲员进行培训。完成桑耶镇、阿扎乡阿扎村、扎其乡德吉新村、桑耶镇乃卡村、扎其乡申藏村、西卡学村、孟卡荣村、吉汝乡热正岗村等8家自治区文明村镇，扎囊县委宣传部、财政局、移动公司、农业银行、扎唐镇折木居委会等5家自治区文明单位复查工作；推荐桑耶镇扎若村为自治区级文明村镇。对自治区级“文明家庭”揣丽颖家庭进行复查并递交复查报告，推荐加央桑布为自治区级“敬业奉献模范”，推荐雪拉完小旦增白卓为自治区级“新时代好少年”，推荐县教育局教研员旺杰为自治区未成年人思想道德建设工作“先进工作者”。

【网信工作】 按照“用好网、建好网、管好网”工作思路，围绕中心、服务大局，不断推动网信工作科学化、规范化。开展网上主题宣传、成就宣传、典型宣传、形势宣传，指导各媒体平台开辟专题专栏。修改完善《扎囊县网络舆情应急处置预案》，开展“净网2020”“清朗”等专项行动，连同网安大队、文化市场综合执法大队、“扫黄打非”办、市监局等部门，开展线上线下行动5次。以“智慧扎囊”“扎囊政府新闻网”“扎囊县广播电视台”“扎囊融媒”抖音短视频等为重点，不断加强网络媒体的建设与管理，抢占新形势下网上舆论阵地制高点。

【广电工作】 发挥“广电先锋”作用，对县三乡两镇的62个村居17座寺庙，开展“地毯式”“户户通”设备维护维修工作，为群众维修调试设备700余台，更换天线、高频头等部分零件1500余个，更换新设备650套，受益群众3万多人。对乡村振兴示范村桑耶洛村更换直播卫星“四代机”设备100套，原有的58套节目提升到113套节目。截至年底，扎囊县电视和广播覆盖率分别达99.8%、100%。

【文化文艺工作】 大力发展非遗和文化产业，木雕（传统扎囊木雕）制作技艺、敏珠林四藏香制作技艺评选为国家级第五批非物质文化遗产项目名录；完成“格杰卓舞”非遗项目的挖掘、保护工作和传承人核定工作，计划通过层层审批申报县级非遗项目名录和县级非遗传承人。顺利举办2021年氆氇文化节。县民间艺术团开展“我们的中国梦”文化进万家活动和文艺下乡演出70场，观看人数3万余人次，组织电影队深入各村居开展爱国主义影片放映巡演活动744场，使农牧民群众潜移默化接受爱国主义教育，丰富业余文化生活。举办中国共产党成立100周年、西藏和平解放70周年大型主题文艺会演并赴拉萨参加大庆演出。创作文艺作品9部,62个行政村文艺演出队全年开展文艺演出达480余场,观众人数达9万余人。

（次仁卓嘎）

【机构领导】

县委常委、宣传部部长

陈奎胜

县委宣传部常务副部长

白　珍（女,藏族）

县委宣传部副部长、新闻出版局局长

次珍拉姆（女、藏族,1月免）

泽仁曲西（女、藏族、1月任）

县委宣传部副部长、政府新闻办公室主任

刘　潇（8月免）

边巴旺姆（女、藏族、8月任）

县委宣传部副部长、广电局局长

张小奇（女）

统一战线（民族宗教）

【概况】 2021年,中共扎囊县委统战部（民宗局）（以下简称县委统战部）狠抓“四件大事”、落实“八个任务”,增强“四个意识”、坚定“四个自信”、做到两个维护,把握“和”的规律、“顺”的趋势、“化”的要求、“导”的方法、“治”的抓手,坚持问题导向,多管齐下,统筹兼顾,锤炼过硬作风,勇于担当作为,完成党外干部、归国藏胞管理、民族团结创建、宗教事务管理等各项工作,为扎囊县经济发展、民族团结、宗教和睦、社会稳定做出积极贡献。

【民族工作】 2021年,扎囊县常住人口以藏族为主,聚居着汉族、土族、回族、蒙古族、彝族、门巴族、满族、土家族等民族。其中,民族团结通婚家庭总数210户,机关干部民族通婚数31户,农牧民群众通婚数为179户。2021年,县级命名民族团结进步模范单位23个,家庭30户。

【宗教工作】 2021年,扎囊县有合法登记19座宗教活动场所,分别是敏珠林寺、安孜拉康、顶古钦寺、亚庆拉康、堆荣寺、桑措拉康、查色寺、阿扎寺、措杰拉措拉康、帮久拉康、桑阿曲果林寺、充堆寺、扎塘寺、念多寺、白若嘎庆寺、强巴林寺、嘎子布寺、日吾朗杰寺、桑珠群宗寺;5个宗教活动点,分别是宗贡布日追、响伦拉康、扎央宗日追、玛尼拉康、达杰曲林寺;3个修行区,分别是青朴修行区、堆荣修行区、扎央宗修行区;1个学经班敏珠林寺学经班。全县有大中型历史传统惯例的宗教佛事活动场所12个。

【驻寺队伍建设】 2021年,扎囊县寺管会9个,其中:副县建制2个,正科建制7个。寺管会编制为59个（不含公益性岗位驾驶员）,实有人数53名（含3名公益性）,分别为敏珠林12名、安孜9名（含1名公益性）,顶古钦3名,充堆4名,扎唐6名（含1名公益性）、强巴林5名（含1名公益性）、亚庆4名、阿扎5名、查色各5名。空编9个,分别为安孜拉康4个（含书记）,强巴林1个,亚庆1个,顶古钦3个。

【党外人士】 2021年,县委统战部走访、慰问党外人士、活佛、归国藏胞、驻寺干部,与他们促膝相谈,了解掌握他们的身体、生活状况。召开党外代表人士座谈会,并进行慰问,共送去价值1.8万元

2021年11月10日,县委副书记韦国岭（前排左二）一行到边交林乡调研连巴村至卡优村的乡村道路修建情况

的慰问品。高度重视党外代表人士的参政议政工作，加强党外人士教育培养和使用力度，及时兑现党外人士生活补贴34.5万元。详细制定党外知识分子、党外干部、党外知识分子代表人士建档工作。截至年底，全县有党外知识分子370人、党外干部6人、党外知识分子代表人士4人。

【藏胞工作】 2021年，县委统战部为了进一步掌握藏胞具体情况，组织乡镇统战委员，对扎囊县境外藏胞93人情况再次进行全面核实，通过核实，扎囊县有境外藏胞共75人，详细建立"一人一档"。配合市委统战部选派藏胞亲属6人参加参观学习活动。

【藏传佛教管理】 2021年，县委统战部贯彻落实《中华人民共和国宪法》《中华人民共和国民法典》《中国共产党统一战线工作条例》《宗教事务条例》《五项管理意见》等法律法规和政策，教育引导广大僧尼学法、懂法、知法、守法、用法。

【民族团结工作】 2021年，扎囊县成立以县委书记唐勇为组长的领导小组，先后召开推动会4次，反馈会1次，培训会1次，参观学习1次，研究解决问题，推动创建工作，全年财政累计投入110万元民族团结创建经费。以铸牢中华民族共同体意识为主线，开展形式多样，内容丰富民族团结宣讲活动。联合部门集中宣讲35余场次，张贴宣传标语、横幅等380余条，发放藏语汉语宣传资料8000余份（册）、宣传小礼品5000余件。开展"唱响民族团结主旋律 讴歌民族团结大成就"文艺巡演队5场次。打造桑耶镇、县中学、德吉新村等民族团结"九个实体"。把扎其乡、羊嘎村、西卡雪村、国税局、吉汝完小、宣传部、教育局等21家单位打造为县级民族团结试点单位。形成了桑耶镇民族团结"六个一"工程模式、德吉新村"345"民创模式、西普农业"四个融合"做法和县创建办"七个宣讲法""三六九"创建工作做法。

【创新活动载体】 2021年，按照区市统战民宗部门的总体安排部署，县委、县政府高度重视教育实践活动，主要领导深入涉宗领域指导学教活动，加强寺管会干部队伍建设，安排专项资金10万元，用实际行动践行"四条标准"，广大僧尼把学教活动作为日常工作，养成习惯全力配合，所有宗教活动场所、宗教活动点和修行区实现全覆盖，涌现出一大批先进典型。实现宗教和顺、社会和谐、民族和睦。

【党建工作】 2021年，县委统战部加大基础工作落实力度，不断健全党内生活制度，健全完善党组织民主集中制，加强"三重一大"执行，坚持落实"三会一课"、组织生活会、民主评议党员、工作报告、党员汇报等基本制度。及时传达中央和上级党组织的指示、决定、文件和会议精神，坚持党建引领寺庙各项工作，县委、县政府优先保障寺管会党建经费，各寺管会全部实现有眼、有板、有力、有效，党建引领寺庙工作模式基本形成。

【党风廉政建设】 2021年，县委统战部严格落实自治区党委、市委和县委的部署安排，开展党史、"三更"教育，组织涉宗教领域党员干部学习《中国共产党纪律处分条例》，传达学习各类违纪违法典型案例通报19次，集中观看全面从严治党在西藏警示教育片4场次，撰写心得体会68人次，组织党员干部参观学习1次，开展主题党日活动6场次，上好党课4次，先后研讨学习7次，引导广大涉宗党员干部落实"一岗双责"责任。

【财税监管】 2021年，县委统战部按照自治区市统一部署和县委指示要求，制订方案、整理相关政策，召开培训会、动员部署会和推动会，财税监管领导小组成员单位积极参与、通力协作，涉宗领域干部主动作为，广大寺庙僧尼积极配合，14项任务基本完成。

（扎　卓）

【机构领导】

县委常委、统战部部长、民宗局局长、二级调研员

尼玛次仁（藏族）

县委统战部常务副部长、四级调研员

尼玛洛桑（藏族）

县委统战部副部长、民宗局副局长

景　　米（藏族）

陈 光 贤

旦　　达（藏族，8月任）

巡察工作

【概况】 2021年，中共扎囊县委巡察工作领导小组办公室（以下简称县委巡察办）全面贯彻落实党中央、自治区党委、市委、县委巡视巡察工作新精神、新要求、新部署，准确把握新时代巡视巡察工作责任和使命，加强组织领导和统筹谋划，探索实践，对九届县委巡察工作进行全面总结，初步规划十届县委巡察工作全覆盖任务，并细化工作任务、明确工作目标，完成年度任务目标。

2021年11月11日，扎囊县委常委、纪委书记骆新（右一）到巡察组驻地督导巡察工作

【组织领导建设】 2021年，县委高度重视巡察工作，结合实际先后两次调整充实领导小组，于7月2日印发《关于调整充实县委巡察工作领导小组组成人员的通知》文件，明确县委书记为组长，县委常委、纪委书记、监委主任为常务副组长，县委常委、组织部部长为副组长的领导小组架构及其主要职责。6月27日，选举新一届县纪委班子成员，县委巡察办主任当选纪委常委。全年，县委书记对巡察工作批示文件共计14个，召开县委常委会7次，研究并学习巡察工作相关文件，县委巡察领导小组会议召开2次，安排部署十届第一轮巡察工作；书记专题会议召开1次，听取十届县委第一轮巡察工作情况。县委常委会及全县理论中心学习会上，传达学习《王卫东同志在九届自治区党委第十轮巡视工作动员部署会上的讲话》《赵乐际和杨晓渡同志在全国巡视工作会议暨十九届中央第七轮巡视动员部署会上的讲话》《王鸿津同志在全国新任职县级巡察办主任提级培训班上的讲话提纲》《王卫东同志在拉萨市调研巡察工作时的讲话》等文件精神。

【思想政治建设】 2021年，县委巡察办以中共十九届六中全会精神、党史教育和“三更”专题教育等为契机，巡察办党支部定期组织召开干部集中学习会，交流研讨。深学细学中央第七次西藏工作座谈会精神；坚持集中学习和个人自学相结合，开展“三更”和党史学习教育；“七一”前后学习习近平总书记在“七一勋章”颁授仪式上的讲话精神、习近平总书记主持十九届中央政治局第三十一次集体学习会上的重要讲话精神、习近平总书记在中国共产党成立一百周年大会上的重要讲话精神以及习近平总书记7月21—23日在西藏视察时的重要讲话精神；对中共十九届六中全会精神进行系统宣讲和深入解读。通过学习，干部们结合工作实际谈心得体会、说真实感悟、论工作目标，全年召开集中学习交流研讨会9次，形成25篇交流研讨材料。

【队伍能力建设】 2021年，县委巡察办为进一步提高巡察干部职责使命，组织巡察干部集中学习中央、自治区、市巡视巡察相关工作文件精神共7次，重点学习《赵乐际和杨晓渡同志在全国巡视工作会议暨十九届中央第七轮巡视动员部署会上的讲话精神》《王鸿津同志在省区市新任巡视办主任集体谈话会上的讲话精神》《王鸿津和罗礼平同志在关于加强巡视巡察上下联动的意见专题培训工作会议上的讲话精神》《王卫东同志在自治区党委第九轮工作动员部署会上的讲话精神》等，以及上级巡视巡察期刊、参考文献等相关文件精神。同时，为切实提高全县巡察干部综合素质，全年全体巡察干部参加上级巡视巡察或相关学习培训，其中1名到自治区巡视办跟班学习，2名参加一届市委第十三轮巡察工作，2名干部到市里参加《关于加强巡视巡察上下联动的意见》的专题培训会，2名参加一届市委涉粮问题专项巡察工作。

【履职能力建设】 2021年，县委巡察办规范整理九届县委巡察相关材料及上级下发文件，编写页码与目录，归档巡察材料，确保文件保存完成，并对九届县委巡察5年工作进行全面总结，撰写《九届扎囊县委五年巡察工作总结》。根据县委巡察制度有关工作要求，制订2021年巡察工作计划，初步规划十届县委巡察工作全覆盖任务。10月底，县委组建3个巡察组，抽调新任职提拔干部21名，启动十届县委第一轮巡察工作，对12个村（社区）党组织，其中包括对3个软弱涣散村（社区）党组织开展为期20天现场巡察工作，共发现问题156条、问题线索1件。

【成果运用建设】 2021年，县委巡察办聚焦“两个维护”根本任务，紧扣六项纪律，紧盯“三个聚焦”，紧密结合新时代、新形势、新任务和管党治党实践，深化政治监督。总结九届县委巡察工作经验做法，科学谋划十届县委巡察工作五年规划，深入探索创新全覆盖实现路径，将巡察村（社区）党组织作为重点纳入整体规划中，结合上级对县级各单位上下联动巡察相关要求，每年计划开展三轮巡察工作。全面贯彻落实中央巡视办《关于加强巡视巡察上下联动的意见》，坚持形式和内容相统一、质量和效果相统一，做到步调一致、同向发力、同频共振。探索改革市、县“下借上势、上借下力”的工作运行方式，充分发挥以上带下、以下促上的中枢作用，形成监督、整改、治理有机贯通的闭环链条。

（索朗多杰）

【机构领导】

县纪委常委、县委巡察办主任

卢 红 媛（女）

县委巡察办副主任

谭 新 文（1月免）

索朗多杰（藏族，1月任）

县委巡察组一组组长

卿 秋 林（女）

县委巡察组一组副组长

琼　　珍（女，藏族）

县委巡察组二组组长

多吉旺堆（藏族）

县委巡察组二组副组长

旦　　珍（女，藏族）

扎囊县人民代表大会

综述

【概况】 扎囊县人民代表大会常务委员会(以下简称县人大常委会)设有主任1名,副主任4名;下设“一室三委”,其中:人大常委会办公室设有主任1名(正科),副主任1名(副科),工作人员2名;法制司法监察和民族宗教委员会、财政经济和农牧城建环境资源委员会、教育科学文化卫生和社会建设委员会各设有主任委员各1名(正科);5个乡(镇)设有人大主席各1名,配有1名人大副主席或人大专干。

2021年,县人大常委会高举习近平新时代中国特色社会主义思想伟大旗帜,深入学习贯彻中共十九大和十九届历次全会精神,以及中央人大工作会议、中央第七次西藏工作座谈会精神,深入学习贯彻习近平法治思想、习近平总书记关于坚持和完善人民代表大会制度重要思想、关于西藏工作的重要论述、视察西藏重要讲话重要指示精神和新时代党的治藏方略,坚持党的领导、人民当家作主、依法治国有机统一,恪守初心使命,依法履职尽责,积极主动作为,为全力助推扎囊长治久安和高质量发展作出积极贡献。全年共组织召开人民代表大会3次、常委会会议6次,听取“一府一委两院”及相关职能部门专项工作报告16次,开展专题询问1次、履职评议1次,作出决议决定12项,提出审议意见6条。按照市委、县委提名及“一府一委两院”提请,依法任免干部126人次。

【扎囊县第十三届人民代表大会第九次会议】 2021年1月15—17日,扎囊县召开第十三届人民代表大会第九次会议。会议出席代表94人。大会期间,听取并审议唐勇县长代表县人民政府所作的《政府工作报告》;书面审查《扎囊县2020年国民经济和社会发展计划执行情况及2021年国民经济和社会发展计划(草案)的报告》和《扎囊县2020年财政预算执行情况和2021年财政预算(草案)的报告》;听取并审议巴桑次

2021年6月10日,扎囊县委副书记、人大常委会主任牛献智(左三)到县人大常委会机关驻村点开展调研

仁主任所作的《扎囊县人大常委会工作报告》；听取并审议格桑次仁院长所作的《扎囊县人民法院工作报告》及县人民检察院检察长揣丽颖所作的《检察院工作报告》，表决通过上述报告的各项决议。2021 年是中国共产党成立 100 周年，是“十四五”的开局之年，是西藏和平解放 70 周年，也是县乡两级人大换届之年，做好 2021 年人大各项工作具有重要的政治意义。县政府工作报告进一步细化、量化了全年的目标、任务和措施。

2021年7月5—7日，扎囊县召开第十四届人民代表大会第一次会议

【扎囊县第十四届人民代表大会第一次会议】 2021 年 7 月 5—7 日，扎囊县召开第十四届人民代表大会第一次会议。会议应出席代表 132 名，实到代表 127 名，符合法定人数。大会期间，听取和审议县人民政府副县长杨志军所作的《政府工作报告》；书面审查《扎囊县 2016—2021 年国民经济和社会发展计划执行情况与今后五年工作安排的报告》和《扎囊县 2016—2021 年财政预算执行情况的报告》；听取和审议县人大常委会副主任永才所作的《扎囊县人大常委会工作报告》；听取和审议县人民法院副院长达娃所作的《扎囊县人民法院工作报告》，县人民检察院检察长揣丽颖所作的《检察院工作报告》，表决通过上述报告的各项决议。会议期间，还表决通过《关于扎囊县第十四届人大常委会组成人员名额的决定（草案）》《扎囊县第十四届人民代表大会第一次会议关于设立扎囊县第十四届人民代表大会各专门委员会的决定（草案）》《关于扎囊县第十四届人民代表大会各专门委员会组成人员人选的表决办法（草案）》《扎囊县第十四届人民代表大会财政经济和农牧城建环境资源委员会、法制司法监察和民族宗教委员会、教育科学文化卫生和社会建设委员会主任委员、委员人选名单（草案）》《扎囊县第十四届人民代表大会第一次会议选举办法（草案）》《扎囊县第十四届人民代表大会第一次会议总监票人、监票人名单（草案）》，指定总计票人和计票人。大会以无记名投票方式选举牛献智为扎囊县第十四届人民代表大会常务委员会主任，永才、达娃、玉珍、张小武为扎囊县第十四届人民代表大会常务委员会副主任，陈奎胜、黄健、丹增、龙珍卓嘎、尼玛扎桑、尼玛顿珠、吉米念扎、达珍、达瓦次仁、任建梅、次仁多吉、杨定州、陈俊宇、旺扎、格桑白珍、益西旦增、普布次仁、普布洛桑、樊蓉、德吉卓玛为扎囊县第十四届人民代表大会常务委员会委员；选举索朗格桑为扎囊县人民政府县长，丁永涛、班旦罗布、李小华、杨志军、王广明、扎西央金、平措次仁为扎囊县人民政府副县长；选举骆新为扎囊县监察委员会主任，嘎珠为扎囊县人民法院院长，揣丽颖为扎囊县人民检察院检察长。会议举行宪法宣誓仪式，新当选的扎囊县第十四届人民代表大会常务委员会主任、副主任、委员，扎囊县人民政府县长、副县长，县监察委员会主任，县人民法院院长，分别在牛献智、索朗格桑的带领下，面向国旗进行集体宣誓，庄严承诺：恪守宪法誓言，认真履行职责，积极努力工作，不辜负党和人民的信任和重托。

【扎囊县第十四届人民代表大会第二次会议】 2021 年 10 月 28—29 日，扎囊县第十四届人民代表大会第二次会议在县多功能厅举行。大会应到代表132名，实到代表116名，符合法定人数。大会期间，传达学习中央人大工作会议精神，表决通过扎囊县第十四届人民代表大会财政经济和农牧城建环境资源委员会主任委员人选的表决办法（草案）、扎囊县第十四届人民代表大会财政经济和农牧城建环境资源委员会主任委员人选名单（草案）、大会选举办法（草案），表决通过扎囊县第十四届人民代表大会第二次会议总监票人、监票人名单（草案），宣布计票人名单。大会以无记名投票选举产生扎囊县出席山南市第二届人民代表大会的代表27名，补选产生扎囊县第十四届人民代表大会常务委员会委员1名。

【扎囊县第十三届人大第二十五次常委会】 2021年3月29日，扎囊县第十三届人民代表大会常务委员会第二十五次会议在县人大四楼会议室召开，大会应到常委会组成人员21人，实到19人，符合法定人数。会议传达学习中共中央转发《中共全国人大常委会党组关于做好全国县乡两级人民代表大会换届选举工作的意见》的通知、十三届全国人大四次会议精神、全国县乡两级人大换届选举工作部署会议精神、《西藏自治区国家生态文明高地建设条例》。会议依次听取和审议县人民政府关于法治政府建设情况的报告、县委宣传部文明办关于《山南市文明行为促进条例》学习宣传和贯彻执行情况的报告、县自然资源局关于《山南市砂石料开采管理条例》学习宣传和贯彻执行情况的报告、县林草局关于《山南市城乡绿化条例》学习宣传和贯彻执行情况的报告、县水利局关于《山南市实施河长制湖长制条例》学习宣传和贯彻执行情况的报告、县城管局关于《山南市城市建设管理条例》学习宣传和贯彻执行情况的报告等山南市出台的5件地方性法规情况的报告。会上县委组织部作了关于人事任免职事项的说明，县人民政府、县监委、县人民法院提交人事任免职的议案。会上旦增平措、朱忠奎、朱军强、潘博浩4人进行拟任职表态发言，会议以举手表决的方式选举旦增平措为扎囊县财政局（政府国有资产监督管理委员会）局长（主任）、朱忠奎为扎囊县交通局局长、潘博浩为扎囊县统计局局长、朱军强为县监察委副主任、次仁旺旦、白玛德吉为扎囊县人民法院审判员，并颁发任命书，举行宪法宣誓仪式。

【扎囊县第十三届人大第二十六次常委会】 2021年4月12日，扎囊县第十三届人民代表大会常务委员会第二十六次会议在人大常委会会议室召开，大会应到代表21人，因事因病请假5人，实到16人，符合法定人数。会议审议《扎囊县县乡两级人大换届选举工作实施方案（草案）》《关于扎囊县第十四届人民代表大会代表名额分配和选区划分的决定（草案）》《扎囊县县乡两级人民代表大会代表换届选举日的决定》，审议《扎囊县人民代表大会常务委员会关于任命县选举委员会组成人员的决定（草案）》，审议《扎囊县人民代表大会常务委员会关于任命乡级选举委员会组成员的决定（草案）》。

【扎囊县第十三届人大第二十七次常委会】 2021年5月12日，扎囊县第十三届人民代表大会常务委员会第二十七次会议在人大常委会会议室召开，大会应到代

2021年3月29日，扎囊县召开第十三届人民代表大会常务委员会第二十五次会议

表21人，因事因病请假4人，实到17人，符合法定人数。会议审议《扎囊县县乡两级人民代表大会代表换届选举日的决定（草案）》《扎囊县人大常委会关于接受永才等人辞去扎囊县选举委员会相关职务请求的决定（草案）》。

2021年6月17日，扎囊县组织召开第十四届人民代表大会机关第二选区代表选举大会

【扎囊县第十三届人大第二十八次常委会】 2021年6月30日，扎囊县召开第十三届人民代表大会常务委员会第二十八次会议。大会应到组成人员21人，因事因病请假3人，实到18人，符合法定人数。按照常委会议程安排，会议传达学习自治区十一届人大常委会第三十次会议精神，山南市一届人大常委会第三十九次会议精神；审议《扎囊县人民代表大会常务委员会代表资格审查委员会关于扎囊县第十四届人民代表大会代表的资格审查报告》《扎囊县人民代表大会常务委员会五年工作报告（草案）》《扎囊县人民代表大会常务委员会关于召开扎囊县第十四届人民代表大会第一次会议的决定（草案）》《扎囊县第十四届人民代表大会第一次会议主席团和各项名单（草案）》《扎囊县第十四届人民代表大会第一次会议列席人员名单》《扎囊县人民代表大会常务委员会关于接受唐勇辞去扎囊县第十三届人民政府县长职务的请求的决定（草案）》《扎囊县人民代表大会常务委员会关于接受巴桑次仁辞去扎囊县第十三届人民代表大会常务委员会主任职务的请求的决定（草案）》《扎囊县人民代表大会常务委员会关于接受赵永辞去扎囊县第十三届人民代表大会常务委员会副主任职务的请求的决定（草案）》《审议扎囊县人民政府关于提请审议扎西多布杰等同志免职的议案》《扎囊县人民代表大会常务委员会关于接受格桑次仁辞去扎囊县人民法院院长职务的请求的决定（草案）》《扎囊县人民政府2021年财政预算调整方案的报告，审查、批准扎囊县2021年财政预算调整的方案》。

【扎囊县第十四届人大第一次常委会】 2021年8月31日，扎囊县召开第十四届人民代表大会常务委员会第一次会议。大会应到组成人员25人，实到23人，符合法定人数。会议传达学习《习近平在西藏视察时强调全面贯彻新时代党的治藏方略 谱写雪域高原长治久安和高质量发展新篇章》和《区党委常委会（扩大）会议传达学习习近平总书记在西藏视察时的重要讲话重要指示精神》；会议审议《扎囊县人民政府关于扎囊县民族团结进步模范区创建工作开展情况的报告》并进行专题询问；审议县人大常委会执法检查组关于检查《西藏自治区民族团结进步模范区创建条例》实施情况的报告；审议《扎囊县人民政府关于2021年上半年国民经济和社会发展计划执行情况的报告（草案）》；审议《扎囊县人民政府关于2021年上半年财政预算执行情况的报告（草案）》；审议《扎囊县人民政府关于2020年扎囊县本级财政决算（草案）的报告》，审查和批准扎囊县人民政府2020年本级财政决算。

【扎囊县第十四届人大第二次常委会】 2021年10月22日，扎囊县第十四届人大常委会召开第二次会议，会议应到常委会组成人员25人，实到18人，符合法定人数。会议传达学习中央人大工作会议精神，以及《西藏自治区国家生态文明高地建设条例》《山南市红色文化资源保护利用条例》。会议审议《扎囊县人大常委会关于开展〈中华人民共和国食品安全法〉贯彻落实情况执法检查报告》《扎囊县人民代表大会常务委员会关于接受普布洛桑辞去扎囊县第十四届人民代表大会代表职务的决定(草案)》《扎囊县人民代表大会常务委员会代表资格审查委员会关于个别代表的代表资格报告及公告(稿)》《扎囊县人民代表大会常务委员会关于召开扎囊县第十四届人民代表大会第二次会议的决定(草案)》。会议审议有关人事任免事项,县委组织部作关于人事任免职事项的说明。县人大、县人民政府、县监委、县人民法院提交人事任免职的议案和报告。梁国程等3人做了拟任职表态发言,常委会组成人员表决通过并任命34名县人大常委会办事机构及“一府一委两院”职能部门负责人,颁发了任命书,举行宪法宣誓仪式。

【扎囊县第十四届人大第三次常委会】 2021年12月23日,扎囊县第十四届人民代表大会常务委员会第三次会议在县人大四楼会议室召开,大会应到常委会组成人员25人,实到18人,符合法定人数。会议传达学习中共中央《关于新时代坚持和完善人民代表大会制度、加强和改进人大工作的意见》,中国共产党西藏自治区第十次代表大会精神、自治区党委书记王君正参加山南代表团、阿里代表团、那曲代表团讨论时的讲话精神,王君正在中国共产党西藏自治区第十届委员会第一次全体会议上的讲话精神。会议审议《扎囊县人民代表大会常务委员会2021年度工作报告(稿)》、《扎囊县人民政府关于县十三届人大九次会议期间代表提出的议案、意见建议办理情况的报告》、《扎囊县人大财政经济委员会咨询专家库工作规则(草案)》和拟聘请财经咨询专家人员名单、《扎囊县人民代表大会常务委员会联系人大代表办法(草案)》和扎囊县第十四届人民代表大会常务委员会组成人员联系县人大代表名单,表决通过扎囊县人民代表大会常务委员会关于召开扎囊县第十四届人民代表大会第三次会议的决定(草案)。

2021年10月22日,扎囊县第十四届人大常委会第二次会议召开

【执行请示报告】 2021年,县人大常委会自觉坚持和依靠党的领导,建立健全向县委请示报告重大事项制度,明确报告事项清单。就人大重大事项、重要工作、重要会议、重要活动等及时主动报告,共向县委请示报告12件次。

【依法决定重大事项】 2021年,县人大常委会从人大职能和特点出发,突出重点,注重实效,对事关全县政治、经济和社会生活中带有战略性、长远性和根本性的重大问题,依法行使重大事项决定权,及时把县委高质量发展的重大决策部署变为全县人民的意志,为全县经济社会发展提供有力保证。先后对《关于全县“七五”普法规划实施情况和“八五”普法安排情况的报告》《扎囊县国民经济和社会发展第十四个五年规划和二〇三五年远景目标纲要》等作出决议或决定,使扎囊县指标体系更具科学性和指导性。

【依法任免】 2021年,县人大常委会坚持党管干部原则和人大依法任免有机统一,严格依法做好任免工作,从组织上保证地方国家机关的正常运转。具体工作中,落实拟任命人员任前法律知识考

2021年7月7日，扎囊县召开第十四届人民代表大会第一次会议第二次全体会议暨选举大会，图为与会代表投票现场

试、拟任职表态发言、颁发任命证书、向宪法宣誓等制度，增强被任命人员的法律意识、责任意识、公仆意识。同时，县人大常委会加强对国家机关工作人员的任前审查，邀请“一府一委两院”负责人和组织部门负责人，分别就拟任职人员情况在常委会会议上作说明。

【乡村振兴】 2021年，县人大常委会以高度的政治责任感和历史使命感，坚持把巩固脱贫攻坚成果同乡村振兴有效衔接在全县人大系统中、体现在人大工作中，全县人大系统形成整体联动、齐抓共推的强大合力。组织全县县乡386名人大代表和机关干部职工开展巩固脱贫攻坚同乡村振兴有效衔接工作，利用“人大制度宣传月”“千名人大代表送宪法（送法律）”等载体宣传国家、自治区、市、县各级脱贫攻坚和乡村振兴有关政策、举措，受益群众1.5万余人次，发放宣传资料1000余张。组织15名代表开展防止返贫调研1次。县、乡两级人大常委会机关扎实开展定点帮扶，26名干部职工与17户86名贫困人员完成结对帮扶，累计投入慰问资金、物资，价值10万元。

【维护社会稳定】 2021年，县人大常委会排班子成员参与国安指挥部带班值班工作，服从大局，服务大局。全年参与带班80余人次，以实际行动有效落实维稳制度。在重要时期，安排常委会班子成员蹲点乡镇、寺庙开展维稳督导，为确保全县和谐稳定做出积极贡献。

【换届选举】 2021年，县人大常委会根据相关法律规定和自治区、市、县委关于做好县乡人大换届工作安排，扎囊县两级人大换届选举自3月全面启动以来，县人大常委会精心组织、扎实工作，5月下旬依法选举产生县乡两级新一届人大代表，5月底和7月初先后召开乡（镇）新一届人民代表大会第一次会议和扎囊县新一届人民代表大会第一次会议，依法选举产生新一届县乡两级地方国家机关领导班子，完成县乡两级人大同步换届选举工作任务。选举产生县乡两级人大代表。选举产生县级人大代表132名，其中，党政领导干部代表18名，妇女代表34名，基层代表114名（农牧民代表81名，一线工人2名，专业技术人员9名，非公有制经济人士2名，统战宗教人士5名，其他干部14名，解放军代表1名）。选举产生乡级人大代表245名，其中党政领导干部44名，妇女代表63名，基层代表201名（农牧民代表166名，一线工人6名，专业技术人员17名，非公有制经济人士5名，统战宗教人士5名，其他干部2名）。选举产生县级国家机关领导人员36名，其中，县人大常委会组成人员25人（主任1人、副主任4人、委员20人）；县长1人、副县长7人；选举县监察委员会主任1人、人民法院院长1人、人民检察院检察长1人。设立财政经济和农牧城建环境资源委员会，配备专职主任委员1人，兼职委员4人；设立法制司法监察和民族宗教委员会，配备专职主任委员1人，兼职委员3人；设立教育科学文化卫生和社会建设委员会，配备专职主任委员1人，兼职委员3人。选举产生乡（镇）国家机关领导人员35人。其中乡（镇）人大主席5人、副主席5人，乡（镇）长5人、副乡（镇）长20人。5个乡（镇）均配备兼职乡（镇）人大副主席1人。选举产生山南市第二届人民代表大会代表。2021年10月28—29日，扎囊县第十四届人民代表大会召开第二次会议，选举产生扎囊县出席山南市第二届人民代表大会代表27人。其中，党政领导干部代表7人，农牧民代表5人，一线工人代表1人，专业技术人员代表2人，其他代表12人，少数民族代表20人（藏族19人、白族1人）。

【人大监督】 2021年，县人大常委会始终坚持民生问题导向、资金使用导向、司法公正导向，完善监督方式方法，突出监督工作重点，努力提升监督实效。全年听取和审议专项工作报告6次，开展执法检查5次，专题调研和委托调研9次。

民生热点监督。2021年，县人大常委会围绕教育事业问题，配合山南市人大常委会开展全县教育经费投入和使用管理情况专题调研，有力促进教育公平，推动教育事业稳步发展；围绕卫生健康问题，开展《中华人民共和国食品安全法》执法检查，经常委会会议审议执法检查报告并形成审议意见移交政府限时处理。

经济运行监督。2021年，县人大常委会坚持把促进宏观经济平稳运行放在重要位置，加强对预算管理的监督，督促县政府强化预算法定意识，不断提高依法执行预算和管理预算水平。在代表大会上听取和审查上一年度财政预算执行情况和2021年度财政预算（草案）的报告、上一年度国民经济和社会发展计划执行情况和本年度国民经济和社会发展计划（草案）的报告；在常委会会议上听取和审议上一年度本级财政决算（草案）的报告、2021年度上半年财政预算执行情况报告和国民经济和社会发展计划执行情况的报告。加强对经济运行、财政预决算及相关重点工作的监督，有力促进全县经济平稳健康发展。

司法监督。2021年，县人大常委会把公正司法和依法行政作为监督重点，推进依法治县。针对普法工作，开展“七五”普法工作情况专题调研；针对民事审判工作，配合市人大开展县人民法院民事审判工作及人民检察院就检察机关适用认罪认罚从宽制度落实情况调研；县人大常委会就《西藏自治区民族团结进步模范区创建条例》《中华人民共和国未成年人保护法》《西藏自治区实施〈中华人民共和国未成年人保护法〉办法》等法律法规贯彻实施情况组织开展执法检查；针对民族团结工作开展《西藏自治区民族团结进步模范区创建条例》贯彻落实情况专题询问。配合区、市人大开展立法评估、法律法规草案征求意见等工作，促进扎囊县相关法律法规的有效贯彻执行。围绕“法在我身边”、人大制度宣传月、“千名代表送宪法（法律）”等活动，组织全县各级人大代表、人大干部、相关部门等组成工作组，深入乡（镇）村（居）开展法律法规宣传宣讲，提升广大群众和人大代表尊法守法用法意识。

生态环保监督。2021年，县人大常委会及时听取和审议上一年度环境质量状况和环境保护目标完成情况的报告，提出意见建议，为打好污染防治战和保护碧水蓝天提供保障。开展《西藏自治区国家生态文明高地建设条例》执法检查，督促相关部门宣传生态保护环境相关法律法规，对生活垃圾、建筑垃圾处置、垃圾焚

2021年7月5日，扎囊县组织“两会”人大代表、政协委员观看警示教育片《警钟长鸣》

烧等进行重点监督，提高全县关心支持和参与环境保护的主动性和自觉性。

【人大代表工作】2021年，县人大常委会坚持以人民为中心，尊重代表主体地位，支持和保障代表依法履职，不断提升保障水平，代表工作活力持续增强，代表作用得到有效发挥。

代表素质能力提升。2021年，县人大常委会为使新当选代表了解和掌握人大各项制度和相关知识，了解和掌握与代表履职相关的法律法规，增强代表意识，切实履行代表职责，充分发挥代表作用，提高工作业务能力和水平，县人大常委会以邀请专家学者授课等方式开展培训，组织72名新当选人大代表进行集中培训，通过培训提升新任代表的履职能力，提高思想认识。选派业务能手先后赴5个乡（镇）对200余名乡（镇）人大代表进行以会代训。

代表活动。2021年，县人大常委会依托“人大代表之家”“代表联络站”等平台，以及“三聚”“八个一”、“法在我身边”、“千名人大代表送宪法（法律）”、“民族团结从我做起”、“弘扬生态文明、建设美丽扎囊”和铸牢中华民族共同体意识学习教育实践等活动，组织各级代表开展业务学习、工作述职、经验交流、联系选民、帮扶群众、宣讲政策等，丰富代表在闭会期间的活动。针对项目建设，开展代表视察和观摩，确保代表对全县项目建设情况有进一步地了解和掌握，增强代表的履职意识和工作热情。全年县人大常委会组织法律法规宣讲7场次，发放各类宣传资料500余册，共有200余名各级人大代表参加，受教育群众达3万余人次。

代表建议督办。2021年，人大代表共提出各种意见建议55件，县人大常委会及时移交政府办理。采取跟踪督办、现场督办等方式，督促承办单位认真办理和答复，并与县政府督查室一起对代表建议办理情况进行督查。截至年底，55件意见建议中，已办理6件，办理31件中，因条件限制一时难以实施列入规划11件，因缺少上位政策性文件支持、体制机制改革推进等原因确实难以解决需做好解释工作7件。

【自身建设】2021年，县人大常委会加强自身建设，不断锤炼严而实的工作作风，提升做好新时代、新形势下人大工作的能力水平。

主题教育和实践活动。2021年，县人大常委会按照县委统一安排，先后组织开展党史学习教育、“政治标准要更高、党性要求要更严、组织纪律性要更强”专题教育等活动。在各类活动中，紧密结合人大工作实际，制订方案，严格组织落实全年县人大党组集中学习12次，开展专题研讨5次，召开党组班子民主生活会2次。通过认真开展主题教育和实践活动，有效解决常委会领导班子和机关干部在思想、工作、作风、纪律等方面存在的突出问题，促进机关建设，树立良好形象。

制度建设。2021年，县人大常委会从常委会会议事规则入手，在原有的基础上进一步修改完善《扎囊县人大常委会议事规则》《扎囊县人民代表大会常务委员会联系人大代表办法》《扎囊县人民代表大会常务委员会组成人员守则》《扎囊县人民代表大会常务委员会代表视察办法》《扎囊县人大常委会关于切实加强和改进全县各级人大代表工作充分发挥闭会期间代表作用的决定》《扎囊县人大财政经济委员会咨询专家库工作规则》《扎囊县人大常委会机关财务管理制度》等7项制度，促进县人大常委会工作的规范化、制度化建设。

领导班子和干部队伍建设。2021年，县人大常委会坚持把政治建设摆在首位，组织常委会领导班子成员和机关干部学理论、学法律、学业务，用党的科学理论武装头脑，进一步增强“四个意识”、坚定“四个自信”、捍卫“两个确立”、做到“两个维护”。常委会班子坚持民主集中制原则，注重班子团结，形成工作合力，高度重视干部队伍教育培养和作风建设，加强机关管理，提高工作效能。

作风建设。2021年，县人大常委会党组成立以常委会主任为组长的党风廉政建设责任制工作领导小组，全面实行“一岗双责”，持续深化中央八项规定及其实施细则精神要求，将党风廉政建设责任制工作列入重要议事日程，同部署、同落实、同检查。全年县人大党组组织召开专题民主生活会2次，常委会领导班子以普通党员身份参加所在支部活动13次，通过组织学习典型案例通报、观看市纪委制作的反腐倡廉警示教育片、参观市检察院廉政教育基地、落实巡视巡察整改、开展专项治理工作等进一步筑牢人大干部拒腐防变思想防线。按照分工层层签订党风廉政责任书，坚持从严控制和压缩“三公”经费支出，坚持个人重大事项报告制度，坚持带头开展述责述廉，坚持强化县人大常委会机关党费规范化收缴管理，增强干部不能腐、不敢腐、不想腐的思想意识。

【机构领导】

县委副书记、县人大常委会主任

巴桑次仁（藏族，7月免）

牛 献 智（7月任）

县人大常委会副主任

赵　　永（7月免）

永　　才（藏族）

达　　娃（藏族）

玉　　珍（女，藏族，7月任）

张 小 武

办公室工作

【概况】 2021年，扎囊县人民代表大会常务委员会办公室（以下简称县人大办）紧紧围绕县十三届人大九次会议确定的目标任务和常委会年度工作计划，按照“围绕中心、服务大局、提高质量、当好参谋”的工作思路，解放思想、开拓创新，充分发挥“参谋助手、综合协调、督促检查、后勤保障”四大职能作用，保障县人大常委会各项工作有序推进。

【办文工作】 2021，县人大办坚持执行“三审三校”制度，各类公文从起草、送审、会签、复核、登记、印制、分发到归档，既做到程序流畅、责任明确，又促进相互交流、互相学习。全年牵头起草大型材料40余份，上报信息70余篇；下发县人大常委会红头文件39份、人大办红头文件28份、会议纪要16期。

【办会工作】 2021年，县人大办坚持提前准备、分工负责、面面俱到的办会原则，高标准承办县十三届人民代表大会第九次会议、县十三届任命代表大会一次、二次会议，县十三届人大常委会第二十五次、二十六次、二十七次、二十八次、县十四届人大常委会第一次、二次、三次等重要会议，协助各部门办好各类会议，全市脱贫攻坚大督战大排查、2021年扎囊氆氇文化节等重要活动，做到忙而不乱、有条不紊、顺利推进。

【领导交办工作】 2021年，县人大办完成好上级以及各位领导交办的各项事情，为县人大及其常委会开展执法检查、调研、视察、考察学习等监督工作提供有力服务保障。同时做好基层减负、八项规定自查自纠等工作，较好完成全年工作任务，推动各项工作顺利实施。

专门委员会

【财政经济和农牧城建环境资源委员会】 计划及预算草案的审查监督。2021年7月，县人大财政经济和农牧城环境资源委员会听取和审查扎囊县2016—2021年国民经济和社会发展计划执行情况与今后五年工作安排计划报告。8月，听取和审查2021年上半年国民经济和社会发展计划执行情况与下半年国民经济和社会发展计划安排的报告。

计划和预决算报告的审查监督。2021年5月，县人大财政经济和农牧城环境资源委员会开展2021年上半年经济运行情况的专题调研。7月，审查扎囊县2016—2021年财政预算执行情况报告。8月，审查上半年财政预算执行情况报告和2020年财政决算情况的报告以及财政预算调整方案进行审查。

推进预算联网监督系统项目建设。2021年，县人大财政经济和农牧城环境资源委员会向县人民政府申请资金170万元，加快项目建设进度，完成墙面粉刷、瓷砖修补、地毯铺设、桌椅添置、屏幕安装、机房建立、软件建设等工作，项目总体进展顺利。

生态环保监督。2021年4月，县人大财政经济和农牧城环境资源委员会审议扎囊县关于“雅砻环保行”活动工作报告和县政府关于2020年度环境质量状况和环境保护目标完成情况的报告。9月，开展贯彻实施《西藏自治区国家生态文明高地建设条例》执法检查。

巩固脱贫攻坚成果监督。2021年10月，县人大常委会协同市调研组开展防止返贫实地调研。于11月开展关于用电价格执行情况调研。

加强自身建设。2021年，县人大财政经济和农牧城环境资源委员会参加全区新任基层人大干部培训班、2021年度全区人大财经干部培训班、西藏自治区党委党校2021年秋季学期第一期全区人大干部研讨班，赴山南市人大常委会考察学习预算联网监督系统建设和人员配备情况，不断提高工作人员的理论水平和业务素质。

【法制司法监察和民族宗教委员会】 2021年，人大法制委员会开展对“七五”普法工作专题调研。开展《西藏自治区民族团结进步模范区创建条例》实施情况的执法检查。配合自治区人大常委会开展宗教工作法治化建设专题调研。配合山南市人大常委会开展全市民事审判工作和检察机关适用认罪认罚从宽制度情况的专题调研。在全县人大系统开展民族团结进步宣传月系列活动。对县人大、政府、监委提请任命的32名负责人进行任前法律知识考试。开展规范性文件备案审查工作。

【教育科学文化卫生和社会建设委员会】 2021年，县人大教育科学文化卫生和社会建设委员会围绕大局，完成常委会交办的其他的工作。配合人大常委会办公室筹备县乡两级人大换届工作。通过集中学习和自学，加强对理论知识和业务知识学习，提高自身的学习能力和综合能力。5月，配合市人大开展《中华人民共和国未成年人保护法》和《西藏自治区实施〈中华人民共和国未成年人保护法〉办法》贯彻落实情况执法检查。6月，配合市人大开展全市教育经费投入和使用管理情况专题调研和山南市退役军人服务保障情况专题调研。8月，对《中华人民共和国食品安全法》的贯彻执行开展执法检查。10月，配合自治区人大开展《西藏自治区药品管理条例（草案）》立法调研工作。

【机构领导】

县人大常委会办公室主任

达瓦次仁（藏族）

县人大常委会办公室副主任

张 程 宣（10月免）

刘 天 娇（女，10月任）

县人大法制委员会主任委员

达　　珍（女，藏族）

县人大教科文卫委员会主任委员会

白　　莉（女，7月免）

樊　　蓉（女，7月任）

县人大财经委员会主任委员

普布洛桑（藏族，10月免）

吾金单增（藏族，10月任）

扎囊县十三届人大九次会议期间代表提出的议案、意见建议办理情况表

表 1

序号	乡镇	村（居）	提出意见建议代表姓名	议案内容	牵头单位	建议承办单位	办理情况			
							已办理解决	正在办理解决	因条件限制一时难以实施要列入规划	确实难以解决要做好解释工作
1	阿扎乡	章达村	边巴	新建章达村会场	县政府	发改委	—	正在办理	—	—
2	阿扎乡	章达村	边巴	关于沟通衔接蒙草拖欠民工工资问题	县政府	乡村振兴局	—	正在办理	—	—
3	阿扎乡	阿扎村	多布杰次仁	关于农田改造后修建水泥水渠	县政府	农业农村局	—	正在办理	—	—
4	阿扎乡	阿扎村	多布杰次仁	关于村民小组道路硬化及排水沟修建问题	县政府	农业农村局	—	—	列入规划	—
5	阿扎乡	江津村	次巴贡布	关于村民小组道路硬化及排水沟修建问题	县政府	农业农村局	—	—	列入规划	—
6	阿扎乡	江津村	次巴贡布	关于新建江津桥问题	县政府	交通局	—	—	列入规划	—
7	吉汝乡	代表联名	洛桑益西等	吉汝乡共有1946户9763人，下属有20个行政村，112个村民小组和62个自然村，是扎囊县最大乡镇之一。由于吉汝乡范围内无1座液化气站点，群众在加气来回途中存在较大的安全隐患和极不方便。为了增加集体收入和消除安全隐患，望修建1座液化气站点	县政府	城管局	—	正在办理	—	—
8	吉汝乡	吉汝完小	维色	吉汝乡第一小学现共有472名在校生和42名教职工，公共厕所紧缺，望新建1座公厕	县政府	县教育局	已办理	—	—	—
9	吉汝乡	念沙	扎西达瓦	念沙村230亩，夏如村57亩，共287亩土地存在灌溉难问题，望修建2500平方的水塘	县政府	农业农村局	已办理	—	—	—
10	吉汝乡	阿玉岗	洛桑益西	为消除水灾隐患，望上级部门在桑其米处新建2000多米防洪堤坝（1组）	县政府	水利局	—	正在办理	—	—

续表 1

序号	乡镇	村（居）	提出意见建议代表姓名	议案内容	牵头单位	建议承办单位	办理情况			
							已办理解决	正在办理解决	因条件限制一时难以实施要列入规划	确实难以解决要做好解释工作
11	吉汝乡	岗白、阿玉岗、顶古钦寺	白玛桑珠 克若旺久等 2 名	岗白、若、阿玉岗村自然村数较多，移动式垃圾箱较少，另外亚青和堆荣寺庙未配发移动式垃圾箱，给僧人和群众带来极大不便，增加 6 个移动式垃圾箱	县政府	住建局	已办理	—	—	—
12	吉汝乡	雪拉	巴桑旺姆	雪拉组 57 户 350 人 563 亩田地，原有的水渠因年久失修，无法正常灌溉农田，存在灌溉难的问题，望县水利局解决修建 2000 米水渠	县政府	农业农村局	—	正在办理	—	—
13	吉汝乡	沙布奴	边巴益西	村医生的生活用房和医疗用房在一起，面积偏小，望单独修建村卫生室	县政府	卫健委	—	正在办理	—	—
14	吉汝乡	卓普村、卓玉村、罗布村、吾隆村、德吉林村	达瓦次仁、丹巴、罗布、次仁、阿旺曲宗、白玛顿珠、其米多吉	为解决群众的出行难问题，望上级部门新修吉汝乡至卓普村长 22 千米、宽 7 米的水泥路	县政府	交通局	—	正在办理	—	—
15	吉汝乡	节念	伦珠多吉	节念村因自身地理位置原因，人均耕地面积极少，现有农田由于土地高低落差大、田里乱石多等问题，制约着该村农业健康发展，望修建高标准农田	县政府	农业农村局	—	正在办理	—	—
16	吉汝乡	扎西林	欧珠旺姆	扎西林村 809.7 亩农田和 230 亩集体林，存在灌溉难的问题，望上级部门新建长 225 米的截潜流及 40 厘米 ×40 厘米水渠 300 米，解决灌溉问题，预计投资 120 万元	县政府	农业农村局	—	正在办理	—	—

续表 1

序号	乡镇	村(居)	提出意见建议代表姓名	议案内容	牵头单位	建议承办单位	办理情况			
							已办理解决	正在办理解决	因条件限制一时难以实施要列入规划	确实难以解决要做好解释工作
17	吉汝乡	岗白、格普	拉巴	为了群众出行方便，望修建热正岗至格普村的长6千米、宽7米的水泥路	县政府	交通局	—	正在办理	—	—
18	吉汝乡	沙布夏	白玛古如	沙布夏103户606人，215亩农田存在灌溉难的问题，望县水利局解决新修2000立方米水塘	县政府	农业农村局	—	正在办理	—	—
19	吉汝乡	夏如	白玛旦增	夏如村103户569人，因815.43亩农田仍存在灌溉难、灌溉不足问题，望县水利局解决40厘米×40厘米水渠2000米和水塘面积3000平方米	县政府	农业农村局	已办理	—	—	—
20	桑耶镇	镇政府	索朗多布杰	关于离职村组织老干部长期解决生活补助的申请	县政府	老干部局	—	—	—	做好解释
21	桑耶镇	镇完小	贡嘎措姆	解决学校紧缺教师及教师住宿问题	县政府	教育局	—	正在办理	—	—
22	桑耶镇	松卡社区	次旦扎西	关于2020年洪涝淹没的农田改造问题	县政府	农业农村局	—	正在办理	—	—
23	桑耶镇	乃卡村	尼玛扎西	关于村水库、水坝受到自然灾害的问题	县政府	水利局	—	正在办理	—	—
24	桑耶镇	亚杰村	扎西坚参	关于修建村农田、水沟及水库的问题	县政府	农业农村局	—	正在办理	—	—
	桑耶镇	亚杰村	扎西坚参	关于修建村水库的问题	县政府	水利局	—	—	—	做好解释
25	桑耶镇	念果村	旺堆杰布	关于民工工资未结及私占土地、草地的问题	县政府	自然资源局	—	正在办理	—	—
26	桑耶镇	前达村	索朗曲珍	关于新建村垃圾回收站的问题	县政府	住建局	—	正在办理	—	—
27	桑耶镇	洛村	巴　珠	关于村幼儿园学生接送困难的问题	县政府	教育局	—	—	列入规划	—
28	扎其乡	17个村	普布占堆等12名	关于解释新型农村合作医疗账户结转结余资金去向的建议	县政府	县医保局	—	正在办理	—	—
29	扎其乡	久村	占堆	关于久村修建蓄水池的建议	县政府	农业农村局	—	正在办理	—	—

续表 1

序号	乡镇	村（居）	提出意见建议代表姓名	议案内容	牵头单位	建议承办单位	办理情况			
							已办理解决	正在办理解决	因条件限制一时难以实施要列入规划	确实难以解决要做好解释工作
30	扎其乡	久村	占堆	关于修建久村 2 村组水泥公路的建议	县政府	县交通局	—	正在办理	—	—
31	扎其乡	塔巴林村	扎西多杰	关于更换居民用电变压器的建议	县政府	供电公司	已办理	—	—	—
32	扎其乡	扎加	仁庆	关于羊加村至塔巴林村之间新修防洪堤坝的建议	县政府	县水利局	—	—	列入规划	—
33	扎其乡	扎加村	仁庆	关于扎加村修建蓄水池的建议	县政府	农业农村局	—	—	列入规划	—
34	扎其乡	朗赛林	罗布	关于朗赛林村修建防洪堤坝的建议	县政府	县水利局	—	正在办理	—	—
35	扎其乡	朗赛林	罗布	关于维修朗赛林村蓄水池的建议	县政府	农业农村局	已办理	—	—	—
36	扎其乡	德吉新村	加央桑布	关于解决德吉新村下水道堵塞问题及修建污水处理站的建议	县政府	住建局	—	正在办理	—	—
37	扎其乡	充堆	多吉	关于增加乡农业银行服务窗口的建议	县政府	农业银行	—	—	—	做好解释
38	扎其乡	宗卡	旦增念扎	关于从朗赛林蓄水池至宗卡村新修水泥水渠的建议	县政府	县水利局	—	—	—	做好解释
39	扎其乡	瓦藏	达娃扎西	关于从民主新修水泥水渠的建议	县政府	农业农村局	—	正在办理	—	—
40	扎其乡	乡卫生院	达娃白玛	关于解释扎囊县公益性工作人员享受工会福利的政策建议	县政府	人社局、总工会	—	—	—	做好解释
41	扎其乡	西卡学	尼玛	关于修建民主水库的建议	县政府	县水利局	—	正在办理	—	—
42	扎唐镇	扎唐村	旦增	“擦热林卡”植被沙化范围恢复植被可行性报告	县政府	林草局	—	正在办理	—	—
43	扎唐镇	强巴林村	土多	村集体商品房新建项目	县政府	农业农村局	—	—	列入规划	—
44	扎唐镇	吉林村	罗布桑杰	修建护村堤坝的可行性报告	县政府	水利局	—	正在办理	—	—
45	扎唐镇	羊嘎居委会	米玛坚参	县水利局旧仓库使用权划拨本社区名下的可行性报告	县政府	水利局	—	—	—	做好解释

续表1

序号	乡镇	村（居）	提出意见建议代表姓名	议案内容	牵头单位	建议承办单位	办理情况			
							已办理解决	正在办理解决	因条件限制一时难以实施要列入规划	确实难以解决要做好解释工作
46	扎唐镇	羊嘎居委会	米玛坚参	关于成立羊嘎居委会物流货运公司的报告	县政府	交通局	—	—	列入规划	—
47	扎唐镇	折木居委会	格桑	社区友谊路一带下水道修整报告	县政府	生态环境局	—	—	—	做好解释
48	扎唐镇	白仲村	金追	白仲村加热岗修建水渠和跨河桥的报告	县政府	水利局、交通局	—	—	列入规划	—
49	扎唐镇	杂玉村	加措	村主干道与入户之间的沙石路面进行硬化，对全村生活废水下水管网进行梳理	县政府	农业农村局	—	—	列入规划	—
50	扎唐镇	阿嘎	嘎色	阿嘎村修建水磨房提案可行性报告	县政府	乡村振兴局	—	—	—	做好解释
51	扎唐镇	强巴林	益西旺久	强巴林村进村新修跨河桥可行性报告	县政府	交通局	—	—	列入规划	—
52	扎唐镇	木那村	旦增罗布	木那村念多组进村主干道道路硬化报告	县政府	交通局	—	正在办理	—	—
53	扎唐镇	白仲村	金追	关于白仲村农田改造加土的报告	县政府	农业农村局	—	正在办理	—	—
54	扎唐镇	桑玉村	央珍	关于请求对西藏沙渠防水材料科技有限公司开展污染防治工作	县政府	生态环境局	—	正在办理	—	—
55	扎唐镇	嘎杂村	旺姆	关于解决截潜流及输水洞问题	县政府	水利局	—	正在办理	—	—

扎囊县人民政府

综述

【概况】 2021年，扎囊县坚持以习近平新时代中国特色社会主义思想为指导，坚持贯彻中共十九届六中全会和中央第七次西藏工作座谈会精神，全面贯彻习近平总书记关于西藏工作的重要论述和新时代党的治藏方略，在市委、市政府和县委的坚强领导下，全县各族人民团结一心、主动作为，完成全年主要目标任务，实现“十四五”良好开局。地区生产总值预计完成195158.9万元，同比增长7.3%，巩固产业结构“二、三、一”格局；完成全社会固定资产投资193541万元，同比增长50.8%；完成社会消费品零售总额23360万元，同比增长3.2%；完成财政收入5721万元，同比增长30.2%；完成税收收入8994.05万元，同比增长88.5%；农村居民人均可支配收入16896元，同比增长15.3%。扎囊县高质量发展的基础更加夯实。

2021年2月5日，扎囊县政府县长唐勇（左）到桑耶镇开展特困群体“三大节日”慰问活动

【基础设施建设】 2021，扎囊县以稳投资、重项目为关键，持续加强基础设施建设力度。卓玉水库等水利项目建成并投入使用，农村供水和灌溉保障率分别达到100%和80%。主电网实现行政村全覆盖。拉林铁路通车运营，结束扎囊县千百年来没有铁路的历史，辖区内第二条高速公路S5加快推进，农村公路通车里程达340余千米。5G网络实现县城全覆盖，4G网络、乡镇通邮率、广播电视覆盖率均达100%。县城老旧小区改造、公租房建设等项目扎实推进，保障性住房建成48套，完成101省道改扩建并通车，完成污水处理厂改扩建工程招标工作。基础设施短板不断补齐，经济社会发展基础愈加坚实。

【乡村振兴】 2021年，扎囊县严格落实“四不摘”要求，持续巩固拓展脱贫攻坚成果同乡村振兴有效衔接。严格落实政府和教育“双线”责任，义务教育适龄儿童失学辍学动态清零；落实医疗保障、大病保险、医疗救助三重保障政策；

实施农村饮水维修养护工程32处，163处水源点均达到水质检测指标；建立健全防返贫动态监测和帮扶机制，加强“三类人”监测，设立用好55.38万元的防返贫基金；全县干部职工“结对子”“认亲戚”“以买代帮”，帮扶170余万元；动员辖区企业、施工队捐资18.9万元，帮扶困难群众93人。农村人居环境整治行动工作稳步推进，完成28个村庄实用性建设规划，洛村乡村振兴示范点，桑耶社区、扎西林村乡村振兴项目加快建设，完成农村改厕5296户，住房改造任务有序收尾。持续深化易地扶贫搬迁帮扶机制，实施土地开垦、矮化苹果等7个配套产业项目，带动搬迁群众257人持续增收，守住不发生规模性返贫的底线。脱贫群众人均可支配收入增长到12509.44元，同比增长14.48%。

【产业发展】 2021年，扎囊县始终坚持优化结构、提质增效。在确保粮食安全的基础上，优化调整种植结构，各类农作物播种面积达7.7万亩，粮食产量达2.7万吨，其中，青稞产量达1.1万吨，同比单产增产5千克。肉奶、蔬菜产量分别达0.69万吨和1.1万吨。建成高标准农田4.15万亩，种植优质青稞、小麦6.02万亩，出售优质种子201吨，青稞、牲畜良种覆盖率分别达到97%和105%。投入资金5.2亿元，实施矮化苹果、侧柏、文冠果等龙头产业项目7个。全力推进民族手工业园区建设，以提质创品为重点转型发展民族手工业，支持氆氇、金丝帽、氆雕、藏香、陶瓷等传统产业，实现产值625万元。加强对西藏宏佳防水科技有限公司、金砻建材、金润建材等行业的服务指导，规范建材行业健康发展，鼓励辉言气体优化发展。旅游产业持续向好，深化文旅融合，续建雅鲁藏布江风光带旅游基础设施建设项目，做活乡村旅游产业，接待游客45.63万人次，创收5216.4万元，同比分别增长33%和67.7%。

【改善民生】 2021年，扎囊县投入330万元开展“我为群众办实事”活动，用心用情用力办理百件民生实事。高校毕业生就业率100%；实现农牧民转移就业12056人，创收8930.27万元。全面落实15年义务教育免费“三包”政策，持续加大本级财政对教育事业投入力度，学生入学率均达到市委、市政府要求，送教上门全覆盖，中小考喜获“双冠”。新冠疫苗免费接种61786人次，构建起坚实长效的新冠免疫屏障。健康扎囊行动深入开展，全年无孕产妇死亡，5岁以下儿童死亡率控制在5.8‰以内，住院分娩率达到100%，家庭医生签约率和随访管理工作率均达到100%。药品、医用耗材价格持续降低。有序推广健康茶。城乡居民参保34405人，参保率95.6%，兑现各类医疗保障资金1011.56万元，各类社会保障资金1237.52万元，优抚资金171.02万元。实施文物保护利用项目1个、文物修缮项目4个。播放电影1000余场次。公共文化服务覆盖城乡，文艺队伍遍布村居，各类演出566场。

【生态环境建设】 2021年，扎囊县始终坚持绿色发展、护治结合，牢固树立“两山论”，打造生态文明高地，生态安全屏障日益坚实。推进2020年“两江四河”流域造林绿化工程等7个新建植树造林项目，完成确权面积3831.02亩的第二轮集体林权制度改革工作，广泛开展“万人万亩义务植树”活动，植树造林0.26万亩，新增绿化面积2.16万亩。开工实施2021年雅江流域“山水林田湖草沙冰”生态保护修复项目，有序推进“增减挂”，稳步开展国土空间规划编制，严格执行耕地“占补平衡”制度，严守永久基本农田保护面积8.05万亩、耕地保有量10.35万亩红线。实行最严格水资源管理，落实“河湖长制”“林长制”。创建完成自治区级生态文明建设示范乡镇1个、示范村8个。环境空气质量持续保持良好，雅江两岸冬春季风沙天气明显减少，蓝天、碧水、净土良好态势持续巩固。

【对口援藏】 2021年，扎囊县始终坚持双向交流、人才援助，用好用足用活援藏资源优势，丰富受援工作内涵，推动受援工作从单向支援向双向互动转变，组织63人到株洲市考察学习，促进政府间交往交流向全社会交往交流交融转变，加快以输血为主向造血活血转变。实施援藏项目8个，完成投资3200万元。教育、医疗等人才“组团式”援藏进一步深化，23 名援藏干部人才奋战扎囊、书写华章。

【建议、提案办理】 2021 年，扎囊县坚持加强法治政府建设，主动接受人大法律监督和工作监督、政协民主监督、监委监察监督、社会舆论监督，强化审计监督，办理人大代表建议 55 件、政协委员提案 49 件，办复率 100%。

【党组会议】 2021 年，扎囊县人民政府党组召开党组会议共 5 次。

8 月 14 日，县委副书记、县长索朗格桑主持召开第十四届扎囊县人民政府第 1 次政府党组会。研究县发改委提交《关于停止执行〈扎囊县人民政府关于印发扎囊县招商引资优惠政策若干规定（试行）的通知〉》的相关事宜。

9 月 9 日，县委副书记、县长索朗格桑主持召开第十四届扎囊县人民政府第 2 次政府党组会。研究县政府办提交《关于阿旺曲达等同志任免职的建议》《关于德吉等同志任免职的建议》的相关事宜。

10 月 9 日，县委副书记、县长索朗格桑主持召开第十四届扎囊县人民政府第 3 次政府党组会。研究县政府办提交《关于提请审议韩相子任免职的议案》、县人社局提交《关于聘任白玛多吉同志中级职称的请示》《关于聘任卓玛仓曲等 6 名同志初级职称的请示》《关于聘任王小婉等 6 名同志初级职称的请示》的相关事宜。

11 月 23 日，县委副书记、县长索朗格桑主持召开第十四届扎囊县人民政府第 4 次政府党组会。研究县政府办提交《关于张晚文同志任职的通知》的相关事宜。

2021年4月28日，扎囊县委常委、政府副县长扎西多布杰（左一）到桑耶镇督导易地搬迁点耕地配套项目

12 月 19 日，县委副书记、县长索朗格桑主持召开第十四届扎囊县人民政府第 5 次政府党组会。研究县人社局提交《扎唐镇专技干部琼达调动申请报告》《关于谭红梅等 8 名同志退休的请示》的相关事宜。

【常务会议】 2021 年，扎囊县人民政府共召开政府常务会 14 次。

2 月 8 日，县委副书记、县长唐勇主持召开第十三届扎囊县人民政府第 25 次政府常务会。研究县政府办提交的《关于孙浩等同志任免职的建议》《关于提请县人大审议扎西次仁等同志任免职的建议》的相关事宜。

3 月 29 日，县委副书记、县长唐勇主持召开第十三届扎囊县人民政府第 27 次政府常务会。研究县阿布扶贫开发有限责任公司提交的《关于扎囊县阿布扶贫开发有限责任公司更换负责人的请示》、县农业农村局提交的《扎囊县矮化苹果项目建设、生产运营问题的机制》、桑耶镇提交的《关于桑耶镇洛村一期矮化苹果项目土地补偿的报告》、德吉新村与朗赛岭村之间土地权属争议调处工作领导小组提交的《德吉新村与朗赛岭村之间土地权属争议调处工作开展情况报告》、县财政局提交的《关于白鸡山有关事宜的请示》、县住建局提交的《关于解决扎囊县扎唐镇久麦地质灾害隐患点搬迁建设项目资金的请示》、县卫健委提交的《扎囊县中心医院实施总体绩效考核管理方法》的相关事宜。

4 月 14 日，县委副书记、县长唐勇主持召开第十三届扎囊县人民政府第 28 次政府常务会。研究桑耶镇提交的《关于申请解决桑耶镇洛村二组集体搬迁项目资金的报告》、县发改委（支铁办）提交的《关于申请解决拉林铁路（扎囊段)环境整治拆迁资金的请示》、县人社局提交的《关于申报普布拉姆等4名同志中级职称聘任的请示》《关于聘任赤来平措等20名同志初级职称的请示》《关于聘任查果和米玛扎西同志初级职称的请示》、县发改委提交的《关于县人民政府与华能西藏雅鲁藏布江水电开发投资有限公司光伏资源开发合作协议》、县财政局提交的《2021年度本级财政预算(草案)的请示》的相关事宜。

4月26日,县委副书记、县长唐勇主持召开第十三届扎囊县人民政府第29次政府常务会。研究县住建局提交的《关于扎囊县2019年基层政权建设项目结余资金上缴国库的存量资金的请示》《关于解决扎囊县扎唐镇久麦地质灾害隐患点搬迁项目资金的报告》《关于解决吉林村、罗布村、强巴林村、吾龙村、桑达自然村等基层政权建设项目资金的请示》、县林草局提交的《关于结余资金上缴国库的请示》、县自然资源局提交的《关于请求解决2018年至2020年部分勘测定界、地质灾害危险性评估、不动产测绘等资金的请示》、县城管局提交的《关于续签县城环卫托管运营合同的请示》、县民政局提交的《关于解决县特困人员集中供养中心采暖工程资金的报告》的相关事宜。

7月16日,县委副书记、县长索朗格桑主持召开第十四届扎囊县人民政府第1次政府常务会。研究县政府办提交的《扎囊县人民政府关于调整县政府领导工作分工的请示》、县财政局提交的《关于盛世公司有关问题的处理建议》、县民政局提交的《关于特困人员集中供养服务中心现有工作人员、招聘工作人员工资社保及机构运行经费本级配套资金的请示》、县农业农村局提交的《关于成立扎囊县现代农业产业园管理委员会的请示》《关于成立扎囊县现代农业产业园创建工作领导小组的请示》、县住建局提交的《2019年扎囊县友谊路(折木路至玉荣卡路段)路面维修建设项目结余资金上缴国库的请示》、县人社局提交的《关于聘任次珍同志初级职称的请示》《关于聘任索朗曲珍同志中级职称的请示》的相关事宜。

8月25日,县委副书记、县长索朗格桑主持召开第十四届扎囊县人民政府第3次政府常务会。研究县发改委提交的《扎囊县项目建设管理办法》《扎囊县项目建设招投标方案报批表》《扎囊县基本建设项目监理单位履约考核实行办法》《扎囊县小型建设项目摇号发包管理暂行办法》、县住建局提交的《关于加快推进桑耶特色小城镇建设的报告》、县委政法委提交的《关于解决拉林铁路扎囊段铁路护路联防队营房变压器所需经费的请示》的相关事宜。

9月2日,县委副书记、县长索朗格桑主持召开第十四届扎囊县人民政府第4次政府常务会。研究县文化局提交的《扎囊县氆氇文化节总体方案(征求意见稿)》、县乡村振兴局提交的《山南市扎囊县2021年度财政涉农资金统筹整合使用实施方案》《关于解决桑耶易地扶贫搬迁群众过渡期口粮的请示》、县卫健委提交的《关于请求解决改造疾控中心核酸实验室经费的请示》、县自然资源局提交的《关于解决违法用地处罚款的报告》的相关事宜。

10月9日,县委副书记、县长索朗格桑主持召开第十四届扎囊县人民政府第5次政府常务会。研究县政府办提交的《关于成立和调整充实议事协调机构的通知》、县委宣传部提交的《关于解决庆祝中国共产党成立100周年和西藏和平解放70周年氛围营造资金的请示》、县财政局提交的《扎囊县民族手工业园地方政府专项债券资金申请情况的报告》、县人大办提交的《关于请求解决扎囊县建立预算联网监督系统所需资金的报告》、县检察院提交的《关于面向社会招录聘用制书记员的请示》《扎囊县人民检察院购买车辆的请示》、县法院提交的《关于面向社会招录聘用制书记员和聘用制司法警察的请示》的相关事宜。

10月26日,县委副书记、县长索朗格桑主持召开第十四届扎囊县人民政府第6次政府常务会。研究县财政局提交的《关于扎囊县行政事业单位公务车辆需处理的请示》、县农业农村局提交的《扎囊县藏鸡产业集群项目实施方案》、县自然资源局提交的《关于扎囊县住房保障及商业服务配套设施征地费的请示》、桑耶镇提交的《关于解决桑耶社区易地搬迁点耕地质量提升土壤改良修复项目的请示》的相关事宜。

11月23日，县委副书记、县长索朗格桑主持召开第十四届扎囊县人民政府第7次政府常务会。研究县发改委提交的《关于更换邦典公司法定代表人的请示》、县卫健委提交的《关于请求解决扎囊县桑耶镇卫生院建设项目本级配套资金的报告》、县统计局提交的《关于扎囊县统计工作联席会议制度》的相关事宜。

12月9日，县委副书记、县长索朗格桑主持召开第十四届扎囊县人民政府第8次政府常务会。研究县乡村振兴局提交的《关于调整西藏江平有限责任公司和藏草生态科技有限公司运营烟草扶贫项目收益金的请示》《关于解决中国烟草西藏扎囊县现代农牧业产业示范园工程建设项目森林植被恢复费的请示》、县公安局提交的《关于解决扎囊县公安局纪机要密码室建设资金的请示》的相关事宜。

12月22日，县委副书记、县长索朗格桑主持召开第十四届扎囊县人民政府第9次政府常务会。研究县乡村振兴局提交的《扎囊县巩固脱贫攻坚成果同乡村振兴有效衔接的方案》、县后勤服务中心提交的《关于县机关食堂与山南云客管理有限责任公司续签合同的请示》、县发改委提交的《中共扎囊县委员会关于落实市委涉粮问题第四项专项巡察组反馈意见整改方案》《扎囊县人民政府关于成立扎囊县抵边搬迁指挥部的通知》的相关事宜。

【县长办公会】 2021年，扎囊县人民政府共召开县长办公会共9次。

4月14日，县委副书记、县长唐勇主持召开第十三届扎囊县人民政府第40次县长办公会。研究桑耶镇提交的《关于解决道路面维修资金的请示》、县水利局提交的《关于解决水塘工程办理林勘手续资金的报告》、县交通局提交的《关于请求解决2个项目植被恢复费的报告》、县财政局提交的《关于解决县人民政府与西藏盛世藏绒科技开发有限公司不动产纠纷案聘请第三方机构支付费用的报告》、县扶贫办提交的《关于解决桑耶易地搬迁点三岩片区搬迁群众产业发展资金的请示》、县民政局提交的《关于县特困人员集中供养服务中心解决车辆的申请》、市生态环境局扎囊分局提交的《关于解决扎囊县污水处理厂运营经费的请示》、县农业农村局提交的《关于解决2020年度“三资”清产更新资金的请示》《关于种植青饲玉米奖补实施方案的请示》、扎唐镇提交的《关于解决拆除养殖场资金的报告》《关于解决羊嘎林地补偿资金的报告》、县教育局提交的《关于解决县幼儿园改扩建项目森林植被恢复费的请示》、县人社局提交的《关于解决三岩搬迁人员为主的群众开展汽车驾驶B照培训缺口资金的请示》《关于解决办公楼卫生间、房顶等维修费用的请示》的相关事宜。

4月26日，县委副书记、县长唐勇主持召开第十三届扎囊县人民政府第41次县长办公会。研究县委组织部（老干部局）提交的《关于解决扎囊驻拉萨退休老干部活动场所维修及购买设备费用的报告》《关于增加退休党支部活动经费的报告》《关于为扎囊驻泽当退休干部解决一间活动场所的报告》《关于解决安置在拉萨、泽当退休干部回县考察活动经费的报告》《关于增加退休干部区外健康疗养人数及经费的请示》、县发改委提交的《关于解决桑耶易地扶贫搬迁集中安置点建设项目等5个已竣工项目环境影响评价、水土保持竣工验收费的请示》、县林草局提交的《关于解决第三方机构咨询服务费的请示》、县财政局提交的《关于县财政局固定资产需报废的请示》、县市监局提交的《关于原工商局账户资金上缴国库的请示》、县卫健委提交的《关于申请自治区卫生城镇创建工作经费的报告》《关于请求解决公立医院综合改革国家级示范县创建迎检办公室工作经费的请示》、县委宣传部提交的《关于解决外宣楼展厅建设布展资金的请示》、扎其乡提交的《关于申请解决德吉新村会议室设备补贴资金的请示》、桑耶镇提交的《关于解决松卡社区灾毁农田修复资金的请示》《关于申请拨付桑耶社区砂石厂进行土地平整工程使用资金的报告》、县公安局提交的《关于推进全县“两站两员”建设工作的请示》、县住建局提交的《关于解决新建和续建项目涉及水土保持编制方案及水土保持验收资金的请示》《关于解决党政机关办公用房清理整改面积测绘资金的请示》、县民政局提交的《关于解决县特困集中供养中心福利彩票公益金阳光房项目缺口资金的报告》《关于解决县五保户集中供养中心福利彩票公益金牛羊棚、附属工程及温室项目缺口资金的报告》、市生态环境局扎囊县分局提交的《关于申请解决聘请环保管家经费的请示》《关于解决编制县域农村生活污水治理专项规划经费的请示》、县扶贫办提交的《关于应急返贫和“比学赶帮超”项目资金的申请》《关于扎囊县高效温室建设项目收益分配的请示》、县农业农村局提交的《关于对“十三五”国家投资产业扶贫项目办理财务竣工决算审计的报告》、县教育局提交的《关于请求解决扎囊县体育公园水土保持相关费用的申请》的相关事宜。

7月16日，县委副书记、县长索朗格桑主持召开第十四届扎囊县人民政府第1次县长办公会。研究县财政局提交的《关于扎囊县民族手工业园区项目申请财政债券资金第三方服务费的请示》、县林草局提交的《关于申请退回2018年退耕还林资金的请示》《关于申请拨付山南市乡村“四旁”植树县级配套资金的请示》、县乡村振兴局提交的《关于“十三五”脱贫攻坚项目审计的请示》《关于解决阿布扶贫肉羊肉牛养殖有限责任公司购买饲料扶持资金的请示》、县委政法委(护路办)提交的《关于解决扎囊县护路联防队员本级承担工资的请示》、县住建局提交的《关于解决凯巴卡路路面修复工程建设项目资金的请示》《关于解决老政府小区周转房两层楼危房鉴定资金的请示》的相关事宜。

8月25日，县委副书记、县长索朗格桑主持召开第十四届扎囊县人民政府第2次县长办公会。研究县委政法委提交的《关于解决拉林铁路扎囊段护路队设备配备资金的请示》、县住建局提交的《关于2020年度保障性住房租金上缴国库的申请报告》、县司法局提交的《关于建设全县普法“责任田”的报告》、县农业农村局提交的《扎囊县农村集体产权制度改革后续工作经费的请示》、县交通局提交的《关于解决自然灾害综合承载体全面普查工作资金的请示》的相关事宜。

9月2日，县委副书记、县长索朗格桑主持召开第十四届扎囊县人民政府第3次县长办公会。研究县发改委提交的《关于请求解决发改委资料室改造资金的报告》、县后勤提交的《关于机关食堂前期设施设备采购项目资金追加申请报告》的相关事宜。

10月9日，县委副书记、县长索朗格桑主持召开第十四届扎囊县人民政府第4次县长办公会。研究县后勤服务中心提交的《关于解决党政机关后勤服务中心相对固定车辆油料费追加资金报告》、县财政局提交的《关于扎囊县干部职工团体意外险的方案请示》《关于扎囊县农牧民团体意外伤害保险承保方案请示》的相关事项。

10月26日，县委副书记、县长索朗格桑主持召开第十四届扎囊县人民政府第5次县长办公会。研究县委办提交的《关于申请解决县委办公大楼室内维修项目资金的请示》、县住建局提交的《关于申请解决2021年公租房建设用地上的高压线改迁资金的请示》、县城管局提交的《关于申请协管员的请示》、县农业农村局提交的《关于解决专项办公经费的请示》《关于请求解决明成屠宰场有限公司牛羊活畜交易市场相关扶持资金的请示》、桑耶镇提交的《关于解决桑耶社区易地扶贫搬迁点第六组群众加盖庭院及安装不锈钢防盗网建设项目的请示》的相关事宜。

11月23日，县委副书记、县长索朗格桑主持召开第十四届扎囊县人民政府第6次县长办公会。研究县水利局提交的《关于申请河湖管理范围划界工作经费的报告》、县人社局提交的《关于解决退休去世人员多吉次旺抚恤金及丧葬补助申请》、县农业农村局提交的《关于下达拨付扎囊县畜禽粪污资源化利用项目工程余款的申请》、县司法局提交的《关于司法行政业务车辆购置的报告》、吉汝乡提交的《关于解决建档立卡贫困户搬迁安置的请示》、县住建局提交的《关于解决扎囊县2021年公租房建设项目被征地农民参加基本养老保险补贴资金缺口的报告》的相关事宜。

12月22日，县委副书记、县长索朗格桑主持召开第十四届扎囊县人民政府第7次县长办公会。研究县乡村振兴局提交的《关于扎囊县桑耶镇易地扶贫搬迁农田开垦项目市级解决资金使用的请示》、阿扎乡提交的《关于扎囊县阿扎乡章达村村民白玛古桑修建苗圃用地的请示》、县财政局提交的《关于追加2021年山南市扎囊县政策性农业保险资金的报告》、县大庆办提交的《关于解决大庆相关工作经费的请示》、县发改委提交的《关于上缴桑耶易地扶贫搬迁点饲草料堆放点项目建设结余资金的请示》、县水利局提交的《扎囊县水利局上缴国库资金情况说明》的相关事宜。

2021年2月13日，扎囊县政府副县长杨志军（左一）为扎其乡羊加村重度残疾人朋琼现场安装电动轮椅

【专题会议】 2021年，扎囊县人民政府召开专题会议共25次。

2月1日，受县委副书记、县长唐勇委托，政府副县长李合国召集市水利局重点办、县交通局、县水利局、县扶贫办、支铁办以及西藏民信山南扎囊一期20兆瓦并网光伏发电项目、扎囊县绿之源苗圃基地建设项目相关部门负责人召开扎囊县建设项目违规征占用林（草）地整改推进工作专题会。

5月6日，受县委副书记、县长唐勇委托，政府副县长李合国、县人民检察院检察长揣丽颖召集县财政局、林业和草原局负责人，召开2015年度西藏“两江四河”流域造林绿化项目专题会。

4月21日，受县委副书记、县长唐勇委托，政府副县长丹增平措召集县国有土地使用权征地领导小组出让委员会成员单位召开扎囊县2021年第一季度征地出让委员会专题会。

4月21日，受县委副书记、县长唐勇委托，政府副县长丹增平措组织召开扎囊县2021年第一季度规划委员会例会暨2021年度自然资源系统业务综合协调专题会。会议研究关于《2019年下半年至今各项目办理规划前置手续》《扎囊县自然资源局关于中心城区不动产登记工作历史遗留问题解决方案》相关事宜。

5月21日，受县委副书记、县长唐勇委托，县委常委、副县长扎西多布杰组织召开专题会议。研究县扶贫办提交的《关于解决扎囊县2017年度农业综合开发项目市级组织验收资金需求请示》的相关事宜。

6月15日，政府副县长（人选）班旦罗布组织召开扎囊县2020小型奶牛养殖改造建设项目购置奶牛（种牛）专题会。

7月14日，县委副书记、县长索朗格桑召集各乡（镇）人民政府、县政府各部门负责人召开专题会。会议听取扎囊县上半年财政工作运行情况。

7月23日，县委副书记、县长索朗格桑召集各乡（镇）人民政府、县政府部门负责人召开专题会。会议听取扎囊县上半年项目工作推进情况，安排部署下半年项目工作。

7月28日，县委副书记、县长索朗格桑召集各乡（镇）人民政府、县政府各部门负责人召开专题会。听取全县人社工作汇报。

8月24日，县委副书记、县长索朗格桑召集各乡（镇）人民政府、县政府各部门负责人召开专题会。会议听取扎囊县上半年劳资、工业、消费、投资等常规报表数据采集、审核、上报情况，一二季度农牧民人均可支配收入抽样调查完成情况等，安排部署下半年统计工作。

8月26日，受县委副书记、县长索朗格桑委托，政府副县长平措次仁组织召开扎囊县自然资源领域专题会暨违法用地政治工作第二次推进会。

8月27日，政府副县长杨志军召集相关部门负责人召开专题会。会议听取扎囊县河湖长制工作开展情况，安排部署下半年河湖长制工作。

8月30日，受县委副书记、县长索朗格桑委托，政府副县长平措次仁组织召开扎囊县违法用地整改工作领导小组办公室成员就扎囊县违法用地整治工作专题会。

9月24日，县委副书记、县长索朗格桑主持召开"三岩"片区搬迁群众新诉求任务分解专题会。

9月24日，县委副书记、县长索朗格桑主持召开扎囊县2021年产粮食大县奖励资金使用工作专题会。

10月19日，县委副书记、县长索朗格桑召集各乡镇人民政府、县政府各部门负责人召开专题会。听取扎囊县"三农"工作开展情况，安排部署下一阶段工作。

10月21日，县委副书记、县长索朗格桑组织县委党史学教办、各乡镇、县财政局、住建局、水利局、农业农村局、自然资源局等部门负责人召开扎囊县"我为群众办实事"专题会。

10月21日，县委副书记、县长索朗格桑组织各乡镇、县住建局、水利局、交通运输局、城管局、强基办、供电公司、移动公司、电信公司等主要负责人召开扎囊县村居标准化场所房屋质量及设施建设问题整改专题会。

10月22日，县委副书记、县长索朗格桑就三岩片区跨市整体易地扶贫搬迁手续转接工作召开专题会。

10月26日，受县委副书记、县长索朗格桑委托，政府副县长李小华召集相关部门负责人召开扎囊县生态文明创建推进工作专题会。

10月28日，受县委副书记、县长索朗格桑委托，政府副县长李小华召集各乡镇、各相关部门负责人召开扎囊县集体林权制度改革评审工作专题会。

10月28日，受县委副书记、县长索朗格桑委托，政府副县长扎西央金组织县医保联席会成员单位召开扎囊县2021年度医疗救助联席会。

11月10日，受县委副书记、县长索朗格桑委托，政府副县长杨志军召集各乡镇人民政府、县发改委、财政局、农业农村局、水利局、司法局、林业和草原局、自然资源局负责人，召开扎囊县推进农业综合改革工作专题会。

11月11日，县委常委、副县长汤立就兑现上海普立事业发展中心、西藏大邦劳务有限公司2020年产业扶持资金相关事宜召开专题会。

11月4日，受县委副书记、县长索朗格桑委托，县委常委、副县长汤立召集各乡镇人民政府、县政府各部门负责人召开专题会。听取林业项目建设情况、森林督查、森林防火，病虫害防治、原生植物保护、公益林、林权制度改革以及征占用林草地等情况，安排部署近期林业和草原相关工作。

11月16日，受县委副书记、县长索朗格桑委托，政府副县长李小华召集相关单位负责人召开扎囊县2021年生态环境保护考核专题培训会。

11月22日，受县委副书记、县长索朗格桑委托，政府副县长杨志军召集各相关单位负责人召开扎囊县2021年最严格水资源管理制度考核工作推进会。

11月22日，政府副县长班旦罗布主持召开扎囊县农产品产地冷藏保鲜设施建设项目专题会，研究《扎囊县农产品产地冷藏保鲜设施建设项目实施方案》。

11月27日，受县委副书记、县长索朗格桑委托，副县长李小华就扎囊县迎接生态环境部西南督查局督察调研准备工作组织召开专题会。

12月14日，县委副书记、县长索朗格桑召集各乡镇人民政府、县政府个相关部门负责人在政府一楼小会议室召开扎囊县国土空间总体规划（2020—2035年）初步成果专题会。

12月10日，政府副县长李小华主持召开扎囊县桑耶幸福家园项目建设手续办理事宜专题会。县委常委、副县长汤立出席会议。

（李文溅）

【机构领导】

县委副书记、政府县长

唐　勇（6月免）

索朗格桑（藏族，6月任）

县委常委、常务副县长

丁永涛（6月任）

县委常委、常务副县长

汤　立（湖南援藏）

扎西多布杰（藏族，6月免）

副县长

丹增平措（藏族，6月免）

央　拉（女，藏族，6月免）

次仁罗布（藏族，6月免）

言　鹏（湖南援藏，8月免）

刘 志 刚（6 月免）
李 合 国（6 月免）
班旦罗布（藏族，6 月任）
李 小 华（6 月任）
杨 志 军
王 广 明（6 月任）
扎西央金（女，珞巴族，6 月任）
平措次仁（藏族，6 月任）

办公室工作

【概况】 2021 年，扎囊县政府办公室（以下简称县政府办）紧紧围绕县政府中心工作，切实履行办公室职能，不断深化服务意识，改进方式方法，提高服务水平，发挥办公室的中心枢纽作用，全面履行各项职责。扎囊县政府办共有工作人员 10 人，其中主任 1 名，副主任 3 名、四级调研员 1 名、科员 1 名、专技 2 人、工人 1 名、志愿者 1 名。

【办文办公办事】 2021 年，县政府办充分发挥政府办职能，主动加强对重点项目、重大活动、重要工作的综合协调，加强对办文办公办事全流程管理，全力提高办文、办公、办事的效率和质量。全年共组织政府党组会议 5 次、政府常务会议 14 次、县长办公会议 9 次、政府专题会议 25 次，承办自治区、市、县各类会议 300 余次。加强对办事各环节的管理，健全批示件办理、印章管理制度。以扎囊县人民政府名义发文 189 件，其中批复 24 件、函 50 件、请示 35 件、通知 32 件、报告 27 件，其他 21 件；以扎囊县人民政府办公室名义发文 25 件；接受办理各类公文 828 件。

【信息、督查、议案提案办理】 2021 年，县政府办向市政府办报送信息共 300 余条。采取多种形式切实抓好领导批示件办理，在及时交办的基础上，加大催促力度，在第一时间内督查结果反馈于有关方面。全年共协助人大办理议案 55 件，政协提案 49 件，办复率 100%。

【地方志工作】 第一轮县志工作。2021 年 7 月 8 日，县地方志办公室工作人员赴安徽合肥新华印刷厂对《扎囊县志》进行印前审核。

第二轮县志工作。2021 年 1 月 28 日，自治区地方志办公室召开《扎囊县志（2001—2010）》验收会，并通过验收。为加快推进地方志工作，3 月 16 日，扎囊县召开验收反馈问题整改部署会暨志鉴工作推进会，并紧急成立扎囊县地方志工作专班，抽调了解扎囊发展变化的 1 名县级干部和 1 名四级调研员指导县方志办开展查漏补缺、更正错误等工作。根据自治区领导、专家的评审意见，县方志办工作人员反复听取自治区验收会评审意见录音，梳理出详细建议及问题，制定印发《关于扎囊县第二轮志书集中编修实施方案的通知》，将修改任务细化落实到相关责任单位。5 月 19 日，根据验收会审改意见建议，完成资料补充、章节调整、数据核实，12 月末，形成《扎囊县志（2001—2010）》总编稿。

年鉴工作。2021 年 3 月，扎囊县启动《扎囊年鉴（2021）》编修工作，4 月中旬，资料基本收集完成。5 月 20 日，《扎囊年鉴（2022）》启动招标工作，并与方志出版社签署《图书出版合同》，年末进入印刷阶段。

（李文溅）

【机构领导】
政府办公室（外事办）主任
阿旺曲达（藏族，8 月免）
梁 国 程（8 月任）
政府办公室（外事办）副主任
次仁拉姆（女，藏族）
孙　　浩（1 月免）
邓 鹏 程（1 月任）
德　　吉（女，藏族，8 月任）
四级调研员
罗　　玲（女，藏族，8 月任）

行政审批和便民服务

【概况】 扎囊县行政审批和便民服务局（以下简称县行政审批局）是县人民政府工作部门，2019 年 3 月正式挂牌成立。行政编制 3 名，事业编制 2 名。2021 年，县行政审批局坚持市政府决策部署切实践行以人民为中心的发展理念，聚焦群众生活办事堵点、难点等问题，以更快更好地方便企业、群众办事创业为导向，多措并举创新政务服务方式，构建“进一扇门、办多件事、一次办理”的政务服务新格局，实现多项改革任务精准落地，企业或群众的获得感、满意度逐步增强。始终坚持以人为本,为民服务的工作宗旨,逐步建立健全各项规章制度,完善相关办事程序。

2021年8月31日，山南市行政审批局局长巴桑次仁（右二）在扎囊县了解新政务大厅建设进度情况

【政务服务工作】 2021年,县行政审批局为持续推进政务服务大厅建设工作,先后召开扎囊政务服务进驻前动员会议及扎囊县“互联网+政务服务+监管”推进会议,对新政务服务大厅工作推进情况进行汇报。对搬迁进驻工作进行再对接(入驻单位对工位和网络问题签字确认)。阿扎乡和桑耶镇的政务服务大厅提升改造工作在12月初完成。

2021年,政务服务大厅共接待到访11352人次,受理事项7445件,办结7445件,办结率100%,其中婚姻登记362件、食品经营类961件、身份证及户籍业务类2079件、自然资源局窗口不动产权登记15件、医保局窗口农村合作医疗报销3763件、保险类265件。

【“互联网+政务服务”建设】 2021年,县行政审批局对县直部门、各乡镇、村居电子政务外网铺设,使用情况进行排查,加大对电子政务外网建设力度,对乡镇便民服务大厅运作情况进行调研7次,从窗口设置、业务量、到访人次、政策咨询、存在困难等几方面着手了解乡务、村务工作情况,以便于形成全县体系化的政务服务环境,发布实施清单总数596次,实施清单发布比率99.17%;情形化梳理事项总数493项,情形化梳理完成比率82.72%;已发布事项网上可办数595次,网上可办率99.8%。紧跟山南市“互联网+政务服务”建设步伐,开拓全县政务服务大环境,利用雅砻文化节放假期间加班加点录入历史办件21300件,全年办件量总数61760件。政务事项承诺压缩时限比率55.00%、全程网办率达到59.00%,所有数据均达标自治区要求的硬性指标,提高办事指南清晰度、准确度,真正实现网上受理、网上办理的目标,达到“让群众少跑腿让数据多跑路”的极大便捷性。结合学习党史、“三更”教育,前三季度,全年共开展5次专题研讨会。组织大厅窗口工作人员到桑耶社区开展“我为群众办实事”主题活动,宣讲政策,让群众最大化、最深入地了解各方面的政策知识,提高群众的满意度。

【“减证便民”工作】 2021年,为深入推进“放管服”改革,推动“减证便民”工作,优化营商环境,召开“减证便民”专项行动部署会议、推进会议。会议传达《山南市人民政府办公室关于“减证便民”专项行动方案的通知》,讲解“减证便民”专项行动工作要点和注意事项。根据方案实施步骤,把控好实施阶段的时间节点,按时填报相关材料,有条不紊地开展专项行动。详细梳理本单位符合清理范围的各类证明事项,实事求是填报申请表,确保无遗漏。解决企业和群众“办证多、办证难”以及“奇葩证明、循环证明、重复证明、推责证明”等问题,结合扎囊县实际情况,梳理证明事项共68项,建议保留34项,取消34项。取消占比达到上级交办任务。扎囊县执行的证明事项清单在扎囊县人民政府门户网站上公布。根据《关于落实和衔接自治区取消和下放行政许可事项的通知》文件要求,对涉及县级取消和承接行政许可事项3项。公安局、农业农村局、卫健委等部门积极主动对接沟通,做好取消和下放行政许可事项的对接工作，要求相关部门上报落实情况报告，确保自治区取消和下放行政许可事项工作落实到位。

【证明事项告知承诺制】 2021年，县行政审批局加强对推进证明事项告知承诺制工作的统筹协调督促落实，及时召开扎囊县证明事项告知承诺制工作推进会，明确推进会工作的基本原则、工作目标、重点任务、保障措施等重要内容。按照上级下发的工作实施方案步骤深入贯彻落实，前期梳理告知承诺事项清单共24项，经过市级、各部门的再次梳理核实，截至年底，梳理告知承诺事项共12项。

【政务服务中心管理】 2021年，县行政审批局继续加大政务服务大厅管理工作。为加强作风建设，创造良好有序的工作环境和工作秩序，确保政务大厅各项工作的顺利完成，特制定本考勤制度并将每月的考勤表和办件量通报给各单位和县委政府主要领导阅。政务大厅实行每日签到制度，在政务服务中心统一签到，有特殊情况须对管理人员说明情况；大厅工作人员不得擅离岗位，因事（下村、开会）外出的，应向大厅管理人员说明；大厅工作人员病事假，按照政务服务中心有关规定办理请假手续，离岗前向大厅负责人说明；大厅工作人员定期将大厅工作人员出勤情况和办件量统计向县长、分管领导和各单位主要领导汇报。

【党建工作】 2021年，县行政审批局有党员4人、入党积极分子1人。支部始终坚持为人民服务，廉洁从政，把全面加强行政审批和便民服务局党支部的思想政治建设、组织建设和作风建设作为重点工作来抓。年初，根据《中国共产党支部工作条例》，结合单位实际及时进行换届选举，结合党建工作实际召开党员大会，研究细化“三会一课”、“三重一大”、理论学习、主题党日等方面落实措施。严格执行党内组织生活制度，每月利用主题党日时间，开展党性分析、谈心谈话等活动10次，积极化解问题矛盾，自觉维护班子团结，发挥集体领导作用。组织带领支部全体党员认真学习习近平总书记新时代中国特色社会主义思想，坚持用党的创新理论武装头脑、指导实践，深入学习贯彻党的十九大精神和十九届六中全会精神，特别是习近平总书记在庆祝中国共产党成立100周年重要讲话、习近平总书记视察西藏讲话精神，以及习近平总书记关于西藏工作的重要论述和新时代党的治藏方略，创新学习方式，组织集体学习、报告宣讲等形式40余次，学习贯彻新观点、新理论、新思想，紧密结合党史学习教育，每人撰写心得体会不少于5个专题。结合工作实际，建立支部微信工作群，经常性推送中共十九届六中全会等有关会议文件精神、应知应会知识要点和先进典型经验等，切实加强党员干部学习教育。

2022年1月10日，扎囊县政务服务中心搬迁入驻新址

【党风廉政建设】 2021年，县行政审批局积极履行“一岗双责”，牢固树立党组集体领导理念，建立班子成员分工负责，分管领导具体负责的分工合作体系，充分发挥班子成员带头作用，抓好责任落实，层层推进，人人参与，形成齐抓共管的良好局面。严格遵守《中国共产党廉政准则》、中央八项规定、《廉政风险防控制度》

2021年6月2日，扎囊县行政审批局组织县政务服务大厅窗口工作人员到桑耶社区开展“为人民群众做好事 办实事 解难题”活动

等规章制度，明确责任分工，狠抓制度落实，时刻绷紧反腐倡廉、管好用好手中权力、带头遵纪守法这根弦，不触“红线”、不越“雷池”。自觉遵守廉洁从政各项规定要求，加强“三公”经费的管理，严格经费支出，防止经费超财政控制数。严肃单位工作纪律，提升机关行政效能。

（强 珍）

【机构领导】

局 长

唐晓峰（藏族，7 月免）

刘治贵（7 月任）

副局长

达普琼（藏族）

韩飞妮（女）

应急管理

【概况】 扎囊县应急管理局（以下简称县应急局）是县人民政府工作部门，为正科级。行政编制 4 名，实有 6 名（其中 1 名为工人）。2021 年，县应急局牢固树立安全发展理念，严格落实党政领导干部安全生产责任，加强和健全组织领导，全面履行职能，统筹规划各项工作，努力提高保障公共安全和处置突发事件的能力，预防和减少自然灾害、事故灾害、公共安全和社会安全事件。

【安全责任落实】 2021 年，县应急局及时签订《扎囊县安全生产目标责任书》，明确目标任务、部门职责和工作要求，做到安全生产重点环节全覆盖，确保安全生产各项工作有力有序推进。制定并下发各类方案通知 10 份，召开各类安全生产工作会议 7 次，听取相关部门工作开展情况，安排部署下一步工作，明确乡（镇）、部门、企业的安全生产工作重点、目标和任务。突出中国共产党成立 100 周年和西藏和平解放 70 周年庆祝活动、雅砻文化节、中秋节等重点时段，组织成员单位深入乡镇、村居、企业督导检查安全生产工作开展情况，做到了安全生产工作有人抓、有人管。

【安全生产宣传】 2021 年，县应急局以安全生产宣传教育“九进”为主线，以“落实企业安全生产主体责任”为重点，以增强全民应急意识、提升公众安全素质、提高防灾减灾救灾能力、遏制生产安全事故为目标。组织宣传小组深入

2021年6月14日，扎囊县委副书记、政府县长、安委会主任索朗格桑（主席台）主持召开“6·13”湖北十堰燃气爆炸事故安排部署会议

2021年11月12日，扎囊县应急管理局组织安委会相关成员单位观看《生命重于泰山——学习习近平总书记关于安全生产重要论述》电视专题片

部分学校、村(居)、寺庙、企业开展安全生产宣传工作。安全生产月活动期间，在县城主要干道悬挂主题横幅30条；在各企业布置横幅、条幅25条；乡镇在交通要道、居民区布置条幅、标语6条。围绕《中华人民共和国安全生产法》《生产安全事故应急条例》《地方党政领导干部安全生产责任制规定》《中华人民共和国突发事件应对法》《中华人民共和国防震减灾法》《中华人民共和国消防法》《中华人民共和国防洪法》《地质灾害防治条例》等安全生产、应急管理、防灾减灾相关法律法规进行现场答疑解惑，发放宣传资料16800余份，发放雨伞、围裙等宣传物品折合人民币4万余元，受教育群众达15000余人。

【行业监管】 2021年，县应急局深刻吸取国内、自治区内发生的各类生产安全事故教训，举一反三，重点对道路交通、非煤矿山、危险化学品等九大领域开展各类安全隐患的大排查、大整治，加大对易燃易爆、危险化学品的运输、存储等重要环节的监管力度。落实企业安全生产主体责任，全面提升本质安全水平。邀请自治区专家库危化、非煤矿山安全管理专家对扎囊县范围内10家危险化学品企业、1家非煤矿山进行安全隐患排查与技术服务指导。发现问题97处，整改97处。

【重点行业领域安全专项整治】 2021年，县应急局以开展安全生产专项整治三年行动为契机，围绕中国共产党成立100周年和西藏和平解放70周年庆祝活动、春节、藏历新年、全国两会、3月重要时期、雅砻文化节、中秋节等重点时段，开展建筑施工、水库除险、防汛工作安全大检查、大整治活动，共开展非煤矿山、消防安全、道路交通等重点领域安全检查141次，发现隐患517处，整改517处。其中非煤矿山领域隐患排查8次，排查隐患12处，整改12处；建筑施工领域隐患排查38次，排查隐患53处、整改53处；消防领域隐患排查40次，排查隐患281处，整改281处，罚款2次，责令停产2家，行政处罚3万元；危化领域隐患排查19次，排查隐患53处，整改53处；道路交通运输领域隐患排查20次，排查隐患99处，整改99处，行政处罚2次，罚款3.18万元；校园安全领域隐患排查16次，排查隐患19处，整改19处。

【灾害普查】 2021年，县应急局强化灾害防范，加强部门联合预报会商和预警联动，密切关注、及时掌握灾害信息并综合运用各类媒体手段及时发布预警信息。推进第一次全国自然灾害综合风险普查工作，制定印发《扎囊县自然灾害综合风险普查实施方案》，成立工作领导小组，组织召开了10次业务培训会议，邀请1家第三方单位组建扎囊县自然灾害综合风险普查技术支撑团队。截至年底，应急系统已完成清查工作。完成承灾调查，共计调查96个，完成率100%；完成减灾能力调查，共计调查81个，完成率100%；完成历史灾害调查，共计完成706个，完成率100%；完成家庭减灾能力调查880个，完成率100%。

【灾害救助】 2021年，扎囊县共发生灾情2次，涉及3个乡镇，5个村居，145户，771人，因灾生活困难需口粮救助人数为771人。农作物受灾共计36.08公顷，其中轻灾面积33.66公顷，绝收面积

2.42 公顷。12 月 28 日,扎囊县 145 户 771 人,受灾救助资金 30.5316 万元,全部兑现到农户手中。

（巴桑罗布）

【机构领导】

局 长

赤 来(藏族)

副局长

巴桑罗布(藏族)

次仁杰布(藏族)

刘 宪 宁(女,9 月免)

兰 川(9 月任)

2021年11月9日，扎囊县政府县长索朗格桑（中）出席“119”宣传月启动仪式

消防救援

【概况】 2021 年,扎囊县消防救援大队在总结分析工作成绩、经验、问题的基础上,大队党支部团结带领全体指战员充分调动社会群众参与支持消防工作的积极性,班子队伍建设呈现新活力,基础设施巩固升级。

【作战训练】 训练安全规范化。大队始终坚持依法治训、科学施救,常态化开展装备日检查、车辆周保养、重点单位“熟悉演练”,执勤训练安全基础更加夯实。严格干部跟车随警出动制度,分类规范灾情侦查防护措施,突出内攻搜救与紧急避险专项训练,落实灾害处置前有预案、中有规程、后有讲评,作战安全管理更加科学。作战训练实战化。大队始终坚持从难从严、从实战需要出发,全员参与,积极开展全员岗位大练兵活动。以增强指战员的体能为基础、强化技能训练和实战演练,不断提升完成“急、难、险、重”复杂任务的综合能力。共开展考核 11 次,大队指战员成绩均有不同程度提升。熟悉演练常态化。大队始终坚持从辖区消防水源建设、重点单位重点部位、周边道路交通情况等方面着手,开展常态化熟悉演练工作,切实增强大队指战员实战能力。上半年,大队共计开展“六熟悉”(熟悉辖区交通道路、消防水源情况,熟悉消防安全重点单位数量、分类和分布情况,熟悉消防安全重点单位建筑物结构和使用情况,熟悉消防安全重点单位重点部位情况,熟悉消防安全重点单位内部消防设施和消防组织情况,熟悉辖区主要灾害事故类型和处置对策、基本程序)演练 112 家次,消防水源检测 6 次,编制修订预案 31 份。灭火救援规范化。2021 年,大队成功处置 9 起火灾事故、8 起抢险救援,14起社会救助,公差勤务6次,共出动人员 180 余人次。其间,大队坚持每战一评原则,从接警调度、车辆行进、安全防护、组织指挥、现场通信等方面进行总结分析,不断规范队伍在灭火救援行动中的各项程序。

【政治工作】 狠抓队伍管理。大队始终坚持教育为先、预防为主,紧跟改革进程、形势任务和指战员思想实际,在消防员选退、中国共产党成立 100 周年安保、新冠肺炎疫情防控等时期针对性加强思想摸排,落实心理测查评估和咨询疏导,防范化解队伍管理安全风险的意识和能力逐步提升。同时,大队始终坚持严谨细致、规范有序,以贯彻“两严两准”要求为抓手,从一日生活、内务卫生、礼节礼貌等日常规范抓起,队伍“四个秩序”正规运转的氛围基本形成。推进党史学习教育。2021 年,大队着力推进“学党史、担使命、知藏史、感党恩”专题主题教育,根据主题教育学习方案要求,稳步推进规定动作,创新开展自选动作。上半年,大队组织开展理论集中学习30余次，自学15次，党课5次，撰写心得体会16份；开展研讨4次，撰写研讨材料25份；开展“我为群众办实事”活动1次；制作党史学习教育宣传展板2块，横幅1条，助推党史学习教育不断走深做实。完善正规化建设。大队全面推进正规化达标创建活动，同时要求干部为自己的言行立规矩、树标杆，提高个人素养，塑造个人形象，敢于较真碰硬，做到常抓不懈。此外，按照正规化建设要求，大队已完成库室设置19个、规章制度上墙130余处、车库喷漆4处。

【后勤保障】 以消防经费保障为基础，全面拓展队伍综合保障能力。2021年，大队争取地方财政83万余元，训练塔专项经费70万元；此外，为切实加强大队处置各类灾害事故的能力，根据消防队站建设标准要求，已向支队上报装备器材购置清单，总价值14.047万余元，共计195件（套）。同时，大队按照总队、支队关于疫情防控相关要求，通过每日营区消毒、体温检测、休假人员回访、召开疫情防控工作会议等措施，储备相关防疫物资30余件套，确保疫情期间大队指战员的健康。截至2021年年底，大队指战员均已完成疫苗接种。积极发挥后勤管理保障职能，较好完成后勤保障任务。2021年，大队加强对后勤工作的领导，合理使用各种经费，加强对后勤保障人员的教育和管理，提高后勤人员素质，发挥经委会作用，严格监督各种经费的开支，做到账目清楚，按时公布。大队坚持经委会对采购物检收制度，积极改善生活。同时，加强对车辆器材装备的维护保养，对有故障的车辆器材装备及时组织驾驶员、战斗员自己动手进行维修，确保车辆装备器材的完成好用。

【防火监督】 2021年以来，始终保持整治火灾隐患的高压态势。截至年底，共检查社会单位1113家次，发现火灾隐患684处，督促整改981处，下发《责令改正通知书》486份，下发行政处罚决定书3份，责令“三停”单位3家，罚款35000元。2021年以来，全县未发生亡人等较大及以上火灾。认真落实安置点消防安全专项整治工作。根据上级工作要求，大队积极深入辖区3个易地扶贫集中安置点进行消防工作检查，全力做好脱贫攻坚消防工作，保卫和巩固脱贫攻坚成果，确保消防安全形势持续稳定。稳步推进消防安全整治三年专项行动。2021年，大队重点开展农牧区消防安全专项整治，大队紧盯农牧区、文物古建筑等重点单位，结合疫情情况，通过手机短信、现场培训等方式开展消防安全宣传活动，有效增强辖区群众、重点单位的消防安全意识。截至2021年年末，大队通过手机短信编发消防安全知识4次，共计2000余条，开展消防知识宣传培训12次，发放宣传资料2000余份，受教育群众3000余人。

（王颖韬）

【机构领导】

大队长

王颖韬

参　谋

秦尉雯

米玛次仁（藏族）

信访工作

【概况】 2021年，扎囊县信访局（以下简称县信访局）共有工作人

2021年1月25日，扎囊县委副书记、政府县长唐勇（后排左一）组织各方协调处理明成牛羊屠宰场项目拖欠村（居）民工工资事宜

员6名，其中局长1名、副局长2名、三级主任科员2名、四级主任科员1名，截至年底，县信访局共接待处理群众来访35（批）次64人次，其中国家信访局转送3件，市信访局转送件8件，妥善解决信访问题31（批）次60人次。

2021年12月29日，扎囊县政府县长索朗格桑（中）在县信访局调研指导信访工作，了解信访工作接访情况

【信访工作联席会议】 2021年，县信访局组织召开4次信访工作联席会议，信访联席会议召集人、信访工作联席会议成员单位参会。会上，传达上级信访工作联席会议精神、中央、自治区、市领导重要讲话精神及上级文件精神，通报扎囊县存在的突出信访隐患，安排部署重要时期信访工作，深刻分析扎囊县信访工作面临的新形势、新任务，对梳理出的未解决的信访事项进行通报，明确责任单位、责任人及办理时限。

【矛盾纠纷排查工作】 2021年，县信访局按照属地管理原则，动员各乡（镇）、各单位对各自属地及管辖区域开展矛盾纠纷排查化解工作，加大对重点领域的排查，加大对项目领域拖欠民工工资、工程款、机械租赁款、车队运输费等纠纷排查力度，对排查出的问题进行梳理，坚持把问题解决在基层、化解在萌芽状态。

【摸底排查工作】 2021年，县信访局联合县人社局到各项目点围绕企业用工相关资质、劳动合同签订情况、农民工实名制登记情况、民工工资保障金缴纳情况、劳动报酬支付情况等开展摸底排查，向农民工发放《信访条例》、信访明白卡、《保障农民工工资支付条例》、农民工维权温馨提示卡等，向农民工讲解信访知识、讲解如何维护自身合法权益。

【网上信访系统登录情况】 2021年，县信访局按照“应录尽录”原则和“来访必登”要求，将信访事项一一录入网上信访系统，规范登记办理和处理答复各环节。规范来访接待工作，引导群众树立依法信访、违法必究法治意识。

【基础业务规范工作】 2021年，县信访局邀请市信访局领导到扎囊县举办信访基础业务规范化培训1次，规范网上信访受理、办理、答复等环节，全面提升网上信访工作规范化、标准化水平。

【三级信访】 2021年，扎囊县县级领导接访36批次134人次，下访12次，化解12批次23人次。

【上级督查调研】 2021年，上级部门到县信访局围绕信访工作开展情况、信访信息系统应用情况、上级转送、交办信访事项办理情况、信访积案化解情况等开展督查调研，指出存在问题，听取信访工作中存在的困难，对信访工作提出指导性意见和建议。

【信访督办】 2021年，县信访局按照“属地管理”和“谁主管、谁负责”原则，将上访件转送至相关单位、责任部门处理，对信访件处理及办理情况进行督察督办，实现信访工作稳步推进。

【信访事件协调工作】 2021年，县信访局传达学习各级信访会议精神，按照会议精神、结合本单位实际，落实各级信访工作部署，参与重大信访事件协调处理工作。

【精准脱贫】 2021年，县信访局

按照县委、县政府安排部署，到“一包到底”村组开展工作1次，开展结对帮扶4次。

（措　姆）

【机构领导】

局　长

普布卓玛（女，藏族）

副局长

张　莉（女）

措　姆（女，藏族，9月任）

藏语文与编译工作

【概况】 2021年，扎囊县藏语文工作委员会办公室（扎囊县编译局）（以下简称扎囊县编译局）为正科级建制参工单位，有1间较大的办公用房；核定总编制3人，实际5人，其中正科1人、副科2人，专技人员2名。按照《中华人民共和国国家通用语言文字法》《中华人民共和国民族区域自治法》《西藏自治区学习、使用和发展藏语文若干规定》《山南市社会用字管理办法》等法律法规要求，开展全县藏语文及编译工作，进一步加大藏语文文字工作宣传力度，营造全县支持藏语言文字事业的良好氛围。

【藏语文社会用字】 2021年，扎囊县编译局针对错字、漏字、错拼和翻译不完整等藏汉比例严重失调、藏语汉语文字排序不规范等问题分别在县城、各乡镇、各学校、旅游景点、安全提示牌和重点部门开展定期、不定期的藏语文社会用字检查整改工作，凡是县城范围内使用文字的均进行检查、整改和规范。采取日常巡查、突出检查、集中检查、联合检查等形式，检查单位和各种商户门牌、路标、广告牌、LED显示屏共计30余处，存在问题的有15处，即知即改的10处，发放《扎囊县藏语文社会用字管理办法（试用）》50份，下发整改通知书8份，并要求立即整改，全年检查督导单位和商户共280个，规范程度达97%以上，逐步消除社会用字混乱现象。

2021年5月20日，山南市编译局局长洛桑次仁（左一）到扎囊县检查指导工作

【翻译工作】 2021年，扎囊县编译局共翻译文件40份，字数达36万多字，宣传标语、横幅、广告标语、旅游景区、商铺和单位门牌匾、街道名称等翻译字数达12563字，全年翻译字数达372563字，推进扎囊县改革发展，增进民族团结，确保政令畅通，同时积极为广大农牧民提供有力的服务平台。

【业务培训】 2021年，扎囊县编译局工作人员参加市里组织的翻译人员培训班1次。

【党建工作】 2021年，扎囊县编译局把加强党的建设作为做好一切工作的根本保障，坚持党要管党、全面从严治党，全面推进党的建设，严格按照年初制订的党建工作计划，指派专人负责党建工作，以全面贯彻落实中共十九大及习近平总书记系列重要讲话精神为契机，以深入开展党史学习教育、“三更”学习教育等活动为载体，制订活动实施方案，认真开展专题学习和交流发言，提高单位党员的思想政治意识和为民服务意识。

【党风廉政建设】 2021年，扎囊县编译局在落实党风廉政建设责任制中，明确领导成员的责任，坚决贯彻执行党的路线、方针、政策，自治区党委的重大决策。按

2021年11月16日，扎囊县编译局工作人员在县城检查社会用字

规定组织全体干部学习下发的各类文件精神。

（次仁央宗）

【机构领导】

局 长

罗 布（藏族，2月任，10月免）

索朗群培（藏族，10月任）

副局长

边巴卓嘎（女，藏族）

次仁央宗（女，藏族，2月任）

后勤服务

【概况】 2021年，扎囊县党政机关后勤服务中心（以下简称县后勤）以深入贯彻落实习近平新时代中国特色社会主义思想，深入推进“三更”学习教育、党史学习教育，紧紧围绕县委、县政府、县人大、县政协工作重心，始终坚持以“以人为本”“为人民服务”为宗旨，以服务政府、服务部门、服务群众为原则，积极发挥后勤保障服务作用，完成后勤保障工作及其他各项工作任务。

2021年，县后勤有在岗在编干部职工25人，其中主任1名，副主任2名；专业技术人员5名，其中借调人员2名；工勤人员11名，其中驾驶人员9名；公益性岗位6名，其中驾驶员2名。

【制度建设】 2021年，县后勤通过深入调查以及广泛征求单位全体干部职工意见，结合本单位工作职能，制定、修改和完善驾驶员及车辆管理制度、工勤人员管理制度、财务管理制度、公务接待制度、干部职工考勤制度及请销假制度，签订驾驶员、工勤人员管理责任书，这些制度都有力地促进各项工作全面、协调和可持续发展。

【接待工作】 2021年，县后勤严格执行党中央八项规定，《西藏自治区本级国内公务接待经费管理办法》《西藏自治区本级国家机关和事业单位培训费管理办法》《关于进一步规范公务接待活动的通知》等文件要求，做好县委、人大、政府、政协安排的各项接待任务。遵循“公函对接”“先审批、后接待”“无公函，不接待”的原则，本着“热情周到、耐心细致”的服务态度，根据来访工作组的人数、行程等方面的基本情况，制定符合实际的就餐、住宿方案。完成国家林草验收工作组，扎囊县“两会”、中央媒体记者团及各部门组织的各类培训、会议等重要工作，并得到工作组、代表委员以及学员们的一致好评。全年接待次数共123次，接待人数达到4132人次。

【车辆管理】 2021年，县后勤有公务车辆13辆，其中相对固定车辆5辆、机动车5辆、“柯斯达”牌商务车1辆、服务中心生活用车2辆。要求驾驶员定期检查车况，确保行车安全。在节假日期间或无出差任务时，驾驶员自觉将车辆停放在指定车库，能严控公车私用现象，派专员严格落实车辆审批程序，按照用车单位要求的时间，地点，及时派车，并顺利完成各部门的出差、下乡、考察、参会等各项出车任务，截至年底，机动车及相对固定车辆共出车1700余次。

【驾驶员管理】 2021年，县后勤不定期组织驾驶员学习《中华人民共和国道路交通安全法》、中央办公厅 国务院办公厅《党政机关公务用车管理办法》等法律法规及各项规章制度，观看《代价》等酒驾、醉驾警示教育片，规范驾驶员驾驶行为，牢固树立“安全第一、预防为主”的宗旨，自觉执行交通安全法的各项条款，不得进行危险驾驶。要求驾驶员不定期对车辆进行检查，及时更换破旧轮胎，保障各驾驶员及时、安全、顺利完成各项出行任务，保证乘车人员的安全。签订《机关后勤服务中心驾驶员责任书》，以警示驾驶员不得有疲劳、饮酒、醉酒等危险驾驶行为、增强驾驶员安全意识。截至年底，驾驶员安全行驶 364272 千米。

【卫生、绿化管理】 2021 年，县后勤负责县委、政府、人大、政协办公区域及县级干部住宿区域卫生绿化工作。安排 3 名绿化管理员定期对县委、政府办公区域草坪进行修剪、灌溉、水管维修管护、水电设备检修，安排 1 名公益性岗位负责县级干部住宿区域内安保、环境卫生、草坪修剪、水管、围栏维修管护等工作，1 名保洁员负责工作组接待区域卫生。截至年底，共修剪草坪 35 次，灌溉草坪 28 次，维修管道 7 次，加固围栏 2 次，共 90 余米。每周对本单位负责区域内的垃圾、杂草进行清理，共打扫 50 余次，清理路段杂草 2 次。

【机关食堂运营管理】 2021 年 1 月，扎囊县机关食堂运营，为全县干部职工创造良好就餐环境，解决干部职工后顾之忧，让广大干部职工更有归属感和幸福感，真真切切体会到县委、县政府对广大干部职工关心、关爱。在食堂建立初期，到加查、桑日等多地进行实地考察，借鉴其机关食堂运营模式，通过广泛征求全县干部职工对机关食堂的意见及建议后，结合实际，制定初步运行方案。为保证食堂正常运营，对接行政审批局，公开招标采购机关食堂设施设备，招聘厨师服务团队。为保障干部职工能够享用质优物美，价格合理，卫生安全的食材，组织 8 家单位，到菜市场询价，结合市监局日常检查结果和食材质量择优选择供货商。在食堂运营期间，多次组织食堂管理人员、厨师、服务员到其他县区学习其机关食堂运营模式和管理方式，完善适合县机关食堂的运营模式及各类管理制度。县后勤服务中心安排 2 人专门负责食堂的日常工作，并安排办公室工作人员在食堂值班，对当天食堂食材进行验收，以确保食材安全，严把食材质量关，并为需要打包的干部职工发打包卡。每周四召开例会，邀请 2—3 个单位代表参加，总结食堂一周工作开展情况，听取代表们对机关食堂的整体卫生、菜品及服务质量提出的意见和建议，并邀请相关部门对机关食堂消防安全、食材安全等进行检查，不断提高食堂的服务能力和质量，确保机关食堂的有序运转。自 2021 年 1 月 4 日机关食堂运营以来，平均日承接就餐干部职工人数 470 余人次；承接公务、会议和培训接待等任务共计 123 次，人数达到 4132 人次。

2021年12月28日，扎囊县后勤中心主任带领单位干部职工前往吉汝乡若村开展拓展脱贫攻坚成果同乡村振兴有效衔接的迎检准备工作

【党风廉政建设】 2021 年，县后勤为了切实增强落实党风廉政各项工作的思想自觉和行动自觉，进一步提高党员干部职工的政治站位和政治觉悟，营造风清气正的工作环境。根据县委、县纪委关于党风廉政建设和反腐败工作要求，与日常工作同开展、同落实，先后 2 次组织支部党员干部

召开党风廉政专题会议，结合“三更”专题教育、党史学习教育、每周学习会、“主题党日”等活动，多次组织全体干部职工学习党风廉政文件精神，观看《警钟长鸣》《蜕变》《决不饶恕》《反腐追逃在西藏》等警示教育片，学习《中国共产党廉洁自律准则》《中国共产党纪律处分条例》《关于新时期下党内政治生活的若干准则》《中央八项规定及其实施细则精神》等各级规章制度，及时传达学习各类典型案例，时刻绷紧拒腐防变这根弦，进一步开展理信念教育、权力观教育和廉洁从政教育，坚持用制度管人、用制度管事、用制度管权。严格执行领导干部廉洁责任制的有关规定，充分发挥制度的约束作用，落实全面从严治党主体责任月报制度，抓好党风廉政责任制的落实。

【党建工作】 2021 年，县后勤根据县委关于开展党建工作的具体要求，制订年初党建工作计划，并根据县委组织部下发的 2021 年党建工作要点等，深入开展党史学习教育，根据党史学习教育相关要求，及时成立后勤党支部党史学习教育工作领导小组，采取党员集中学习研讨和自学的方式，学习指定的 5 本党史书目，每周五组织召开学习会暨每周例会，全年组织党员集中学习 33 期，围绕百年党史，讲授 2 次专题党课，开展 1 次党史专题组织生活会，开展党史五个专题的集中研讨，组织观看《建党伟业》《国家记忆》《老西藏故事》等红色电影；组织开展“政治标准要更高、党性要求要更严、组织纪律性要更强”专题教育，围绕“三更”教育四个专题分节点进行学习和集中研讨。深入学习贯彻习近平总书记“七一”重要讲话精神，组织观看中国共产党成立 100 周年大会盛况，观看纪念辛亥革命 110 周年大会，认真聆听习近平总书记重要讲话，并围绕“七一”重要讲话开展了 1 次集中学习和专题研讨，并撰写心得体会。结合“主题党日”、“三会一课”、每周学习会，把学习贯彻中共十九大、十九届历次全会精神，中央第六次、七次西藏工作座谈会精神，习近平总书记视察西藏工作重要讲话和中央民族工作会议上的重要讲话精神等作为一项重要的政治任务，重点抓好总书记系列重要讲话以及新修订的党的准则和条例的学习，使党员自觉遵守各项党纪条规，约束自己的行为。严格落实“三会一课”制度，坚持每月召开一次支部委员会，每季度至少召开一次党员大会，研究党建工作计划、党员学习、发展党员、违规违纪发展党员专项治理等各项工作。截至年底，县后勤党支部召开 11 次支部委员会议、4 次党员大会，切实贯彻落实了各项工作。充分利用“学习强国”“智慧扎囊”“西藏党员教育”等平台，创新学习载体，改进学习方式，推动学习走深走实，每周对支部党员“学习强国”学习情况进行统计，并在每周例会上对学习不达标的党员进行通报，让扎囊县党政机关后勤支部党员养成良好的理论自学习惯。

2021年7月1日，扎囊县后勤中心干部职工集体观看中国共产党成立100周年庆祝活动电视直播

【综治维稳】 2021 年，县后勤严格按照县委、县政府的安排部署，履行维护社会稳定工作，深入学习相关维稳会议精神，切实增强政治使命感和责任感。全面加强中心维稳工作，严格维稳纪律，加强值班备勤工作，强化值班“十要素”，确保“三不出”，特别是重大节点期间的稳定。在重大节假日及重要时期，制订维稳方案及应

2021年8月4日，扎囊县后勤服务中心干部职工为一包到底若村缺劳力家庭收割青稞

急预案，实行24小时值班带班制度，确保安全稳定工作。

【疫情防控】 2021年，县后勤根据县委、县政府关于疫情防护的具体工作安排，严格按照规定，做好疫情防护工作，推进疫情防控常态化。组织干部职工认真学习各级政府关于疫情防护工作相关文件精神，宣传疫情防护措施，并组织干部按照时间要求接种新冠疫苗，截至年底，8人已完成第三针的接种，15人因接种时间未到暂未进行第三针接种。为进一步做好“藏易通”“健康码”推广使用工作，在单位大门、机关食堂大门处张贴疫情防控流程图及场所二维码。定期对单位、机关食堂周边区域进行消毒消杀。制作外来人员体温测量登记表，开展外来人员体温测量登记工作。确定一辆固定的疫情防控专用接送车辆，安排驾驶员轮流值班，24小时待命，根据疫情防控指挥部要求随时出车。

【为民办实事】 2021年，县后勤为切实做到学史明理、学史增信、学史崇德、学史力行，学党史、悟思想、办实事、开新局，根据县党史办关于开展“我为群众办实事”实践活动方案等，为一包到底村缺少劳力家庭收割青稞；为藏仲村便民服务大厅捐赠群众等候区桌椅，包括三联椅7个、单椅21个、木质茶几3个、取暖器1个、饮水机1个；为驻村点念萨村捐赠桌椅，包括三联椅7个、单椅7个、木质茶几1个、火炉1个、灭火器2个，以改善村委办公条件。深入结对帮扶户家中宣讲习近平总书记“七一”重要讲话精神和在西藏视察时的重要讲话精神。临近冬季，县后勤组织干部职工自筹资金1万余元，为11户结对帮扶户购买电蒸锅、暖水瓶、暖水壶等生活所需物品，为家中有小孩的结对帮扶户购买学习用品，用“以买代帮”的方式购买农副产品，增强群众自力更生、艰苦奋斗的精神，通过开展“我为群众办实事”等活动，进一步引导群众感党恩、听党话、跟党走的信心和决心。

（龙　丹）

【机构领导】

主　任

　　次仁多吉（藏族）

副主任

　　吾金卓嘎（女，藏族）

　　龙　　丹（女）

中国人民政治协商会议扎囊县委员会

综述

【概况】 2021年，中国人民政治协商会议西藏扎囊县委员会（以下简称县政协）机关编制6名，实有人数14人，县政协领导职数5名，主席1名、副主席4名（其中1名副主席兼敏珠林寺寺管会副主任），四级调研员2名。县政协办领导职数2名，正科级2名（其中1名政协办公室主任、1名政协综合委员会主任）、工作人员4名、工勤人员1名。

【全体委员会议】 政协第三届扎囊县委员会第一次会议。2021年7月4—6日，中国人民政治协商会议第三届扎囊县委员会第一次会议在扎囊县多功能厅召开。政协第二届扎囊县委员会政协主席达娃作了工作报告，会议由政协副主席、敏珠林寺管会副主任西若伟色主持。县委书记唐勇，县委副书记、县长索朗格桑，县委副书记、人大常委会主任牛献智等在家县级领导及自治区级、山南市级驻扎囊县政协委员，各乡（镇）、各寺管会、县中（直）各部门负责人共计70人列席本次会议。大会应出席委员80人，因事、因病请假6人，实到会委员74人，符合政协章程规定。会议听取并审议《政协第二届扎囊县委员会常务委员会工作报告》《政协第二届扎囊县委员会常务委员会关于提案工作情况的报告》，选举产生《政协第三届扎囊县委员会主席、副主席、常务委员》，列席县人大十四届一次会议，审议通过《政协第二届常务委员会工作报告的决议》《政协第二届常务委员会关于二届会议以来提案工作情况报告的决议》《政协扎囊县委员会三届一次会议政治决议》，听取《政协扎囊县委员会三届一次提案审查情况报告》。会议期间收到委员提案51件，经提案审查委员会审查立案49件。县政协党组书记、主席查斯作闭幕讲话。

政协第三届扎囊县委员会第二次会议。2022年1月13—14日，中国人民政治协商会议第三届扎

2021年3月31日，山南市政协党组书记、主席巴珠（右）一行到扎囊县政协检查指导工作

囊县委员会第二次会议在扎囊县多功能厅胜利召开。会议由县政协副主席西若伟色主持。县委书记唐勇，县委副书记、县长索朗格桑，县委副书记、人大常委会主任牛献智等在家县级领导及自治区级、山南市级驻扎囊县政协委员，各乡（镇）、各寺管会、县中（直）各部门负责人共计70人列席此次会议。大会应出席委员80人，因事、因病请假4人，实到会委员76人，符合政协章程规定。会议听取并审议《政协第三届扎囊县委员会第一次会议常务委员会工作报告》《政协第三届扎囊县委员会第一次会议提案工作情况报告》；列席扎囊县第十四届人民代表大会第三次会议，听取并讨论政府工作报告及其他有关报告；集中学习《党的十九届六中全会和自治区第十次党代会精神》《审议通过政协第三届扎囊县委员会第二次会议政治决议》《政协第三届扎囊县委员会第二次会议关于常务委员会工作报告的决议》《政协第三届扎囊县委员会第二次会议关于提案工作情况报告的决议》。会议期间收到委员提案33件，经提案审查委员会审查立案32件。县政协党组书记、主席查斯作闭幕讲话。

2021年7月4日，中国人民政治协商会议第三届扎囊县委员会第一次全体会议召开

【常务委员会议】 政协第二届扎囊县委员会常务委员会第12次常委会。2021年5月31日，政协第二届扎囊县委员会常务委员会第12次常委会议在扎囊县政协常委会议室召开，政协第二届扎囊县委员会主席达娃主持会议。会议应到常务委员13人，实到常务委员11人，会议听取县委组织部有关负责人就政协第三届扎囊县委员会委员推荐人选建议名单及界别情况的说明、县政协办公室就政协第二届扎囊县委员会常务委员会工作报告（草案）起草的说明及政协第二届扎囊县委员会常务委员会关于提案工作情况报告（草案）起草情况的说明。会议审议关于召开政协第三届扎囊县委员会第一次会议决定（草案）、政协第三届扎囊县委员会推荐人选建议名单及界别、提交政协第三届扎囊县委员会第一次会议审议的政协第二届扎囊县委员会工作报告、提交政协第三届扎囊县委员会第一次会议审议的政协第二届扎囊县常务委员会关于提案工作情况的报告、政协第三届扎囊县委员会第一次会议议程（草案）和会议日程（草案）等县政协三届一次会议有关事项。

政协第三届扎囊县委员会常务委员会第2次会议。2022年1月12日，政协第三届扎囊县委员会常务委员会召开第二次会议。县政协党组书记、主席查斯主持，县政协副主席马忠福、阿旺旦增、韩新峰、拉吉，县政协常委会其他常委出席此次会议。会议审议通过《政协第三届扎囊县委员会常务委员会第二次会议议程》《召开政协第三届扎囊县委员会第二次会议的决定》《政协第三届扎囊县委员会第二次会议议程》《政协第三届扎囊县委员会第二次会议日程》《政协第三届扎囊县委员会常务委员会工作报告》《政协第三届扎囊县委员会常委委员会关于三届一次会议以来提案工作情况报告》。

【政协党组会议】 2021年2月25日，县政协党组书记、主席达娃召开"政治标准要更高，党性要求要更严，组织纪律性要更强"专题教育动员部署会。会议传达学习区党委、市委、县委关于"政治标准要更高，党性要求要更严，组织纪律性要更强”专题教育相关会议和讲话精神，全面安排部署县政协“政治标准要更高，党性要求要更严，组织纪律性要更强”专题教育工作。3月10日，政协扎囊县委员会党组召开理论中心组学习会暨党史学习教育动员部署会议，学习贯彻习近平总书记在党史学习教育动员大会上的重要讲话精神和全区、全市党史学习教育动员大会精神，对县政协党组开展党史学习教育进行动员部署。县政协党组书记、主席达娃作动员讲话，县政协党组副书记、副主席、二级调研员达娃索朗，县政协党组成员、副主席马忠福参加。3月26日，县政协党组书记、主席达娃主持召开扎囊县政协党组2021年党风廉政建设和反腐败工作专题会议。会议传达学习区、市、县党建、党风廉政会议精神，签订《扎囊县政协2021年度党风廉政建设和反腐败工作责任书》。

【政协主席会议】 2021年6月4日，政协第二届扎囊县委员会召开主席会议，研究县政协三届一次会议有关事项。会议听取县委组织部有关负责人关于政协人事安排的说明、审议通过《政协第三届扎囊县委员会第一次会议主席团组成人员、主席团常务主席、主席团会议主持人及秘书长，副秘书长名单(草案)》《政协第三届扎囊县委员会第一次会议提案审查委员会组成人员名单(草案)》《政协第三届扎囊县委员会第一次会议讨论小组召集人及成员名单(草案)》。

【委员提案交办会议】 2021年7月16日，县政协党组书记、主席查斯主持召开政协三届一次会议提案交办会议暨政协二届七次会议提案督办会议。县政府副县长平措次仁，县政协党组副书记、副主席马忠福出席会议。

【委员提案督办工作】 2021年3月16日，扎囊县政协党组成员、副主席马忠福带领县委督查室、县政府督查室、县政协办、县政协综合委员会办公室有关负责人对县政协二届七次会议委员提案开展办理督办工作。

【考察调研】 2021年3月13日，自治区政协副秘书长、机关党组成员王新会一行到扎囊县调研。市政协蒋明浩副主席，索娜央金调研员、县政协主席达娃陪同。3月31日，山南市政协党组书记、主席巴珠一行，到扎囊县政协考察调研工作并召开座谈会。县政协党组书记、主席达娃，县政协党组成员、副主席马忠福参加会议。4月1日，广西隆林各自自治县政协副主席张顺国一行18人到扎囊县考察调研民族团结创建工作及巩固脱贫攻坚成果助推乡村振兴工作经验做法。县政协党组副书记、副主席、二级调研员达娃索朗陪同考察调研。5月17日，市政协党组成员、副主席蒋明浩带领市政协经济委调研组一行，赴扎囊县开展深化江河湖泊生态保护专题调研，县政协党组成员，副主席马忠福陪同调研。5月24日，自治区政协经济和人口资源环境委员会副主任米玛旺堆率队在扎囊县开展县城垃圾和生活污水处理专题调研，县政协党组成员、副主席马忠福陪同调研。6月7日，自治区政协常委、区政协农业和农村委员会主任马玉魁一行8人到扎囊县开展更好发挥乡镇农牧综合服务中心在乡村振兴中的作用专题调研。县政协党组书记、

2021年8月24日，扎囊县政协组织开展2021年扎囊县政协委员培训班

2021年9月6日，扎囊县政协组织委员到隆子、错那两个县考察学习

主席查斯陪同调研。8月5日，琼结县政协主席仁增多吉率队到扎囊县考察调研。县政协主席查斯、县政府副县长班丹罗布、县乡村振兴局负责人陪同调研。8月24日，山西政协副主席谢红一行到扎囊县考察调研。县政协党组副书记、副主席、马忠福，县政协副主席、敏珠林寺管会副主任西若伟色陪同考察调研。9月21日，阿里地区错勤县政协调研组一行到扎囊县考察调研。市政协提案委员会副主任次仁，县政协党组成员、副主席韩新峰陪同考察调研。9月26日，市政协党组成员、副主席吾金一行到扎囊县检查指导政协工作。县政协党组书记、主席查斯主持会议。11月12—13日，隆子县政协党组成员、副主席巴桑次仁一行赴扎囊县考察调研，县政协党组成员、副主席韩新峰陪同考察调研。11月20日，林芝市察隅县政协党组成员、副主席罗琼率队在扎囊县考察调研。县政协党组副书记、副主席马忠福陪同考察调研。

【参观红色教育基地】 2021年10月21日，县政协组织机关干部职工赴山南市博物馆参观学习，县政协党组书记、主席查斯等在家县级领导参加。

【政协考察学习工作】 2021年7月19—21日，县政协党组书记、主席查斯带队，到扎囊县三乡两镇就政协联络办工作开展情况进行检查。县政协党组成员、副主席拉吉陪同。8月24—26日，扎囊县政协组织全县政协委员及政协工作者开展2021年度委员培训及县内视察工作。视察过程中，参训委员深入乡村振兴示范点、城乡重大项目建设区域、民族团结创建示范点进行实地观摩视察，对全县的16个观摩点进行实地察看、走访。县政协党组书记、主席查斯及县政协全体在家县级干部参加。9月6—10日，扎囊县政协党组书记、主席查斯带领部分政协机关干部及政协委员，赴隆子县、错那县考察学习边境小康村建设、乡镇政协联络办建设等方面取得的成功经验及做法。11月11日，县政协组织开展各乡镇政协工作交叉考评暨经验交流座谈会。县政协党组书记、主席查斯，政协在家县级领导，政协办公室，各乡（镇）党政主要负责人，乡镇政协联络办负责人参加活动。

【委员培训】 2021年8月24日，扎囊县政协组织60余名政协干部和部分政协委员开展2021年度政协委员培训。县政协党组书记、主席查斯及县政协全体在家县级干部参加。

【主席讲党课】 2021年6月24日，扎囊县政协党组书记、主席人选查斯就党史学习教育作专题党课。县政协党组成员、副主席马忠福主持，政协机关各室、全体党员干部参加。

【慰问活动】 2021年3月、6月、9月、12月，县政协全体干部职工深入结对帮扶户开展“帮买帮卖”慰问活动。1月19—23日，县政协党组书记、主席达娃带队，深入各乡（镇）、各村（居）开展政协委员节前慰问活动。8月17日，扎囊县政协党组书记、主席查斯深入桑耶镇“三岩”片区易地搬迁点慰问搬迁帮扶户。桑耶镇党委副书记、镇长江郎永加陪同。

（土旦群培）

【机构领导】

主 席

查 斯(藏族,7月任)

达 娃(藏族,6月免)

副主席

马忠福

西若伟色(藏族、党外)

达娃索朗(藏族,6月免)

边巴次仁(藏族,5月免)

韩新峰(7月任)

拉 吉(藏族,7月任)

2021年底扎囊县政协组织和委员情况一览表

表2　　　　单位:个、人

项目＼级别	扎囊县	合计
组织数	1	1
委员数	80	80

办公室工作

【概况】 2021年,中国人民政治协商会议扎囊县委员会办公室(以下简称县政协办)班子成员团结带领全体办公室工作人员,深入学习贯彻习近平新时代中国特色社会主义思想、习近平总书记关于加强和改进人民政协工作的重要思想、关于西藏工作的重要论述以及新时代党的治藏方略,牢牢把握团结民主主题,坚持在服务发展上主动融入、在服务决策中积极作为、在服务落实上发挥优势,政协办工作实现新发展、取得新成效,为扎囊长治久安和高质量发展做出应有贡献。

【理论学习】 2021年,县政协办以推动“两学一做”学习教育常态化制度化、“不忘初心、牢记使命”主题教育、“三更”专题教育、党史学习教育为抓手,坚持以党支部学习为引领,采用集中学习+理论研讨,主题党日+谈感受,“视察+参观学习红色基地+交流体会,委员培训+视察等形式,深入学习党的创新理论最新成果,学习中共十九大和十九届历次全会精神,学习习近平总书记在庆祝中国共产党成立100周年大会上的重要讲话、习近平总书记视察西藏重要讲话重要指示和中央第七次西藏工作座谈会精神,学习中央、自治区党委、市委、县委政协工作会议精神,深刻理解把握新时代党对人民政协工作的新部署新要求,增强真学真懂真信真用的思想自觉、政治自觉和行动自觉。全年共集中学习达70余次,开展学习研讨7次、委员培训1次,撰写学习心得体会20余篇。

【践行“两个维护”】 2021年,县政协办把坚决做到“两个维护”作为第一位的政治要求,始终在思想上政治上行动上同以习近平同志为核心的党中央保持高度一致,把党的主张和区党委、市委、县委、政协党组的部署要求贯彻落实到政协履职全过程、各方面。坚持重大事项请示报告制度,主动向政协党组汇报办公室工作80余次,始终在政协党组的坚强领导和有力指导下依法依章履职。

【党建工作】 2021年,县政协办为认真贯彻落实市委关于加强新时代山南政协系统党的建设工作的实施意见,通过建言献策,建立健全政协领导班子联系党外委员制度,推进党的工作对政协委员的全覆盖。贯彻执行民主集中制,落实“三重一大”决策制度,以县委提出的“3355”工作法、“十小进农家”创建小康文明示范户活动为契机推进“三包五带五促”,以学史力行为落脚点,开展为民办实事等活动。截至年底,共开展结对帮扶工作共4次,投入资金达1.6万元;开展为民办实事活动5次,投入资金达1.9万元。

【换届工作】 2021年,县政协办严格落实县乡换届工作部署要求,县政协办公室协同县政协党组、县委组织部、统战部深入调研,广泛征求社会各界意见建议,于7月4—6日,召开政协第三届扎囊县委员会第一次会议,完成政协换届工作。

【协商议政】 2021年,县政协办抓住重大决策咨政建言,听取和协商讨论政府工作报告、政协常委会工作报告、提案工作情况报告和其它报告等方面建言献策,广泛征求意见,汇集多方智慧,共商大计,政协二届七次会议、政协三届一次会议共提出37条意见建议。围绕扎囊县重点工程项目建设、民族团结创建工作,协助组织委员开展专题调研。

【民主监督】 2021年,县政协办突出助推重要任务落实,重点项目建设、产业发展、生态保护、民生改善、优惠政策落地等工作，聚力做好专项监督。先后陪同政协班子成员承担巩固脱贫攻坚成果与乡村振兴衔接、疫情防控、乡村振兴等专项督导任务。组织委员和办公室人员积极参加县长办公会、中小考监考、民主评议、听证会、审判会等工作，履行民主监督职能，为委员知情明政和开展监督工作创造条件。

【提案工作】 2021年，县政协办完善提案督办机制，以办理前征求意见、办理中民主协商、办理后跟踪问效等方式，会同县委、政府督察室组织提案办理单位，提案人联合对政协提案，开展交办、督办、实地视察、通报、“回头看”等工作，推动提案得到有效落实。截至年底，政协二届七次会议共收到提案34件，立案33件。提案交办率100%，答复31件。政协第三届扎囊县委员会第一次会议共收集提案51件，立案49份，提案交办、答复率100%。

【政协交流合作】 2021年，县政协办协助广西、山西、安徽、陕西、林芝、日喀则、阿里及山南市有关县（区）政协等20余个地方政协考察团在扎囊县调研考察学习，促进工作交流，撰写专题简报19期，提高扎囊知名度和美誉度。充分发挥协调作用，组织政协干部和政协委员60余人次到扎囊县各重要产业、重大项目和隆子、错那两地进行考察学习。

【社情民意信息工作】 2021年，县政协办通过以入户、座谈等方式深入委员家中开展“坐诊”听民意、“出诊”察民情、“会诊”解民忧等方式，着眼于人民群众普遍关注的热点、难点问题，收集并办结3条、上报涉及市级社情民意1条。

【政协宣传工作】 2021年，县政协办为县政协工作动态和委员履职风采，广泛宣传政协理论和政协业务知识，增强政协工作的社会影响力。截至年底，共上报60余篇工作动态，其中市级政协采用并刊登50余篇。同时，结合委员培训，政协机关班子成员，主动担当主讲员，专题宣讲3场次。

【委员履职效能建设】 2021年，县政协办为完善委员履职工作规则、委员联络服务办法等制度，向政协主席会议、党组会议提交《委员考核办法》，并进行跟踪实施，从而进一步加强委员履职登记，健全完善委员履职档案，推动“荣誉委员”向“责任委员”转变。以换届为契机，主动协商县委组织、统战部门，完善委员推荐、提名、产生机制，优化委员结构，提高委员素质。

【自身力量建设】 2021年，县政协办为落实落地政协联络办工作职责，制定完善联络办工作各项职责，同时为发挥乡镇政协联络力量，积极建言献策，组织各乡（镇）党政主要负责人，协同县委办、组织部开展交叉考核工作，推进“五有”要求落地落实，充实和加强基层政协工作力量。

【机关作风建设】 2021年，县政协办坚持全面从严治党，强化主体责任，突出问题导向，落实党风廉政建设工作要求，及时召开专题组织生活会，筹备并召开党风廉政建设和反腐败工作专题会议，层层签订党风廉政建设和反腐败工作责任书，从严教育管理干部职工，持之以恒正风肃纪。积极改进文风会风，提高工作效能，力戒形式主义和官僚主义，领导干部作风和机关工作作风进一步转变。密切联系服务群众，主动为基层办实事做好事，帮助困难群众排忧解难，进一步密切党群干群关系，充分展示人民政协为人民的时代风采。

（花艳超）

【机构领导】

主　任
　　土旦群培（藏族）

纪律检查（监察）

综述

【概况】 中共扎囊县纪律检查委员会与扎囊县监察委员会合署办公，实行一套工作机构、两个机关名称，履行党的纪律检查和国家监察两项职责，受县委和市纪委监委双重领导。扎囊县纪委监委内设5个副科级行政机构，1个下属副科级事业单位。2021年，核定编制总数21名，其中行政编制18名，事业编制3名，领导职数5名，内设行政机构科级领导职数5名，事业编制科级领导职数1名。实有干部15名，其中行政编制11名、事业编制4名，少数民族干部5名、汉族干部10名。

【反腐倡廉】 2021年，县纪委监委召开15次县纪委常委会研究问题线索处置及查办工作。全年共受理问题线索33件，形成问题线索处置件39件，办结28件，未办结11件。立案11件，立案审结11件，简易程序审结2件，共给予党纪政务处分18人，收缴违纪资金4万余元，下发典型案例通报4起。县纪委监委运用监督执纪“四种形态”处理37人次，其中运用第一种形态处理19人次，占比51.4%；运用第二种形态处理15人次，占比40.5%；运用第四种形态处理3人次，占比8.1%。对严重违纪违法的公安辅警扎某给予开除党籍处分，体现出执纪必严的决心。

【巡察督查】 2021年，按照区党委和市委巡视巡察相关工作指示要求，对九届县委巡察工作进行全面进行归纳总结，科学谋划十届县委未来五年巡察工作，以高质量、全覆盖为目标，制定《十届县委2021—2025年巡察工作规划》。安排2人参与粮食购销领域专项整治巡察。10月底，启动十届县委第一轮巡察工作，共抽调21人组建3个巡察组，对12个村（社区）党（总）支部开展常规巡察发现反馈问题156个，移交问题线索1件。

2021年8月13日，扎囊县委书记唐勇主持召开全县2021年上半年全面从严治党专题会议

【监督检查】2021年，县纪委监委聚焦监督主责，持续推进政治监督和专项监督走深走实。抓好中央、自治区巡视反馈问题整改，跟进全县采石采矿领域整治，摸底采石采矿点5处，跟进督促生态修复治理。严明党的政治纪律和政治规矩，积极稳妥推进党员信仰宗教等违反政治纪律行为的专项整治。开展整治松卡石塔宗教标语，各单位办公场所、全县公务用车及干部私家车、干部周转房悬挂宗教饰品、放置宗教物品等问题82条，在重点宗教活动期间开展专项监督检查63次，盘查人员434人次。通过出席政法系统专题整改民主生活会（组织生活会），作专题廉政报告，宣讲"自查从宽、被查从严"政策等方式，压实政法队伍整改政治责任。共受理政法队伍问题线索1件，立案审查调查1件，给予党纪处分3人，以有力的监督执纪问责确保政法队伍教育整顿出实效。聚焦常态化疫情防控纪律、维稳工作纪律、制止餐饮浪费、农村乱占耕地建房等开展监督检查86次，督促立行立改问题135条，建立健全长效机制，在围绕中心、服务大局中践行"两个维护"。严把廉政意见回复关口，以做好换届提名人选党风廉政意见回复为重点，对信访件、问题线索和处分情况进行综合分析，对13人提出否定意见，切实防止"带病上岗""带病提拔"。聚焦过渡期内"四个不摘"政策落实不力、返贫动态监测和帮扶机制落实不到位等问题，开展专项监督12次，帮助群众追回

2021年2月4日，扎囊县纪委监委联合扎其乡党委在扎其乡申藏村委会召开澄清正名大会，为受到不实举报的村干部澄清正名。

拖欠五年的耕地补偿款1.02万余元。开展养老保险资金使用管理、温室大棚使用专项监督检查，清查死亡人员冒领养老保险金8人，收缴违规领取养老保险资金0.7万余元，维护群众切身利益。督促收回违规出借财政资金1046.6万余元，切实保障了财政资金回笼使用。开展村（社区）违规出借集体资金专项整治，涉及资金481万余元，收回资金365万余元，层层压实责任，确保收回工作稳步推进。推进粮食购销领域腐败问题专项整治，做到专项整治工作常跟进、底数清、有成效。对全县7个供热领域项目建设、运行、管理等情况进行摸排，向县教育、民政系统反馈意见建议3条，确保供热项目有人管、能运行。

【宣传教育】2021年，结合党史学习教育、"三更"专题教育等活动，县纪委监委通过组织观看警示教育片、传阅违纪违法党员干部忏悔录、干部任前廉政谈话、参观警示教育基地、印发典型案例通报等方式，筑牢了党员领导廉洁自律意识，提高了拒腐防变能力。落实"逢提必谈""逢进必谈"要求，召开了3次任职暨廉政谈话会，涵盖新提拔使用干部近200余人，把加强干部教育这一重要举措落到实处。认真落实"以案促改"工作实施办法，督促教育系统开展警示教育大会，下发以案促改通知书1份，下发监察建议书3份，督促健全规章制度6项，"不能腐"的笼子越扎越紧。

【党风廉政建设】2021年，县纪委监委以协助县委担负起全面从严治党主体责任为导向，制定印发了《扎囊县委落实全面从严治党主体责任2021年度任务安排》《扎囊县委落实全面从严治党主体责任的通知》，安排部署全面从严治党工作。组织召开了2020年度党委（党组）落实全面从严治党主体责任情况汇报会、2021年上半年专题研究全面从严治党工

作推进会、全县述责述廉会议等重要会议，督促县(直)部门、寺管会、村(社区)等单位主要领导切实履行好全面从严治党第一责任人职责，班子成员切实履行“一岗双责”职责，进一步压实责任、传导压力。严格执行请示报告报备制度，定期主动向上级纪委、县委汇报重要会议召开、重大专项治理推进、重要领导批示办理、重要政策制度文件制定、重要问题线索处置进展情况75次，在坚持党对纪检监察工作的绝对领导之下推动主体责任和监督责任贯通协调、同向发力。通过派员列席党委(党组)民主生活会、支部组织生活会等方式进行全程监督，不断强化党内政治生活监督，对不符合程序、批评和自我批评不严肃的2家组织生活会进行叫停，着力纠正党内政治生活不严肃的问题。综合分析信访、案管、监督检查等部门的工作情况，了解干部日常状况，对于苗头性、倾向性问题或者轻微违纪问题，及时开展约谈提醒、通报批评，及时咬耳扯袖、红脸出汗，绝不会因事小而“放水养鱼”，对11名违反工作纪律的干部职工进行了通报批评，切实把日常监督做实做细。2021年是中国共产党成立100周年和西藏和平解放70周年。县纪委监委在市纪委监委和县委的坚强领导下，坚持以习近平新时代中国特色社会主义思想为指导，及时跟进贯彻落实习近平总书记重要指示批示精神、上级重大决策部署，忠诚履行党章和宪法赋予的职责，持之以恒正风肃纪，坚定不移惩贪治腐，奋力推动全面从严治党向纵深发展，全县党风廉政建设和反腐败工作取得新进展、迈上新台阶。

2021年6月27日，中国共产党扎囊县第十届纪律检查委员会召开第一次全体会议

重要会议

【重大纪检工作会议】 2021年3月2日，中国共产党扎囊县第九届纪律检查委员会第六次全体会议召开，县委书记雷丰出席全会并作讲话。会议审议通过骆新代表县纪委常委会所作的《坚持党章和宪法赋予的职责定位 为全面建设社会主义现代化新扎囊提供坚强政治保障》工作报告，总结2020年纪检监察工作，研究部署2021年工作任务。县级领导唐勇、巴桑次仁、达娃、李世能、索朗多布杰、骆新、索朗巴珠、陈奎胜、黄健、尼玛次仁出席会议，全县97名科级以上干部列席会议。

2021年6月27日，中国共产党扎囊县第十届纪律检查委员会召开第一次全体会议。会议应到县纪委委员11名，实到10名，符合规定人数。会议以无记名投票的方式，选举并经十届县委一次全会通过，产生了新一届纪律检查委员会常委、书记、副书记。骆新当选为中国共产党扎囊县第十届纪律检查委员会书记。

（毛杉杉）

【机构领导】

县委常委、纪委书记、监委主任

骆　新(已故)

纪委副书记、监委副主任

罗　布(藏族，1月免，已故)

朱军强(1月任)

罗　玲(女，藏族，8月免)

旦增卓嘎(女，藏族，5月任)

县纪委常委

玉　珍(女，藏族，8月任)

刘治贵(10月免)

人民团体

总工会

【概况】 2021年，扎囊县总工会（以下简称县总工会）围绕党政所需、职工所急、工会所能，充分发挥工会的桥梁纽带作用，紧密结合实际，团结动员全县广大职工发挥主力军作用，为扎囊经济发展、社会和谐作出积极贡献。县总工会编制2人，有干部职工10人（1人驻村，2人借调县疫情办，1名大学生于2021年10月离职），其中公务员7人、工人1人、社会化工作者2人。8月3日，成立中共扎囊县总工会支部委员会，有中共党员9人。全县有工会组织117个，会员2601人，其中县直机关及乡镇基层工会组织62个，会员1125人；农民工工会组织34个，录入系统会员1189人；非公有制企业工会组织21个，录入系统会员287人。建档的困难职工有6户。

【扎囊县总工会第七届委员会第三次全体会议】 2021年3月25日，县总工会第七届委员会第三次全体会议在组织部二楼会议室召开，会议由县总工会副主席央珍主持。会议逐项通过《扎囊县总工会第七届委员会第三次全体会议选举办法（草案）》和《扎囊县总工会第七届委员会委员替补、增补办法（试行）（草案）》等，按程序成功补选扎囊县总工会第七届委员会委员、常务委员，选举任建梅为扎囊县总工会主席。会议就2020年工作进行总结，明确2021年工作任务。会议就2020年度工会经费收支情况作详细说明，并就职工福利发放事项征求大家意见建议，为更好地开展工作奠定良好的基础。

【工会活动】 2021年，县总工会为丰富职工的业余文化生活，以庆祝中国共产党成立100周年和西藏和平解放70周年为契机，开展"三更"主题教育知识竞赛、"中国梦·劳动美——我和党的故事"演讲比赛、篮球比赛、乒乓球和台球比赛等丰富多彩的文体活动，联合

2021年3月25日，扎囊县县总工会第七届委员会第三次全体会议召开

县委宣传部、文化局举办"永远跟党走"主题文艺会演，展现职工群众时代风采，调动职工群众工作的积极性、主动性。9月3日，联合中心医院、妇联、司法局开展以"中国梦·劳动美·西藏行——永远跟党走"为主题的"送温暖、送文化、送法律、送政策、送医送药"为主要内容的系列活动，活动中发放宣传手册500余本、宣传物品350余份、各类药品价值3000元。

【职工思想教育】 2021年，县总工会坚持把深入学习贯彻习近平新时代中国特色社会主义思想作为首要政治任务，结合开展"三更"专题教育和党史学习教育，坚持每周五集体学习不间断，结合个人自学等形式，系统学习习近平总书记最新重要讲话和指示、批示、回（贺）信精神，特别是习近平总书记关于工会工作重要论述精神，学习研讨习近平总书记在庆祝中国共产党成立100周年大会上和在西藏视察时的重要讲话精神，学习研讨庆祝西藏和平解放70周年大会上的系列讲话精神等内容。通过学习教育，工会干部政治素养得到普遍提升，习近平总书记关于"听党话跟党走，时刻保持群团工作的政治性先进性群众性"讲话精神有效贯彻落实。全年组织党员集中学习33次，研讨交流8次。同时，结合每月主题党日活动，持续开展理想信念、反分裂斗争教育、民族团结教育等，组织党员集中观看警示教育片，签订"不信仰宗教、不参加宗教活动，做新时代合格党员"承诺书，增强"四个意识"、坚定"四个自信"、做到"两个维护"。

【帮扶困难职工】 2021年，县总工会坚持将开展困难职工帮扶活动作为一项重要工作来抓，安排专人对全县的困难职工进行全面摸排，落实困难职工"回头看"工作，准确掌握工会在档困难职工的生活状况和帮扶需求，确保帮扶工作成效明显。全年慰问在档困难职工12人次，发放慰问品及慰问金12600元。

【助力乡村振兴】 2021年，为落实好巩固脱贫攻坚成果同乡村振兴有效衔接工作，县总工会充分发挥工会职能作用，针对新冠肺炎疫情对扶贫企业或合作社造成的产品滞销等问题，及时组织专门人员深入各乡镇、村居开展调查工作，深入了解扶贫企业、合作社的销售意愿，切实摸清企业、合作社的困境，掌握扶贫农副产品现状。针对调研发现的扎囊县参与扶贫的企业和合作社等生产的优质产品面临销售困境、产品滞销严重的问题，主动向全县广大干部职工发出职工集体福利用于购买本县参与扶贫企业生产的农副产品的倡议，广泛征求干部职工购买扶贫农副产品的意见建议，结合实际，研究制定关于职工集体福利用于购买本地扶贫农副产品的实施方案，真正助力扎囊县参与扶贫的企业和合作社等渡过难关，更好带动群众增收。在元旦节、"五一"国际劳动节、端午节、国庆节、职工生日为全县正式干部职工发放本地参与扶贫的企业、合作社生产的特色农副产品（菜籽油、蜂蜜、藏红花、糌粑、棉被、藏香猪、辣椒油、藏鸡、藏鸡蛋）共计约167万余元。

【"送温暖"活动】 2021年，县总工会结合"我为职工群众办实事"实践活动，切实把党和政府的关心关怀以及工会组织的温暖送到职工群众的心坎上，激励广大干

2021年5月1日，扎囊县总工会工作人员在节日期间为全县干部职工发放福利

部职工以更加饱满的热情和良好的精神状态投入到各项工作，进一步提升职工获得感、幸福感。6月22—30日，为环卫工人、中小企业农民工发放防暑药品、水果、矿泉水、方便面、菜籽油等慰问物品，价值9500余元。6月30日，深入西藏S5拉萨至泽当快速公路拉萨建设二工区路基施工一队项目部慰问一线工人，送去慰问金2000元。10—12月，按照每个驻村工作队1000元的标准，送去慰问金6.2万元。12月，开展“弘扬劳模精神”和企业困难职工走访慰问活动，深入5名劳动模范先进代表和9户企业困难职工家中，表达县总工会对劳模和困难职工的真切关怀和慰问，送去慰问金8500元。

【职工维权宣传】 2021年，县总工会以“尊法守法 携手筑梦”为主题，在“女职工维权行动月”“平安宣传月”“民族团结宣传月”“安全生产月”等重要节点，采取悬挂横幅、发放宣传资料等方式，深入企业、村（社区）等重点加强《中华人民共和国工会法》《中华人民共和国劳动法》《农民工进城务工知识问答》《中华人民共和国劳动合同法》等法律法规常识的宣传。全年开展各种宣传场次达14场次，发放价值3500余元药品、宣传册10300余本、宣传物品950余份，受众达2287人次。

【职工福利保障】 2021年，为充分发挥工会作为党联系职工群众的桥梁纽带作用，县总工会开展干部职工生病住院、结婚、生育慰问活动，为他们送去组织的关怀和温暖。全年慰问41人，发放慰问品及慰问金32800元，其中为18名结婚职工、26名生育职工发放慰问品，价值2.2万元，为31名生病住院的职工发放慰问金2.48万元。

【职工素质提升】 2021年，县总工会参加自治区、市总工会安排的培训，全年参加自治区外培训3人次，自治区内培训3人次。通过外出学习，开阔视野，认清自身差距，拓宽工作思路，对促进各项工作落到实处起到积极的作用。

【工会组织建设】 2021年，县总工会根据上级工会关于加大在村（社区）、“两新”组织中组建工会组织的工作要求，按照应建尽建、应入尽入的原则，强化责任意识，以高度的政治责任感全面推进工会组织向行政村（社区）委会、“两新”组织延伸，最大限度地将广大职工和农牧民工吸收到工会中来，发挥工会组织的作用。全年新建村级工会组织26个，非公有制企业中组建工会组织11个，新发展农民工工会会员692人。

【工会硬件配备】 2021年5月，县总工会办公场所进行搬迁，为完善职工之家配套设施，真正为职工办实事办好事，培养职工队伍“积极、向上、健康、阳光”的精神风貌，县总工会从对口援藏经费中支出资金91567.4元，用于购买台球桌、乒乓球桌、书架、休闲桌椅等设施，切实满足职工业余文体活动的需求，激发职工工作热情。

（任建梅）

【机构领导】

主　席

甘万香（女，3月免）

任建梅（女，3月任）

副主席

央　珍（女，藏族）

共青团

【概况】 2021年，共青团扎囊县委员会（以下简称团县委）以习近平总书记关于青年和共青团工作的重要指示精神为引领，围绕“十四五”和中长期青年发展规划（2016—2025年）实施意见，扎实推进团县委各项工作。团县委设有办公室、组织与青年发展部、学少部和西部计划大学生项目办，有编制4人，在职人员3人，均为中共党员。

【团组织建设】 2021年，团县委专职团干部4人，基层团干部（兼职）85人，团扎囊县委共有下级组织73个，其中团委6个，团工委1个，团支部63个，毕业生团组织3个。乡镇街道团委5个。学校领域共有团支部4个，其中（2020、2021年、2022年毕业团支部各1个，混合型支部1个）。共青团员共有1437名，少先大队7个，中队78个，少先队员3065人，青年文明号5家，青少年维权岗3个，

14—35 周岁青年 12922 人。

【青少年思想引领】 2021 年，团县委以党史学习教育为契机组织 200 余名师生开展以“瞻仰红色丰碑 缅怀革命先烈”为主题的党史教育和活动，激发同学们的爱国主义情感。在中国共产党成立 100 周年和西藏和平解放 70 周年之际，联合县文化局，组织县中（直）各级团组织、青年文明号单位，在全县各中小学开展以“追忆党的历史、传承红色基因”为主题的巡回播放爱国主义影片活动。播放《百团大战》《建国大业》《建党伟业》等爱国影片 10 场次，观看人数达 4200 余人。组织县域各中小学开展“开学第一课”深入学习宣传习近平总书记在西藏视察调研时的重要讲话精神，深度结合党史学习教育强化立德树人标准，围绕“为谁培养人、培养什么样的人”，赓续革命基石。在“六一”国际儿童节来临之际，先后深入念果村、沙布村、羊加村双语幼儿园开展“童心向党 温暖六一”慰问活动，为偏远村居幼儿园的 88 名儿童送去铅笔、彩笔、学画本、文具盒等共计价值 3000 元的学习用品。全年组织参加“青年马克思主义者培养工程”培训班，井冈山革命根据地、长沙党校群团业务培训班、青联委员培训，研学参观考察，知识竞赛等各类主题培训考察班次 7 次 23 人，把广大青年群众更加紧密地团结在党的周围。

【关心关爱青少年】 2021 年，团县委组织召开“扎囊县青年工作联席会议”及“预防青少年违法犯罪动态分析会”研判扎囊县未成年人犯罪形势，为切实做好涉案未成年人的关爱和教育帮助工作，帮助涉罪未成年人认识错误，引导他们重建“三观”。参加县人民检察院组织的训诫教育会，对未达到刑事责任年龄的涉案未成年人进行开导和教育。充分发挥法治副校长、法治辅导员队伍力量，开展“平安自护”“禁毒防艾宣传”“青春起航·健康成长”、法伴青春——“青少年模拟法庭”、“轻松备考 团团与你同行”轻松中考减压活动、“两法进校园”、“网络安全靠人民 网络安全为人民”、“防艾禁毒任重道远 教育活动持续发力”等各类普法宣传教育 30 余次，覆盖 6000 人次。在“六一”国际儿童节来临之际，先后深入念果村、沙布村、羊加村双语幼儿园开展“童心向党 温暖六一”慰问活动，为偏远村居幼儿园的 88 名儿童送去铅笔、彩笔、学画本、文具盒等共计价值 3000 元的学习用品。联合县司法局深入县域羊加村、亚杰村、久麦村，开展教育慰问活动，对 4 名服刑人员未成年子开展慰问，鼓励他们放下思想包袱，乐观勇敢面对生活。向 43 名贫困留守儿童送发放慰问金 12900 元（每人 300 元），表达基层团组织对留守儿童的关心关爱。

【志愿服务活动】 2021 年 3 月，团县委响应江北绿化美化的工作要求和“白鸡山”片区的补植补栽现实需求，以“生态文明建设 志愿服务先行”为主题，组织 40 余名青年志愿者，补植补栽 600 余株树苗；动员全县 30 余名青年志者开展“美丽中国·青春行动”志愿服务活动，组建“扎囊县‘河小青’行动队”对扎唐曲河道进行清理，用实际行动践行绿色环保发展理念。在党代会、氆氇文化节等重要会议及节庆时期，开展志愿者服务，为会议保障和活动顺利进行贡献志愿者力量。在重要节点及喜迎中国共产党成立

2021年9月27日，团县委组织开展氆氇文化节志愿者服务活动

100周年及西藏和平解放70周年之际，以“平安建设人人有责，平安家园共同守护”为出发点和落脚点，累计巡逻800余人次1600余小时，向5个站点送去方便面、矿泉水等共计价值2150元的慰问品。牵头联合县人民医院团支部、个体工商户，组织青年志愿者和西部计划志愿者组成志愿服务队，开展以“践行雷锋精神 弘扬时代新风”为主题的新时代文明实践青年志愿活动，发放宣传用品400余份，免费为电动摩托及三轮车贴反光贴60条，为群众现场测血压、量血氧饱和50余人次，发放11种药品，价值994.5元。

【援藏工作】 2021年，团县委主动对接援藏省市，开展由团市委、爱心企业、莘莘学子共同发起的“湘藏民族团结一家亲——‘书籍’捐赠”活动，共收到捐赠书籍80件，包含文学、科学类等各类书籍预估共计8000本左右。常态化开展7所学校与自治区外学校民族团结“书信手拉手”活动。衔接团湖南省委青年代表团赴扎囊县参观考察慰问工作，陪同团湖南省委书记李志超工作队一行慰问西部计划志愿者和桑耶搬迁点困难青少年家庭，为县中学赠送4套乒乓球桌（价值2.2万元）。

【希望工程】 2021年，团县委常态开展各类助学金申请，为全县困难大学生进行助学金申报工作，成功争取“芙蓉学子”6人（每人5000元）、“国酒茅台”3人（每人5000元）助学金共计4.5万元。

2021年6月4日，团县委扎囊县中学支部开展“青春备考与你同行”中考减压活动

【群团工作】 2021年，团县委组织12名书法爱好者开展“挥毫泼墨迎新年、春联祝福送万家”——送对联活动，筑牢家国情怀，营造欢乐、团结、和谐、祥和的节日氛围。为喜迎中国共产党成立100周年，由县委组织部牵头，联合工会和妇联开展篮球联赛、乒乓球、台球、党史趣味赛、绑腿跑等活动，在活动中增进团结和谐的良好氛围，增强青年干部队伍的凝聚力与向心力。

【少先队工作】 2021年，为切实增强少先队辅导员队伍的政治素质和履职能力，增强少先队员光荣感提供有力保障，团县委联合县教体局开展“评选表彰2020年度先进少先队集体、优秀少先队员、少先队辅导员”。各学校辅导员老师、14名少先队员代表、县教体局少队工作负责人参加表彰会活动。表彰会上，辅导员老师对2020年少先队工作进行述职，县少工委主任安排部署2021年少工委工作要点，对少先队员代表们提出殷切的希望。组织各学校结合喜迎中国共产党成立100周年暨西藏和平解放70周年主题团日或队日，开展各类红歌比赛、诗歌朗诵、以书画的形式用稚嫩的小手描绘美好社会，为党献礼、唱响新生活。

【青年就业创业】 2021年，团县委为更好地服务青年创新创业，组织农民青年致富带头人和大学生青年创业者，以及有创业意向的大学生参与，共有12人到拉萨考察创业众创空间和创业实体3家，了解创业情况以及市场行情，邀请创业导师米玛次仁，讲解创业中遇到的瓶颈、存在的创业风险，以及创业应该注意的事项等，同时进行创业就业有关政策讲解，给创业者提供平台，增进青年间的交往、交流、交融，实现优势互补，互相学习。2021年，扎囊县青年创业代表团考察交流活动资金预算明细表，作为山南市返家乡实践试点县，推进“七彩假期”，对接实践岗位，年内实现返家乡实践人数16人，其中创建岗位涵盖乡村振兴助理、团干助理、第一书记助理、文化宣传岗等多个岗位，有序推进假期返乡实践线上对接，更好地引导大学生合理规划职业生涯，提高就业技能、职业素养，提升学生的综合就业能力。

【为民办实事】 2021年，团县委贯彻落实“三不摘”要求，全年开展结对帮扶慰问16余次，以买带帮形式帮助结对户解决实际困难，及时了解结对未就业大学生5人家庭情况，诉求及思想状况，推荐就业岗位（实现就业3人），准备公考2人。支部党员捐款1700余元，为朗塞岭村次仁卓玛帮助购买急需药品送到家中，并根据病情和用药了解国产替代进口药品方案，以供参考。开展“党史宣讲进村居”，协助村“两委”和驻村工作队工作，开展送温暖、献爱心活动，党员自发捐款为朗塞岭幼儿园送去彩笔铅笔、描画书、各种球类价值1300元。配合县妇联组织进行捐款为党建联系点朗塞岭村的患病妇女平措卓玛送去慰问品和慰问金，折合人民币1700元。

（邓玉婷）

【机构领导】

书　记

丹　增（藏族）

副书记

旦增曲吉（女，藏族，8月免）

邓玉婷（女，8月任）

妇联

【概况】 扎囊县妇女联合会是党领导下的妇女团体，是党和政府联系妇女群众的桥梁与纽带，在全面建成小康社会，推动社会主义经济、政治、文化、社会和生态文明建设中发挥积极作用，代表和维护妇女权益，促进男女平等，推动妇女发展。2021年，扎囊县妇联编制2人，实有4人，其中主席1人、副主席1人、二级主任科员1人、三级主任科员1人。全县有“妇女之家”101个，其中党政机关妇委会5个、乡（镇）妇女之家5个、村（社区）妇女之家62个、“两新”组织妇女之家26个、尼姑寺庙妇女之家3个。

【妇联会议与基层组织建设】 根据《中华全国妇女联合会章程》和相关文件精神，经扎囊县第八届妇女联合会执行委员会于2021年2月8日选举通过，任命苏新越为扎囊县妇联副主席。

2021年，村（社区）“会改联”工作全面完成，换届率为100%，配备村（社区）级执委372人，其中党员252人，占67.7%；执委平均年龄为38岁，文化程度分别为本科6人，大专15人，中专5人，高中11人，初中73人，小学262人；选举产生主席62人，副主席67人，主席均为中共党员，村（社区）妇联主席百分之百进“两委”。

2021年，全县有3个社会组织，均建立妇联组织，分别为扎囊县商会、建筑协会妇女联合会和青年志愿者妇委会；在28个“三有”企业已成功建立妇联、妇委会、妇女小组等妇女组织，发放妇女联合会牌匾2个，妇女之家牌匾26个，完成100%的比例组建妇联组织任务。分别为：2个妇联组织、3个妇委会、23个妇女小组［扎囊县扎塘镇羊嘎村藏式帽子次仁金果农民专业合作社妇女联合会、扎囊县西普休闲观光农业发展有限公司妇女联合会；扎囊

2021年2月9日，扎囊县妇联开展节前慰问

县古今民族传统手工纺织有限公司妇委会、扎囊县旭日氆氇产业发展有限公司妇委会、山南市扎囊县阳光氆氇编织厂妇委会；扎囊县虱雕藏式木雕产业发展有限责任公司妇女小组、扎囊县班巴农民施工队妇女小组、扎囊县甘露宝瓶草药种植有限责任公司妇女小组、扎囊县扎其乡藏仲村农民施工队妇女小组、扎囊县吾金帮扶农牧民施工队妇女小组、山南市利民建筑有限责任公司妇女小组、扎囊县罗布特色产业开发有限责任公司妇女小组、扎囊县桑耶苗木基地（边久园林绿化有限公司）妇女小组、扎囊县扶贫助残服饰加工有限责任公司妇女小组、西藏山南天拓建设有限公司妇女小组、山南藏创广告传媒（扎囊县）分公司妇女小组、扎囊县啊曲民族特色产品开发是限责任公司妇女小组、西藏山南民生建筑有限公司妇女小组、扎囊县开拓劳务有限公司妇女小组、扎囊县扎塘镇爱民施工队妇女小组、扎囊县惠民农民施工队妇女小组、山南市扎发建筑有限责任公司妇女小组、西藏山南南方建筑有限责任公司妇女小组、扎囊县吉汝乡白玛桑珠蔬菜水果种植是限责任公司妇女小组、扎囊县鑫玉石材公司妇女小组、扎囊县雅江民生农牧民施工队妇女小组、扎囊县格尔林家园商贸开发有限公司妇女小组、扎囊县扎唐镇农民施工队妇女小组］，全县“两新”妇女组织建设呈现出良好的发展态势。

2021年2月25日，扎囊县妇联工作人员慰问“两癌”患者

【妇女儿童权益保护】 2021年，扎囊县妇联联合各乡（镇）、村（社区）妇联开展“关爱服务儿童·加强安全教育”“把爱带回家”寒假关爱活动、“学党史颂党恩 守护安全伴成长”2021年暑期儿童关爱服务活动，共35场次，走访慰问儿童246人，帮扶残疾儿童19人次，共计283名志愿者参与其中。开展“沐浴书香护苗成长·扎囊县绿书签行动”主题宣传活动、“4·23”世界读书日家庭亲子阅读活动、“童心向党”庆“六一”系列主题活动等引导广大青少年多读书、读好书，感党恩、跟党走，在扎囊形成建设书香家庭，培育良好家风，促进儿童健康成长的良好氛围。依托各节点及“五下乡”等活动，组织巾帼志愿者们用通俗易懂的语言，深入村落、田间地头、“两新”组织，宣传《中国人民共和国宪法》《中华人民共和国民法典》《中华人民共和国妇女权益保障法》《中华人民共和国婚姻法》《中华人民共和国未成年人保护法》《中华人民共和国反家庭暴力法》《民族团结一家亲》，以及妇女健康知识、儿童安全自护知识、0—6岁儿童养育知识等与妇女儿童日常生活息息相关的法律知识。全年宣传67场次，受益群众达11000人次，共发放宣传资料6000余份，发放宣传品（环保袋、围裙、手套、果皮削）5000余份，进一步筑牢妇女中华民族共同体意识，强化妇女维权意识，为维护社会和谐稳定，营造良好的宣传氛围。湖南省妇联先后为2名“两癌”妇女、10名困难母亲、10户特困家庭，送去了湘江人民的祝福及慰问，将满载着湘江人民浓浓爱心的价值1万元的“两癌”救助金、4000元的“母亲邮包”、25000元“特困户”救助金送到受助者手中。

【巾帼建功】 2021年，扎囊县妇联与县级领导挂帅的慰问组一同深入各乡（镇）、村（社区）开展2021年“三大节日”慰问活动。

2021年5月27日，“湘爱山南 守望相助”扎囊县妇联开展母亲邮包发放活动

慰问对象涉及乡村妇联主席、困难妇女、尼姑寺“妇女之家”、“两癌”妇女、自治区级老三八红旗手标兵，巾帼之星等共7大类44个，慰问经费共计2.3万元，其中慰问金1.35万元，慰问品包括棉花被、大米、菜籽油、面粉等折资9500元；在第111个“三八”国际妇女节来临之际，扎囊县多措并举精心策划“三八”活动，展示了新时期女性同胞的时代风采；县教育妇委会结合“六个一”活动实施方案，开展一次“我健康，我快乐”巾帼健身活动；县委宣传部、统战部，县水利局、公安局、后勤服务中心、民政局、中心医院、工青妇等多家妇委会，开展法治宣传、疫情防控宣传，关爱女性关爱五保老人等志愿活动；各乡（镇）、各村（居）妇联依托“妇女之家”以“三八”国际妇女节为契机，创新开展了乡村清洁、两癌宣传、民法典之婚姻家庭篇、各类趣味文艺等活动；县妇联深入驻村点吉汝乡雪拉村开展“关爱残障困难儿童，共创美好明天”为主题走访慰问活动，对2名残疾困难儿童进行节日慰问，为孩子们送去他们喜爱的干果、饼干、饮品等零食及大米、尿不湿、洗脸盆等生活用品，折资1000元，并送上节日的祝福；为庆祝中国共产党成立100周年和西藏和平解放70周年，开展绑腿跑、“4乘50米”党史答题趣味赛、“初心杯”篮球赛等共100余名干部职工参与，进一步丰富干部职工的文化生活，缓解干部职工的工作压力，全面提升干部职工的凝聚力、向心力、战斗力；46名妇女党员干部积极响应为“春蕾”捐款，共计捐款1615元，为“春蕾计划——梦想未来”行动推进贡献力量；县妇联深入4个乡（镇）24个村（居），慰问“两癌”患者妇女15人、残疾儿童12人、刑释解教妇女1人，送去慰问品及慰问金13800元，常态化开展“结对帮扶”工作，结对5户，全年送去慰问品慰问金共计6000余元，以实际行动让她们感受到党和政府的浓浓关怀及“娘家人”对她们的牵挂和深情。

（格桑白珍）

【机构领导】

主　席

格桑白珍（女，藏族）

副主席

次旦卓玛（女，藏族，1月免）

苏 新 越（2月任）

工商联

【概况】 2021年，扎囊县工商业联合会（以下简称县工商联）全面贯彻落实党中央关于新时代民营经济和工商联改革工作的重要部署，着力提高“两个健康”水平，充分发挥县工商联联系政府与企业的桥梁纽带作用，服务民营经济高质量发展，铸牢民营经济人士政治思想建设，鼓励民营企业积极参与公益事业，助力民营企业积极应对疫情防控，为促进全县民营经济发展做出积极贡献。

【疫情防控】 2021年，县工商联充分发挥民营企业的优势，贯彻落实扎囊县新冠肺炎疫情防控工作调度会的精神，起草县工商联疫情防控工作方案，并对客流量大的西普休闲观光农业发展有限责任公司和羊嘎村藏式帽子“次仁金果”农民专业合作社，制定疫情防控实施方案，包括疫情应急领导小组、主要职责、预防疫情、应急对策等的内容，并结合企业疫情防控特点制作扎囊县企业疫情防控“十严格”粘贴写真、会员企业疫情防控外来人员登记表、会员企业疫情防控消杀消毒登记表、会员企业疫情防控返岗人员登记表、会员企业疫情防控物资保障清单登记表等，发放至各会员企业，要求会员企业全力以赴投入到这场疫情防控阻击战中来，形成全社会支持参与新型冠状病毒感染的肺炎疫情防控工作的强大合力，真正以强烈的使命感、责任感和紧迫感参与疫情防控。先后8次深入会员企业宣讲疫情防控知识，并及时发放民营企业疫情防控外来人员登记本7本，疫情防控宣讲材料、小册子120余份，疫情防控手机扫码宣传帖6个，以及84消毒液42瓶、消毒喷雾器材6个、一次性口罩12盒、体温枪7个，为民营企业疫情防控和宣传引导起到积极的作用。

【商(协)会创新建设】 2021年，为进一步推进工商联商(协)会，以维护会员权益，民营经济繁荣为重点，县工商联高度重视会员企业发展工作、加强基层组织建设，不断提升工作水平和服务能力。并结合会员企业实际创新工作方式，创新工作载体，开展县工商联(商会)“五好”“五信”建设作为引导下一步工作指导思想。扎囊县商(协)会党支部建设按照相关程序实现合法化建设，并成立商会党支部、建筑协会党支部，实现党的组织工作全覆盖。全年，商(协)会党支部开展为民办实事活动7次，惠及资金达18.9万元，惠及群众93人、1个居委会。

【民营经济】 2021年，县工商联以建设政治坚定、特色鲜明、机制健全、服务高效、作风优良的人民团体和商会组织为目标，坚持政治建会、团结立会、服务兴会、改革强会，全面加强政治建设、思想建设、组织建设、作风建设、纪律建设，把制度贯穿其中，激发市场主体活力和社会创造潜力，为实现高质量经济发展打下坚实基础，加强与株洲市工商联的交流与合作，并争取资金援助每年5万元，探索建立适应市场经济要求的服务载体和机制，为会员企业资源互补、鼓励会员企业积极转型，实现合作发展提供全方位的服务和支持。通过为民营企业提供信息、法律、融资、技术、人才等方面服务，帮助全县民营企业更好地推进结构调整和自主创新，不断增强市场竞争能力、抵御风险能力和可持续发展能力。密切与民营经济人士的联系，多次召开企业家代表座谈会，并通过电话、走访、问卷调查、微信群意见征集等多种渠道了解他们的诉求，把民营经济发展中遇到的问题、困难和意见建议，进行梳理汇总，及时反映给各级决策部门。建立完善信息反馈机制，及时反映企业家关注的热点难点问题和利益诉求，并加强跟踪培养，提高民营经济代表人士队伍的政治把握能力、参政议政能力、合作共事能力，充分发挥民营经济人士特别是企业家副主席(副会长)的作用，自觉投身光彩事业、“万企兴万村”精准扶贫行动和企业社会公益慈善事业，积极履行社会责任。根据关于转发《西藏自治区促进工商联所属商会改革和发展实施方案》文件的要求，全县77家会员企业减至44家合作社。截至年底，全县共有会员企业32家(其中退出1家会员企业)。

2021年12月23日，山南市党组副书记、政协副主席、市工商联主席赤列央金(左三)一行到扎囊县开展考察调研工作

【政治思想教育】 2021年，县工商联引导民营企业融入新发展格局。为充分发挥工商联领导核心

2021年12月15日，扎囊县工商联组织民营企业开展宣讲党的十九届六中全会、西藏自治区第十次党代会、市第二次党代会精神

作用，深入开展理想信念教育，扎囊县10名执（常）委参加山南市工商联第一届四次执委会议，加强和改进民营经济人士思想政治工作。协调上级业务部门，组织3家民营企业参加自治区党委组织部在湖北三峡集团举办的民营企业培训。组织氆氇党支部13名党员赴乃东县民主改革第一村克松社区爱国主义教育基地、山南市博物馆等地开展民营企业党支部主题日活动。组织1名会员企业参加清华大学举办的西藏民营企业高质量发展班。联合县税务局举办“学党史、办实事、送税服、实惠企”结对共建活动，结合2021年“便民办税春风行动”邀请中小微企业代表恳谈交流，围绕税收政策、纳税流程等税务知识，积极解疑释惑、回应关切，增进彼此互信、融洽税企关系。组织10家商会会员企业集中开展学习宣讲会，切实把思想和行动统一到各项精神上来，创新学习方式，抓好领导带学，充分发挥支部主题党日活动作用，做到先学一步、学深一层，以“关键少数”带动“绝大多数”，精心部署集中宣讲工作，精心组织策划宣传报道，推动各项精神进企业、进商会，做到深入人心、深学笃行。

【队伍建设】 2021年，县工商联不断丰富学习教育形式，加强领导班子和干部日常教育管理，通过机关会议进行干部思想政治，作风整顿、反腐倡廉教育。组织党员干部订阅“雪域清风”“法治西藏”“清廉山南”“西藏组工”等微信公众号，坚持会前学法制度，学习《中华人民共和国宪法》《中华人民共和国保守国家秘密法》《中华人民共和国政府采购法》等法律法规，打造一支知法懂法守法用法的干部队伍。加强制度改革，强化作风建设。建立和完善各项制度，逐步健全党员干部日常管理监督机制。实现由“人管人”向“制度管人管事”的转变，做到凡事有人负责，有人监督，有章可循，有据可查，形成长效机制。

（次旦卓玛）

【机构领导】

主 席

米玛扎西（藏族）

副主席

达娃布次（女，藏族，1月免）

次旦卓玛（女，藏族，1月任）

法　　治

政法委及综治

【概况】 扎囊县委政法委员会（以下简称县委政法委）下设政法办、平安办、双联办、护路办、基层人民防线办、扫黑办共6个科室，有编制4人，实有6人，分别为常务副书记1名，副书记2名，二级主任科员1名，四级主任科员2名。2021年，扎囊县政法工作以深化“平安扎囊、法治扎囊”为目标，以实现执法公正为追求，全面加强和改进政法队伍建设，创新工作思路，落实工作措施，提升服务水平，有效提高政法、平安建设、“先进双联户”“扫黑除恶·打非治乱”专项斗争工作水平和成效，确保在全县境内社会治安持续和谐稳定，实现“三不出”，为经济跨越式发展营造良好的社会环境。

【平安建设】 2021年，县委政法委在深化“平安扎囊”工作上，始终以提升群众安全感和满意度为目标，以加强综治基层基础建设为保障，着力严打严防、着力部门联动、着力机制建设、着力宣传引导、着力夯实基础，扎实开展基层系列平安创建活动，确保全县社会面和治安持续平稳。根据流动人口居住特点，按照《租赁房屋治安管理规定》以及“谁主管谁负责、谁受益谁负责”的原则，全面施行居住证管理制度，切实加强“以证管人、以房管人、以业管人”。截至年底，共办理居住证379张、居住证登记卡711张。加强对重点部位、治安乱点的排查工作整治。对辖区个体商户（朗玛厅、旅馆、茶馆）、出租房进行全面检查，与之签订《治安管理责任书》，对不符合相关规定的场所坚决予以取缔，开展清网检查行动，有效遏制治安案件上升的趋势。全县共有旅馆120家，其中宾馆6家、家庭旅馆114家（30张床位以上有25家）；纳入旅馆业系统有120家，覆盖率达到100%。加强外来人员的服务管理，联合各乡镇，采取逐村排查登记，与相关责任人签订《流动人口管理责任书》

2021年4月25日，扎囊县政法队伍教育整顿学习教育环节转段动员部署会议召开

和《旅馆业治安管理责任书》，有效防止违法犯罪发生。多次对寺庙、学校、厂矿、旅馆及公共场所内的消防器材、电路设施及安全通道进行排查，在各中小学开展消防事故演练，演示各类器材的使用专项活动，切实为消除火患打下了坚实基础。多次深入辖区行政村进行逐一走访排查，重点检查家庭用电、用火、用油、燃气灶使用及干柴、饲草料的堆放等情况，在乡镇及驻村工作队的协助下，为村民就地宣传基本消防知识和逃生技巧，并要求群众要定期检查燃气灶、线路等，排除消防隐患。

2021年12月21日，扎囊县组织召开2021年扎囊县平安建设（综治工作）专题会议

【"先进双联户"创建】2021年，县委政法委坚持把"先进双联户"创建活动作为"一把手"工程来抓，落实"万千百十"工程，及时调整充实领导小组，逐级签订责任书，层层明确责任，为推动"先进双联户"创建活动提供坚强的组织保障。紧紧围绕"10+1"工作任务，精心组织、广泛宣传、丰富载体、创新措施、开拓进取，深入开展"先进双联户"创建活动。扎塘镇围绕村居换届选举，有效发挥联户长"听、说、干"的能力，广泛开展换届纪律及政策宣传，切实提高农牧民群众的参与率，有力推动换届选举工作圆满完成。吉汝乡为更好地了解村居日常工作，建立"10+1"每月工作上报制度，切实做到底数清、情况明，为年底评优评先奠定基础。扎其乡以"先进双联户"创建评选标准，"四个一"考评细则、联户长"十八员"职责和"10+1"工作任务作为考评内容，实行加减考评办法，不断深化"四个一"工作措施。桑耶镇紧紧围绕"保稳定、促发展"的工作目标，不断强化社会联防整治工作基础，依托"三讲、四化、五提高"（讲责任、讲创新、讲实效，阵地建设标准化、日常工作精细化、宣传教育常态化、服务管理全面化，提高经费投入、提高指导次数、提高培训能力、提高业务水平、提高宣传力度）工作载体，持续深化开展"先进双联户"创建活动。阿扎乡建立联户长小组会议制度，通过各村每月组织联户长召开会议、交流工作，乡党委每半年召开专题会议，有针对性地解决新情况新问题，切实将"先进双联户"创建工作引向深入。坚持把"先进双联户"创建活动纳入平安建设、综治工作考评范畴，对各乡（镇）、各成员单位推动创建工作与平安建设、综治工作同部署、同安排、同考核。在科学制定县乡村考评细则、客观评价基层工作的同时，健全完善联户长考评机制，严格考核奖惩，推动乡镇、村居、联户单位落实责任，注重考评结果运用，达到了发现问题、总结经验、评估成效、推进工作的目的。

【扫黑除恶专项斗争】强化黑车专项整治。2021年，县交通运输局与县交警开展协同作战，在县城重点路段开展打击"黑车"非法营运整治活动，累计检查车辆1800余辆，出动执法车辆230辆次，执法人员480人次。查获疑似非法营运车辆36辆（其中警示教育32辆，处罚4辆）。开展《中华人民共和国道路交通安全法》宣传及扫黑除恶相关知识宣传，累计发放各类宣传资料3500余份。

强化建筑领域摸排。2021年，县住建局严格按照《何文浩同志在自治区第一次扫黑除恶常态化暨四大行业领域整治推进会上的讲话》精神，对扎囊县7个建筑工地开展线索摸排及扫黑除恶相关知识宣传工作。截至年底，开展扫黑除恶专项斗争线索摸排20余次，宣讲扫黑除恶知识和预防违法犯罪15次，受教育群众1000余人次，发放各类宣传资料2000余份。

强化“反诈”“矛盾纠纷”查处调解工作。2021年，结合政法队伍教育整顿，县公安局为扎实推进矛盾纠纷排查化解工作，坚持把防控风险隐患关口前移，深化“百万警进千万家”活动，开展以“拉网式、兜底式、全覆盖”的矛盾纠纷排查模式，建立起全县32个行政村，9778户矛盾纠纷排查化解“一户一档”登记表台账，切实做到“小事不出村、大事不出镇、矛盾不上交”。深入推进“无诈乡镇”创建工作，截至年底，创建“无诈乡镇”1个，全县共发生电信网络诈骗18起，破获8起，抓获犯罪嫌疑人17人，追回赃款35.25万元。

【铁路护路联防】 2021年，县委政法委始终高度重视铁路护路联防工作，成立扎囊县护路联防工作领导小组，下设办公室，由县委政法委副书记旦巴兼任办公室主任，并配备3名护路队员，负责抓好办公室日常各项工作。同时，为进一步规范化、标准化管理，正在拟草《铁路护路队员任务职责》《内务管理制度》《请销假制度》《巡逻防护制度》《安全执勤制度》《重大问题请示报告制度》《交接班制度》《考核奖惩制度》等各类职责制度，确保建立一支素质高、纪律明、作风硬、业务通的铁路护路联防队伍，为平安扎囊建设奠定坚实基础。为不断提升护路联防队伍整体素质，在完成队员招录后，及时召开岗前培训，同时严格按照自治区、市护路办要求，组织护路队员学习习近平总书记在中国共产党成立100周年大会上的讲话精神、习近平总书记在西藏视察时的讲话精神、何文浩书记在关于西藏和平解放70周年庆祝活动期间铁路安保工作情况报告上的重要批示精神、“铭记领袖万般恩 书写高原一片红”等，提高护路队员的政治判断力、政治领悟力和政治执行力。严格按照“2人一公里、一天3次”的上路全程巡逻要求，开展巡逻防控工作，及时劝阻、制止在铁路上行走、放牧等安全隐患行为，在巡逻途中经常性对沿线群众广泛宣传爱路、护路和铁路安全知识教育活动，特别是8月16日，在全力做好西藏和平解放70周年安保期间，护路队员主动走进阿雪村村民田间，帮助农牧民群众抢收青稞，拉近干群距离，密切干群关系，在沿线村居得到良好的口碑。

【政法队伍教育整顿】 2021年，县委政法委根据《全区第一批政法队伍教育整顿实施方案》《全市政法队伍教育整顿实施方案》工作要求，教育整顿分为“三个环节”（学习教育环节、查纠整改环节、总结提升环节），突出抓好“四项任务”（筑牢政治忠诚、清除害群之马、政治顽瘴痼疾、弘扬英模精神）。截至年底，政法队伍教育整顿已进入“回头看”阶段，三个环节各项工作均已完成，取得一定的成绩，并达到了预期效果。

精准施策，便民利民解民忧。2021年，县公安局创新出台《扎囊县农用拖拉机、摩托车加油卡管理机制》，有效解决农用拖拉机、摩托车加油难与零散成品油管理之间的矛盾，发放加油卡4100张。协调会商，解决群众分户难问题。县公安局会同县自然资源、农业农村部门召开协调会，完善《扎囊县公安局户籍业务办理机制》，通过新机制办理分户65户。开展上门服务，让群众少跑腿。扎囊县公安局户政中心针对身份证申领、补办、换领、户口本业务，推出电话预约服务，上门办证996张。推出窗口单位导办服务。县交警大队车管所、驻县政府行政审批中心户政窗口及各派出所窗口等部门，全覆盖推行导办员服务机制，对申请材料不全不符合容缺办理的一次性告知，实现“一站式”服务。成立“爱心天平基金”，帮扶助困解民忧。扎囊县人民法院党支部发动全院干警成立“爱心天平基金”，自“我为群众办实事”实践活动开展以来，救助单亲家庭1家，现金2000元。

学习枫桥，化解矛盾促稳定。2021年，县司法局开展人民调解工作，在全县内推广矛盾纠纷调处“预警、预测、预判”工作机制，筑牢基层稳定“第一道防线”，排查矛盾纠纷132次，排查出9起纠纷，已成功化解9起，调解成功率100%，已调处完毕案件调解协议涉及金额共计13万元。县公安局为扎实推进矛盾纠纷排查化解工作，深化“百万警进千万家”

活动，建立起全县62个行政村，9778户矛盾纠纷排查化解“一户一档”登记表台账，切实做到“小事不出村、大事不出镇、矛盾不上交”。2019年以来，有效制止上访人员50余人次，帮助农民工讨薪600余万元。2020年以来，受理“双拖欠”领域受害者咨询及求助11起，立案1起，解决3起，移送相关部门7起。

强化宣传，凝心聚力保民生。2021年，针对电信网络诈骗高发的严峻形势，县公安局组建反诈宣传小分队，开展入户、入村、入校、入企宣传活动，统筹“打、防、管、宣”多重职能，推进“无诈乡镇”创建活动，全县共发电信网络诈骗12起，破获6起，抓获犯罪嫌疑人10人，追回赃款32余万元。县司法局持续加强弱势群体、特殊人群、依法维权力度，为农民工开通讨薪法律援助“快速通道”，指派律师提供法律援助服务，司法局援藏律师参与刑事案件辩护4件，法律援助（认罪认罚）5件，代写法律文书36件，解答法律咨询62人次。强化食品安全监督，维护群众切身利益。县检察院积极履行监督职能，组织干警开展食品安全卫生检查15次，检查超市、餐馆等20余家，发现问题4件，均已立案，持续净化扎囊县食品安全市场秩序。建立多元调解平台，提供在线纠纷服务。县法院通过最高人民法院开发的人民法院调解平台，成功诉前调解离婚纠纷、抚养费纠纷、民间借贷纠纷等案件35起。县法院组织各庭室干警走进乡村，为人民群众提供法律咨询、诉前调解、普法宣传等服务。自教育整顿开展以来共法制宣传5次，接受群众法律咨询3万余次，发放宣传资料6000余份，营造良好的农村法治氛围。

推进建章立制，注重源头治理。2021年，针对扎囊县在教育整顿查纠整改环节存在的突出问题，政法各部门开展研究讨论，深挖根源，探索建立《扎囊县社区矫正工作人员“六不准”工作制度》《扎囊县人民调解矛盾纠纷预警、预测、预判机制》《扎囊县人民检察院五举措严防“有案不立、压案不查、有罪不究”工作机制》等一系列长治长效机制，坚持把工作中形成的好经验、好做法用制度固定下来。自政法队伍教育整顿开展以来，全体政法干警真心倾听群众诉求，用心办理案件、热心调处矛盾、细心整改隐患、实心解决麻烦，诚心听取意见。截至年底，制定推出便民利民措施5条，帮助群众解难事、做好事360余件，政法各部门围绕“四大机制”建设，制定各类工作机制制度17条。

（旦　巴）

【机构领导】

县委常委、政法委书记、公安局局长
　　索朗巴珠（藏族）
常务副书记
　　游　光
副书记
　　旦　巴（藏族）
　　次　罗（藏族）

公安

【概况】 扎囊县公安局（以下简称县公安局）地处于扎囊县株洲路26号，所辖3个乡2个镇共计62个行政村。公安局有9个内设机构、5个行政派出所、3个寺庙派出所、2个寺庙警务室、6个便民警务站。

2021年，在县委、县政府和市公安局的坚强领导下，扎囊县公安局坚持以习近平新时代中国特色社会主义思想为指导，深入贯彻习近平法治思想和新时代党的治藏方略，深入学习中共十九届六中全会精神，全面贯彻习近平总书记“七一”重要讲话精神和在西藏考察时的重要讲话精神、中央第七次西藏工作座谈会、全国公安工作会议精神，增强“四个意识”、坚定“四个自信”、做到“两个维护”，以做好庆祝中国共产党成立100周年和西藏和平解放70周年安保维稳工作为“纲”，狠抓防风险、保安全、护稳定各项措施落实，确保了全县政治安全和社会大局持续稳定，确保了全国两会、习近平总书记西藏考察、庆祝建党100周年和西藏和平解放70周年等重大安保维稳任务圆满完成和3月维稳重点工作等节点平稳度过。

2021年，扎囊县公安局以“队伍素质第一、业务能力一流、综合成绩前茅”为目标，荣获全国普法工作先进单位；公安局桑耶镇派出所荣获公安部成绩突出集体等荣誉；荣获自治区公安厅二等功

1 人，荣获山南市公安局先进集体 7 个，个人三等功 3 人，个人嘉奖 8 人，优秀个人 5 人，荣获县级优秀公务员 54 人，绩效考核山南市排名第 1 名。

【案件侦破】 2021 年，县公安局紧紧盯牢“两降两升”目标，以“两抢一盗、云剑 –2021、打击文物犯罪”等专项行动为主线，坚持以“打防结合、预防为主”的工作方针，侦破一大批刑事犯罪案件，严厉打击惩处一批违法犯罪分子，有效打击了各类刑事犯罪活动。全年刑事案件立案 49 起，破获 30 起，抓获犯罪嫌疑人 40 人（刑事拘留 17 人、取保候审 23 人），起诉 45 人。成功侦破旦某等 4 人多次跨区域系列文物盗窃案，成功追回 2 件三级文物、49 件一般文物，严厉打击犯罪分子嚣张气焰。3 月 7 日、13 日连续发生 2 起电信网络诈骗，涉案金额高达 37 万余元，鉴于该案涉案金额较大，县公安局党委高度重视，主要领导亲自部署，县委常委、政法委书记、公安局党委书记、局长索朗巴珠亲自挂帅并担任专案组组长，刑侦、网安等警种合成作战，集中抽调 10 名精干警力成立“3·7”“3·13”专案组，成功侦破“3·7”“3·13”电信诈骗案件，共抓获犯罪嫌疑人 10 名，扣押 POS（销售点）机 136 个、银行卡 69 张、信用卡 18 张、笔记本电脑 1 台、手机 3 部、营业执照 43 张、护照 1 本、手机卡 4 个、流量卡 14 个、U 盾 15 个、公司印章 3 个、私章 11 个、记账本 3 本、收款码 2 个，追缴涉案赃款 29.85 万元。8 月 27 日，自治区政府副主席、区党委政法委副书记、公安厅党委书记、厅长张洪波在《关于山南市公安机关成功侦破 2 起电信网络诈骗的报告》上作出批示：“应表彰奖励、同意。”自治区公安厅党委委员、副厅长陈士渠作出批示：“报洪波书记阅示，吕涛常务副厅长阅示，山南扎囊县 2 起案件破得漂亮，应予以表扬”。

2021年9月26日，扎囊县委常委、政法委书记、公安局党委书记、局长索朗巴珠（左二）检查氆氇文化节安保工作

【治安案件查处】 2021 年，治安大队、各行政派出所共办理行政案件 25 起，结案 25 起（其中调解 5 起），拘留 17 人，行政罚款 55000 元。按案件类型看，2021 年发生殴打他人案件 7 起，故意伤害案件 3 起，赌博或为赌博提供条件案件 3 起，诈骗案件 1 起，非法侵入住宅案件 2 起，违反危险物质管理规定案件 1 起，盗窃案件 1 起，故意损坏公私财务案件 3 起，寻衅滋事案件 1 起，阻碍执行职务案件 1 起，未按规定建立民用爆炸物品管理制度案件 1 起。县公安局始终坚持重点问题要防、难点问题要盯、热点问题要疏、一般问题要复的工作要求，两个大庆期间，结合“百万警进千万家”活动，组织辖区各行政派出所民警协调村（社区）两委干部、综治网格员、驻村工作队队员，进百家门、建百家群、知百家情、办百家事，围绕感情纠纷、邻里关系、征地拆迁、债务债权、双拖欠、耕地补偿、人户分离等纠纷类型，多轮次“拉网式、兜底式、全覆盖”的搜集排查辖区各类社会矛盾纠纷和群众反映的、影响辖区安全稳定的各类隐患，建立全县 62 个行政村、9839 户、39129 人的矛盾纠纷排查化解“一户一档、一人一表”登记台账。

【黄赌毒打击】 2021 年，县公安局为进一步净化扎囊县社会环境，维护社会秩序，促进社会主义精神文明建设，构建社会主义和谐社会，根据上级公安机关要求，结合扎囊县辖区实际，制定相关的工作方案。公安局治安大队加大宣传力度，通过开展法制宣传、集中宣传、张贴宣传海报等方式，宣传打击黄赌毒行为，并鼓励群众提供案件线索。联合各行政派出所与文化、工商等部门密切协作，积极配合，集中时间，集中力量，全面开展打击整治“黄赌毒”专项行动，全面提升公众安全感和政法部门满意度，为建设创业、宜居、平安、生态、创造良好的社会治安环境。全年共开展检查13次，检查娱乐场所78家次，排查整改隐患12处，责令停业整顿1家。

【社会治安治理】 2021年，县公安局持续深化缉枪治爆斗争，部署开展公务用枪百日专项排查整治，坚决清除影响安全稳定的枪爆隐患。强化重点领域治安管控和公共安全隐患治理，加强民爆物品、剧毒、易制爆危险化学品、易制毒化学品、零散成员油、管制刀具等物品源头监管措施，严格落实监管责任，坚决防止因漏管失控造成现实危害。截至年底，累计审批民爆物品38批次，审批炸药355080千克、导爆管1515000发、导爆索116000米、电雷管92600发；审批零散成员油763批次，汽油4406公升，柴油314.6吨；收缴管制刀具179把。加强社会面治安管理，组织治安清查集中统一行动8次，累计投入警力600余人次，累计检查重点场所230余家。加强道路交通安全管理，深化道路交通事故“减量控大”，深入排查整治道路交通安全隐患，持续严管“两客一危一货”和农村面包车等重点车辆，整治“三超一疲劳”（超速、超员、超载和疲劳驾驶）、农村“两违”等突出交通违法行为。截至年底，交管部门现场查处交通违法行为115起，非现场交通违法172起，共接报道路交通事故84起，其中简易事故81起，同比增长5.19%，一般事故3起，同比下降50%，未发生一次死亡3人以上道路交通事故。推进“护校安园”专项行动，强化校园安全防范，落实高峰勤务，严厉打击各类侵害师生人身财产安全的现行违法犯罪，确保校园及周边治安秩序稳定。会同有关部门加强对无人机、穿越机、寄递物流等新业态监管，落实寄递物流“三个100%”（百分之百实名收寄，百分之百收寄验视和百分百粘贴“安检”标识贴）制度，督促指导企事业单位严格落实内部安保措施。

2021年5月11日，扎囊县召开全县公安工作会议

【执法规范化建设】 2021年，县公安局继续加强执法规范化建设，完善执法办案场所规范化改造和使用管理，新建各行政派出所案管室，强化办案管理服务功能。按要求推动涉案财物集中保管和规范化管理。落实县局办案中心执法办案信息系统建设专项经费100余万元，推进办案中心规范化改造。以执法质量考评为载体，不断加强制度建设、队伍建设，提升执法民警的办案质量和执法水平。全年县公安局法制科检查各项执法监督及执法考评4次，开展法制培训15次，实现全局正式民警全部通过执法资格考试。结合政法队伍教育整顿，从严落实防止干预司法“三个规定”和规范异地办案协作“六个严禁”，严格履行协作手续。深入学习贯彻《公安部禁止逐利执法“七项规定”》，梳理突出问题，针对性开展逐利执法问题专项整治，严格执行《公安机关人民警察纪律条令》《公安机关人民警察执法过

错责任追究规定》，健全完善防止逐利执法问题的常态化机制。切实做到刑事案件统一由法制部门统一审核、统一出口，全年行政执法部门移送的涉嫌犯罪案件1起，立案1起。案管中心实现卷宗归档、保管、出借等智能化管理，2021年县公安局无涉法涉诉案件，无行政复议、行政诉讼案件。研究出台《领导干部参与办案工作机制（试行）》全面提升全局执法规范化建设，在全市争创队伍素质第一、业务能力一流、综合成绩前茅的工作目标。

2021年3月10日，扎囊县公安局组织警力加强社会面巡逻防控工作

【队伍建设】 2021年，县公安局始终把政治建设摆在首位，教育引导全体民警及时学习了解掌握党中央的新思想、新论断、新举措。紧密结合庆祝中国共产党成立100周年，深入开展党史学习教育、“三更”专题教育、“五史”学习教育和“我为群众办实事”主题教育实践活动，加强忠诚教育，引导全警牢固树立“四个意识”，切实铸牢忠诚警魂，树立新时代忠诚干净担当的公安新形象。加强全警实战大练兵工作，推动政治训练制度化，健全完善公安民警培训“首课”机制，加强党性教育、铸牢忠诚警魂，组织开展政治轮训3期、培训民警190余人次。聚焦基层一线警情特点，加强基础体能、徒手防控、武器警械和现场急救等技战术训练，共组织全警实战大练兵轮训3期，培训民警190余人次，轮训中人均消耗弹药80余发。参加市级教官评选，充实教官队伍，1名民警获聘自治区级公安机关警务实战教官，4名民警取得市级中级教官资质。聚焦优势资源，成立县局警务实战送教教官团，在全县基层派出所开展警务实战送教服务活动，加强基础训练、专业训练和实战协同训练，培训民辅警120余人次。根据自身需要，邀请湖南株洲教官团赴藏，进行“菜单式”按需送教，提高全局警务实战水平。遴选优秀警务实战民警，参加市局组织的第一届警务实战知识技能大比武，以赛促训，取得3项团体第一、2项个人第二等14个奖项。

【基层基础建设】 2021年，县公安局持续加强基层基础建设工作，严格落实派出所三年行动计划，按照公安厅、市公安局部署，加强派出所内务建设，坚持群众路线，扎实推进“枫桥式公安派出所”创建活动。强化基层派出所业务经费保障，完成固定资产投资1153万元，完成阿扎乡派出所、火车站派出所业务技术用房建设，推进扎其乡派出所、桑耶镇派出所新建项目落地。安排资金90余万元，组织执法执勤用车及武器、警械装备采购，更新基层派出所装备。持续深化基层治理创新。严格落实《公安部关于加强公安机关基层社会治理工作的意见》，推动县局社会治理重心向基层下移，健全完善城区“一区一警两辅”和农村“一村一辅警”模式，协调县政府落实“两站两员”经费待遇，推进农村“两站两员”建设，树立底线思维、增强忧患意识，坚持早发现、早防范、早化解，努力把风险隐患防控在基层社区、消除在萌芽状态和初始阶段。充分发挥派出所民警在群众工作中的优势，了解社情民意，把握社会脉搏，增强工作预见性和主动性。会同基层组织，帮助群众解决合理合法诉求，妥善防范应对涉稳问题。

【专项整治建设】 2021年，根据全国政法队伍教育整顿工作有关要求，县公安局深入学习贯彻习近平总书记关于加强政法队伍建设的重要指示精神，认真贯彻落实中央、自治区党委、市委、县委安排部署，围绕“三个环节”，紧扣“四大任务”，突出抓好“六大顽瘴痼疾”整治、“七查”等相关工作，高起点定位，高标准推进，队伍教育整顿工作取得显著成效。开展集中学习64场次、政治轮训6期，参加人数198人次，实现全覆盖学习培训；讲党课、专题讲座10场次，组织观看红色廉政系列教育影片和报告会6场次、参观红色廉政教育基地8场次，组织开展“应知应会测验”2场536人次，合格率100%。撰写心得体会，观后感500余份，组织民警观看警示教育片7场。教整办组织交叉评查2018年以来的案件总数268起。通过查阅卷宗、调阅材料、个别谈话等方式，评查出执法瑕疵案件7件，其中程序不规范3件，卷宗不规范2件，涉嫌压案不查2件，已全部进行整改。

【党建工作】 2021年，县公安局高举习近平新时代中国特色社会主义思想伟大旗帜，坚决贯彻落实党中央重大决策部署和习近平总书记关于新时代公安工作重要论述。始终把“两个维护”作为最高政治原则和根本政治来坚守，增强“四个意识”、坚定“四个自信”、做到“两个维护”。始终把党史学习教育、政法队伍教育整顿、“三更”专题教育作为一项重大政治任务来抓，通过局党委理论中心组、党支部党员大会集中学习和个人自学等形式，组织全警深入学习习近平新时代中国特色社会主义思想、习近平总书记“七一”重要讲话精神、中央民族工作会议精神等政治理论知识，全年，上专题党课4次，组织局党委开展专题研讨会9次，组织10个党支部集中学习120余次。撰写党史学习教育、政法队伍教育心得体会400余份。集中观看《反腐就在身边》《全面从严治党在西藏》警示教育片8场次，撰写心得体会800余份。观看《长津湖》爱国主题影片1场次，撰写心得体会70余份。参观山南市烈士陵园、博物馆及西藏民主改革第一村——克松村陈列馆2次，共计230人参加。开展政治理论水平测试1次，160余名民警（协辅警）参考，合格率达100%。县公安局扎唐镇派出所党支部创新党建工作方式方法，根据民警日常工作、学习、综合素质、内务卫生等进行评分，出台民警积分制管理制度，推动队伍建设取得新风貌，党建工作取得新成效。

【党风廉政建设】 2021年，县公安局结合公安队伍教育整顿，深化反腐败斗争，一体推进不敢腐、不能腐、不想腐。驰而不息纠治“四风”，整治顽瘴痼疾，坚决查处队伍内部违反中央八项规定及其实施细则精神问题。全年公安局督察部门开展纪律督察87次，发出督察通报5期，对违反公安机关内务管理规定的6名民辅警进行警务督察问责，查处违纪违法问题2起，涉及民警3人，辅警1人，移交纪委3人，移交县委组织部1人，党内警告处分3人。

【“放管服”改革】 2021年，县公安局积极回应人民群众对高质量公共服务新期盼，推出落实一系列“放管服”改革措施。

试行加油卡措施。2021年，县公安局创新出台《扎囊县农用拖拉机、摩托车加油卡管理机制》，发放农村地区加油卡，省去以往村、镇、县公安局审批环节，有效解决农用拖拉机、摩托车加油难与零散成品油管理之间的矛盾，挤压零散成品油倒卖空间，全县已发放加油卡4100张。

推进户政改革。2021年，县公安局会同县自然资源、农业农村部门召开协调会，完善《扎囊县公安局户籍业务办理机制》，规范全县分户业务流程，解决困扰群众多年的分户难问题。截至年底，户籍部门入户核查128户，通过新机制办理分户72户。

推出上门服务。2021年，县公安局对老、弱、病、残、孕等特殊人群，推出电话预约上门服务，制证完毕后送证上门。交警大队车管所将车管窗口前移到群众家门口，变“群众上门”为“上群众门”，主动送牌、送证上门。

推出窗口单位导办服务。2021年，县公安局交警大队车管所、驻县政府行政审批中心户政窗口及各派出所窗口，全覆盖推行导办员服务机制，将“群众问”的被动服务转变为“问群众”的主动服务，让群众进门有人管、咨询有人问、办事有人带，对申请材料不全、不符合容缺办理的实行一次性告知，确保全程引导、一窗服务。

探索实施“首违免罚”交通整治措施。2021年，县公安局对农牧民群众在城区发生的违法停车、不佩戴安全头盔等初次交通违法行为并及时纠正的，实行登记教育、免于处罚的柔性执法模式，建立容错机制，鼓励主动纠错，彰显人文温度，受到群众一致好评。

开展“我为群众办实事”实践活动。2021年，县公安局以党史学习教育“我为群众办实事”实践活动为重要载体，创新形式、细化措施，找准人民群众的操心事、烦心事、揪心事，积极解决群众急难愁盼问题。截至年底，全局通过实践活动为群众办实事21件。

（宋 准）

【机构领导】

县委常委、政法委书记、公安局党委书记、局长、督察长、四级高级警长

索朗巴珠（藏族）

党委副书记、政委、二级警长

黄高飞

党委委员、副局长、四级高级警长

丹 增（藏族）

党委委员、副局长、四级高级警长

格桑多吉（藏族）

检察

【概况】 扎囊县人民检察院（以下简称县检察院）设有办公室、公诉科、侦查监督科、民事行政检察科、控告申诉检察科、刑事执行检察局等6个内设科室。共有编制20人，实有19人，包括四级高级检察官2名、一级检察官5名。2021年，县检察院深入学习贯彻《中共中央关于加强新时代检察机关法律监督工作的意见》，深入开展党史学习教育、检察队伍教育整顿、“三更”专题教育，坚持和捍卫“两个确立”，切实增强“四个意识”、坚定“四个自信”、做到“两个维护”，胸怀“两个大局”、心系“国之大者”，着力提高检察干警政治判断力、政治领悟力、政治执行力，始终在思想上、政治上、行动上同以习近平同志为核心的党中央保持高度一致，将“四件大事”与“四大检察”统筹融合，稳中求进，为深化平安扎囊、法治扎囊、美丽扎囊、幸福扎囊建设持续提供强有力的检察力量。

【队伍建设】 2021年，县检察院坚持以制度正行，以学习塑能，以作风育人，把党的建设融合到检察工作全方面，把队伍建设成效作为检验党建成效的重要标准。以制度为抓手坚持全面从严治检。全年向县委、上级院党组请示报告重大事项5次，定期不定期向人大报告工作，召开党组（扩大）会议13次，推动党的政治建设与检察业务工作深度融合，政治担当与检察履职深度融合，以高度的政治自觉、法治自觉、检察自觉，确保党中央重大决策部署和自治区党委、市委、县委及上级检察院安排的各项工作环节落实落细，以做好检察工作的实际行动体现对以习近平同志为核心的党中央的绝对忠诚。深入开展党史学习教育、政法队伍教育整顿、“三更”专题教育，持续加强党的建设，全面推进从严治党走深走实。确保全体党员干部学有所思、学有所悟、学有所得。全年共组织集中学习36次，撰写学习心得12篇，集中参观烈士陵园1次，参观山南市人民检察院警示教育基

2021年12月14日，山南市检察院检察长刘发林（右一）到扎囊县检察院检查指导工作

地1次，开展专题研讨6次、党史理论知识测试2次，党组书记讲党课7次，夯实理论根基，提高理论水平。全年共制作电子卷宗36册，公开法律文书36份，接待律师阅卷5次，公开案件程序性信息36件，开展检察开放日活动4次，强化法律政策及职能宣传，主动对接各群体法治需求，广泛听取意见建议。坚持“六位一体”援藏工作格局，“输血”变“造血”，探索受援新模式，推进检察工作新发展。湖南省株洲市人民检察院先后2次到县检察院考察，传授先进的执法理念、办案经验，提升干警执法办案水平。县检察院组织业务骨干到株洲市人民检察院交流学习，建立案件讨论联系平台，争取援助资金70万元，用于改善办公条件。

2021年4月21日，扎囊县检察院组织召开人民检察院队伍教育整顿工作推进会暨查纠整改动员部署会

【刑事检察】 2021年，县检察院强化优化刑事检察工作。依法打击刑事犯罪，提升认罪认罚从宽制度适用率。全年共受理公安机关提请批准逮捕案10件15人，经审查批准逮捕7件9人，作出不批准逮捕决定3件6人；受理公安机关移送审查起诉案件26件54人，经审查，提起公诉13件23人，不起诉5件17人；不起诉复议案件1件5人，经审查维持原决定；正在办理5件7人。完善落实认罪认罚从宽制度。经审查决定不批准逮捕3件6人，不起诉5件17人。适用认罪认罚从宽审结12件22人。提出量刑建议23人，法院采纳23人，采纳率达100%。公开听证3次。推进未成年人检察工作良性发展，坚持打击与保护双向发力，全面推开涉未成年人“四大检察”业务统一集中办理，以零容忍态度严厉打击侵害未成年人犯罪，办理涉及未成年人刑事案件1件1人，对2起涉案未成年人进行训诫教育。为有效推动最高人民检察院“一号检察建议”的落实，全面有序推进未成年人检察工作新领域。打造“未检+公益诉讼”检察模式，依托未成年人检察教育中心，培养“小宣传员”，让“小朋友”教育“大朋友”，通过经常性地深入网吧、KTV等场所进行摸排和开展“同舟互济，检护明天”检察开放日等，优化未成年人健康成长的法治环境，营造“小手牵大手”的法治教育氛围。

【民事检察】 2021年，县检察院细化优化民事检察工作。持续加强对生效民事裁判、调解书的监督。调取审查县人民法院2020—2021年生效民事裁判类文书共148份，其中民事裁判文书91份、民事调解书12份、民事裁定书4份、支付令1份。持续强化民事执行监督，调取审查县人民法院近两年生效的民事执行卷宗共40册，审查率达74%。

【行政检察】 2021年，县检察院行政检察工作力求突破。以实现案结事了为着眼点，以促进执法规范、有效提升地方治理效能为出发点，开展行政检察工作。全年共从各相关行政执法单位调卷4册，针对适用法律法规不全面、文书制作不规范等问题向县自然资源局制发检察建议1份，督促依法规范履职。

【公益诉讼检察】 2021年，县检察院深化优化公益诉讼检察工作。聚焦法定领域，推进公益诉讼检察工作，筑牢生态保护检察屏障。全年共受理案件线索17件，立案17件，诉前磋商14件，公开听证1次，发出检察建议3份，均被相关行政单位采纳并及时整改回复。督促林地修复，挽回流失的国有资产402.7万余元。

【维护社会稳定】 2021年，县检察院贯彻落实上级各项决策部署，履职尽责落实具体工作的同时，充分发挥检察平台优势，多角度发力，确保社会持续和谐稳定。严格贯彻落实各项决策部署，全力维护国家安全和社会稳定。全年共出动检力350人次、警车60余台次，做好值班带班、治安巡逻、加油站值班、蹲点督导等各项工作，合理有序安排人员调度，保证业务、维稳两不误。利用“12309”检察服务平台开展矛盾纠纷排查，采取措施，促成35万元的工伤赔偿到位，化解矛盾纠纷1次，切实发挥党组织战斗堡垒，推进社会有效治理，打造新时代检察版“枫桥经验”。应对新冠肺炎疫情，全院干警通过创新办案模式、参与法律宣传、慰问一线工作人员、爱心捐款等方式，在履职尽责中为扎囊县打赢疫情防控阻击战和复工复产复学提供助力。

【强基惠民】 2021年，县检察院党组选优配强强基惠民队伍。为驻村点解决经费及发放物资，折合人民币共计19800余元；全院干警结对帮扶投入物资共计22000余元。在开展巩固脱贫攻坚成果和乡村振兴系列工作中，全院干警一心为民、一心为仆的优良作风，赢得广大农牧民群众认可，进一步密切党群、干群关系，群众满意度进一步提升。

（扎西顿珠）

【机构领导】

党组书记、检察长

揣丽颖（女）

党组成员、副检察长

李文平

党组成员、民事行政检察科科长

次旦卓嘎（女，藏族）

党组成员、一级检察官

达娃央宗（女，藏族）

法院

【概况】 2021年，扎囊县人民法院（以下简称县法院）领导职数3名为院长1名，副院长1名，政治部主任（副科级）1名，内设机构5个，分别是政治部、审判管理办公室（综合办公室）、立案庭（诉讼服务中心）、综合审判庭、执行局（司法警察大队）。内设机构建制为副科级。部门负责人职数6个。

本院政法专项编制23名。员额职数13名，实际配备11名，3名法官助理和3名书记员，5名司法行政人员，有2名司法警察。

2021年，扎囊县人民法院受理案件411件（含诉前调解64件），审结、执结387件，综合结案率94.16%，法定审限内结案率100%。

【刑事审判】 2021年，县法院受理各类刑事案件15件25人，结案15件，结案率100%，其中审结故意伤害案件1件1人，审结盗窃、诈骗等多发性侵财犯罪4件6人，审结危险驾驶、交通肇事等危害公共安全犯罪案件5件5人，审结帮助信息网络犯罪活动罪案件5件13人。

【民商事审判】 2021年，县法院受理民商事案件215件，结案201件，结案率达到93.49%，其中调撤案件163件，调撤率为75.81%，督促程序办结8件，依法适用简易程序审结案件59件，简易程序

2021年7月14日，西藏自治区高级人民法院党组书记、院长索达（前排左二）到扎囊县人民法院调研指导工作

2021年12月4日，扎囊县人民院法官举行宪法宣誓

适用率为27.44%。审结案件中，合同纠纷案件180件、人格权纠纷案件1件，财产损害赔偿纠纷4件、婚姻家庭纠纷16件。

【立案工作】 2021年，县法院坚持和发展新时代“枫桥经验”，认真贯彻习近平总书记“坚持把非诉讼纠纷解决机制挺在前面”的指示要求，不断完善制度机制，探索创新工作方法，指导人民调解组织妥善调处纠纷，最大限度把矛盾解决在早、化解在小，提升基层社会治理实效。会同司法行政机关做好法律援助，帮助涉诉困难群众打好官司、维护好权益。坚决落实立案登记制，畅通立案诉讼服务渠道，决不让群众无处申诉，决不许对群众诉求置之不理。全年共审查立案327件。深入推进一站式多元解纷和诉讼服务工作机制，推进案件繁简分流、轻重分离、快慢分道，提升案件办理效率，为实现公平正义提速。全年依托诉讼服务大厅人民调解平台诉前调解案件64件，立案调解案件11件，多元化纠纷调解并司法确认案件2件。全业务网上办理，基本实现“一张网”办公办案、全程留痕。先后开通“12368”诉讼服务热线、微信缴纳案件诉讼费服务，依托西藏移动微法院平台，搭建网上立案、跨域立案、人民法院调解平台，形成“一厅一网一线”格局。全年网上立案14件，审核通过13件，网上立案率4.32%，跨域立案21件，其中管辖案件8件，协作案件13件，切实做到有案必立、有诉必理。

【执行工作】 2021年，县法院坚持把实现当事人胜诉权、兑现“真金白银”作为执行工作的奋斗目标，组织召开执行联席会议2次，巩固扩大综合治理“执行难”工作格局。运用网络查控系统，创新财产发现机制，完善失信惩戒机制，着力解决查人找物难题，执行战果持续扩大。受理各类执行案件117件，执结107件，执结率达到91.45%。申请执行总标的达1300万余元，结案标的达600万余元。着力遏制规避执行行为，让失信被执行人“一处失信、处处受限”。纳入失信被执行人名单19人，其中发布个人信息15人，限制失信被执行人高消费32人，其中19人被限制乘坐飞机、高铁等38次。加大协同作战，提升执行效能。对外发起事项委托案件21件，其中自治区外19件、自治区内2件，受理其他法院事项委托案件8件，其中自治区外2件、自治区内6件。申请布控14人次，布控到位9人。公安机关、金融机构积极协助查控被执行人及其财产120余次，查控资金500余万元。加强处置被执行人财产。线上线下查封房产6处，以物抵债6件160余万元，司法拍卖4件，其中成交1件，成交率100%，溢价率23.46%。有财产可供执行案件在法定审限内结案率100%，无财产案件终本合格率100%，涉诉信访案件办结率100%。推进以审判为中心的刑事诉讼制度改革，落实“让审理者裁判，由裁判者负责”的办案质量终身负责制，落实法官、合议庭办案责任制，强化审判委员会、专业法官会议作用，推行类案检索制度，促进类案裁判标准统一、适用法律统一。坚持以程序公正保障实体公正，突出庭审中心地位，落实证据裁判、疑罪从无、审判公开等原则，规范庭审秩序，保障诉讼权利。全面落实庭前会议、非法证据排除，为25名被告人指定辩护律师，充分保障被告人诉讼权利。优化文书前置检索、全覆盖案件质量评查制度，严格区分审判质量瑕疵与违法审判责任，倒逼案件质效提升。落实院庭长办案要求，健立健全院庭长办案机制，实现院庭长办案常态化，院庭长办案238件，占案件总数的68.58%。持续优化完善业绩考评和奖惩激励机制，进一步激发内生动力。

【党建工作】 2021年，县法院以党史学习教育、政法队伍教育整顿、“三更”专题教育和“五大专项行动”“大走访大调研大化解”等为契机，以党组理论中心组学习、“三会一课”、主题党日、周学习会等为载体，通过线上线下学习、实地参观等形式，充分发挥党组、党支部统筹作用，组织干警深入进行政治教育、党史教育、警示教育、英模教育、中华民族共同体意识教育和法律业务学习，组织干警撰写心得体会。全年领导班子讲党课4次，开展各类集中学习70余次，组织开展警示教育参观学习5次，组织聆听先进事迹报告5次，组织进行线上线下知识测试8次、书法比赛1次、政治轮训1次，干警的理论素养持续提升，政治信仰持续坚定，业务能力持续增强。

【队伍建设】 2021年，县法院落实重大事项请示报告制度，向县委、县委政法委请示报告6次，确保党中央、自治区党委、市委、县委各项决策部署在人民法院得到不折不扣执行。深入推进党建与业务互融互促，探索创新工作举措，同谋划同部署同推进，开展“抓党建带队建促审判”主题党日6次，以党建引领业务方向，以业务延伸党建脉络，做到政治能力和业务能力同步提升，党的建设和业务工作共同推进。坚决贯彻民主集中制原则，落实好党组议事规则，坚持末位表态，坚持把党的领导同发扬民主、严格依法办事、尊重客观规律有机统一，组织召开党组会议15次，确保重要事项规范研究、规范推进、规范解决。落实意识形态工作责任制，加强新闻宣传，加大稿件审核，严把正确舆论方向，发布信息100余条，市级以上新闻媒体采用1条。

【党风廉政建设】 2021年，县法院坚持全面从严治党、从严治院、从严管理。召开全面从严治党专题会2次，层层签订党风廉政责任书，梳理完善廉政风险点及防控措施清单。以政法队伍教育整顿和“五大专项行动”“大走访大调研大化解”等为契机，组织开展形式多样、内容丰富的警示教育20余次。自查出六大顽瘴痼疾“6+N”之N类问题90条，均已整改，自查出六大顽瘴痼疾类问题12件，核实认定2件，均按照“自查从宽，被查从严”政策及有关规定，对责任人员进行处理。结合问题整改，及时补短板、强弱项，完善制定相关制度10项。

【脱贫攻坚与乡村振兴工作】 2021年，县法院选派1名员额法官入村担任第一书记，2名法律素养高、业务能力强的干警入村开展驻村工作，为深化村居法治建设贡献力量。组织干警向结对帮扶的20户困难群众支持帮扶折合资金3万余元，在帮扶解决急难愁盼问题的同时，积极宣讲政策法律，提升群众法治意识。

【法治宣传】 2021年，县法院制定《三进法制宣传工作方案》暨刑事法官进学校、民事法官进乡村、

2021年9月9日，扎囊县法院党支部开展庆祝中国共产党成立100周年、西藏和平解放70周年演讲比赛

执行法官进企业的工作方案，以法官为生力军、审判法庭为主阵地、案件庭审为公开课，充分发挥司法功能，在审判执行中彰显良法善治。以农牧民群众生产生活、外出务工经商所急需的法律知识为主要内容，走进村居，走上田间地头，通过以案释法和发放宣传纪念品等方式，拓展法治宣传的广度和深度。选派资深法官“送法进校园”，开展模拟法庭、“公众开放日”等活动，通过让群众亲身体验司法过程，提升法宣产品的吸引力和接受度。开展普法宣传10余场，发放宣传资料2000余份，受教育群众1万余人。

【外部监督】 2021年，县法院自觉接受人大监督，认真落实、办理代表意见建议2件；定期不定期向人大常委会专题报告工作情况，根据审议意见改进工作。认真接受民主监督，加强与政协沟通，广泛听取政协委员意见。主动接受纪检监察监督，依法接受检察机关法律监督，共同维护法律权威和司法公正。深化司法公开，落实好庭审直播、裁判文书上网等各项制度，庭审直播68次，直播率100%，裁判文书上网290件，其中文书公开139件，信息公开151件。开展“开门纳谏，倾听民意”座谈会1次，入户发放民众测评满意表、征求意见表5000余份，征求意见25条。落实好陪审员制度，优化陪审员队伍结构，全县有人民陪审员39人，参与审理31件55人次，参审率达36.91%，邀请人大代表、政协委员、村居群众等参与调解44起系列案件，确保人民群众有序高效参与和监督法治建设。严格执行“三个规定”，规范“三个规定”平台填报，全院填报50条事项，其中院领导填报22条。持续完善绩效考核细则，发挥好绩效考核引导作用，定期或不定期开展案件质量评查工作，对发现的问题深入剖析原因，立行立改，确保司法执法质效持续提升。

（仁增卓嘎）

【机构领导】

党组书记、院长

格桑次仁（藏族，6月调离）

嘎　　珠（藏族，6月调入）

党组副书记、副院长

达娃卓嘎（女、藏族）

党组成员、副院长（审判委员会专职委员）

达　　娃（藏族）

党组成员、执行局局长

巴桑次仁（藏族）

党组成员、审判管理办公室（综合办公室）主任

高梦婷（女）

司法行政

【概况】 2021年，扎囊县司法局（以下简称县司法局）以推进法治政府建设为主线，充分发挥司法行政各项工作“一个统筹，五大职能”作用，开展政法队伍教育整顿，精心谋划，狠抓落实，为推动全县经济社会发展提供法治保障。

【政法队伍教育整顿】 2021年政法队伍教育整顿工作开展以来，县司法局迅速动员部署，坚持把政法队伍教育整顿工作作为一项紧迫而重大的政治任务，紧紧围绕“筑牢政治忠诚、清除害群之马、整治顽瘴痼疾、弘扬英模精神“四大任务”，开展“学习教育、查纠问题、总结提升”三个环节工作，司法行政系统政治生态进一步优化，纪律作风进一步好转，能力素质进一步提高，教育整顿工作取得明显的效果。

【依法治县】 2021年，县司法局根据山南市委全面依法治市委员会办公室关于各县（区）成立县委全面依法治县委员会，并下设委员会办公室的要求，扎囊县及时成立县委全面依法治县委员会，并组织召开2021年县委全面依法治县委员会工作会议，落实中央全面依法治国委员会、区党委依法治藏委员会和市委市政府的决策部署，坚持依法治县、依法执政、依法行政共同推进，法治扎囊、法治政府、法治社会建设。结合扎囊县实际起草制定2021年扎囊县委全面依法治县年工作要点，工作任务分解，督促各乡（镇）、各部门抓好贯彻落实。

【执法监督】 2021年，县司法局全面推进执法三项制度工作。按照扎囊县工作实际，起草《扎囊县推行行政执法公示制度执法全过程记录制度重大执法决定审核制度方案》，拟定《行政执法三项制度工作手册》，并贯彻落实；制定

扎囊县行政执法培训方案，全面落实执法人员持证上岗制度，不断推进行政执法队伍职业化、规范化。组织8名行政执法资格需求人员参与市司法局举办的行政执法资格培训并通过考试现已领取资格证。截至年底，扎囊县有行政执法资格人员共31人。全面落实行政执深入推进行政执法“三项制度”示范创建工作，通过示范创建有效提升全县行政执法机关和行政执法工作人员规范、公正文明的行政执法水平。各执法单位共计行政执法313次，作出行政许可198次、行政处罚429起、罚款总数24.6万余元、行政强制14起、对行政执法单位执法监督5次。12月，组织召开行政复议体制改革工作推进会，明确行政复议归口及指引。落实加强和改进行政应诉工作的实施意见，针对行政应诉案件增多、案情日趋复杂的趋势，推行行政机关负责人出庭应诉，加强对应诉工作的督导检查，提高应诉质量。

2021年3月25日，扎囊县委常委、公安局局长索朗巴珠（中）指导检查政法队伍教育整顿工作开展情况

【依法行政】 2021年，县司法局健全完善法治审核机制，制定出台政府规范性文件制定程序规定、政府重大事项合法性审查程序规定、重大行政决策事项目录清单，聘请1名律师担任党政一体法律顾问，防控决策风险。全年审查合同13个、出具合法性审查意见或法律意见15条，法律讲座2次。健全完善党委（党组）理论中心组集体学法、将习近平法治思想纳入各乡（镇）、各部门年度学习计划中，制定《党政主要负责人年度述法实施方案》，12月，各乡镇、部门主要负责人及县委、县政府班子成员提交书面述法（述职述法）报告53份。

【社会矛盾纠纷化解】 2021年，县司法局通过采取各项措施，对出现的矛盾纠纷及时了解、掌控，坚决把矛盾纠纷化解在基层，消除在萌芽状态，有效防止各类矛盾纠纷的激化。全年共排查581次，基层人民调解委员会共调处纠纷36件，形成纠纷调解卷宗27卷，调解成功率达99%。审理行政复议案件2件，审查合同9份。落实加强和改进行政应诉工作的实施意见，针对行政应诉案件增多、案情日趋复杂的趋势，推行行政机关负责人出庭应诉，加强对应诉工作的督导检查，提高应诉质量。

【法律援助】 2021年，县司法局坚持应援尽援。简化法律援助审批手续，扩大法律援助覆盖面，对建档立卡贫困户、老年人、残疾人、退伍军人申请法律援助免予经济状况审查。全年法律援助中心共办理民事行政法律援助案件5件，刑事法律援助案件14件，认罪认罚案件30件，代写文书、法律咨询为受援群众挽回经济损失70余万元，节约诉讼代理费用20余万元。

【司法所规范化建设】 2021年，县司法局配齐配强司法所队伍人员。对全县5个乡（镇）司法所规范化建设情况进行前期调研工作。经过前期的工作，全县5个司法所均已配齐副科级别5名所长，扎其乡和桑耶司法所已配备司法助理员。截至年底，向县委组织部争取明确扎塘镇、吉汝乡、阿扎乡司法助理员前期工作。按照“十三五”规划要求，积极争取资金159万多元，建设桑耶镇司法所规范化建设，已投入使用。其余乡镇司法所规范化建设项目纳入“十四五”项目规划，确保

2022年顺利完成全县司法所规范化建设。

【普法依法治理】 2021年，县司法局制定《扎囊县2021年普法依法治理工作方案》细化各普法成员单位责任清单，做到年初有计划、年中有督促、年底有总结。深入贯彻落实“谁执法、谁普法；谁管理、谁普法；谁服务、谁普法”的普法责任制，全面推动普法治理各项决策部署。投入14万元在县城人流量较多区域制定普法田，通过展板形式向扎囊县群众宣传《中华人民共和国宪法》《中华人民共和国残疾人保障法》《中华人民共和国森林法》《信访条例》《中华人民共和国未成年人保护法》《中国共产党纪律处分条例》《娱乐场所管理条例》《中华人民共和国统计法》《中华人民共和国行政处罚法》《中华人民共和国乡村振兴促进法》等法律法规。为提升扎囊县法治文化品位，提高公民法律素质，增强法治文化的渗透力和感召力，投入8.1万元，在扎囊县体育公园内打造“法治文化广场”，为法治宣传建立良好的阵地和平台，不断丰富扎囊群众的法治文化生活。总结“七五”普法工作，推进“八五”普法规划，按照“贴近群众，贴近基层、贴近实际”的工作思想，充分利用3月综治宣传月、“12·4”宪法宣传日等重要节点，通过集中、面对面、五下乡等形式，开展《中华人民共和国宪法》《中华人民共和国民法典》、法律法规进行深入村居、学校、企业、机关营造人人学法、人人用法的局面。截至年底，累计编制宪法宣传标语500余条，利用户外LED电子屏、横幅、宣传栏等宣传阵地，累计刊播标语1000余幅，宣讲次数130余次，受教育人数达3.5万人次，发放宣传资40万本，发放宣传礼品2.3万余件。

【社区矫正】 2021年，县司法局为全面贯彻落实《中华人民共和国社区矫正法》，使扎囊县社区矫正工作规范化、专业化，推动社区矫正工作水平再上台阶，为平安扎囊、和谐扎囊提供法治保障。县司法局按照坚持标准，切实加强对特殊人群的监督管理工作，规范工作档案、工作流程、工作制度，确保社区矫正工作规范有序开展；强化对社区矫正对象的监督管理，促进矫正对象顺利回归社会，组建社区矫正“多对一”监督管理模式，做到时时有人管，防止脱管、漏管；加强集中教育学习，落实公益义务劳动制度，加强社区矫正对象的行为和心理矫正，开展不同程度的帮扶活动，帮助解决就业等问题，实施人性化改造。全年接收社区矫正对象9人、解除矫正7人、变更执行地0人，在册社区矫正对象11人，开展集中学习教育10场次，公益义务劳动活动10场次，刑种均为缓刑，截至年底，无一人脱管漏管。

2021年2月23日，扎囊县司法局局长旦增（右一）在吉汝乡开展社区矫正

【安置帮教】 2021年，县司法局为推进解矫人员救助管理工作创新发展，促进解矫人员更好地融入社会。扎囊县在册刑释解矫安置帮教对象40人，接收安置帮教对象11人、解除安置帮教对象4人，安置2人。协调县人力资源和社会保障局争取对刑满释放人员提供技能（烹饪）培训1人。在司法局全体干警的热心帮助下，自掏腰包对生活困难的安帮对象（普某）送去慰问金1000元，解决生活上的燃眉之急。衔接县民政部门为安帮对象提供一次性临时生活困难救助5000元帮扶，走访

2021年9月16日，扎囊县司法局工作人员在桑耶寺开展“法律进寺庙”活动

帮教人员共计40人次。组织干警先后到桑日县、山南、拉萨市区实地走访安置帮教对象。以电话、微信视频等方式了解安帮对象生产生活情况，帮教率达98%。

【扫黑除恶专项斗争】 2021年，县司法局深入推动扫黑除恶专项工作，及时召开会议，成立扫黑除恶专项斗争工作领导小组并制定工作方案，坚持周报、月报、信息动态上报，坚持协同作战，结合自身职能，在全县统掀起扫黑除恶人人知、黑恶势力人人晓的工作热潮，扫黑除恶工作步步深入。通过落实宣传主体，将扫黑除恶相关法律法规纳入法治宣传工作年度要点，运用标语横幅、展板、LED电子屏、微信公众号等载体开展多渠道宣传，并通过进村入户、集中讲座、摆摊宣传等方式，宣传扫黑除恶专项斗争的重大意义。严格抓好社区服刑人员，刑释人员管控。通过每月一排查，清查扎囊县社区服刑人员中是否存在扫黑除恶专项斗争打击重点的现象。通过以修心教育为抓手，开展“学法正心”、扫黑除恶专项警示教育，警示社区服刑人员讲法律、知敬畏、守规矩。截至年底，全县无涉黑涉恶社区服刑人员和刑满释放人员。

【党史学习教育】 2021年自党史学习教育开展以来，县司法局广泛发动全体党员干警，参与党史学习教育。重温百年史诗，开展4次“一把手”上党课活动。开展理论中心组学习研讨活动，截至年底，共计组织15次党组理论中心组学习会议，其中研讨6次。丰富学习方式，先后举办1场党史知识竞赛，组织1次党史知识测试。多措并举，深入开展“我为群众办实事”活动。充分利用新媒体平台，共计推送为民办实事宣传信息25篇、月报7篇。

【党建工作】 2021年，县司法局加强队伍思想政治建设，推进全面从严治党。健全党组书记负总责、领导班子成员分工负责、统筹推进、党支部具体落实的“一级抓一级、层层抓落实”的党建工作责任体系。持续深入开展基层党建，定期开展主题党日活动，抓实党组学习理论组学习和党支部“三会一课”制度，采取红色教育、理论学习组学习、专题培训、知识竞赛等形式，引导党员干增强“四个意识”、坚定“四个自信”、做到“两个维护”。

【党风廉政建设】 2021年，县司法局坚持政治定位，坚决扛起政治责任，坚持把反腐倡廉工作与司法行政工作实际结合起来，开展反腐倡廉各项工作，推进党风、政风和机关作风建设不断深入。截至年底，观看警示教育5场次，撰写心得体会5篇。

（阿林美朵）

【机构领导】

局 长

旦 增（藏族）

副局长

蔺治虹（藏族）

王军鸿

阿林美朵

军 事

人民武装

【概况】 2021年,扎囊县人民武装部(以下简称县人武部)深入学习贯彻中共十九届五中、六中全会及各级党委扩大会议精神,以习近平新时代中国特色社会主义思想和习近平强军思想为指引,深入贯彻落实军委主席负责制,注重学习习近平总书记在中国共产党成立100周年时的讲话和在西藏视察时的讲话精神,着眼有效履行人武部使命任务,始终注重强化党的建设,聚焦备战打仗,聚力打牢基础,狠抓末端落实,较好完成各项任务,单位全面建设稳步提升。

【党管武装】 2021年,县人武部坚持党对武装工作的集中统一领导,健全和落实军地双重领导、党委议军会、武委会例会等制度;严格落实党委集体领导下的首长分工负责制和双重党组织生活制度;针对民兵整组工作,及时组织健全民兵分队党组织,抓好党组织建设帮扶,扎实开展民兵政治教育,始终确保国防后备力量听党话、跟党走,置于党的绝对领导之下。

【政治工作】 2021年,县人武部始终把学习贯彻习近平新时代中国特色社会主义思想和习近平强军思想作为理论学习的重点,突出党史学习和主题教育,参加分区党委中心组带机关和人武部理论学习以及党委班子轮流上党课活动,采取多种方式提升学习效果,全年共参加分区党委带机关、人武部理论学习10次,党委班子成员轮流上课16次。开展主题教育和党史学习教育活动,抓好重要环节步骤,注重加强经常性学习教育,广泛开展讨论交流,进一步深化学习理解,聚力凝心聚魂,筑牢理想信念。构建拴心留人的生活环境,通过制作宣传栏、更换宣传展板、维修宣传灯箱、制作楼道走廊宣传文化、购买书籍等,不断改善营区条件,营造良好的营区政治文化氛围。

2021年8月14日,扎囊县人武部组织召开秋季征兵工作协调会

【民兵整组与训练】 2021年，县人武部坚持“政治合格是首位、质量标准是核心、科学规范是保证”的工作要求，注重宣传发动、上下联动，召开军地联合会议研究制定县民兵调整改革实施方案，完成民兵组织整顿任务。区分3个批次对应急民兵进行集中训练，完成年度民兵军事训练任务。10月下旬，接受自治区和军区联合工作组综合考评，取得513.5分的成绩，在全区6个考评单位中位列第二。

【兵役登记及征兵】 2021年，仅利用5天时间完成适龄青年兵役登记，在分区范围内率先完成兵役登记任务，受到上级通报表扬，县兵役登记工作连续4年实现100%。2021年，征兵工作首次实行一年两征，县人武部坚持高起点筹划、高标准落实，注重建强组织，深入思想发动，军地全力推进，严格审核审查，经过县征兵办全体工作人员、相关业务部门和基层专武部的共同努力，完成一年两征新兵征集任务。

【内部建设】 2021年，县人武部按照打仗要求和打赢标准统筹抓好内部各项建设。坚持依法治军、从严治军，贯彻落实《军队基层建设纲要》，运用法治思维和法治方式处理各项事务，提升“能打仗、打胜仗”核心能力和研究解决重难点问题的实际能力。

【安全维稳】 2021年，县人武部落实县委县政府维稳工作要求，常态化组织应急民兵排作为应急力量备勤，协助县公安局做好巡逻和安全隐患排查工作。在三月综治宣传月、中国共产党成立100周年、自治区成立70周年大庆安保期间，先后组织民兵联合执勤巡逻，维护扎囊县安全稳定。

（刘　强）

武警扎囊县中队

【概况】 中国人民武装警察部队西藏自治区中队山南支队扎囊县中队（以下简称武警扎囊县中队），组建于1983年8月，前身系西藏自治区山南地区公安处民警大队扎囊县队，2016年6月改名为武警西藏总队山南支队扎囊县中队，2018年1月改名为武警西藏总队山南支队执勤三大队扎囊中队，主要担负扎囊县看守所外围武装警戒任务及各类临时勤务。

【政治思想学习】 2021年，武警扎囊县中队深入学习领会习近平改革强军系列重要讲话精神，坚决贯彻落实各级党委决策部署和首长指示精神，围绕“夯实基础，树起标准、稳中求进、争创先进”的工作目标，全面抓建设，扎实打基础，逐步强养成，中队全面建设有新进步、新发展。

【贯彻中共十九届六中全会会议精神】 2021年，武警扎囊县中队突出学习贯彻中共十九届六中全会精神，在学习领会上级会议精神中谋好篇、布好局。对照队部建设规范，深刻分析查找制约中队发展的瓶颈，研究形成年度总体工作思路，为各项工作有序开展确定方向。

【维稳执勤】 2021年，武警扎囊县中队根据扎囊县维稳指挥部和支队统一部署，完成“春节、藏历新年县城武装巡逻、3月县城维稳武装巡逻、国庆武装巡逻”等任务。任务中，执勤官兵严格遵守群众纪律和宗教习俗规定，做到依法执勤、正规执勤、文明执勤，以昂扬的精神状态、优良的战斗作风、严整的警容警姿展示执勤官兵的良好形象，赢得地方党委政府和人民群众的高度赞誉。

【战备值班力量体系建设】 2021年，武警扎囊县中队根据山南支队通知精神，常态组织属地风险评估，逐点位逐区域逐方向建立预警、报告、机动、到位、展开等应急机制，做到遇有情况快速增援、稳控属地。与社会面防控力量建立全时互通、联防联控机制，做到突发情况先期处置、应急首用。专人编写扎囊县重要目标、场所处置方案，绘制重要目标场所平面图，在遇有情况时能高效稳妥处置，确保大庆之年扎囊县治安情况安全稳定。

【警营文化生活】 2021年“五一”国际劳动节、“十一”国庆期间，武警扎囊县中队开展丰富多彩的文体活动，丰富警营文化生活，营造良好文化氛围，使官兵在大庆之

2021年7月9日，武警扎囊中队联合公安展开两警联勤武装巡逻

年度过一个愉快、和谐、安全的节日。

【军训教育】 2021 年 9 月 14—16 日，武警扎囊县中队完成山南市第三高级中学军训任务，增强学生们的国防观念，陶冶爱国主义情操，培养集体荣誉感、遵章守纪意识和吃苦耐劳精神。官兵们严整的军容、过硬的素质、严明的纪律、优良的作风受到校领导和师生的高度赞扬，为军民共建共创和谐谱写新篇章。

【军地共建】 2021 年，“八一”中国人民解放军建军节期间，县委副书记、县长唐勇到武警扎囊县中队慰问官兵。9 月 1 日，县各级领导到中队慰问退伍老兵，县公安局领导到中队慰问退伍老兵，并派车将退伍老兵送至集结地。

【队伍建设】 2021 年，武警扎囊县中队坚持党对军队的绝对领导，增强“四个意识”、坚定“四个自信”、做到“两个维护”，贯彻军委主席负责制，听党指挥、献身强军事业的思想政治根基牢固；党组织政治功能和组织力强，战斗堡垒作用好；党员骨干素质过硬，模范作用明显；共青团、军人委员会组织健全、工作活跃，作用发挥好。加强对党员的教育、管理、监督和服务，建设政治合格、执行纪律合格、品德合格、发挥作用合格的党员队伍，坚持党管干部原则，落实基层军官管理规定，建设对党忠诚、善谋打仗、敢于担当、实绩突出、清正廉洁的军官队伍，落实军士管理相关规定，建设对党忠诚、专业精通、爱岗敬业、作风过硬的军士队伍。

（曾书成）

经济综合管理

发展和改革

【概况】 扎囊县发展和改革委员会（经济和信息化局，粮食和物资储备局）（以下简称县发改委），位于扎囊县城株洲路34号，总编制为7人，实际干部职工5人，工人1人，中共党员5人，有领导职位数3人（主任1名、副主任2名）。2021年，经济运行健康有序。全年，地区生产总值195158.9万元，可比价增长7.3%，其中，第一产业增加值10034.2万元，可比价增长5.4%；第二产业增长值110475.9万元，可比价增长6.9%（其中：工业增加值8174.2万元，可比价增长37.1%；建筑业增加值102301.7万元，可比价增长5.3%）；第三产业74648.8万元，可比价增长8.2%。第一产业链率来看，一产贡献率5.85%，二产贡献率-17.8%，三产贡献率111.9%。一、二、三产的结构比重分别是5.14∶56.61∶38.25。全年人均国内生产总值53047元，比上年增长7.93%。

【项目建设】 2021年，县发改委严格按照项目管理要求，统筹规划、布局合理、功能完善、特色突出，同时本着"促发展、惠民生"的方针，使一批重点建设项目有序稳步推进。全年开工建设项目63个，总投资107.84亿元，完成投资18亿元，其中国家投资项目60个，完成投资17.1亿元，同比增长66%；民间投资项目3个，完成0.9亿元，同比减少64%，占全年计划的49.2%。拉林铁路（扎囊段）、市政配套设施主体工程、S5拉萨至泽当快速通道、卓玉水库等重点项目及时复工建设，矮化苹果、"两江四河"流域绿化工程、高标准农田、久麦搬迁点等重大项目进展顺利。紧盯自治区、市"十四五"规划项目调整完善的窗口期，主动与区发改委汇报衔接，推动更多项目纳入自治区规划盘子。全县"十四五"储备规划项目321个，总投资140.73亿元。初步列入自治区项目盘子49个，总投资8.35亿元；市项目盘子134个，总投资23.68亿元。

2021年11月30日，扎囊县委常委、常务副县长丁永涛（左三）率发改委、乡镇、村居两委班子到阿扎乡江津村宣传鼓励群众积极搬迁

【产业发展】 2021年，扎囊县旅游经济迅速升温。通过控制流量、加强防护等方式，切实做到科学防控疫情、加速旅游经济恢复“两不误”。推进雅江风光带、桑耶寺、扎央宗、敏珠林寺、青朴等旅游景区环境不断优化。全年接待游客45.63万人次，创收5216.4万元，比上年增加11.23万人次，同比增长33％；增收2100万元，同比增长67.7％。规模以下工业效益提升，全面彻落关于做好疫情防控、降低企业经营成本等政策措施，招商引资项目完成投资9503万元；全县8家规下工业企业复产，复产率达89%，实现营业收入8196.43万元；全社会用电量达到3320.6万千瓦时，同比增长31%。

【乡村振兴】 2021年，扎囊县工作重心已从搬迁点建设全面转向搬迁群众后续扶持，扭住精准识别、有效帮扶、风险消除“三个关键”，建立健全风险预警，分析研判，协调处置“三项机制”，实现动态清零。实施乡村振兴项目3个，其中乡村振兴示范村1个，乡村振兴项目2个，总投资7481.69万元，脱贫群众人均可支配收入达12509.44元，同比增长14.48%。

【创业就业】 2021年，扎囊县落实就业和再就业政策，坚持稳定就业和扩大就业并重，就业再就业工作稳步推进。全面落实大学生结对帮扶工作机制，应届高校毕业生实现就业462人，就业率达到100%。开展农牧民技能培训1017人，实现农牧民转移就业

2021年11月18日，扎囊县发改委主任阿旺曲达（中）到桑耶镇搬迁点为群众解决搬迁诉求

12061人，创收8975.6万元，城镇失业登记率严格控制在3%以内。针对400万元以下的项目，交付当地农民施工队实施，带动农牧民群众就近就便增收。让农牧民群众切实享受到发展带来的红利。

【教育事业】 2021年，扎囊县用于改善各学校基础设施建设项目26个，总投资1.42亿元。全年资助大学生1355人次，兑现资金1005.5万元；资助建档立卡大学生274人次，发放资金187.1万元；中学、小学升学率达到100%。中考总成绩、小考体检录取人数居全市十二县（区）第一。

【卫生健康事业】 2021年，扎囊县县乡村一体化紧密型医疗服务体系顺利推进，完善和优化县域基本医疗和公共卫生服务体系，提高县域医疗卫生资源配置和使用效率，加快提升基层医疗卫生服务能力，推动落实分级医疗，建成目标明确、权责清晰、分工协作的新型县域医疗卫生服务体系，逐步形成服务、责任、利益、管理的共同体。

【社会保障】 2021年，扎囊县完成社会保险扩面任务，基本养老保险、城镇职工基本医疗保险、城镇居民基本医疗保险、失业保险、工伤保险、生育保险等参保率达95.6%，各类社会保险参保人数3.4万人次，兑现各类医疗保障资金1011.56万元。

【“放管服”改革】 2021年，扎囊县始终坚持深化“放管服”改革，推进“一网、一门、一次”改革，县政府服务事项网上可办结率达100%。政务服务大厅共接待到访9300人次左右，受理事项8558件，办结8558件，办结率为100%，其中婚姻登记430件、食品经营类1195件、身份证及户籍业务类2472件、不动产权登记20件、医保类4187件、保险类254件。坚

持“政府主导、企业实施、无偿划转、政策支持、试点先行、稳妥推进”原则，统筹推进清产核资、权证办理、职工安置、人员用工、资产无偿划转、社保统筹、国有产权登记等各项工作。

【生态保护】 2021年，扎囊县环境质量持续保持良好；地表水两个点位24项检测指标均达到《地表水环境质量标准》（GB 3838—2002）三类标准；环境空气4项检测指标达到《环境空气质量标准》（GB 3095—2012）二级限值要求；扎囊县4处集中式生活饮用水水源地水质39项检测指标均达到《地下水质量标准》（GB/T 14848—2017）三类标准。坚持“绿水青山就是金山银山”的理念，启动实施各类造林绿化工程2.16万亩。其中，开展义务植树活动，植树造林面积达3810亩；持续推进“两江四河”造林绿化、重点区域公益林、先造后补造林等7个造林绿化工程，造林面积达10343.8亩，预计完成投资4876.95万元；完成乡村“四旁”植树15.05万株，预计完成投资752.75万元。

【援藏工作】 2021年，援藏工作队始终把改善民生作为援藏工作的出发点和落脚点，全力推进援藏项目落地落实。全年实施计划内援藏项目8个，总投资3200万元。教育、医疗人才“组团式”技术援藏人员23名，同时积极协调推动建设援藏“十四五”项目库，储备计划内项目14个，投资1.3亿元。

【疫情防控】 2021年，扎囊县按照落实外防输入，内防反弹总要求，坚持常态化防控和应急防控相结合，全年组织医务人员开展疫情诊疗、防护服穿脱流程、流行病学调查等培训20余次，培训500余人。核酸检测室率先建成并投入使用，日检测能力达3000人次，累计开展核酸检测6251人次，全年累计接种疫苗61786剂次。

【党建工作】 2021年，扎囊县发改委单独成立发改委党支部，全称中共扎囊县发展和改革委员会党支部，班子成员3名，其中支部书记1人、纪检委员1人、宣传委员1人，共5名共产党员。县发改委党支部响应县委组织部和县委直属机关工委工作安排，研究制定党建工作清单和党建工作计划，明确党支部、支部书记和支部委员的责任，细化和明晰“两个责任”的具体内容、目标要求和主要措施。每月至少召开一次支委会，及时分析、及时解决，并对下步工作进行安排部署。全面推行“党员活动日”制度，开展主题党日活动2次。严格执行党费收缴管理办法，督促党员按月足额交纳党费。抓好“三会一课”、党组织生活会制度的落实。全年共召开党员大会1次、支委会1次、支部书记讲党课1次。

【党风廉政建设】 2021年，县发改委党支部成立主体责任领导小组，结合工作实际制定《扎囊县发改委2021年度党风廉政建设工作方案》，对组织领导、细化明确责任和制度机制的健全作出明确规定，确保党风廉政建设和反腐败工作取得实效。开展谈心谈话工作。截至年底，共开展主要领导与班子成员、班子成员之间谈心谈话1次，做到对存在问题早发现、早提醒、早纠正、早查处。严格遵守中央、自治区、市、县关于加强党风廉政建设和领导干部廉洁从政的各项规定，不断改进

2021年12月18日，扎囊县发改委全体干部前往桑耶镇开展入户调研

工作作风，特别是在项目审批、上报，财务管理等关键环节，坚持依法行政，坚持按原则办事，按规章制度办事。

（刘宪宁）

【机构领导】

主　任

加　　措（藏族，6月免）

阿旺曲达（藏族，8月任）

副主任

欧珠次仁（藏族，8月免）

刘 宪 宁（女，8月任）

兰　　川（8月免）

许　　涛（8月任）

黄 新 春（援藏）

审计

【概况】 扎囊县审计局（以下简称县审计局）是扎囊县人民政府下辖组成工作部门，主要负责政府各部门和企事业单位的审计监督工作。2019年3月在机构改革调整中正式挂牌成立，核定行政编制3名。2021年，扎囊县审计局履行审计监督职责，充分发挥审计监督在维护财经秩序、提高资金效益、推动反腐倡廉、服务经济发展等方面的作用，始终坚持以人为本，不断加强制度建设、作风建设，强化为民宗旨意识、中心工作大局意识，致力服务于地方经济建设和发展，审计监督范围随着工作重点不断扩大。坚持"依法审计，服务大局，围绕中心，突出重点，求真务实"的方针，以强化监督为手段，以提供服务为目的，为推动跨越发展、加快崛起进程、构建和谐扎囊做出不懈努力。

【审计监督】 2021年，县审计局对照"三定"方案，履行审计法定职责，加强业务培训和业务学习，提升审计人员业务素质。组织学习全国、全自治区、全市审计工作会议精神。制定年度培训计划，组织人员参加审计署、自治区审计、市审计局组织的各类培训。以审代训加强审计实战能力，参与自治区审计厅对扎囊县"十三五"项目中抽查的12个项目进行审前检查，对发现的问题及时反馈给项目单位，并要求及时整改。协助山南市审计项目稽查组，开展对接扎囊县相关项目单位的审前准备工作。统计扎囊县11个扶贫整合项目资金的收支情况。对扎囊县5个乡镇的村财乡管账户的收支情况进行审查工作。根据县委要求，对扎囊县阿嘎砂石厂运营以来的收支情况进行审查。协助山南市财政局开展行政事业单位私设"小金库"、援藏资金管理使用及公款代缴水电费等专项检查工作。协助自治区审计组对扎囊县"十三五"期间项目进行实地检查。协助统战部门加强寺庙财务管理，开展寺庙财税监管工作。根据《中华人民共和国审计法》第十六条规定和组织部门委托对8家离任部门的一把手进行经济责任审计，通过审计发现102项问题，上缴违规资金833288.63元、归还企业多扣保障金2354914.85元，出具审计报告8份。根据审计厅、山南市审计局工作方案要求，对扎囊县2020年至2021年9月开展困难群众救助补助资金进行专项审计。充分发挥"经济卫士"和"审计铁军"作用，恪尽职守、忠守敬业，保障扎囊县经济秩序平稳运行。

【审计质量控制】 2021年，县审计局全面贯彻落实审计署下达的相关审计制度，完善和加强对审计项目质量的全过程控制，审计

2021年12月13日，扎囊县召开2021年审计委员会第一次会议

2021年11月19日，扎囊县审计局召开2020年至2021年9月各相关单位困难群众救助资金专项审计工作推进会

质量总体呈现不断提高的态势，审计执法工作持续保持“零投诉、零复议、零诉讼”态势。不断提高审计业务素养；坚持以提升审计平为目标，把握审计工作的新要求，加大审计力度，改进审计方法，创新审计方式，优化审计管理流程，完善审计质量控制制度，提升审计工作整体水平；严格实行“三级复核”制度，做到定性准确、处理恰当，规范审计行为，提升审计成效。注重审计结果运用，加强审计整改，健全责任机制，由审计局局长对审计整改情况进行跟踪督促，确保审计整改工作落到实处。构建整改联动机制，及时将审计整改的进度情况向县委、县政府报告，会同相关部门组成联合督查组对整改落实不及时的单位进行督查，对账销号，增强审计整改合力。

【审计公开】 2021年，县审计局明确审计结果公开的基本要求、编审流程、时限等，扩大审计公开的范围，提高审计公开操作的规范性，审计文化与管理得到提升。

【党建工作】 2021年，县审计局组织全体党员开展集中学习，按时召开民主生活会和组织生活会，全体党员干部进一步增强“四个意识”、坚定“四个自信”做到“两个维护”。紧密结合审计工作实际，把学习教育、调查研究、检视问题、整改落实、审计服务贯穿党建工作全过程。让审计干部通过主题教育，理论学习有收获、思想政治受洗礼，统一思想认识，激发干事创业的精气神。

【党风廉政】 2021年，县审计局贯彻落实党风廉政建设责任制和中央八项规定精神，严格执行审计“八不准”和自治区审计厅“十不准”工作纪律以及县委相关规定，进一步健全和完善工作制度，深入查找党风廉政建设、作风建设等方面存在的问题和不足，把贯彻落实党风廉政建设和反腐败工作作为强化自身建设、提高自身免疫力、建设过硬审计队伍的有力抓手，不断加强领导，落实责任，完善制度，抓好落实，为改进机关工作作风、推动审计工作、规范审计行为，树立依法、公正、文明的审计新形象发挥积极作用。

（次旦央吉）

【机构领导】

局　长

杨泽平（6月免）

唐晓峰（藏族，8月任）

副局长

次旦央吉（女，藏族）

曲　珍（女，藏族）

统计

【概况】 2021年，扎囊县统计局（以下简称县统计局）是扎囊县人民政府工作部门，为正科级，不设内设机构，人员编制4名，部门领导职数3名。根据《关于组建县级统计局的通知》要求，进一步加强扎囊县统计队伍力量，经中共扎囊县委员会机构编制委员会2021年12月13日会议研究通过，设立扎囊县普查中心。为扎囊县统计局所属股级事业单位，核定事业编制3名。全局实有工作人员7名。

【统计工作】 2021年，县统计局贯彻实施《中华人民共和国统计法》《西藏自治区统计条例》及其配套的法规和规章，组织领导和协调管理全县统计工作；组织实施全县第一产业、第二产业、第三

2021年8月2日，山南市政府统计工作督查组组长、市统计局局长周平（左一）到扎唐镇开展基层统计工作调研

产业各有关行业统计调查制度；组织实施社会发展水平、县域经济发展等统计监测，收集、整理和提供统计数据；组织完成国家部署的普查任务，会同有关部门组织完成国家、自治区、山南市和本级重大普查和抽样调查；组织各部门、各乡镇社会经济调查，汇总、整理全县基本统计资料，对国民经济、社会发展和科技进步等情况进行统计分析、统计预测和统计监督，向县委、县政府及有关部门提供信息咨询建议；统一核定、管理、公布、制定全县性基本统计资料，定期发布全县国民经济和社会发展情况统计信息，组织建立统计信息共享制度和发布制度。

【地区生产总值】 2021年，扎囊县地区生产总值195158.9万元，同比增长7.3%。其中，第一产业增加值10034.2万元，同比增长5.4%；第二产业增加值110475.9万元，同比增长6.9%（其中：工业增加值8174.2万元，可比价增长37.1%；建筑业增加值102301.7万元，可比价增长5.3%）；第三产业增加值74648.8万元，可比价增长8.2%。第一产业贡献率来看，一产贡献率5.85%，二产贡献率 -17.8%，三产贡献率111.9%。一、二、三产的结构比重分别是5.14∶56.61∶38.25。全年人均国内生产总值53047元，比上年增长7.93%。

【农牧业】 2021年，扎囊县农、林、牧业总产值17614.6万元，同比增长11.03%。农业产值完成8733.88万元，增长14.44%；林业产值628.75万元，减少30.47%；牧业产值7769.06万元，增长13.21%；农林牧渔服务业产值482.91万元，增长3.52%。农牧业、林业、牧业及农林牧渔服务业比重分别为49%、4%、44%、3%。全年粮食产量26989.67吨，同比增长4.01%。小麦播种面积（习惯亩）比2020年增加652.34公顷，产量1.6万吨，同比增长41.35%；青稞播种面积（习惯亩）比上年减少638.85公顷，产量1.08万吨，同比减产25.64%；全县牲畜存栏8.3万头（只、匹），同比上年增加了1831头（只、匹）。其中牛占39%、羊占57.5%、猪占3.5%。与上年相比，牛的存栏增加3137头，出栏增加1040头；羊的存栏减少555只，出栏减少57只；猪的存栏减少795头，出栏增加358头；家禽存栏25319羽，存栏减少5596羽，出栏增加1298羽。肉产量1490.36吨，同比增长9.9%；奶产量5430.26吨，同比增长22.24%；蛋产量106.73吨，同比增长3.79%。

【全社会固定资产投资】 2021年，扎囊县固定资产投资完成193541万元，同比增长50.8%。其中：完成招商引资9503万元，同比减少61.3%。

【农村居民人居可支配收入】 2021年，扎囊县实现农村居民人均可支配收入16896元，低于全市平均数1539元，同比增速15.3%，低于全市增速0.8个百分点。总量排全市第9位，增速排全市第7位。

【社会消费品】 2021年，扎囊县累计实现社会消费品零售总额23360万元，同比增长3.2%。

【地方财政收入及税收收入】 2021年，扎囊县实现地方财政收入累计完成5721万元，同比增长30.2%。全县税收累计完成8994.05万元，同比增长88.5%。

【第七次全国人口普查】 2021年,扎囊县常住人口为36656人,与2010年第六次全国人口普查的35473人相比,增加1183人,增长3.33%,年平均增长率为0.33%。性别构成:男性人口为18641人,占50.85%;女性人口为18015人,占49.15%。总人口性别比(以女性为100,男性对女性的比例)由2010年第六次全国人口普查的98.46上升为103.47。年龄构成:全县常住人口中,0—14岁人口为7287人,占19.88%;15—59岁人口为24246人,占66.14%;60岁及以上人口为5123人,占13.98%;65岁及以上人口为3471人,占9.47%。与2010年第六次全国人口普查相比,0—14岁人口的比重下降1.82个百分点,15—59岁人口的比重下降1.27个百分点,60岁及以上人口的比重上升3.09个百分点,65岁及以上人口的比重上升2.54个百分点。民族构成:全县常住人口中,藏族人口为35089人,汉族人口为1406人,其他少数民族人口为161人。与2010年第六次全国人口普查相比,藏族人口增加232人,汉族人口增加859人,其他少数民族人口增加92人。受教育程度人口:全县常住人口中,拥有大学(指大专以上)文化程度的人口为3737人;拥有高中(含中专)文化程度的人口为2818人;拥有初中文化程度的人口为4142人;拥有小学文化程度的人口为11974人(以上各种受教育程度的人口包括各类学校的毕业生、肄业生和在校生)。与2010年第六次全国人口普查相比,每1万人中拥有大学文化程度的由413人上升为1019人;拥有高中文化程度的由560人上升为769人;拥有初中文化程度的由1234人下降为1130人;拥有小学文化程度的由5688人下降为3267人。城乡人口:全县常住人口中,居住在城镇的人口为9918人,占27.06%;居住在乡村的人口为26738人,占72.94%。与2010年第六次全国人口普查相比,城镇人口增加8094人,乡村人口减少6911人,城镇人口比重提高21.92个百分点。地区人口:全县常住人口的地区分布如下:扎唐镇12480人,桑耶镇5940人,吉汝乡8050人,扎其乡7810人,阿扎乡2376人。(数据均为初步汇总数据。)

2021年11月11日,西藏自治区统计局、调查总队到扎其乡检查指导工作

【党组织建设】 2021年,县统计局结合年初制订的学习计划,以周支部学习和月党组理论学习中心组学习形式,及时召开党史学习教育动员大会。采取4本书籍的线上和线下学习相结合、自学与集中学习相结合的方法,原文研读习近平总书记的系列讲话精神、党的辉煌历史成就等内容,召开党史学习会议8次;开展参观红色教育基地,重温红色历史记忆活动2次;围绕"学史明理、学史增信、学史崇德、学史力行"4个专题研讨会议4次;制定《我为群众办实事工作计划方案》,动员党员,结合结对帮扶工作和收入统计工作,通过走村入户开展"我为群众办实事"活动1次,收集到群众意愿8条,答复8条。到吉汝乡德吉林群众家中,开展为民办实事活动,送去取暖器、烧水壶、电饭煲以及暖瓶等折合人民币2000元的急需家用电器物资,做到用实际行动,给群众办实事,解难点,让党员干部身心再次受到鼓舞;召开"政治标准要更高,党性要求要更严,组织纪律要更强"专题学习会议6次,多措并举开展"三更"专题教育自查自纠1次,形成自查整改报告8篇。观看警

2021年12月20日，扎囊县统计局工作人员到阿嘎村开展收入调查

示教育片2次，撰写心得体会16份等形式多样的系列活动，激发党支部凝聚力和党员活力。召开统计党组中心组理论学习11次，开展主题党日等形式多样党内组织生活活动20余次，参与活动党员140余人次，进一步加强党支部党员的凝聚力和战斗力。

【党风廉政】 2021年，扎囊县深入学习贯彻中央八项规定，落实中央、自治区、市、县纪委全会会议精神，狠抓全局党风廉政建设和作风建设，持之以恒正风肃纪，提高干部队伍素质，建设忠诚干净担当的统计队伍，解放思想、实事求是，与时俱进，开拓创新，全面推行党风廉政建设目标责任制，以工作效率，工作成果取信于民，努力开创党风廉政建设的新局面，为各项工作的积极开展提供强有力的保证，并取得较好的成效。通过集中学习、个人自学、组织讨论、做笔记、写心得、观看专题片等形式，学习新党章、党纪党规和领导干部廉政“十不准”党员干部从政手册、《中国共产党党员领导干部廉洁从政若干准则》等内容，强化干部职工的党性观念和纪律意识，增强清正廉洁，遵纪守法的自觉性，规范从政行为。组织观看正反两方面的典型专题片，使广大党员干部职工增强忧患意识，牢固树立居安思危意识。建立完善党风廉政建设各项工作机制，不断加强党的建设，强化党内监督，学习和贯彻落实《中国共产党纪律处分条例》，使每一位党员干部言行都符合党章的要求，始终做到“立党为民，执政为民，率先垂范”，全心全意为人民服务。

（洛桑曲珍）

【机构领导】

局　长

潘博浩

副局长

彭　琼（女，藏族）

洛桑曲珍（女，藏族）

自然资源和规划管理

【概况】 扎囊县土地管理局成立于1996年，为副科级建制，隶属于扎囊县农牧局。2002年机构政革，更名为扎囊县国土资源局，副科级单位，隶属于扎囊县城乡建设和环境保护局。2004年机构政革，更名为扎囊县国土资源和环境保护局，副科级单位。2011年机构改革，更名为扎囊县国土资源局，正科级单位。2016年机构改革，更名为扎囊县国土自然资源局（不动产登记局）。2017年机构改革，更名为扎囊县国土资源和规划局（不动产登记局）。2019年机构改革，更名为扎囊县自然资源局（以下简称县自然资源局）。2021年，领导编制4人，科员2人。

【耕地保护】 2021年，县自然资源局贯彻落实中央、自治区、市关于耕地保护的方针政策，强化耕地保护宣传教育，层层落实耕地保护责任，加强基本农田保护与建设，实施土地开发整理，不断夯实耕地保护基础，坚持节约集约用地，做到了耕地保护面积不减少、质量不降低、用途不改变。保证全县永久基本农田保护面积8.0455万亩，耕地保有量10.3499万亩，使全县耕地总量实现动态平衡，促进经济社会全面、协调、可持续发展。开展建设用地报件组建工作，解决扎囊县违法用地整改销号并保障项目顺利落地，截至年底，5个单独选址项目（分别为拉林铁路、泽贡快速通道、江北公路、松卡水库、朗赛林水库）已上报至自治区自然资源厅，涉及面积5814.49亩；8个城市、村镇批次建设用地报件及1个单独选址项目（民信光伏扶贫电站）已初步组建完成，共涉及面积1069.68亩。响应耕地保护工作的号召，在全县范围内开展拉网式排查，排查发现7月3日以后新增乱占耕地建房共5起，率先在全市范围内完成整改拆除工作，此项工作在全县范围内引起强烈的反响，以案说法效果明显，群众对耕地保护的重要性有了直观的感受，营造良好的耕地保护舆论环境。截至年底，完成农村宅基地选址、地类核实87宗，包括县委为民办实事重点工作桑玉四组的搬迁选址的10户。

【土地征收储备】 2021年，县自然资源局共征收76.356亩，并如期兑现征地补偿费用，开展征收工作共计140余亩。

【执法监察】 2021年，县自然资源局加大巡查力度，土地管理下乡检查、巡查达280余次，共下达停工通知书共4份，下达整改通知书共4份，对土地违法案件立案查处2起，其中结案2起。完成2021年度土地矿产卫片图斑共计执法检查工作，共涉及图斑46个，其中违法用地22宗，依法立案拆除2宗，整改到位2宗，剩余18个正在按照相关要求积极整改。加大对无主矿山的修复治理，实施的2021年雅江流域“山水林田湖草沙冰”生态保护修复项目的分别为白鸡山采石场、孤西乌采石场、章达采石场，上述三个生态修复保护项目总投资2700万元，均已开工。推动环保挂牌案件的销号，主动衔接上级业务部门，组织自然资源厅专家对朗赛林砂石厂、松卡砂石厂的生态修复整治进行验收，并通过现场验收，进入资料验收阶段。

【地质灾害防治】 2021年，县自然资源局配合第三方专业队伍（四川煤田一四一建设投资有限公司）开展县域内2021年汛前、中期、后期地质灾害隐患排查。经排查，扎囊县地灾隐患点130处，其中新增隐患点1处，另外建议核销8处，1处移交县水利部门，49处地灾隐患点移交交通部门，2处移交林草部门，70处由自然资源部门管理。重点地质灾害点阿扎乡杰绒组（泥石流）纳入到自然资源厅应急救灾项目、桑耶镇朵旺利沟（泥石流）已经纳入到自然资源部项目库。签订地灾防治县、乡（镇）、村（居）三级目标责任书，开展汛期地灾隐患排查。推进地质灾害有效整治，争取地质灾害整治项目，完成扎唐镇久麦村地灾治理项目的验收。并将乃卡、阿扎杰容组2个地质灾害隐患点地灾治理2个项目均已争取到位，已列入西藏自治区自然资源厅“十四五”地质灾害防治治理项目库。

2021年5月18日，扎囊县自然资源局工作人员在松卡村核实宅基地地类

【设施农用地备案】 2021年，县自然资源局根据自治区自然资源厅、农业农村厅关于《进一步规范设施农业用地管理有关问题的通知》文件要求，扎囊县自然资源局同农业农村部门邀请第三方在全县范围内开展规模化设施农业用地测绘，并且按照文件要求重新办理设施农用地审批手续，完成5宗规模化设施农用地审批工作，涉及招商引资产业项目，分别为隔壁田园、江平生物、西普农业、藏草万亩基地、绿之源。

【不动产登记】 2021年，按照自治区、市、县关于全面推进不动产统一登记发证工作的各相关文件精神，县自然资源局就全县不动产统一登记开展相关工作，共颁发12本不动产权证书、出具7份不动产权证明。同时主动开展农村宅基地房地一体确权工作，完成外业测绘工作，共涉及7750余户农村宅基地。

【城乡增减挂钩工作】 2021年，县自然资源局安排专人配合山南市自然资源局委托四川煤田一四一建设投资有限公司对扎囊县城乡建设用地增减挂钩项目实施工作，按照“宜农则农，宜林则林”的原则恢复耕地、恢复草地，增加耕地、草地面积，保障生态环境，涉及面积284亩。截至年底，完成10个地块的拆旧复垦工作。

【城乡规划】 2021年，县自然资源局严格按照各类现行规划，严格把控各类建设项目的规划许可，确保各类项目合法合规落地建设。截至年底，各类项目办理建设选址意见书共计43本、建设用规划许可证6本、建设工程规划许可证7本、乡村建设规划许可证7本。根据《市县国土空间总体规划编制指南》相关要求，为高效、高质量完成扎囊县国土空间总体规划，6—10月，深入各乡镇和村居展开调研工作。完成城镇开发边界、现行空间规划实施评估、资源环境承载力和国土空间开发适宜性评价、县域村庄布局和分类4个专题的初步成果，总体规划初稿已完成。

（次仁多杰）

【机构领导】

局　长

闫　　欣（4月免）

多吉才旦（藏族，9月任）

副局长

达娃次仁（藏族）

巴桑次仁（藏族）

陈 中 强（1月任）

市场监督管理

【概况】 2021年，扎囊县市场监督管理局（以下简称县市监局）编制4人，领导职数4名，局长1名、副局长3名。实有干部职工8人。年内，县市监局紧围绕县委、县政府中心工作和市局安排的各项任务，把市场监管作为第一职责，重服务，强监管，抓作风，提效能，开展行政审批和行政许可、“四品一械”、特种设备、商标、物价监管、宣传等17项工作。

【行政审批和行政许可】 2021年，县市监局推进商事制度改革。全年登记注册企业和个体工商户366户，简易注销97户，变更70户，完成各类企业资料扫描和录入361份，发放《双告知书》18份、食品经营许可证171份、健康证819份、小作坊登记表38户。

【年报工作】 2021年，县市监局完成企业年报率99.24%，排名全市第三。

【“双随机、一公开”抽查】 2021年，县市监局完成27户“双随机、一公开”抽查，完成不定项抽查和定向抽查5%、3%的既定目标。加强经营异常名录和失信企业名单管理应用工作，全县被列入经营异常名单37户，其中3户企业通过履行公示义务被移除经营异常名录。

2021年4月8日，扎囊县市场监督管理局工作人员开展餐饮行业食品卫生检查

【商标注册】 2021年,扎囊县有效注册商标151件,正在申请的55件,其中地理标志证明商标1件,完成2021年商标战略发展的目标任务。

【市场监管】 2021年,县市监局共检查市场主体3000户次,出动执法人员296人次、车辆124台次,下达《责令整改通知书》21份。其中检查食品经营单位1200户次,出动执法人员126人次,车辆63台次,没收过期变质食品、假冒伪劣、“三无”等商品共计10种,价值1600元,全年全县辖区内未出现任何食品安全事故。开展夏、秋季开学学校食堂食品安全检查工作4次,年初并与校方签订《学校食堂食品安全责任书》,出动执法人员12人次、车辆4台次,检查户数186户次,对存在的问题下发《责令整改通知书》6份,均整改到位。全年共检查药品(疫苗)、医疗器械和化妆品经营使用单位共30户次,出动执法人90人次,车辆10台次,与县中心医院及其分院、疾控中心签订《疫苗安全责任书》,发现问题,即时下发《责令整改通知书》3份,均整改到位。全年共检查特种设备使用单位40家次,出动执法人员120人次,对发现的问题提出整改意见。

【查处案件】 2021年,县市监局共办理简易程序3起,没收物品案值1200元,处罚金额600元;一般程序7起,没收物品案值337元,没收违法所得5258元,处罚金额33700万元;均上缴至国库。

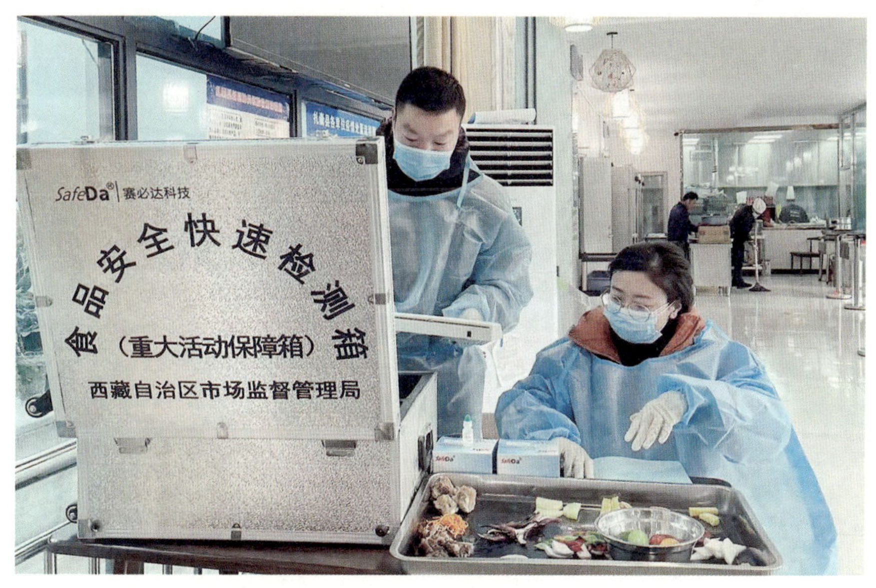

2021年6月8日,扎囊县市场监管局工作人员开展食品保障工作

【“12315”投诉举报】 2021年,县市监局共受理投诉举报7起,均已按时调处并反馈给投诉举报人。

【宣传工作】 2021年,县市监局结合“3·15”国际消费者权益日、食品安全宣传周、药品、化妆品宣传周等开展宣传活动,全年共开展10次,出动执法人员30人次、车辆8台次,悬挂宣传横幅5条,通过LED电子显示屏播放宣传标语17条,发放消费维权宣传资料3500份。

【重大活动食品安全保障】 2021年,县市监局开展食品安全保障工作6次,共检测项目21个(农残、食用油酸价)、品种28个(大白菜、莴笋、碗筷、食用油、等日常食药用),检测结果均合格,未发生群发性食品安全事故。

【抽检工作】 2021年,县市监局配合第三方完成食品、食品添加剂和农产品国抽、省抽食品抽样工作36次,50批次,有效保障流通在扎囊县辖区内食品的安全性。

【农贸市场环境卫生整治活动】 2021年,县市监局按照区、市县相应要求,以县农贸市场为重点区域,以环境卫生、食品安全、规范亮照经营、价格公示等为主要整治内容,全年共检查42户次,出动执法人员8人次。

【创建“餐饮服务单位食品安全示范店”】 2021年,县市监局结合实际,创建1家餐饮服务单位食品安全示范店。

【物价管控】 2021年,县市监局为有效保障扎囊县辖区内物价稳定,共出动执法人员26人次、执法车辆9台次,在县农贸市场制定统一的价格公示栏,确保价格

2021年7月13日，扎囊县市场监管工作人员检查特种设备安全生产

透明化。

【疫情防控工作】 2021年，县市监局继续抓好新冠肺炎疫情防控工作，对扎囊县辖区内进口食品（包含冷链食品）开展5次专项检查，暂时严禁销售（食用）进口冷链食品，加强对非进口冷链食品的索证索票和检验检疫合格证、核酸检测报告等食品来源追溯制度的监督检查力度，对农贸市场涉及销售冷链食品的商户存在来源证明材料收集不齐全、不规范等问题将严肃问责。组织开展全县零售药店疫情防控专项检查，检查过程中，执法人员详细查看药店进店扫码登记、测量体温、佩戴口罩、“四类药品”销售实名登记等疫情防控措施落实情况，要求零售药店不得向体温异常（超过37.3℃）的顾客销售药品。全年共检查零售药店4家、出动执法人员3人次、下达疫情防控责令改正通知书2份。为做好县城内商户人员信息摸排工作，完善“一户一档”信息，按照疫情防控及属地管理原则对县城内的193户390人疫苗接种情况建立“一户一档”。截至年底，未接种新冠疫苗28人、未接种第二针50人，发放117个专属二维码，覆盖县城所有商场、餐饮店、服装店。

【党建工作】 2021年，县市监局突出民主集中，完善党组议事制度，坚持定期召开党组会议，对重要事项，特别是“三重一大”事项，进行集体民主决策，保障各班子成员的发言权、参与权和监督权，确保各项决策的科学性、民主性、合法性和廉洁性，从源头上预防腐败和不正之风。充分发挥“指挥棒”作用，坚持以工作实绩“定奖惩、排座次、论英雄”，将党风廉政建设内化到各项业务工作中，与业务工作同部署。

【党风廉政建设工作】 2021年，县市监局党组完善《落实全面从严治党暨党风廉政建设主体责任清单》，强化“一岗双责”。严肃党内政治生活，落实“三会一课”。开展落实全面从严治党主体责任情况监督检查，做好重要节日的警示提醒，做到警钟长鸣。全年召开党风廉政建设会议4次，领导干部带头廉政党课4次。围绕落实党风廉政建设“两个责任”等内容，坚持集体学习、个人自学和组织生活有机结合，定期组织党员干部多次学习《中华人民共和国宪法》《中华人民共和国刑法》《中华人民共和国民法典》等法律法规。组织观看《说案明纪》《零容忍》等警示教育片，定期学习通报违纪典型案例和重要节假日廉政警示提醒，引导党员干部把党章党规党纪内化于心、外化于行，严守纪律规矩，做到自警自律。

（益西卓玛）

【机构领导】

局 长

琼 达（藏族）

副局长

益西卓玛（女，藏族，8月任）

刘荣金

邓飞阳

乡村振兴

【概况】 2021年5月31日，扎囊县挂牌扎囊县乡村振兴局（以下简称县乡村振兴局）。编制8个（领导职数4人），实有人员10人，正科级3人，副科级5人，工人2人。

【统筹整合】 2021年，县乡村振兴局统筹整合资金6.58亿元，建设项目18个，包括8200亩矮化苹果、2000亩侧柏、文冠果、花椒、易地搬迁点购买奶牛等项目。

【示范村建设】 2021年，县乡村振兴局推进3个乡村振兴建设项目，总投资7481.69万元，桑耶洛村乡村振兴示范村建设项目投资2106.69万元，吉汝乡扎西林村乡村振兴示范村建设项目投资2375万元，桑耶镇桑耶社区乡村振兴示范村建设项目投资3000万元。

【防返贫监测】 2021年，县乡村振兴局以守住规模性返贫为底线，开展统筹整合项目推进、脱贫群众就业增收调度、“两不愁三保障”巩固提升和易地扶贫搬迁后续管理等，健全防止返贫致贫动态监测机制，加强“三类人”监测，根据人均纯收入低于6000元或者存在致贫返贫风险、突发严重困难的情形，确定监测户6户30人，并及时启动帮扶工作。及时动态调整信息系统，完善分户、人口自然增加、减少调整，动态调整后，建档立卡脱贫户及监测户1403户5687人，2021年脱贫户人均纯收入12508.83元(统计时段：2020年10月至2021年9月)，增速14.48%。

【消费扶贫】 2021年，在国家乡村振兴局发布认定的《全国扶贫产品目录》中，扎囊县共申报成功有76个产品，涉及7个供应商，共设专店7个。组织入驻自治区展销中心5家企业、19个产品，山南市展销中心2家企业、13个产品。

【成立县委实施乡村振兴战略领导小组】 2021年，扎囊县成立以县委书记、县长为双组长的县委农村工作领导小组(县委实施乡村振兴战略领导小组)，分别设立办公室和10个专班。召开县委常委会会议、专题会15次，县政府常务会议、县长办公会、调度会13次，研究巩固拓展脱贫攻坚成果同乡村振兴有效衔接工作，研究制定县“十四五”规划、巩固拓展脱贫攻坚成果同乡村振兴有效衔接方案、2021年度财政涉农资金统筹整合使用实施方案、“三岩”和县内易地搬迁群众后续帮扶、扶贫产业实施和利益联结、“百件民生实事”资金等事宜，安排应急返贫资金55.38万元，统筹整合资金6.58亿元，申报项目18个。

2021年5月31日，扎囊县委常委、政府常务副县长丁永涛（后排中）等领导出席扎囊县乡村振局挂牌仪式

【易地扶贫搬迁】 2021年，县乡村振兴局按照市政府要求，对桑耶、阿扎易地搬迁点所有搬迁户每人按照200元的标准兑现慰问资金共计25.5万元；兑现桑耶安置点搬迁群众全年粮食补贴125.49万元。按照每人8000元的标准(买牛)，为搬迁点三岩群众解决产业发展资金70.4万元；解决购买农机具(犁地机、播种机、大型收割机、磨面机、榨油机)资金共91.84万元；为三岩搬迁群众住房每户一楼加装不锈钢防盗网共计资金30.0892万元。

【专项工作】 2021年，县乡村振兴局实行县、乡、村、校四级联动机制，抓好义务教育控辍保学工作，义务教育阶段适龄儿童入学率、巩固率均达100%，义务教育适龄儿童少年失学辍学动态清零；兑现“三包”伙食费、装备费、营养改善经费；开展送教上门服务每名学生20余人次，依法保障残疾儿童受教育的权利。推进“先诊疗后付费”政策，落实医疗保险、大病保险、医疗救助三重保障

2021年6月1日，山南市乡村振兴局派专家到扎囊县对矮化苹果项目设备进行调试

政策，无因病返贫群众。全面排查2020—2021年改造农村住房的安全隐患问题。实施农村饮水维修养护工程，完成水源点水质检测163处，群众饮水安全得到提升。落实精准扶贫小额信贷，按照1.08%的利率为建档立卡脱贫户信贷。落实生态岗位资金1237万余元。市、县、乡2300余名干部职工持续结对建档立卡脱贫群众，每季度至少开展一次帮扶，帮政策、帮就业、帮教育、帮医疗、帮救助，巩固提升脱贫质量。动员辖区企业、施工队开展献爱心活动，捐资18.9万元，帮扶群众93人。

【问题整改】 2021年，县乡村振兴局召开国家乡村振兴局通报问题专题会，制定整改方案，成立领导小组，针对国家乡村振兴局反馈的5个具体问题和3个需要关注的情况，明确每项问题的责任领导和责任部门。结合扎囊县巩固拓展脱贫攻坚成果有效衔接乡村振兴自评工作，由县委常委带队分赴5个乡镇，自查出的问题及时反馈给各乡镇各部门。组织动员干部职工集中进村入户蹲点开展巩固拓展脱贫攻坚成果同乡村振兴有效衔接5次。

（李国江）

【机构领导】

主　任

贡布次仁（藏族，1—5月主持工作）

副主任

扎西旺姆（女，藏族，5—9月主持工作）

李国江

丹增央珍（女，藏族）

局　长

欧珠次仁（藏族，9—12月主持工作）

副局长

扎西旺姆（女，藏族）

李国江

丹增央珍（女，藏族）

2021年11月27日，扎囊县乡村振兴局局长欧珠次仁（中）入户核查群众增收情况

农业农村

综述

【概况】 扎囊县农业农村局(以下简称县农业农村局)系行政机关单位内设机构,有科技局办公室、综合办公室、畜牧兽医站、推广站、财务室、项目办、产业办、草奖办、宅基地办、产权办、人居办、农产品、动检办、农村综合执法办公室等14个;乡镇农牧综合服务中心5个。2021年,扎囊县农业农村局(以下简称县农业农村局)在职人数为30人,其中:行政编制9人、事业编制20人、工勤编制1人。

2021年,县农业农村局贯彻落实党中央、自治区、市、县各级关于"三农"工作的各项决策部署,严格落实2021年中央农业工作会议精神,坚持走中国特色社会主义道路,坚持以人民为中心的发展思想。坚持不移贯彻创新、协调、绿色、开放、共享的新发展理念。以坚持"内抓管理、外塑形象、重点突破、整体推进"的工作思路,突出管理,完善措施,强化保障,保证粮食安全稳定、产业结构合理、促进农牧民增收,强化推进扎囊县农业农村有序发展。

【种植结构调整】 2021年,县农业农村局在确保粮食安全的基础上,进一步优化调整种植结构,全县各类农作物播种面积达7.7万亩,其中粮食作物面积6.02万亩(小麦面积3.35万亩、青稞面积2.62万亩、豆类面积0.05万亩)、经济作物面积1.17万亩(油料作物0.54万亩、蔬菜作物0.56万亩、瓜果作物0.07万亩)、饲草料面积0.47万亩。全县粮食产量达2.7万吨,同比上年增长4%。青稞产量达1.1万吨,单产每亩320.62千克,同比上年单产增产5千克。

【物资筹备】 2021年,县农业农村局及时调运化肥及商品有机肥。全县调运化肥1374.95吨,其中,春播化肥需求936.95吨,秋播化肥438吨。调运商品有机肥1224.08吨。全年调运优良种子517.5吨。

【种子田建设】 2021年,县农业农村局根据山南市种植业结构调整任务要求,市、县技术员进行种子田的选址工作,选择地势平坦,土壤肥沃、排灌方便、旱涝保收、田间管理好、能连片种植且村民意愿强的地块进行选址。扎囊县良种繁育种植面积为5137.29亩;其中青稞3837.29亩;小麦900亩[一级种子田500亩("藏青2000"200亩、"喜拉22"200亩、"山冬7号"100亩),二级种子田4270.17亩("藏青2000"1502.19亩、"山青9号"1617.98亩、"喜拉22"350亩、"山冬7号"800亩];优质油菜400亩。良种繁育田实行统一供种、统一管理。农科院农科所安排1440亩"藏青13-5171-7"品种,其中扎唐镇羊嘎居委会840亩,吉汝乡扎西林村500亩、若村100亩。顺利通过区、市、县种子田验收工作,自治区充分肯定扎囊县种子田建设工作。

【病虫害防治】 2021年,为了及时地开展农业病虫害工作,县农业农村局通过建立病虫害周报制度，确保预防防治措施及时到位，保障粮食安全生产。扎囊县病虫害发生面积1378亩（主要为：地老虎、蚜虫、菜青虫、蝗虫等），实施绿色防治措施秋翻、冬灌等，绿色防控面积9.163万亩。有效地带动全县病虫害综合防治工作的全面开展，取得较好的社会效益、经济效益和生态效益，为粮食生产做出应有的贡献。开展农业病虫害防治及科学用药方面的技术培训18场，受训人员1200余人次，发放宣传资料1600余份。解决问题5次。

【试验田建设】 2021年，扎囊县共计安排试验田4个，其中油菜“3414”试验田1个，具体安排在扎其乡藏仲村；不完全试验田1个，作物品种为“藏青2000”，具体安排在扎唐镇施贡村；商品有机肥试验田1个，作物品种为“山青9号”，具体安排在扎其乡塔巴林村；长期耕地地力实试验田1个，作物品种为“山冬7号”具体安排在扎其乡藏仲村。完成播种、田间管理、烤种、测产工作。现全部样品发送至山南市和四川省冶金地质勘察605大队检测。

【粉垄栽培增产增效技术示范田建设】 2021年，扎囊县有以山青9号为主的青稞新品种粉垄栽培增产增效技术示范田1600亩，与项目计划超额完成100亩，具体落实地块在扎其乡藏仲村、西卡学村，选择轻度盐碱地和板结地设立粉垄技术和常规对照，3月统一发放种子、化肥。

【化肥减量增效工作】 2021年，县农业农村局严格落实2021年中央1号文件，推进“耕地质量保护与提升行动”“化肥使用量持续减少”，稳步提升扎囊县耕地质量，促进化肥减量增效工作取得实效。

取土化验工作。2021年，县农业农村局成立扎囊县2021年土壤采集工作小组，共成立5个小组。9月26日，扎囊县推广站组织土壤采集工作小组开展培训。上午，在农业农村会议室讲解常规取土知识及取土注意事项；下午，在田间现场演练取土方式。培训结束后，5个小组分别深入三乡两镇采样土样，共取常规土样400个。

施肥技术的指导。2021年，县农业农村局依照“大配方，小调整”的原则，加强配方肥施用技术培训和指导，促进大、中、微量元素养分平衡，有机无机结合、基肥追肥配套。施肥时期和施肥方法，实现配方肥适时施肥，合理、高效、科学施肥。

施肥方式的转变。2021年，县农业农村局推广测土配方施肥，提高农民科学施肥意识和技能，通过增施有机肥、优化施肥结构、改进施肥方式、稳步提升肥料利用率，使示范片化肥用量实现零增长，树立群众科学施肥意识。扎囊县2021年增施商品有机肥1224.08吨，集成示范技术模式，优化完善运行机制。以高产、稳产为目标，推行氮肥使用定额制，控制施肥总量，推进精细化管理。加快集成以侧深施肥、种肥同播、机械深施、适期施肥面积等为核心的高效施肥技术模式，大力推进轻简化施肥。扎囊县测土配方施肥技术覆盖率达100%。

提升土壤有机质。2021年，县农业农村局通过改良土壤，改善土壤物理性状和化学性状，增强土壤微生物活性，提高土壤肥力和肥料利用效率。引导农民改进耕作方式，实施合理轮作、间作、复种，箭舌豌豆饲草绿肥两用作物复种，全年复种10910亩；连片种植4410亩，品种为箭舌豌豆，其中嗒巴林村990亩、德吉新村900亩、孟卡如村1000亩、施工村170亩、藏中村700亩、桑耶搬迁点300亩、西卡学村350亩。房前屋后种植箭舌豌豆4500亩、芫根2000亩。按照农牧结合、种养平衡的原则，科学规划布局；推广家畜粪便腐熟技术和高温堆沤模式，在扎其乡藏仲村冬播作物播种前试验示范堆肥837.1立方米农家肥，效果非常好；春播作物播种前，在塔巴林村、申藏村、藏仲村、施贡村、木那村要进行高温堆肥，购买腐熟剂和尿素。

【大棚房工作】 2021年，县农业农村局为切实加强耕地保护，坚决遏制“大棚房”问题死灰复燃，坚决制止耕地“非农化”，排查各类大型规模企业温室大棚93座，面积692.87亩。其中：小拱大棚69座，面积97亩；简易连栋温室7座，面积272.55亩；大型现代化温室17座，面积323.32亩。小规模个体户温室大棚132座，面积118.18亩，其中日光温室123

座,70.18 亩;小拱大棚1座,面积1亩;简易连栋温室8座,面积47亩。并对每个园区的经营主体基本信息、第三方出的土地性质、“大棚房”问题摸底排查情况统计表、设施农用地备案表、土地使用相关批复文件等佐证材料、建档立册。经排查,扎囊县不存在农业园区内占用耕地或直接在耕地上违法违规建设非农设施的情况;不存在农业大棚看护房建设严重超标准情况。不存在“大棚房”行为。

【蔬菜温室大棚】 2021年,县农业农村局推广站工作人员深入各村(居)调查设施蔬菜播种情况,发现扎囊县有225座温室大棚,其中正常使用的温室193座,拆除温室8座,可修复6座,闲置温室18座。经扎囊县农业农村局积极协调后,阿扎村18座闲置温室,已实施客土改良、加土加肥改造工作并解决了芫根种子问题。温室至年底全部转租村内大学生创业,并种植苗圃和花卉。可修复6座温室,因没有相应的专项资金,暂未得到修复,在扎囊县农业农村局协调下,组织村民种植土豆、玉米、芫根等抗寒作物。全县蔬菜生产工作以设施种菜为重点,重点分布在戈壁田园、绿之源、西普农业、桑耶农场等种植基地。全县在种蔬菜面积160亩。

【农业机械化建设】 2021年,扎囊县拥有农机总动力10.45万千瓦,各种农用机械12848台,拖拉机6117台(其中大型拖拉机52台,配套机具110余套);收获机械1936台(其中联合收割机82台);耕地机械4348台;深松机械21台(复合型深松器:旋耕机加深松器4台);其他农用机械426台。机耕面积6.895万亩,占总耕地面积的88.79%;机播面积有5.89万亩,占总播种面积的74.5%;机收面积6.4376万亩,占总耕地面积的82.9%,机械深松面积7643.6亩。随着农机购置补贴等强农惠农政策的实施,全区主要农作物生产全程机械化快速发展,特别是青稞生产全程机械化,耕种收综合机械化率达到90%。

【农机购置补贴落实】 2021年,县农业农村局分配国家农机购置补贴资金280万元(国补130万元、省补150万元)。使用158.772万元(国补102.368万元、省补56.404万元)补贴主要用于村集体及合作社购买大型农机具。共购置机具86台,其中购置动力机械拖拉机29台、耕整地机械27台、深松机2台、收获机械11台、车厢16台。

【畜牧业生产】 2021年年末,扎囊县牲畜93169头(只、匹),牲畜出栏21.3%,成畜死亡率1%,仔畜成活率98.5%。存栏牛34419头、黄牛9493头、绵羊51292只、山羊3251只。成畜死亡共230头(只、匹)。猪出栏总计178头,其中藏香猪178头,家禽出栏10359只,肉类产量合计3031.59吨,奶类产量总计2490吨。全县新生仔畜11245头,成活10907头,死亡338头,成活率为97%。抗灾救灾饲草料储备85吨。

【防抗灾物资储备】 2021年,县农业农村局储备发放饲草料82吨。其中,桑耶镇发放苜蓿草11.28吨、燕麦草9.8吨;阿扎乡发放苜蓿草6.38吨、燕麦草6.2吨;扎其乡发放苜蓿草10.9吨、燕麦草10吨;扎唐镇发放苜蓿草7.32吨、燕麦草7.8吨;吉汝乡发放苜蓿草6.52吨、燕麦草5.8吨。

【动物检疫检验】 2021年,县农业农村局协同市场监督管理等部门对辖区内16家商铺进行农畜产品检疫检验工作,截至年底开展相关检查72次,主要对农贸市场猪肉来源、检疫合格证、猪肉库存量、销售情况以及市场卫生情况进行深入检查。截至年底,共回收进藏回执单12个,购入牲畜362头(只、匹)、未发现可疑情况;向外共计出售牲畜3266头(只、匹),为扎囊县4家合作社、养殖场办理动物防疫条件合格证。

【动物疫病防控】 2021年,县农业农村局组织县、乡、村级专业技术人员在辖区内开展小反刍疫苗注射工作,全县应免54076只,实免54076只,免疫率达到100%。全县第一次禽流感疫苗应免27619只,实免27619只,免疫率达100%。为全面落实完成重大动物疫病防控工作,扎囊县秋季防疫共发二价疫苗25箱,猪口蹄疫灭活疫苗10瓶,猪瘟疫苗90瓶、稀释液90瓶,注射疫苗按动物头数发放至各村(居)防疫人员手中,确保免疫注射工作按时保量完成,减少扎囊县牲畜非正常死亡数量,提高畜牧业产出。截至年底,全县应免疫牛应免疫52818头,实免51782头,免疫率达98.04%;羊应免疫48307只,实免48307只,免疫率达100%;猪应免疫1315头,实免1315头,免疫率达100%;禽应免疫29432只,免疫率达99.8%。切实做到"六不漏"及"应免尽免,不留空当",确保免疫密度达100%、免疫抗体合格率达70%以上,扎囊县对各学校、驻军部队、各养殖场、牧场和寺庙等公共集中养殖场所逐一进行疫苗注射工作。

【黄牛改良和牦牛经济杂交工作】 2021年,扎囊县黄牛改良任务为4100头,能繁母牛怀胎率达到85%,发放冻精8900只,配种率达到105%,发放液氮1335升,淘汰母畜334头,去势公牛767头,牦牛经济杂交任务为70头,实际完成80头,配种率达到114.29%。

【农牧民补助奖励政策】 2021年,扎囊县牲畜存栏、草畜平衡载畜量、草畜平衡奖励等基础数据清点任务完成,清点数据在全县57个行政村、5个居委会进行张榜公示,截至年底数据全部核实、录入完毕。完成聘请生态岗位草监员、天然草监员工作,共聘请生态岗位草监员686名,天然草原监督员16名。截至年底,扎囊县落实和完善草场承包到户面积49.4107万亩,其中冬春草场29.5165万亩、夏秋草场19.8942万亩;承包到联户面积总计179.3473万亩,其中冬春草场25.113万亩、夏秋草场151.2343万亩。年末牲畜存栏数129814.98只,2021年,草奖收益7386户35089人,兑现资金4824600.53元。2021年度草畜平衡奖励等基础数据清点及资金兑现等任务已完成。

【农产品检测】 2021年,县农业农村局定期组织农产品工作人员对县农贸市场、超市、餐饮单位等重点场所,各类生鲜、冷冻猪肉、牛肉、羊肉、鸡鸭肉、禽肉类、水产品及其制品进货渠道进行查验。对超市、餐饮单位等重点场所进行检查,查看相关食品的进货凭证、食品的保质期、生产日期等;针对流通环节的食品,检查索证索票情况。要求食品经营户加强日常管理,规范经营行为,不违规售卖活禽,严格规范各类商品进货渠道,从严执行食品市场准入制度,严把进货质量关,进一步建立健全进货查验登记制度、索票索证制度、购销台账制度、不合格食品退市下架等制度。对农贸市场、超市、餐饮单位等重点场所做到既能够消杀新型冠状病毒,又能够保证冷链农畜产品不被污染。深入各大蔬菜种植和家禽养殖基地及县农产品市场,对76个农产品进行检测,合格率为100%,分别检测鸡蛋样12个,检测磺胺及氯霉素均合格;检测猪肉样13个,检测瘦肉精均合格;检测蔬菜样51个,农药残留均为合格。

【农村集体产权制度改革】 2021年,扎囊县84个改革主体[62个村(社区)和22个村民小组]已完成成员身份确认、股权量化、选举成员代表、理事会、监事会及建章立制工作,系统审核成员户数10802户,系统审核成员数量38455人,去重已审核31702人,共量化资产总计77956.15567万元,经营性资产12301.6048万元、负债总计12183.6601万元、净资产总计827.0395万元。集体土地面积总计103865.18亩,其中未承包到户10159.89亩。通过民主选举投票产生成员代表总计1132人,理事会总计376人,监事会总计251人。成员身份确认、股权量化工作、经济组织登记赋码、证书打印、组织公章发放工作完成率达100%。分别通过自治区级抽验,山南市级抽验。2020年扎囊县"全国农村集体资产监管平台"清产核资管理系统数据上报率100%。资产总计84077.2297万元。"全国农村集体产权管理系统系统"上报率98.8%,84个组织中除桑耶社区因搬迁成员问题暂缓系统录入工作外,其余83个组织"成员名册""份额(股份)信息"数据录入工作。组织村(居)完成2020年扎囊县"全国农村集体资产监管平台"及"全国农村集体产权管理系统"数据录入工作。

【农村人居环境综合整治】 2021年,扎囊县形成周五常态清扫日、各村(居)"每周小评比、每月一大评"的环境整治机制,结合"不忘初心、牢记使命"主题教育、"四讲四爱”群众教育实践、党员主题教育等活动，推动环境整治工作，从行动上营造良氛围。让每一个扎囊人共建家乡、共享美丽成果、共品文明，从根本上解决农村环境“脏、乱、差”问题。通过县级组织考评、机关单位及基层党组织开展教育实践活动，县、乡(镇)、村(居)多次召开宣传部署会议等形式，在行动上提高全县党员、群众参与度、积极性。在思想上全县干部群众逐步实现由“要我整治”到“我要整治”的转变。全年清理农村生活垃圾878吨、白色垃圾350.15吨(其中含2020年青饲玉米12吨农膜回收)、村内水塘129口、沟渠825千米、河道淤泥300.5吨、废旧机械12辆、秸秆乱堆乱放267处、畜禽养殖粪污等废弃物238.22吨，发动农牧民群众投工投劳数量27409人次，清理卫生死角806处。

【农业农村常规项目】2021年，扎囊县共实施农牧业常规项目7个，累计投资达4195.91万元；开展“十四五”期间储备农牧业项目共7个，投资累计达4970万元。

扎囊县2020年小型奶牛养殖场升级改造建设项目总投资400万元，主要在扎其乡、吉汝乡4个奶牛养殖基地开展粪污处理设施升级改造、购置奶牛(种牛)和购置饲草等内容，该项目属于续建项目，在2020年10月开工建设，2021年10月建设完成。扎囊县扎其乡格尔增藏香猪养殖场粪污处理设施改造建设项目总投资60万元，主要新建化粪池50立方米、畜舍内排污明管、室内排污管网等内容，该项目属于续建项目，在2020年7月开工建设，2021年7月建设完成。扎囊县基层农牧服务体系建设项目总投资130万元，主要是县农牧服务中心业务用房维修、农残兽残检测设备和办公设备改造提升等内容，该项目在2021年7月开工建设，2021年11月基本完工。扎囊县2021年秸秆综合利用项目总投资105万元，主要修建高温堆肥池52座769.7平方米及配套设备等，该项目前期工作全部完成。扎囊县阿扎乡章达村农田保护围栏建设项目总投资76万元，主要在阿扎乡章达村农田围栏7000余米，项目前期工作基本完成。扎囊县2021年高标准农田建设(及高效节水)项目总投资2424.91万元，主要在桑耶镇、扎其乡等13个村居建设高标准农田6500亩，以及配套实施水利措施等。项目前期工作顺利完成，11月底完成招投标工作，12月开工建设。扎囊县2022年国家区域性青稞良种繁育基地建设项目总投资1000万元，主要在扎其乡、扎唐镇、吉汝乡建设青稞繁育基地1万亩及配套水利设施等附属内容，该项目前期勘测设计工作基本完成。

【农业农村产业项目】扎囊县2021年产业扶贫项目共计7个，项目总投资55944.99万元，截至年底，所有项目开工，完成项目总投资47715万元，完成率达到85.29%。通过2021年产业扶贫项目带动3455人增收致富，其中建档立卡脱贫群众1256人带动增收，合计增收15369.74万元，其中群众通过务工增收7216.62万元，通过机械租赁实现增收8153.12万元。扎囊县2021年矮化苹果种植项目种植矮化苹果计划为8200亩，项目总投资43460万元，项目分2个片区，其中扎其乡朗塞林片区种植面积为3992.9亩、桑耶镇洛村片区种植面积为4207.1亩。桑耶镇洛村标段矮化苹果种植项目完成投资20098.4万元，总进度达到100%，于10月13日对该项目进行初验。扎其乡朗赛林村标矮化苹果种植项目完成投资18900万元，总进度达到99%。于2021年9月11日对该项目进行初验。桑耶镇桑耶居委会侧柏种植项目位于桑耶镇桑耶居委会，总投资为4000万元，2021年实施2000亩侧柏种植。项目完成投资3800.6万元，总进度达到95.02%。扎囊县阿扎乡文冠果种植项目位于阿扎乡章达村，种植文冠果200亩及配套附属设施，项目总投资400万元。项目完成投资400万元，完成进度为100%，于10月13日完成初验。桑耶镇花椒种植项目位于桑耶镇松卡村，实施500亩花椒种植基地及配套设施，项目总投资为650万元。项目完成投资650万元，进度达到100%。扎囊县高效温室建设项目位于阿扎乡章达村，主要建设150亩规模化、专业化的优质新鲜蔬菜基地及配套设施，项目总投资5375万元。项目完成投资4000万元，项目总进度达到87%。易地扶贫搬迁点购置生产资料项目总投资

1200万元，购置3—4岁黑白花、娟姗等品种1500头，分配给桑耶搬迁点和阿扎搬迁点群众。在全县范围内完成摸底调查奶牛购置工作。桑耶易地扶贫搬迁点奶牛养殖场项目位于桑耶镇易地扶贫搬迁点，主要实施牛舍6811.08平方米及配套设施，项目总投资860万元。完成投资610万元，完成进度的98%。

【“十四五”农牧业项目储备申报】 2021年，县农业农村局按照农业农村部、自治区、山南市、扎囊县等相关部门关于开展“十四五”期间储备项目申报工作的通知要求，扎囊县农业农村局高度重视“十四五”农牧业项目申报工作，理解申报项目通知指南的要求，组织人员办理项目相关手续。截至8月底，办理项目前置手续并申报完成7个农牧业项目，投资累计达4970万元，其中扎囊县2022年小型农田水利设施建设项目申报投资2950万元，扎囊县良种繁育基地建设项目申报投资800万元，扎囊县高山畜牧养殖基地建设项目申报投资500万元，扎囊县乡镇农牧业科技服务体系能力提升项目申报投资350万元，扎囊县县级农牧业防抗灾物资储备库建设项目申报投资170万元，扎囊县吉汝乡乡镇农牧业防抗灾物资储备库建设项目申报投资100万元，扎囊县扎唐镇乡镇农牧业防抗灾物资储备库建设项目申报投资100万元。

【农牧民增收】 2021年，扎囊县农村人均可支配收入11604元，同比增长16%，其中工资性收入3852元，占总收入33.2%；经营性收入4189元，占总收入36.1%；财产性收入395元，占总收入3.4%；转移性收入3168元，占总收入27.3%。截至2021年底完成增收指标目标任务的70%，全县全年预计可实现农牧民人均收入16700元，同比2020年增长14%。

发挥资源优势。2021年，县农业农村局加快构建粮经饲协调发展的多元种植结构，提高粮食产量。2021年全县各类农作物播种面积达7.55万亩，其中粮食作物面积5.71万亩、经济作物面积1.2万亩、饲草料面积0.64万亩，粮、经、饲作物比例调整为75∶16∶9。全县粮食产量达2.7万吨，粮食增产1046吨、青稞单产增产5千克。加大良种销售，通过加强农业新品种推广、建设良种繁育基地等措施，推广一批优良品种，全县良种种植面积5000亩。做好青饲玉米销售工作，全县种植5000亩青饲玉米，全县累计销售青饲玉米5625吨，年底按每吨800元收购，可实现增收450万元。

依托产业项目。2021年，县农业农村局突出抓好特色种植业发展，带动周边群众增收、辐射全县农牧民务工增收效果明显。全县7个产业项目，群众务工增收7216.62万元，通过机械租赁实现增收8153.12万元。落实好400万元以下政府投资项目交由当地有资质的农牧民施工队，按照当地农牧民施工队承建项目带动当地用工（机械）率80%以上的要求。交由本地农牧民施工队（企业）实施。截至年底，累计完成投资4202万元，吸纳农牧民就业15285人，实现增收630.3万元。

加强技能培训。2021年，县农业农村局根据群众意愿，开展蔬菜园艺、氆氇编织、民族手工缝纫、中式烹调师等技能培训，动态消除新增劳动力无就业技能现象，促进培训与就业紧密对接。截至年底，全县共开展23期农牧民技能培训，培训农牧民987人（已完成培训433人、554人开展培训），培训后实现就业243人，农牧民培训就业率56%。全县实现农牧民转移就业12056人，完成指标的100%；创收8823.73万元，完成全年目标任务的103.76%。

巩固消费扶贫。2021年，县农业农村局借助地球第三极扶贫产品代销及政府采购工会职工福利、全国消费扶贫系统录入等平台，推进扶贫产品线上线下销售工作。截至年底，扎囊县共7家企业进驻全国扶贫产品目录，扶贫产品销售总额603.6万元；县工会优先采购蜂蜜、藏鸡蛋、菜籽油、藏鸡、糌粑等本地企业扶贫产品，促进增收96万元。

落实强农惠民政策。2021年，县农业农村局落实中央、自治区、市各项惠民政策，及时兑现各项强农惠农政策资金。截至年底，全县累计兑现各类惠民资金7337.3万元，人均2056.48元。

【农村宅基地审批管理】 截至2021年年底，扎囊县共审查农村宅基地和建房(规划许可)申请166户645人,主要涉及原址翻建、改扩建和异址新建,用地面积75.51亩。每周一至周三集中对农村宅基地和建房申请材料进行审查并签署意见,每周四安排专人与县自然资源局、乡(镇)及村(居)干部对申请户进行现场勘查,确定地类、用地位置和用地面积等基本情况。完成2021年扎囊县农村村民住宅新增建设用地计划需求统计工作,共计297户(1268人),计划用地面积138.82亩。3月3—5日,以村居"两委"换届新班子刚任职为契机,县农业农村局格龙局长带队,与县自然资源局和局宅基地办工作人员一道,在全县三乡两镇开展规范农村宅基地审批管理政策宣传工作,为规范宅基地管理工作打下了坚实基础。5月8日,根据山南市农业农村局通知要求,局领导及时安排相关工作,责成局宅基地办公室向各乡(镇)发出通知,对2020年7月3日以来乱占耕地建房情况进行摸排统计并及时报扎囊县农业农村局。5月21日,县农业农村局宅基地办对各乡(镇)农村宅基地审批工作和乱占耕地情况进行实地了解。6月18日,经单位负责人和分管县长签字后报县纪委监委党风室,并同时将乱占耕地情况上报市局农经科(宅基地)。扎囊县乱占耕地建房5户,面积2235.9平方米(县自然资源局核实均为基本农田),主要涉及扎唐镇1户(查果),吉汝乡2户(格桑、曲尼卓嘎),扎其乡2户(索朗多吉、土旦)。截至年底,5户乱占耕地建房问题已自行拆除,基本整改到位。

【产业项目带动农牧民群众增收】通过2021年产业扶贫项目的实施,截至9月底完成带动3455人增收致富,其中带动建档立卡脱贫群众1256人增收,合计增收15369.74万元,群众务工增收7216.62万元,通过机械租赁实现增收8153.12万元。扎囊县洛村、扎其乡朗塞林村种植矮化苹果项目截至9月底完成带动1950人增收致富,合计增收12114.74万元,其中群众务工增收5351.62万元,发放机械费用增收6763.12万元。扎囊县侧柏建设项目截至9月底完成带动当地1050名群众增收,合计增收2350万元,其中群众务工增收1350万元,发放机械费用1000万元。阿扎乡高效温室建设项目带动当地60名群众增收,合计增收450万元,其中群众务工增收195万元,发放机械费用增收255万元。扎囊县种植花椒基地建设项目合计带动当地150名群众增收致富,合计增收225万元,其中群众务工增收165万元,发放机械费用增收60万元。扎囊县阿扎乡文冠果种植项目带动当地210名群众增收致富,合计增收180万元,其中群众务工增收135万元,发放机械费用增收45万元。桑耶易地扶贫搬迁点奶牛养殖场项目带动当地35名群众务工就业,合计增收50万元,其中群众务工增收20万元,发放机械费用30万元。

【农牧民合作社带动吸纳就业】截至2021年底,扎囊县在市场监督管理局注册农牧民合作社共计258家,其中:运营规范合作社168家,一般运营合作社50家,未运营合作社40家,预计带动转移就业4215人,社员年人均收入达到3.5万余元,非社员年人均收入达到0.15万余元。根据每个家庭的实际情况,用劳动力、投入资金、土地流转等方式解决就业及提高增收,已有770户1925人解决就业问题,每月带动增收人均4100余元的收入,每户一年达到1.9万余元的收入,2021年家庭农牧场实现带动群众平均月收入4000余元。

【党建工作】2021年,县农业农村局坚持以习近平新时代中国特色社会主义思想为指导,深入贯彻中共十九大和十九届二中、三中、四中全会以及十九届中央纪委四次全会精神,落实习近平总书记在中央和国家机关党的建设工作会议上的重要讲话和新时代党的建设总要求,践行使命任务,狠抓工作落实,增强"四个意识"、坚定"四个自信"、做到"两个维护"、当好"三个表率",推动我局党的建设高质量发展,为实施乡村振兴战略、打赢脱贫攻坚战、全面建成小康社会和农业农村"十三五"规划收官提供坚强保证。

【党风廉政建设】2021年,县农业农村局以深入学习习近平新时代中国特色社会主义思想为指导,深入贯彻落实习近平总书记关于全面从严治党、党风廉政建设的重要讲话精神，深入学习贯彻党章党规党纪，突出政治建设，注重思想建设，强化宣传教育，增强“四个意识”、坚定“四个自信”、做到“两个维护”，按照一体推进不敢腐、不能腐、不想腐的要求，落实新时代全面从严治党战略部署，切实筑牢党员干部拒腐防变思想道德防线，把全面从严治党要求落实到各级党组织、每名党员，切实加强反腐倡廉宣传教育工作，筑牢党员干部遵章守纪、拒腐防变思想防线，着力营造风清气正的良好政治生态。自觉地在思想上政治上行动上同党中央保持高度一致，为完成部门工作任务奠定强有力的精神文化动力和政治思想保证。

【科技特派员】 2021年，扎囊县科技特派员考核工作已全部结束，申报自治区、市两级并顺利通过2020年全县科技特派员考核，正准备兑现科技特派员生活补贴，全县114名科技特派员，兑现生活补贴68.4万元。2021年科技特派员考核工作稳步推进中。县农业农村局开展科技特派员培训2次，参加126人次，以理论加实地操作形式进行授课，提升农业增产增收的技术保障力，更好地解决在农业生产中存在的技术难题。

【科技项目】 2020年底申报3家企业总投资170万的科技项目评审，于2021年申报成功。

【科技政策宣传】 2021年，县农业农村局借“全国科普宣传日”扎囊县农业农村局积极组织科技人员，在各村开展农业科普宣传活动，宣传6次、发放宣传册3500余本，受益群众1000余人。

（吉宗晖）

【机构领导】

局 长

格 龙（藏族）

副局长

张 亚 男（5月免）

格桑梅朵（女，藏族）

扎西拉杰（藏族）

水利

【概况】 扎囊县水利局（以下简称县水利局）于2002年正式成立，为县政府职能部门，成立后，设立编制为4人，其中局长1名、副局长3名。2021年，县水利局共有人员7人，其中正科2人，副科3人，一级科员1人，工勤人员1人；下属事业单位县水电队编制10人，有11人，工程师8人，助理工程师2人，工勤1人。

2021年，县水利局贯彻执行国家涉水等法律、法规。拟订全县水利、防洪等工作发展规划、计划。负责全县地表、地下水资源管理；组织有关全县重大建设项目的水资源和防洪的论证工作；组织实施取水许可制度和水资源费的征收管理工作；管理全县节约用水工作。组织制定水资源保护规划；组织水功能区的划分。负责全县水政监察和水政、水保执法、水利工程质量安全监督；协调和仲裁全县及部门之间的水事纠纷。负责水利科技与教育工作，组织水利科研技术成果的推广。承办县防汛抗旱总指挥部的日常工作。承办县委、政府和上级业务部门交办的其他工作。

【“十四五”水利规划】 2021年，县水利局根据扎囊县水利发展的

2021年6月18日，自治区水利厅质安中心副主任达瓦（左二）到扎囊县前达河防洪堤检查项目建设、参建各方履职、项目基本建设程序办理情况

2021年6月9日，西藏自治区水保局、山南市水利局在扎囊县S5高速路开展水保执法

实际需求，初步规划项目25个，涉及水库工程、水源工程、农村饮水、生态治理、中小河流和乡村防洪堤、农田水利、节水改造等，规划投资约14亿元。经2021年项目实地调研、考察，与政策倾斜的项目，实际21个，规划投资约13.6亿元，推动项目前期工作7个，已实施1个。规划外项目2个，2021年12月推动松卡村防洪堤、乃卡二组排洪渠项目，2022年实施。

【农村饮水工程建设】 2021年，扎囊县农村供水工程维修养护项目，建设32个点，维修水池、更换水管、取水口维修、背水台，解决730户6462人，总投入资金73万元。人饮工程点166处，解决35788人，户数7997户，农村集中供水率达到99%。解决水质检测90余万元，为所有供水工程点进行水质检测，经检测均满足《生活饮用水卫生标准》（GB 5749—2006），达到饮水安全水质检测指标要求，为全县农牧民群众提供安全饮水保障。

【水土流失综合治理工程建设】 阿扎乡水土流失综合治理工程的建设项目自2019年6月开工以来，县水利局严格管理工程质量及建设进度推进，截至2021年年底，完成工程建设任务的100%，投资完成1900万元。工程建设后，治理水土流失面积53.88平方千米，水保林114.10平方千米，道路绿化林3.73平方千米，村庄绿化林61.45平方千米，封禁治理5196.29平方千米。

【防汛抗旱】 2021年，县水利局修订完善2021年防汛、抗旱应急预案，调整充实防汛工作指挥部成员，及时召开防汛抗旱工作会议，县、乡签订2021年防汛抗旱工作责任书，落实防汛责任。联合组织自然资源局、应急管理局等部门重点对水库大坝、山洪易发生段、地质灾害点、切坡建房低洼易涝区等部位进行排查，抓好灾害隐患整治。落实防汛抗旱经费20万元，储备物资含2020年采购剩余物资，铅丝笼300卷、铁丝3吨、防汛袋2.5万个。汛期根据各乡镇、村防洪需求和灾情发生情况，及时调拨防汛物资，截至年底，累计拨付铅丝笼210卷、铁丝43卷、防汛袋5000个，投入挖机、装载机等设备330个小时开展河道清淤，确保行洪安全和安全度汛。7月3日晚11点30分，阿扎乡阿扎村结荣组和江津村突发强降雨出现山洪。7月9日晚11点30分，扎囊县加油站旁汽车修理段因强降雨出现泥石流。7月14日晚11点49分，扎唐镇白仲村和木那村因强降雨出现山洪。汛情发生后第一时间，由扎囊县防汛抗旱指挥部赶赴现场安排救灾和转移受灾群众。全年扎囊县汛情造成受灾农田552亩，其中轻灾426亩，重灾69亩，绝收57亩。各乡镇、部门协调保险公司进行核实理赔。全年扎囊县汛期无人员伤亡。

【水资源管理】 取水总量控制管理。2021年，县水利局严格取水许可审批，限制审批非必需的新增取水，确保取水总量得到有效控制，全年扎囊县用水总量为6656.8万立方米，有效控制在2030年前目标用水总量6780万立方米之内，其中农业用水量5355.8万立方米，生活用水量148.5万立方米。

地下水保护和开发利用管理。2021年，县水利局在城镇公

2021年10月21日，扎囊县政府副县长杨志军（左二）、水利局局长王新兵（右一）到纱布夏村确定新建水塘位置

共供水管网覆盖范围内，严禁新增自备水源。同时对建设项目自备取水严禁取用地下水，切实严格控制地下水的开采，防止超采的发生。由于扎囊县地处交通要道，位于拉萨、山南高速发展区，建筑产业、大棚种植、蒙草、藏草等产业也随之发展，对水量需求随之增加。

规范用水量分配。2021年，扎囊县有小型水库6座、中型水库1座（累计总库容1441.88万立方米）、中小河流11条，灌溉机井约258眼、蓄水塘约54座。随着水利设施的不断建设和完善，水资源利用率得到进一步提高，但节水意识有待继续加强和提高，从传统的大水漫灌变成计划性、季节性灌溉，从节水灌溉变成喷灌、滴灌，确保水资源合理利用。

取水许可证办理。2021年，县水利局配合市水利局，督促县相关企业办理取水许可。

【中小河流治理】 扎囊县前达河防洪堤工程，总投资2853.18万元，建设前达河桑耶镇居委会至前达二组防洪堤11884.1米，治理河道总长8550米。该工程于2021年4月初开工建设，2021年12月底完工。通过规划和堤防项目建设，扎囊县中小河流治理得到进一步提升和完善，扎囊河加上强巴林河修建堤防34千米，治理河道长度21千米；扎其河修建堤防11.08千米，治理河道长度9千米；前达河修建堤防11.884千米，治理河道8.55千米；阿扎河修建堤防2.6千米，治理河道长度2.6千米。通过堤防建设、河道治理，减少河岸沿途水土流失和水害灾毁，当地群众生产生活、生命财产得到有效保障。

【重点项目建设】 卓玉水库工程，概算总投资为55611万元，总库容为1043万立方米，兴利库容790万立方米。设计灌溉面积为3.92万亩，其中耕地2.32万亩，受益区涉及吉汝乡、扎唐镇19个村。扎囊县卓玉水库工程于2018年9月21日开工建设，2021年4月30日完工验收，截至年底，试运行中。根据“十四五”水利规划和水库供水功能，规划扎囊县城乡一体化供水工程，从卓玉水库每年供应200万立方米至县城，解决扎囊县城及扎唐镇、吉汝乡沿途村庄13000人口饮水。

【水利工程质量安全与管理】 2021年，县水利局根据《水利部关于印发水利工程建设项目法人管理指导意见的通知》和《西藏自治区水利工程建设项目法人管理办法》等相关规定，政府和水行政部门不再担任项目法人，水利工程质量安全与管理由扎囊县水利局承担，为使水利工程质量与安全监督工作正常开展，规范质量与安全监督行为，保障水利工程建设的质量与安全，从2017年开始，扎囊县水利局开始积极申请设立扎囊县水利工程质量与安全监督站。在工程建设中，要求施工单位、监理单位和法人对原材料、中间产品按照规范进行送检，不合格材料、产品及时清退和拆除返工；加强检测过程和检测行为的管理，拒绝出现虚假检测报告的行为，保证质量。强化各参建单位的责任落实，签订安全责任书，由法人牵头成立安全质量领导小组，全面履行管理职责。

【补短板水利项目】 2021年，县

水利局通过申请自治区级、市级资金，建设完成松卡村防洪堤维修加固工程，打捆修建松卡村防洪堤建设400米，章达村戈壁田园防洪堤建设500米项目，总投资161万元。扎囊县扎其乡朗塞林防洪堤维修加固工程，修建完成混凝土堤防320米，钢筋骨架石笼堤防145米。卓于小型泵站工程、阿嘎南面堤防工程、顶古钦寺人饮工程，共计投资143万元，用于解决当前群众存在的急需灌溉、饮水和出行问题。松卡村灾后重建人饮工程1处，建设蓄水池1座，更换主水管，机电设备维修，总投资22万元。

【党建工作】 2021年，县水利局执行党内政治生活制度。通过开展“三会一课”、主题党日、“每周党员固定学习日”专题研讨会、实地参观等多种方式，上党课4次、研讨8次，每月集中学习不少于4次，召开专题组织生活会1次，实地参观红色教育基地2次，观看教育影片5次，党员每人撰写心得体会4篇。成立以支部书记、局长任组长的党史学习教育暨“三更”专题教育领导小组，参观克松居委会陈列馆；观看山南市违纪违法典型案例警示教育片《说案明纪》，观看广东省水利厅原厅长、党组书记黄柏青违纪违法案警示录《致命的决口》；开展专题学习17次。8月25日进行换届选举工作，通过换届选举选出水利新一届党支部委员会委员5人，设书记1人、副书记1人、纪检委员1人、组织委员1人、纪检委员1人，任期3年，做到了党支部班子健全，支委分工明确。开展违规违纪发展党员专项整治自查工作。

【党风廉政建设】 2021年，县水利局党支部明确领导班子成员党风廉政建设责任和分工，层层签订党风廉政建设责任书、承诺书，完善党风廉政建设责任体系，压实党组的主体责任和领导干部“一岗双责”。强化作风建设，对照合格党员要求，全体干部职工自查在思想认识、工作实绩、为民服务等方面存在的不足和差距，并结合工作实际，建立健全水利局上下班、下乡考勤制度，并严格按照值班、下乡等工作实际进行考勤登记。制定党风廉政建设和行风建设相关规定，从制度上规范党员廉洁从政行为，并在实际工作中加大监督检查的力度。其次严格执行项目工程招标投标制度、重点建设项目不定期监督检查制度和党务、政务公开制度，有效遏制行业内腐败行为的滋生和蔓延。对重大事项坚持集体讨论、民主决策。大小开支实行领导会签，接受监督。

（顿珠多吉）

【机构领导】

局　长

何　沁（6月免）

王新兵（9月任）

副局长

顿珠多吉（藏族）

平措顿珠（藏族）

林业和草原

【概况】 2021年，扎囊县林业和草原局（以下简称县林草局）设有行政编制4个，实有行政编制人员6名，工人2名；下设林管站，共有8名工作人员，其中参公3名、专技人员5名。

【项目建设】 2021年，县林草局共完成6个新建项目，总面积8167.3亩，总投资3839.5869万元。其中2021年营造林“先造后补”项目4个，2020年“两江四河”流域造林绿化工程项目1个，2020年“重点区域生态公益林”（江水上山）项目1个。2021年共有续建项目7个，分别是2018年“两江四河”项目、2018年“拉萨周边”项目、2019年“两江四河”项目、2019年安屏防沙治沙项目、2020年“两江四河”项目、2020年章达村“先造后补”项目、2020年洛村矮化苹果项目一期，均已实施完成。2021年累计开展市级抽查、县级自验项目13个，分别是2018年“两江四河”项目，2019年安屏防沙治沙项目，2019年“两江四河”项目，2020年“两江四河”项目，2020年“湘藏二期”项目，2020年“重点区域生态公益林”（江水上山）项目，2020年“先造后补”项目，2020年洛村矮化苹果项目一期，2021年“先造后补”项目。2021年“先造后补”气象观测站项目验收合格，其余验收未合格的已督促补植补造。

2021年7月23日，扎囊县林草局党支部开展党史学习教育专题组织生活会

【造林绿化】 2021年，县林草局组织开展2次义务植树活动。3月12日，在扎囊大桥东侧开展“万人万亩义务植树”活动，植树面积435亩，参与人数490人；各乡镇、村居组织开展义务植树面积共2005亩，参与人数3700余人；3月19日，在阿扎乡章达村境内开展第二次机关义务植树活动，植树面积约110亩，参与人数约578人，共计栽植树苗18.8万株。根据《山南市人民政府办公室关于印发山南市乡村“四旁”植树行动方案（2021—2023年）的通知》要求，及时制定《扎囊县乡村“四旁”植树行动方案》，扎囊县2021年“四旁”植树树种主要以经济树木为主，投资共计752.75万元，植树任务为15.05万株。4月，按照各乡镇、村居需求，通过政府采购，购买2.5万株矮化苹果树苗，发放至各村；另在桑耶搬迁点种植樟子松290株、云杉212株。共计完成植树任务25502株。

【森林生态效益补偿】 2021年，扎囊县生态公益林面积106.4375万亩，共设森林生态效益补偿基金管护人员374名，年投资564.1335万元，在有效保护野生动植物资源、防范森林草原火灾、制止采集制售野生动植物资源等方面发挥积极作用。

【生态岗位】 2021年，县林草局严格按照生态岗位政策遴选岗位人员，签订生态岗位合同，实现持证上岗，既让符合条件的老百姓享受政策，又防止生态岗位福利化，避免一人多岗等情况发生。2021年第一季度，全县共安排生态岗位人数3533人，通过“一卡通”兑现岗位资金308.9623万元。第二季度岗位人数3543人，兑现岗位资金310.0125万元。第三季度岗位人数3537人（吉汝乡2名岗位人员分别于8月4日、5日去世），兑现岗位资金309.3709万元。第四季度岗位人数3531人，兑现资金308.9625万元。

【病虫害防治】 2021年，县林草局加强开展防治宣传工作、做好药剂储备，于最佳防治时期，在各村居、万人万亩义务植树点、个体苗圃等地进行人工喷洒农药面积1.5万亩左右，雇用民工964人，发放防治农药75箱，动用中型喷雾器50台，防治时间35天，兑现病虫害防治资金42.384万元。冬季组织开展树木涂白、枝杈修剪等病虫害防治工作，加强落实冬季病虫害防治职责。同时，为有效控制有害生物的发生和蔓延，助力全县植树造林、绿化建设工作，对从外引进的榆树、樟子松、文冠果、侧柏、苹果苗等263万余株苗木开展苗木复检工作。

【森林草原防火】 2021年，县林草局贯彻落实自治区、市、县森林草原防火会议精神，开展扎囊县森林草原防火工作，组织召开森林草原防火工作安排部署会议26次（全县3次，各乡镇、村居23次）。与相关单位、责任人、护林员签订防火责任书、防火承诺书，制定《扎囊县森林草原火灾应急预案》《扎囊县林草局野外火源治理专项行动方案》《安全生产十要素》等。合理使用森林草原防火资金，购买防火服30套、水枪20套、灭火器20台、油锯5台、铁锹10把、镰刀50把、消防水带10个，完善县级物资储备库建设。严格按照要求开展森林草原火灾隐患排查整治工作，到5个乡镇、22个森林草原防火重点村居开展督导检查林地、草地重大项目37次，联合县公安局、应急管理局、乡镇负责人、驻村驻寺工作队等相关部门开展森林草原防火排查工作30次，通过日常巡逻、人工洒水、清理林下腐质物等方式，消除火灾隐患、落实防火职责。开展防火宣传26次，提高防火意识、安全用火意识，发放宣传手册、宣传单15000余份，张贴宣传海报190余份，设立宣传牌20个，发放宣传物品（帽子、毛巾、围裙、购物袋）600余份，更换森林草原“防火码”，张贴防火码宣传海报40余份，加强宣传教育。组织开展森林草原火灾风险普查工作，完成综合减灾能力调查、历史火灾调查、重点火源调查等三类表格填写，协同第三方完成可燃物标准地、可燃物大样地调查工作，并与完成标准地调查的签订安全责任书。

【原生植物保护】 2021年，县林草局主动落实保护原生植物职责，成立整治非法采集制售原生植物行动领导小组、制定完善工作方案，联合县公安局、生态环境局、市场监督管理局等相关部门，开展宣传教育12次、清理排查12次、集中整治行动6次，累计没收小叶杜鹃54袋18捆、青蒿2袋、香料1袋，罚款1600元已上缴国库。同时在山南市立法需求中提出关于对非法采集制售原生植被的违法行为处以行政拘留的请示，加大处罚力度、加大对破坏生态行为的打击力度，保护扎囊县生态资源。

【森林草原督查】 2021年，县林草局加大对破坏森林草原资源等违法行为的打击力度，全面加强森林草原资源保护管理工作，狠抓森林草原督查工作落实情况，对需整改的项目单位法人，通过实地查看、电话、文件等方式多次整改督办。全县森林督查下发图斑共计140个，总面积779.9085公顷，共计249个细班，其中违法190个细班，面积384.032公顷。扎囊县打击毁林专项行动共计查出9个图斑，面积4.162公顷，其中违法图斑2个，面积3.0607公顷。

2021年3月25日，扎囊县林草局工作人员在桑耶洛村气象观测站实施“先造后补”项目隔沙网铺设

【结对帮扶】 2021年，县林草局巩固脱贫成效、助力乡村振兴，开展结对帮扶工作，全年累计慰问4次，通过帮买帮卖每户慰问1200元。积极响应党建促乡村振兴要求，结合中国共产党成立100周年、西藏和平解放70周年、习近平总书记视察西藏等重要内容，在群众中开展政策宣讲，引导群众感党恩、听党话、永远跟党走。落实“3355”工作法、“十小进农家”，教育广大群众营造健康文明的生活环境。

【党风廉政建设】 2021年，县林草局组织学习习近平新时代中国特色社会主义思想，中共十九大和十九届五中、六中全会精神，中央第六、七次西藏工作座谈会精神，区市县重要会议精神；学习《中国共产党章程》《中国共产党廉洁自律准则》《中国共产党纪律处分条例》《中国共产党党组工作条例》《党委（党组）落实全面从严治党主体责任规定》等内容，利用学习强国、智慧扎囊等线上平台，抓好理论学习。传达上级纪委等部门相关通报精神，开展集中学习《关于转发自治区纪委〈关于四起扶贫领域腐败和作风问题典型案例的通报〉的通知》及《关于转发山南市纪委〈关于少数单位和党员干部违反会风会纪的通报〉的通知》等内容，以案为戒，警钟长鸣。开展自查清理，坚决杜

2021年3月19日，扎囊县干部职工在阿扎乡章达村境内开展第二次机关义务植树活动

绝“私车公养”、私设“小金库”、违规公款吃喝、违规经费报销等现象，在日常工作中严格按照财务报销流程，落实财务报销制度，筑牢拒腐防变思想道德底线，做到不敢腐、不能腐、不想腐。开展重申党员不能信仰宗教“回头看”、各级各类巡视巡察、监督检查反馈整改以及2019年区党委集中开展中央八项规定问题清理纠治工作“回头看”、办公用房超标准问题清查整改“回头看”、“小金库”问题“回头看”、对形式主义官僚主义问题“回头看”及党员信仰宗教等违反政治纪律行为专项整治工作。日常工作生活中，班子成员积极发挥党员先锋模范作用，带头自觉遵守中央八项规定及其实施细则要求，严守党的政治纪律，教育引导党员干部知敬畏、存戒惧、守底线，发扬传统美德，提倡勤俭节约。

【党建工作】 2021年，县林草局响应党史学习教育要求，研究制定实施方案、召开动员部署会；开展党史读书班活动，“我为群众办实事”活动，“参观红色基地、追寻革命精神”红色教育活动，党史应知应会知识测试，“永远跟党走”重要精神学习会，党史学习教育专题组织生活会，“学史明理、学史增信、学史崇德、学史力行”、习近平总书记“七一”重要讲话精神、中共十九届六中全会精神专题研讨活动，“严守党的纪律和规矩、维护祖国和平与统一”、“永远跟党走——学习宣传贯彻习近平总书记‘七一’重要讲话精神”和“回顾百年奋斗历程 共圆伟大复兴梦想”书记上党课活动；活动内容丰富、形式多样，党员干部参与度高，党史学习教育取得良好成效。按照“政治标准要更高、党性要求要更严、组织纪律性要更强”专题教育活动要求，召开动员部署会、学习重要篇目，加强思想政治教育；开展专题研讨、“严守党的纪律和规矩、维护祖国和平与统一”专题党课，集中观看党风廉政建设警示教育片，党员干部严守党的政治纪律和规矩，思想认识不断提高。

（李晓旭）

【机构领导】

局　长

单增贡布（藏族）

副局长

刘　鹏　欢（女）

格桑央金（女，藏族，8月免）

次仁玉珍（女，藏族，8月任）

次　　多（藏族，3月任，8月免）

交通·通信

交通运输

【概况】 2021年，扎囊县交通运输局（以下简称县交运局）始终以中共十九大、中央第七次西藏工作座谈会精神为指导，解放思想、与时俱进、开拓创新、锐意进取，以“十四五”规划为发展目标，以年初制定计划为准则，开展2021年交通建设工作。

2021年，扎囊县辖5个乡（镇）62个建制村，172个自然村，截至年底，5个乡（镇）100%通畅。其中建制村通达数62个，通达率100%；建制村通畅数48个，占77.42%。自然村90个通畅，占52%；76个通达，占44%；未通6个，占3.49%。境内农村公路主要分布G349线、S508线及S206线，农村公路共计县道2条，乡道4条，村道97条，专用公路24条，农村公路通车里程达335.628千米。

【道路安全工作】 2021年，县交通局每月定期对县域内“三乡两镇”各个线路开展日常巡查工作，同时重点对境内的扎琼线、顶古钦寺公路、桑珠群宗寺公路、江北公路、宗贡布公路、艾马龙寺公路、扎羊线、达杰曲林寺公路、桑措拉康公路及扎其乡热娃村、阿扎乡阿扎村等重要路段进行排查，对事故多发段及危险路段进行巡查，对道路基础设施不完善、路面损坏严重、道路淤堵以及标识标牌残缺等安全隐患进行整改，全年进行道路安全隐患排查100余次，共计隐患点90处，整改安全隐患88处，未整改2处，共投入187228.33元。

【道路养护】 2021年，县交运局为全面落实“四好农村路”精细化养护工作，培育和强化基层养护力量，落实组织到位、硬件到位、人员到位、技术到位、经费到位的“五到位”要求，在充分听取群众的意见后，开展公路养护各项工作，全年对全县农村公路水毁保通、日常养护、应急养护已投入424896.09元。保通里程达110余千米，整改隐患点30余处。扎

2022年2月16日，县交通运输局前往S5项目点进行疫情防控、安全生产、项目进度督导检查

囊县交通生态岗位共计61人，分别是扎唐镇11人、桑耶镇13人、吉汝乡20人、扎其乡17人。按照每人每年3500元的标准，发放农村公路养护员资金22.4万元。

【农村公路建设项目】 2021年，县交运局实施的山南市扎囊县念萨村公路维修工程，总投资64.59万元，项目于2021年7月28日开工建设，已完工，待验收。实施的“最后一公里”连接线项目，总投资225.2738万元，于10月1日开工建设，其中阿嘎村公路工程、若村公路工程、塔巴林公路工程已完工，待检测验收，洛村公路工程已完成工程量的38%。实施山南市扎囊县桑耶片区人居环境综合整治建设项目，总投资799.09万元，于11月24日进场施工，完成工程量的60%。完成建制村、自然村通畅项目“十四五”项目谋划及前期工作，并已申报至相关审批部门。

【项目规划落实】 2021年，县交运局推进山南市扎囊县桑耶片区人居环境综合整治项目，并于4月底完工，5月中进行竣(交)工验收工作并投入使用。就扎囊县6个建制村通畅项目在4月初完成前置手续办理工作，待批复下达后进行开工建设，完成建制村100%通畅工作目标，计划总投资1.18亿元。对接县发改委、县乡村振兴局等相关部门，争取G349哲木至扎囊大桥延伸段项目建设早日落地，计划总投资2497万元。积极向上争资引项，全力打造进取交通。积极向各级争取相关项目资金支持，重点解决剩余自然村通畅、通达问题。

2021年2月15日，县交通运输局对扎囊县客运班线车辆进行疫情防控工作检查

【道路运输及行政执法工作】 2021年，为使扎囊县境内客货运输行业协调发展，促进公路交通运输市场的良性运行，县交运局加强排查整治货运车辆手续不齐全问题，针对全县范围内无从业资格证、无道路运输许可证、无驾驶证、超范围经营等问题，对货运及修理企业进行教育劝导和严厉打击。截至年底，对全县汽修及货运行业进行30余次督导检查，同时对13名货运车主进行教育劝导。为切实加强扎囊县道路运输动态监管工作，保障广大人民群众出行安全，维护全县运输市场经营秩序，净化道路客运运输环境。自年初起，县交通局联合县交警部门，在县域重点路段开展非法营运整治活动，共检查车辆1800余辆。出动执法车辆230辆次、执法人员480人次，查获疑似非法营运车辆36辆，其中警示教育32辆、已处罚共4辆，其中移交市交通综合执法二队3辆。

【疫情防控常态化工作】 2021年，县交运局严格执行干部职工跨区域报备登记制度。县交通运输局、运管所、交通运输综合执法队组织客货运企业在家员工及驾驶员召开11次专题会议，传达学习各级疫情防控、安全生产工作相关文件及会议精神，听取工作情况汇报，并做好疫情防控知识及道路交通安全宣传工作，要求继续落实好疫情防控各项工作，进一步加强驾驶员的安全培训及个人防护。严格按照《客运场站和交通运输工具新冠肺炎疫情分区分级方控制指南(第六版)》，要求客车驾驶员上岗前进行体温检测，出发前要求司乘人员佩戴口罩，并进行实名登记及体温检测，保持车内卫生，每班次出发前定点消毒1次，每完成一单运输进行1次通风和消毒，严格落实疫情防控各项措施。截至年底，共消毒车辆4500余辆次，办公场所消毒130余次。为全面落实“严防控、保畅通”工作要求，统筹做好疫情防控与经济发展交通运输保障工作，自年初起，对扎囊县所有农村公路进行道路安全隐患排查，排查中发现的问题，已及时上报整改，以确保农村公路畅通，能够保障物资和人员安全通行。重点排查农村公路施工项目人员有无擅自返藏情况。同时在有序复工复产阶段，严格按照县疫情防控指挥部的要求，对所属项目返藏人员进行严格登记报备，并按规定天数隔离，共计排查各项目建设现场45次。重点对农村客运进行监管，监督落实好每趟消毒、登记、测体温、戴口罩，张贴“藏易通”和“通信行程卡”，加强防疫物资储备，参加应急演练，加强非法营运打击，开展交通安全及疫情防控宣传活动，以保证人民群众的生命财产安全。通过联合执法，对全县物流、汽修行业进行疫情防控工作专项检查。无近期返进藏人员。共检查快递单位6家、汽修单位12家，出动执法人员50余人次，全力做好疫情防控工作。

（格桑顿珠）

【机构领导】

局　长

朱忠奎

副局长

张晚文（援藏）

尼　觉（藏族）

央金卓嘎（女，藏族）

龚　炜（9月免）

格桑顿珠（9月任）

道路运输管理所所长

武坚曲珍（女，藏族）

邮政

【概况】 中国邮政集团有限公司西藏自治区扎囊县分公司（以下简称扎囊县分公司）。2021年，扎囊县邮政分公司在县委、县政府和区、市邮政分公司的正确领导下，进一步提高政治站位，持续推动全面从严治党，用心用情做好普遍服务，狠抓业务经营，夯实发展基础，各项工作呈现良好态势。主要服务项目：函件业务、机要业务、报刊发行、集邮与文化传媒业务、金融业务、速递物流业务、电子商务、数据库商函、文化传媒业务、代收交警罚没款、代理航空机票等业务。扎囊县邮政分公司现有干部职工共22人，其中保安1人，投递员2人，乡邮工作人员9人，乡邮投递人员5人，乡邮代办员4人，乡邮驾驶员1人。

【经营发展】 2021年，扎囊分公司经营预算目标为282万元，实际完成348万元，完成预算目标的123.5%，创历史新高。储蓄余额达6525万元，2021年新增550万元。

【经营举措】 2021年，扎囊县邮政分公司为认真贯彻落实西藏自治区政府重大决策部署，切实做好扎囊县农牧区村邮站建设，进一步完善农牧区基础设施建设，搭建广大农牧区沟通的桥梁，增加投递频次，实现县至乡（镇）投递频次每周五班，乡（镇）至村投递频次每周三班，乡（镇）邮政网点营业时间达到每周5天，每天6小时。为抓好特服通信、确保机要安全，完成机要网点的改造，设置独立的机要处理场所，并安装监控、门禁、报警等安防设备。实现机要邮件营业环节、投递环节专

2021年3月15日，扎囊县邮政分公司开展“3·15”消费者权益保护法宣传活动

人化、监控化。基础设施建设方面，以支撑业务经营发展为目标，在有1台ATM机的基础上，安装存取款一体机1台、布放POS（销售点）机3部，为广大客户提供了良好的用卡环境。按照《普遍服务标准》的要求，确保营业时间、投递频次、服务范围、投递时限、投递质量“五达标”；统一规范管理邮政企业普遍服务数据，掌握普遍服务真实情况，助力企业精准化管理，提升客户体验；加大服务监督检查力度，确保对乡镇邮政局所检查达到100%；做好规范交寄、规范存放、规范投递、规范培训、规范检查，确保机要通信保密安全万无一失。

2021年11月5日，扎囊县邮政分公司开展“反假币”宣传活动

【安全生产】 2021年，扎囊县邮政分公司认真落实好各项维稳和安全生产工作措施，集中精力，狠抓落实，以稳定促发展，以安全出效益为原则，积极、稳妥、有效地推进县分公司各项事业发展。以车辆、资金、信息技术为重点，签订落实各项责任书，加强监督考核，组织开展防抢、消防演练、安全教育培训、综治、“双联户”管理、“金融知识进万家”知识宣讲等工作，加大安全防范设施建设力度，及时排查各类安全隐患，规避风险，提高防范能力。2021年，安全生产实现零事故目标，为构建平安扎囊、和谐扎囊、小康扎囊做出积极贡献。

【结对帮扶】 2021年，扎囊县邮政分公司在注重市场与效益的同时，加大公益力度，围绕全县中心工作，服务大局，尤其是在全县乡村振兴工作中，积极开展各项帮扶工作。同时认真开展好“结对帮扶”工作，多次深入群众家中开展慰问，为群众出谋划策，彰显企业关系，树立邮政形象，主动承担社会责任，积极贯彻监管部门、总行、区邮储银行关于产业贷款的各项政策和要求，宣传产业贷款政策。

【精准扶贫】 2021年，扎囊县分公司严格按照中国邮政集团有限公司扛好服务“三农”“服务政府”“服务民生大旗”的宗旨，以“工业品下乡，农产品进城”为目标，结合精准扶贫帮助老百姓在邮政电商平台代销各种农产品，2021年累计网上销售253件，助力农民增收2.3万元，有效解决了农产品销售难、寄递难等问题，确保农村用户购物、销售全流程打通，真正做到惠及民生，造福百姓。

【企业建设】 2021年，扎囊县邮政分公司认真落实区邮政公司“两升一稳”经营发展策略，广大员工团结一心、共同奋斗，扎囊县分公司在2021年度获得自治区级“巾帼先进集体”荣誉称号，参加全区邮政营销劳动竞赛中获得“全区十强县支局”荣誉称号，总经理多吉次旦获得全区邮政“十强总经理”荣誉称号。

（白玛次仁）

【机构领导】

总经理

多吉次旦

电信

【概况】 2021年，扎囊县电信局在根据分公司年初市场工作布置会议的总体部署，结合各项服务指标任务的总体目标，全局围绕“聚焦资源覆盖、优质提供4G网络，升级5G网络”开展工作。为偏远村居有效享受信息化区带来的便捷。截至年底,完成目标进度 83.11%,市场份额达 48%。

【网络提速降费工作】 2021 年,扎囊县电信局以践行社会责任为己任,推进网络提速降费工作。提速降费工作实施三年来,中国电信集团公司山南分公司扎囊电信局坚决贯彻落实国家相关部署,不断完善网络基础设施,持续提高网络质量,大幅降低用户上网资费。为更好地推动经济转型升级,促进创业就业,持续加大光网投入,在全面实现乡镇光网覆盖的基础上,年底前行政村光网覆盖比例提升到 20%,开展"千兆示范小区"建设前期网络优化工作,实现县城主要区域实现千兆宽带接入能力;持续加快移动宽带网络建设,打造全县连续覆盖的 5G 精品网,并建成覆盖全县的高清语音 VoLTE 网络和新一代物联网(NB-IoT)。

【光网城镇、宽带领先专项工作】 2021 年 9 月 20 日,扎囊县 62 个行政村光宽带覆盖工作完成。10 月,完成 52 个县直部门电子政务开通调测工作。同月,在全县未通光宽带的行政村开展"双提升"专项工作,截至年底,所有行政村光网覆盖率均达到 100%。手机 4G 信号覆盖率为 100%。12 月 30 日,山南电信分公司第三批普遍服务现场交底启动会议在扎塘镇久麦村隆重举行,此次启动会议的开始,标志着村居信息化建设新起点,是扎囊县 62 个行政村建设村居信息化建设步伐的开端,农牧民真正体会到信息时代带来的快速、高效、便捷,让群众生活、学习更丰富,扎囊县电信局深受当地群众的好评。

【C 网基站新建和优化】 2021 年,扎囊县电信局向分公司争取项目,新建 12 个 4G 基站、6 座 5G 基站,分布在吉汝乡萨布夏,萨布奴村、扎塘镇白中村、色贡村、桑耶镇桑普村、洛村 2 组、念果村 4 组、扎若村、扎其乡久村、琼珍村、扎加村,优化覆盖 S5 项目部基站,新建基站给当地群众及施工人员带来便捷的沟通渠道。

(扎西旺堆)

【机构领导】

经　理

扎西旺堆(藏族)

移动

【概况】 扎囊县移动分公司位于株洲路十五号,业务区包括两镇三乡。2021 年,设立有 5 家渠道,2 个网格。共有 7 名正式员工、2 名营业员、6 名直销员、1 名驾驶员,员工平均年龄为 35 岁。负责为全县提供办卡、缴费、办理宽带及数字产品、处理故障等基础服务。

2021 年,扎囊县移动分公司尊崇"自力更生,积极进取"的业务精神,并以诚信、共赢为经营理念,创造良好的企业环境。深入贯彻落实中共十九大精神,落实公司战略转型、改革创新、廉洁健康的战略。摒弃以往的管理方式,引入全新的更为先进的网格化管理模式,完善的技术、周到的服务、卓越的品质、为扎囊县百姓提供更加优质的通信服务,并始终坚持用自己的服务去打动扎囊县各族群众。实施战略转型能力打造工程,以客户为中心,以市场为导向,以执行提升为保障,面向智慧家庭时代转型,打造可持续发展新能力,推动山南移动扎囊县分公司可持续健康发展。

【脱贫攻坚】 2021 年,扎囊县移动分公司完成对口帮扶任务,加大投入完善扎囊县通信基础设施建设,针对全县贫困户群众推出"扶贫套餐"有效弥补"数字鸿沟",使得扎囊县群众搭上互联网快车。

【市场运营】 2021 年,扎囊县移动分公司紧扣市公司市场发展工作方面,夯实服务基础,在存量保有的基础上,以拓展潜在市场为动力,以效益增长为目标,全面推进各项工作,扩大行业领先地位。在农村市场、家庭市场和集客市场通过常态化营销、驻点服务等方式提升市场掌控能力,扩大宣传覆盖面和影响力,第一时间让广大客户知晓公司各类营销活动。强化集团成员管理与业务发展。为加强高价值集团、普通政企集团的保有和维系,对所有集团双人进行认真梳理,查缺补漏,严格要求客户经理组织全员定期对集团业务进行培训,扩大基层员工对集团业务熟知度,并将各个集团分配到集团客户经理及各

2021年6月11日，扎囊县移动公司客户经理开展一月一次的客户接待日活动

网格手中,做到每个集团有人、有服务、有产品,并对有合作往来的集团单位提供定期的专线巡检服务。为终端速率不匹配客户免费提供网关更换服务,共免费更换网关100余部,有效提升用户网络感知。加大渠道点服务力度,通过统一组织培训、跟班学习、帮扶等措施提升所有业务员的整体业务、服务能力。加强直销团队的管理、分工及培训力度,充分利用直销团队加大业务发展。

【提升网络质量】 2021年,扎囊县移动分公司从网络触点出发,以投诉为抓手,优先解决,投诉量大、感知差的弱覆盖区域,主动加强网络指标测试,通过路测、实测等方式做到先于客户发现问题,提升网络质量,打造良好的客户口碑。并真实反映网络、家宽等热点投诉问题,全程全网做到端到端,涉及到建设、维护、投诉等方面,便于公司上下加强协同,做到一并优化、改进。5月,开通县城6座5G基站,填写扎囊县没有5G的历史空白,建设扎囊县第一个综合业务区并投入使用。实施5G数字机房建设,为扎囊县5G时代发展提供坚实保障。

【提升服务水平】 2021年,扎囊县移动分公司优化营业员业务培训和考核制度,提高营业员的业务能力、服务规范、主动服务意识和工作态度。开展基础服务工作,及时处理客户投诉,给客户满意的答复。套餐、活动推荐做到量身定制,套餐优势区别宣传,提升营业厅整体服务水平。树立“客户第一”的服务意识,加大重点集团驻点服务力度,提高客户感知。强化流程制度,提升规范化管理能力。

（白玛卓嘎）

【机构领导】

经　理

白玛卓嘎(女,藏族)

联通

【概况】 2021年,中国联合网络通信有限公司山南市分公司扎囊县营业厅(以下简称扎囊县联通营业厅),位于山南市扎囊县株洲路25号,主要覆盖区域为扎囊县城,各乡镇。有5名员工,其中党员1名、管理岗1名。下设1个

中国联合网络通信有限公司山南市分公司扎囊县营业大厅

服务网络中心，有自有营业厅1个，有1家代理商，方便广大联通客户办理各类联通业务。

【网络建设】 2021年，建设县城5G基站6个、投资180万元，拉林铁路沿线建设基站8个、投资280万元，高速公路基站3个、投资60万元。

【产品及业务】 2021年，扎囊县联通营业厅业务范围有132、156、166、185、176、175号段“腾讯大王卡”，“钉钉宝卡”等，“沃”品牌5G业务，4G、5G手机终端销售：固定业务FTTH数据传输专线接入、智慧工地、云业务、互联网专线接入，住宅及商务办公楼弱电集成。

【经营收入及服务】 2021年，全县有移动用户3500户、固网用户120户，全年营业收入总额达到255万元。中国联通扎囊县分公司为了得到更好客户感知、实现网络全县覆盖，利用新年等重大节日开展覆盖面广、业务内容丰富、适合消费群体的各种优惠活动并对大客户、老客户进行维系和意见反馈工作，为全县客户服务及全网络服务奠定扎实基础。

【团队建设】 2021年，扎囊县营业厅加强对营业人员全面管理，进一步梳理和优化工作流程，科学分工，强化服务意识，提升服务质量，对营业人员工作进一步细化，合理安排各项工作任务，要求营业人员学好各项业务知识，提高业务推广能力，加强工作效率和质量。加强财务管理，开源节流，以最小的支出换取最大的收益。

（旦　增）

【机构领导】

经　理

旦　增（藏族）

商 务

综述

【概况】 扎囊县商务局(以下简称县商务局)核定行政编共4名,设一正二副。实有在编在岗人员5人,其中:正科级1人,副科级2人,二级主任科员1名,四级主任科员1名。2021年1—10月,扎囊县社会消费品零售总额为17499.7万元,同比减少0.5%。组织商户参加2021年西藏中国农民丰收节暨氆氇文化节、山南市第41届雅砻物资交流会商品展销,拓宽扎囊县特色产品等商贸流通领域各项工作。全年累计参展商户总数465户,商品种类1.3万余种,商品交易总额804.7万元,其中:物交会商品交易总额439.7万元;2021年西藏中国农民丰收节暨氆氇文化节商品交易额365万元,全面展现扎囊商品贸易蒸蒸日上的繁荣景象。

【成品油市场管理】 2021年,县商务局与县内5家加油站签订《安全生产管理目标责任书》要求,各加油站严格按照安全生产管理目标责任书和《成品油市场管理办法》做好安全生产工作,按照环保督察相关要求于11月到各加油站开展检查督导并邀请县生态环境局工作人员审查各加油站油气回收、环保验收资料的指导检查。

常规督导检查。2021年,县商务局至少每月开展一次常规督导检查,检查方法采取听、看、查、访等方式,实地了解安全生产落实情况、加油站值班登记情况、防雷环保手续更新情况、监控设备运行情况等。

专项督导检查。2021年,县商务局在各大重要节日,组织相关部门对加油站开展专项联合检查,针对查摆出来的问题,要求限期整改和当场整改,根据上级业务部门及扎囊县安全生产大检查工作要求,6月组织人员到5家加油站,逐条逐项开展检查工作。经查,各加油站均能按照安全生产责任要求落实工作,存在的问题让企业现场整改。

新建加油站工作。2021年7

2021年12月4日,扎囊县委书记唐勇(前排中)在山南市第41届交流会现场参观扎囊县展区

月，县商务局组织相关部门对桑耶新建中济加油站开展竣工验收工作。8月，下发批复，截至年底，开展试运营当中，试运营期限为6个月。

【山南市第41届雅砻物资交流会】 2021年12月1—7日，扎囊县参加山南市第41届雅砻物资交流会，全县共有参展商户58户，其中特色展区8户，普通展区50户，参展商品种类50余种（包括氆氇、蜂蜜、铁器、金丝帽、木碗）等，累计销售额达439.7万元，同比2020年增长106万元。为商户兑换消费抵扣券3920张，19.6万元。

【2021年西藏中国农民丰收节暨氆氇文化节】 2021年，扎囊县开展2021年西藏中国农民丰收节暨扎囊氆氇文化节商品展销活动。在此期间作为商品展销组，县商务局借助氆氇文化节全面推介扎囊文化、旅游、民族手工业等资源优势；全面展现扎囊商品贸易蒸蒸日上的繁荣景象。自8月起，县商务局筹备前期各项工作。其间除扎囊县5个乡镇的商户外，来自阿里、林芝、拉萨、日喀则、山南市以及其他兄弟县的商户陆续参加该届氆氇文化节商品展销会。商户进驻率超出预计范围。9月27—29日，农民丰收节暨氆氇文化节在扎囊县体育公园举行，为期3天。商品展销划分为特色展区、百货展区、餐饮展区、娱乐展区四大块，参展商户407户，其中本地181户，外来266户，参展商品有万余种，共接待干部群众5万余人次，销售额达365万元。

2021年12月24日，扎囊县商务局局长韩相子（右一）到县商务局包村点吉汝乡雪拉村开展结对帮扶

【农村电子商务物流体系建设】 2021年，县商务局按照西藏自治区商务厅在全区整体推进47个县（区）电子商务进农村综合示范县建设公共服务体系和物流体系建设工作方案总体要求，开展电子商务进农村工作。对全县的农副产品和手工艺品进行摸底调查统计工作。县级电商公共服务中心选址及租金协商工作已完成（位于“三高”扶贫就业楼），并推荐1名扎囊县未就业大学生负责电子商务公共服务中心工作。截至年底，扎囊县电子商务公共服务中心一楼展厅在试运营当中。

自身建设

【疫情防控工作】 2021年，县商务局结合疫情防控常态化要求，结合实际情况，坚持每天至少开展一次市场检查，重点检查各商户落实疫情防控情况、货物储备情况、产品品种和质量是否符合要求、销售价格是否合理等，严禁各商户利用疫情等特殊情况囤积居奇、销售假冒伪劣产品和违规产品、哄抬物价等，维护市场稳定，保障群众的正常生活需求和切身利益。扎囊县各市场内通风、照明设施正常，并结合疫情防控工作要求，在市场大门设立消毒工作台安排值班人员值班。加强对物流站点消杀消毒工作督导检查，并对服务站点讲解疫情办下发的物流服务站的相关指南。

【党风廉政建设】 2021年，县商务局党组书记与党员干部签订党风廉政责任书4份，成立工作领导小组，将党风廉政建设和防腐败工作与日常工作同开展、同落实，并利用依托党组中心理论组学习和党支部学习时间，认真学习中共十九大系列会议精神及中纪委、区纪委和市纪委及县纪委的相关文件精神，时刻绷紧防腐神经，认真落实党风廉政建设责任制，责无旁贷地抓好反腐倡廉各项工作，利用党风廉政建设宣传月、专项督导等活动，认真组织本单位党员开展党风廉政建设专项自查工作，着力创造风清气正的商务工作环境。

【基层党建工作】 2021 年，县商务局严格按照年初制定的党建工作计划，指派专人负责党建工作，以全面贯彻落实党的“十九大”、十九届六中全会精神为契机，以深入开展“三更”、党史学习教育等为载体，制定商务“三更”、党史学习教育实施方案，开展专题学习和专题交流发言，提高单位党员的思想政治意识和为民服务意识，确保各项业务工作的顺利开展和落实。

【综治维稳工作】 2021 年，县商务局深入学习相关会议精神，充分认识维稳形势的严峻性、复杂性，切实增强政治使命感和责任感。做好单位内部管理，确保“三不出”（大事不出，中事不出，小事也不出），特别是重要时期期间的稳定。严明政治纪律，加强值班备勤工作。有效确保维稳工作的顺利开展。配合县委政法委开展社会管理综合治理活动，利用 3 月综治宣传月、6 月法制宣传周、“9·16”平安扎囊宣传日、“12·4”全国法制宣传日等契机，开展和商务工作有关的法律、法规宣传，维护消费者合法权利，加强对加油站、快递物流、商超等企业部门的监督管理，确保主管领域维持和谐。

（吾金平措）

【机构领导】

局　长

刘　　芳（女，10 月免）

韩 相 子（10 月任）

副局长

边　　珍（女，藏族）

吾金平措（藏族）

财税·金融

财政

【概况】 扎囊县财政局(以下简称县财政局)不设置内设机构,人员编制7人,实有11人(含公益性岗位1人)。2021年,县财政局开展"六稳"工作,全面落实"六保"任务,严格执行扎囊县第十三届人民代表大会常务委员会第二十八次会议审查批准的预算,为实现"十四五"开局之年奠定良好的基础,预算执行总体良好。

【预算安排】 2021年,扎囊县总财力为163847.34万元,其中,扎囊县第十三届人民代表大会常务委员会第二十八次会议通过的预算安排为112271.03万元,2021年陆续到达的专项资金为51576.31万元。2021年预算安排总财力为112271.03万元,比2020年增加35166万元,增长45.61%。其中,本级财政收入预算安排3712万元,比2020年增加50万元,增长1.36%;预算稳定调节基金1596万元,比2020年增收732万元,增长84.7%。转移性收入106963.03万元,比上年增加34383.53万元,增长47.37%。其中,返还性收入1547万元,与2020年持平;一般性转移支付收入100813.21万元,比2020年增加37371.61万元,增长58.91%;专项转移支付收入4602.82万元,比2020年减少2988.08万元,减少39.36%。

【本级财政收入】 2021年,县政府按照年初县第十三届人民代表大会常务委员会第二十八次会议通过的预算编制要求,2021年财政收入要增长13%的目标,开展扎囊县2021年财政收支工作,完成县第十三届人大常务委员会交办的任务。2021年本级财政收入实际完成5721万元,完成年初预算数4446万元的126.67%,完成任务数4622万元的123.77%,同比增收1327万元,增长30.2%。其中,税收收入3881万元,占总收入的67.83%,比2020年增收1630万元,增长72.41%;非税收入1840万元,占总收入的

2021年7月1日,扎囊县财政局局长旦增平措(左二)带领全局党员干部重温入党誓词

2021年5月24日，扎囊县财政局组织全县各单位会计开展“一体化”培训

32.16%，比2020年减少283万元，减少13.21%。

【财政支出】 2021年财政支出共完成126753万元，同比增加12368万元，增长10.81%。其中，一般公共服务支出17101万元，同比减支1237万元，减少6.74%；国防支出同比减少100%；公共安全支出7388万元，同比减支1241万元，减少14.4%；教育支出18208万元，同比减少1917万元，减少9.52%；科学技术支出同比减少100%；文化旅游体育与传媒支出932万元，同比减支514万元，减少35.54%；社会保障和就业支出7433万元，同比减支2056万元，减少22.66%；卫生健康支出7210万元，同比减支1671万元，减少18.81%；节能环保支出8万元，同比减支2751万元，减少99.71%；城乡社区支出861万元，同比减支793万元，减少47.94%；农林水支出62646万元，同比增加26030万元，增长71.09%；交通运输支出499万元，同比减支1709万元，减少77.4%；金融支出0万元，同比减少100%；自然资源海洋气象等支出222万元，同比减支131万元，减少37.1%；住房保障支出3819万元，同比增加382万元，增长11.11%；粮油物资储备支出2万元，同比减少66.67%；灾害防治及应急管理支出424万元，同比减支17万元，减收3.85%，收支相抵结余结转37094.34万元。

【政府性基金收支执行】 2021年本级政府性基金收入为876万元，同比减收778万元，减少47.03%；基金支出为181万元，同比减支5421万元，减少96.77%，收支相抵结余结转695万元。

【本级政府债务】 2021年新增政府债券资金共计13200万元，其中专项债券10500万元，为扎囊县民族手工业园项目，债券期限为20年，利率3.48%；一般债券为2700万元，为园区东路项目资金，债券期限为7年。

【保基本民生】 2021年，在确保人员工资和正常工作的运转前提下，县财政局采取民生优先、统筹兼顾的原则，牢固树立“政府过紧日子、群众过好日子”思想，压缩一般性支出。民生领域投入资金共计8044.21万元，教育投入1300.5万元，社会局势稳定投入50万元。

【“三公”经费支出】 2021年，县财政局支出统筹兼顾，突出“有保有压”，牢固树立“政府过紧日子、群众过好日子”思想，坚持把“三保”放在财政支出的优先位置，支持保障以脱贫攻坚为主的基本民生支出，推进扶贫资金动态监管工作，提高扶贫资金管理水平。资金投向重点民生领域，着力保障乡村振兴战略实施和基层政权建设等重点工作。狠抓预算执行，继续强化预算执行主体责任，促进预算单位财政资金安全规范高效，压缩一般性支出，压缩“三公”经费支出，确保每一分钱都花在刀刃上。2021年，在勤俭节约精打细算的原则下编制年初预算，在预算执行过程中，邀请第三方开展2020年预算绩效考核工作，从而让各部门严肃财经纪律、规范资金用途，源头控制，厉行节约。全年“三公”经费总支出为184.68万元，同比减少76.49万元，下降29.29%。

【专项检查】 2021年，县财政局

根据《西藏自治区财政厅关于印发〈关于开展全区行政事业单位私设“小金库”、援藏资金管理使用以及公款代缴水电费等情况专项检查的工作方案〉的通知》要求，县政府高度重视及时起草工作方案，成立专项领导小组，在全县各单位及各乡(镇)内开展自查自纠，通过自查各单位及各乡(镇)无私设“小金库”、未发现违规使用援藏资金。10家单位发现公款代缴水电费，共计资金14.47万元。发现的问题，各单位按照财政局的安排及时对违规资金全部已上缴国库，规范全县各单位资金的管理。

【财政存量资金与直达资金】2021年，县财政局为唤醒沉睡资金，激活资金沉淀，使资金流动起来，发挥财政资金的使用效益。根据《关于推进地方盘活财政存量资金有关事项的通知》的通知精神，于4月开始着手开展存量资金清理工作，并于5月开始全面开展收缴工作，收缴的资金全部存入国库中，并从存量中预算安排资金3453.28万元。按照国务院“六稳”“六保”的要求，合理分配和使用直达资金，全年收到上级直达资金共计8880.30万元，分解率达100%，全年累计支出6062.44万元，支出进度达68.3%。

【扶贫资金落实】2021年，扎囊县到位中央、自治区、市、县脱贫攻坚统筹整合资金65837.94万元，其中衔接资金62574.21万元，脱贫攻坚涉农资金统筹整合，共涉及18个项目，其中产业发展项目8个、基础设施类项目迁基础设施建设项目9个、1个生态岗位项目，统筹整合资金累计支出51797.41万元，支出率为78.67%。2021年上级下达生态岗位资金总量1958.18万元，全年安排岗位3531个，按照人均3500元，已兑现资金1241.77万元，剩余资金716.41万元，用于2022年生态岗位。

【财政监管】2021年，县财政局邀请第三方中介机构对预算执行情况开展绩效考核工作，并以预算绩效管理事前评估、事中监控、事后评价结果考核工作为抓手，全力推动财政预算管理改革。加强扶贫资金和直达资金动态监控管理工作，指导并督促相关部门做好监控数据录入及绩效考核工作。推进财政应收应付款清理处置工作，加强政府债务和隐形债务风险防控管理，严控任何形式的新增债务。

【理清国有资产】2021年，县财政局为深入贯彻落实习近平总书记关于全面深化改革、西藏工作的重要论述和新时代党的治藏方略，推动党中央和区党委全面深化改革决策部署落地成效，按照县委的工作安排，县政府聘请第三方中介机构理清扎囊县5家企业国有资产状况、债权债务情况及生产经营情况，并对各企业国有资产进行造册，录入县国资委台账。并加强嘉博有限责任公司、阿布扶贫开发责任有限公司等国有企业监督管理力度，加快国有企业发展。

【机构领导】

局　长

旦增平措(藏族)

副局长

次仁措姆(女，藏族)

马　丽(女)

江　白(藏族)

税务

【概况】2021年，国家税务总局扎囊县税务局(以下简称扎囊县税务局)认真贯彻落实山南市税务局党委和县委、县政府的部署要求，牢记“为国聚财，为民收税”的神圣使命，不折不扣落实各项减税降费政策，依法组织税费收入，严格规范税收执法，努力优化营商环境，从服务发展、服务纳税人缴费人、服务群众等方面着手，以习近平新时代中国特色社会主义思想为指导，坚决贯彻落实党中央、国务院决策部署，坚持和加强党的全面领导贯穿税收改革发展全过程、各方面，深入开展党史学习教育，聚焦党建工作中心、建设队伍、服务群众的根本职责和核心任务，促进党建工作与税收业务深度融合，以高质量党建工作引领高质量推进新时代税收现代化。年内，扎囊县税务局编制人数7人，行政编制7人，实有干部职工7人，其中中共党员7人。

【税收完成情况】2021年，扎囊县税务局始终坚持组织收入原

2021年5月21日，扎囊县税务局业务骨干深入辖区内重点企业开展政策宣讲

则，严肃组织收入纪律，依法规范征税收费，继续提高收入质量，坚持税费同征同管，将社保费、非税收入和税收工作同安排、同落实、同考核，确保做到税费收入量质兼优。全年各项收入共计 20410 万元，同比增收 5555 万元，增长 37.39%。其中：税收收入 8994 万元，同比增收 4382 万元，增长 95%；非税收入 453 万元，同比增收 294 万元，增长 184.91%；社保费和职业年金收入 10963 万元，同比增收 880 万元，增长 8.73%。

【征管改革】 2021 年，扎囊县税务局主动作为，建立工作联系机制，及时转发上级下发的相关政策及相关文件精神，推动各项工作顺利落地。年初与县财政局和县残联及时沟通协调，提前完成全县的残疾人就业保障金征收工作。向县委、县政府汇报国有土地使用权出让收入和矿产资源专项收入划转工作，争取地方政府理解与支持。强化企业社保费征收，开展非税收入项目征收工作，完成残疾人就业保障金、水土保持补偿费等非税收入划转征收。全年征收残保金收入共计 148 万元，水土保持补偿费 123 万元。

【纳税服务】 2021 年，扎囊县税务局持续做好纳税服务工作，优化税收营商环境。在中国共产党成立 100 周年和西藏和平解放 70 周年以及全国第 30 个税收宣传月期间，围绕“税收惠民办实事 深化改革开新局”税收宣传月主题，开展一系列税收宣传活动。为使各项减税降费政策深入人心，让政策红利惠及千家万户，促进减税降费政策在扎囊县落地生根，扎囊县税务局以税法宣传月为契机，及时成立青年志愿服务队，广泛宣传税收服务经济社会发展政策和优化执法服务办好惠民实事的硬核举措，切实为纳税人缴费人办实事。开展“非接触式”办税缴费服务、预约办税、延时服务等，切实提高纳税服务质量。

【税收法治】 2021 年，扎囊县税务局聚焦完成税费收入任务这一主业，坚持组织收入原则和“四个坚决”要求，严肃组织收入纪律，依法规范征税收费，继续压实收入提高质量，坚持税费同征同管，将社保费、非税收入和税收工作同安排、同落实、同考核，确保做到了税费收入量质兼优，并不断强化依法行政能力，提升法治水

2021年5月24日，办税服务厅人员为纳税人办理业务

平，对管辖内纳税人开展“一对一、面对面”的培训，提升税法知晓度和遵从度，组织干部全面学习执法相关文件，加强法治建设，确保依法行政贯穿税收各环节、全过程，规范征收管理，完善管辖内的税户档案，强化对政策的了解和掌握，严格落实各项税收政策，做到“应收尽收、依法征税、坚决不收过头税费”。

【减税降费】 2021年，扎囊县税务局主动向县委、县政府、县纪委请示汇报，建言献策，向地方党委政府专题汇报减税降费工作2次，加强与地方相关部门协调，推动构建减税降费协同共治良好格局，统筹落实各项减税降费政策精准落地、应享尽享的同时，巩固和拓展已有减税降费政策的工作成效，主动向符合条件的纳税人开展政策宣传解读和办税操作辅导，帮助纳税人及时全面懂政策、能申报、会操作。

【疫情防控】 2021年，扎囊县税务局贯彻落实西藏自治区税务局和山南市税务局党委、扎囊县委县政府决策部署，切实把遏制疫情蔓延当作首要政治任务，通过电话、纳税服务微信群进行广泛宣传，引导纳税人选择通过电子税务局、社保客户端等“非接触式”途径办理涉税（费）业务的同时帮助纳税人、缴费人及时掌握疫情预防知识。严格落实疫情防控各项工作要求，在单位门口设置场所码，在办税服务厅设置一米线间隔、体温检测、特殊群体信息登记、规范佩戴口罩、办税服务厅室内消毒消杀等各项防疫措施，确保疫情防控工作不出问题。

（米瑞龙）

【机构领导】

局　长

格桑尼玛（藏族，6月免）

赵 亚 恒（6月任）

纪检组组长

次仁白珍（女，藏族）

副局长

陈 俊 梅（女）

中国农业银行扎囊县支行

【概况】 中国农业银行扎囊县支行（以下简称农行扎囊县支行）位于山南市株洲路11号，成立于1995年7月1日，于2009年10月与全国农行一起成功上市，更名为中国农业银行股份有限公司扎囊县支行。服务面为县城及2个镇3个乡62个村，支行所辖6个营业网点，其中1个县支行营业室，5个营业所。县支行在职员工37人，党员20人。主要经营范围：吸收公众存款；发放短期、中期、长期贷款；办理国内外结算；买卖政府债券、金融债券；代理收付款业务；从事银行卡业务；从事代理保险业务；代理资金清算；各类汇兑业务；代理开放式基金业务；电话银行、手机银行、网上银行业务；代理保险兼业业务；办理黄金买卖等业务。

2021年，农行扎囊县支行高举习近平新时代中国特色社会主义思想伟大旗帜，坚持“稳中求进、科学发展”的工作总基调，扎囊县支行紧紧围绕服务大局这一中心，充分发挥服务保障职能，全体员工进一步传承和发扬爱岗、高效、精细、勤勉的服务文化，较好地完成2021年各项工作。

【营业情况】 截至年底，农行扎囊县支行各项存款余额为127446万

2021年5月13日，中国农业银行扎囊县支行开展党日活动

2021年6月27日，中国农业银行扎囊县支行组织参观红色教育基地

元，其中：储蓄存款余额为64182万元，对公存款余额为63264万元。各项贷款余额74809万元，其中个人消费贷款70375万元。对公贷款余额为4434万元，为县内19家企业共投放贷款约3689万元。

【金融服务】 2021年，农行扎囊县支行为深入巩固脱贫攻坚成果同乡村振兴有效衔接，切实做好扶贫小额信用贷款发放工作，贯彻落实中央和各级政府关于精准扶贫的各项决策部署，宣讲金融扶贫政策，统筹推进扎囊县金融扶贫工作，督导各网点金融扶贫工作有序进行。由行领导牵头，业务人员组队分批次到县养老院开展社保卡发卡、社保卡激活、领取电子医保卡等上门服务工作，为特殊人群提供特殊服务，在提升发卡率的同时，塑造行良好的服务口碑。坚持“客户至上，始终如一”的服务理念，精密部署，有序安排，县支行以及5个乡镇营业网点，利用周末、节假日时间，开展农牧户保险代缴工作，提升移动金融服务质效，为全县农牧民群众提供极大便利。

【内部管控】 2021年，农行扎囊县支行传达学习《关于违反党的政治纪律行为的处分规定》等文件精神，开展纪检委员讲纪律专题活动，要求全行员工认真贯彻党中央脱贫攻坚决策部署，提高政治站位，强化政治担当，增强“四个意识”、坚定“四个自信”、做到“两个维护”，为全行金融扶贫工作高效有序开展打牢思想基础。组织干部员工开展“党总支书记讲合规”“网点负责人讲合规”活动，教育引导广大干部员工从典型案例中吸取教训，在日常工作中做到依法合规、遵章守纪、廉洁经营，筑牢拒腐防变的思想防线，为全行改革发展，稳健经营保驾护航。纪检委员多次到各网点检查指导工作，与员工面对面开展谈心谈话、了解员工思想状况、存在的困难及需要解决的问题。组织各股、所负责人召开“三线一网格”管理工作会议，分析存在的问题，提出工作措施，有效提升全行风险管控能力。

【党建工作】 2021年，农行扎囊县支行先后出台并完善党风廉政建设计划、为民办实事清单、党风廉政考核方案、党员发展计划、民主生活会制度、党员教育制度，为推动基层党组织建设及业务发展提供强有力的制度保障。按照党史学习教育要求，全行员工以集中学习或自学的方式学习《习近平谈治国理政》《习近平新时代中国特色社会主义思想三十讲》《习近平扶贫论述摘编》等理论知识及习近平总书记“七一”讲话、中共十九届六中全会公报等讲话精神，达到学史明理、学史增新、学史崇德、学史力行的目的。年内，党总支书记开展讲党课2次，以“学党史、践使命”为主题，教育和引导广大党员干部谨记建党之初心，始终保持革命精神、革命斗志，始终保持奋发有为的精神状态，自觉为实现中华民族伟大复兴而奋斗。组织全体党员参观红色教育基地活动1次，感受历史文化，感受共产党人伟大的信仰，补足精神之钙。

（琼 吉）

【机构领导】

行 长

张 东

副行长

曲 吉（女，藏族）

尼玛次仁（藏族）

刘金荣

城市建设·环境保护

住房和城乡建设

【概况】 2021年，扎囊县住房和城乡建设局（以下简称县住建局）共有编制4个，设一正三副，实有8人，其中正科级1人，副科级2人，副主任科员4人，工人1名。

2021年，县住建局紧紧围绕年初制定的目标任务，周密筹划部署，认真组织实施，不断改进工作作风，提高服务质量，充分发挥和调动职能部门的作用，开展全县工程建设、工程监管、质量监督、资质审查、住房公积金审核等相关工作，使扎囊城镇体系逐步完善，城镇化水平稳步提升，人居环境明显改善、城乡面貌日新月异。全年负责实施的项目共7个，其中续建1个、新建6个。

【项目建设】 山南市扎囊县老年退休活动中心建设项目（续建项目），总投资为64.8万元，建设内容为新建活动中心195.18平方米及附属用房，值班室改造及绿化、硬化、给排水等附属配套工程，于5月竣工。

扎囊县吉汝乡吾龙村基层政权建设项目（新建项目），总投资为227万元，建设内容为1栋二层办公楼、1栋一层生活楼、1栋一层公厕及舞台等附属配套工程，该项目已通过竣工验收。

扎囊县县城整体功能提升项目（新建项目），总投资为4469.31万元，建设内容为新建总长为1906.541米道路及附属工程，完成总工程的98%。

山南市扎囊县扎唐镇久麦村地质灾害隐患点搬迁建设项目（新建项目），项目总投资为4725.78万元，建设内容为新建54户259人面积7761.18平方米居民住房及附属工程，完成总工程95%，于11月19日通过初验，12月完成终验。

山南市扎囊县老旧小区改造项目（新建项目），总投资为2599万元，建设内容为改造老推广站小区、老政府小区、老医院小区、老政府小区二区景观及附属工程，完成总工程的20%，二标段于

2021年12月10日，扎囊县政府副县长王广明（右一）、县住建局局长格桑达瓦（右二）协调扎唐居委会租房征地情况

2021年12月29日，扎囊县住建局局长格桑达瓦（右二）、副局长次旺（左二）到吉汝乡扎西林村检查住房情况

11月20日停工。

扎囊县2021年公租房建设项目（新建项目），总投资为1553.3万元，建设内容为新建公租房（1号楼）1826.69平方米、公租房（2号楼）1826.69平方米、水泵房34.56平方米、房间48套、景观及配套设施，于8月底开工建设，完成总工程量的20%。

扎囊县污水处理厂改扩建工程（新建项目），总投资为1906万元，建设内容为对原有污水处理厂进行改扩建，扩建为远期（2030年）3000立方米/日，该项目招投标工作。

【建筑领域安全生产监督】 2021年，县住建局按照自治区、市、县安全生产工作要求，与应急管理局、公安、消防等职能部门对扎囊县境内建筑施工领域，进行安全生产、文明施工情况进行联合检查35次，并层层签订安全生产责任书36份。制定施工场地扬尘治理工作方案，签订文明施工、扬尘治理目标责任书，切实将建筑领域文明施工工作落到实处。

【农村危房改造工作】 2021年，上级下达至扎囊县农村住房改造任务共440户，下达资金为732万元（脱贫攻坚统筹整合资金69.6万元）。截至年底，县住建局完成417户新建住房及改造工作，共兑现补助资金527.16万元。

【住房公积金审查】 2021年，扎囊县干部职工公积金缴存人数为1670人，缴存金额为7799.7653万元；公积金支取390人，支取金额共计3517.9528万元。

【自然灾害综合风险普查房屋建筑和市政设施调查工作】 2021年，按照《第一次全国自然灾害综合风险普查房屋建筑和市政设施调查总体方案》《住房和城乡建设部办公厅关于印发〈第一次全国自然灾害综合风险普查房屋建筑和市政设施调查实施方案〉的通知》《关于印发〈西藏自治区第一次自然灾害综合风险普查房屋建筑和市政设施调查实施方案〉的通知》和《山南市第一次自然灾害综合风险普查房屋建筑和市政设施调查实施方案》及扎囊县自然灾害综合风险普查房屋建筑和市政设施调查实施方案，各村（社区）现场指导总计100余次，截至年底，县住建局完成房屋建筑调查总进度完成99%。

【寺庙房屋质量监管】 2021年，县住建局根据寺庙财税监管工作任务分解，开展寺庙房屋质量监管工作，委托第三方开展建筑物安全性鉴定工作。截至年底，完成全县11座寺庙房屋质量鉴定工作。

【为民办实事】 2021年，县住建局为群众争取LED太阳能路灯142盏，其中62个行政村各2盏，扎其乡2盏、吉汝乡2盏、扎唐镇2盏、阿扎乡5盏、桑耶镇5盏、敬老院2盏。根据10月29日召开的中共扎囊县委员会办公室中共扎囊县委常委会会议纪要精神，县住建局负责阿扎乡3个村居解决12个垃圾箱事项，经局班子成员及在家干部召开会议一致同意上报县行政审批局，按照相关程序进行采购，至年底，已上报县行政审批局。与国泽公司协商解决8个垃圾箱（扎其乡3个、吉汝乡5个），折合人民币9万余元。

（次　旺）

【机构领导】

局　长

次仁多布杰（藏族，2 月免）

格桑达瓦（藏族，2 月任）

副局长

顿　　珠（藏族，2 月免）

谢　　伟（8 月免）

次　　旺（藏族，2 月任）

仓姆卓嘎（女，藏族）

生态环境

2021年6月15日，扎囊县生态环境局执法人员检查旭日染色厂设备运营情况

【概况】 2021 年，生态环境局扎囊县分局（以下简称县生态环境局）围绕全县环境质量提升为目标，严厉打击环境违法行为，开展生态文明示范创建工作，规范项目管理，全力推动扎囊县生态境保护工作不断向前发展。

【生态创建】 2021 年，扎囊县成立生态文明示范建设创建工作领导小组，邀请第三方机构编制《山南市扎囊县桑耶镇生态文明建设示范乡镇规划（2021—2025 年）》《山南市扎囊县桑耶镇村居生态文明建设示范村建设方案（2021—2025 年）》。扎囊县自治区级生态文明示范建设创建工作稳步推进。年内，桑耶镇桑耶居委会、前达村、念果村、桑普村、扎若村被命名为自治区级生态文明建设示范村（居）。

【环境污染防治】 大气环境质量改善。2021 年，县生态环境局突出重点，线面结合，采取综合执法与专项行动相结合的方式，突出对渣土砂石运输、工地扬尘污染、水源地保护及非法采砂采石取土等领域的执法力度。对秸秆焚烧、垃圾焚烧、露天烧烤等行为严格监管，确保禁烧全天候、监管全覆盖、查处无死角。

水环境质量提升。2021 年，县生态环境局实施水污染防治行动计划，持续开展氆氇印染行业专项整治行动，联合市生态环境局执法大队开展执法检查 5 次，出动人员 10 人次，查封违法氆氇印染厂 3 家。加大县城污水处理厂环境执法力度，在线监控污水排放情况。

土壤和固废污染防治。2021 年，县生态环境局加大重点监管单位（扎囊县垃圾填埋场）土壤污染隐患排查工作，扎囊县垃圾填埋场土壤检测达到《土壤环境质量建设用地土壤污染风险管控标准（试　行）》（GB 36600—2018）标准限值。加大危险废物环境监管，全年安全规范转运处置医疗废物 8 余吨，废蓄电池 37.18 吨。

【环境质量监测】 县域环境质量监测。2021 年，县生态环境局委托第三方监测机构对县域地表水、环境空气、集中式生活饮用水水源地进行环境质量检测。检测数据显示，扎囊县地表水 2 个点位 24 项检测指标均达到《地表水环境质量标准》（GB 3838—2002）Ⅲ 类标准；环境空气 4 项检测指标达到《环境空气质量标准》（GB 3095—2012）二级限值要求；集中式生活饮用水水源地 4 处水质 39 项检测指标均达到《地下水质量标准》（GB/T 14848—2017）三类标准。

重点监督性环境质量监测。2021 年，县生态环境局将垃圾填埋场、污水处理厂、扎囊县中心医院、防水卷材厂等 5 家单位（企业）纳入重点监督性监测范围，开展土壤、空气、废水监测工作。5 家单位（企业）污染物均达到国家相关排放标准。

水源地监测。2021 年，扎囊县扎塘镇扎塘村饮用水水源地、扎囊县中学饮用水水源地、扎囊县备用水源地、扎囊县供水工程水质检测结果均达到《地下水质量标准》(GB/T 14848—2017)三类标准。

【环保督察】 2021年,县生态环境局始终把中央、自治区生态环境保护督察反馈问题整改落实作为一项重大政治任务,严格按照市委、市政府整改工作要求,坚持举一反三、标本兼治、务求实效的原则,认真开展整改工作。为深入推进中央、自治区生态环境保护督察反馈问题整改,更好地巩固整改成果,联合多部门开展生活垃圾填埋场、污水处理厂等重点领域环境问题整改"回头看"5次,立行立改环境问题3个。

【建设项目环评审批】 2021年,县生态环境局严格建设项目环境准入,严防"三高项目"(高污染、高耗水、高耗能项目)进入扎囊县,严格落实环境影响评价和环保"三同时"制度,突出服务重点项目和工程建设,开展建设项目的审批、备案及验收工作,督促企业依法依规完善环保手续,为企业发展营造良好的环境。

【环境执法监管】 2021年,县生态环境局不断强化日常执法检查,对重点区域、重点领域开展专项执法检查60余次,下达责令限期整改通知书2份,立案查处违法案件2件,处罚总额105000元。

【环保宣传】 2021年,县生态环境局开展六五世界环境日"进学校""进企业""进村居"等系列宣传活动,发放各类宣传资料5000余册,环保袋、毛巾、围裙等4500份,宣传横幅、LED显示屏横幅15条、向学生发放学习用品490份,累计投入资金4.9万元。联合多部门开展以"生态兴则文明兴 生态衰则文明衰"为主题的2021年生态文明宣传月系列活动,发放宣传资料1000余份、宣传物品200余个,受理群众咨询10余次。

2021年10月8日,扎囊县生态环境局执法人员在江平生物有机肥厂检查生活废水乱排情况

【党建工作】 2021年,县生态环境局深入学习中共十九大和十九届二中、三中、四中、五中、六中全会精神,利用"三会一课"、党员主题活动日、谈话谈心、廉政警示教育等形式,引导党员干部树立"四个意识"、增强"两个自信"。严格落实党建工作要求,严格执行"三重一大"集体决策制度,切实提高党组织的凝聚力。每周开展集体学习,强化政治理论和法律法规学习,积极参加上级部门组织的环保业务技能培训,着力提高干部职工综合素质。

【党风廉政建设】 2021年,县生态环境局始终坚持把强化学习教育、提高理论素养、增强党性观念作为党建工作的首要任务。落实党建工作责任制,严格党内组织生活,突出抓好制度建设,切实提高党建工作的规范化、制度化水平。落实党风廉政建设"两个责任",签订了党风廉政建设责任书;贯彻中央八项规定,持之以恒纠正"四风"。持续整治庸懒散,教育引导广大党员干部进一步增强纪律意识、廉洁意识,筑牢拒腐防变的思想防线。

(余 燕)

【机构领导】

局 长

段绪友

副局长

益西群培(藏族)

余 燕(女)

索朗央宗(女、藏族)

城市管理和综合执法

【概况】 扎囊县城市管理和综合执法局(以下简称县城管局)为扎囊县人民政府下设部门,有行政编制人数4名。为了进一步规范县城县容秩序,提升城市品位,优化人居环境,2021年,县城管局结合创建全国文明城市工作,开展县容秩序整治活动。响应号召、发展地摊经济,助力扶贫助农,正确引导流动摊贩,疏堵结合,在保障人民群众出行安全的前提下,设置2处扶贫助农摊点。常态化开展出店经营、店外乱堆乱放整治行动,全年共整治商户40余家。

【市容市貌管理】 2021年,为积极营造全县垃圾分类工作良好舆论氛围,利用扎囊县电视台、、融媒体、智慧扎囊微信公众号等新闻媒体大力宣传报道城市管理工作动态,印发宣传材料2200余份。对城区道路沿线的流动摊贩、占道经营、车辆乱停乱放、户外广告、违章搭建等影响市容市貌的现象开展综合整治,全年共查处城区流动摊贩占道经营200多起、店外经营120多起,拆除违章乱搭建棚子80余处,清理牛皮癣110多处,收缴乱发放小广告80多份,查处乱扔、乱倒、乱挂行为50余人,清理废弃家具及杂物10余车。通过疏堵结合、联合整治、集中取缔等多种方式,解决了多年来一直难以解决的顽症。取缔菜市场门前多处占道经营摊点,保证了道路整洁畅通;取缔山南二高中

2021年9月15日,扎囊县城市管理局工作人员开展对顶峰液化气站安全生产专项检查

学门前多处流动经营摊点,保证了校园周边良好的环境秩序;持续开展非机动车辆乱停乱放整治工作,全年清理“僵尸车”10余辆,暂扣处理乱停乱放电动车20余辆,联合交警、交通部门开展集中整治,通过严格管理、严格处罚,形成对城区内违停非机动车辆的强大震慑,城市道路通行秩序明显好转。持续开展城区大气油烟污染防治工作,全年责令餐饮经营户安装使用油烟净化器100余台,没收燃煤炉20多个,停业整顿餐饮店1家,通过专项整治工作,城区餐饮服务业燃烧散煤基本清除,油烟污染排放基本得到解决,为县城良好的大气质量提供了可靠保障。

【环境卫生管理】 2021年,每天对县城区主次干道保持6次冲洗、洒水作业,4次洗扫作业,提升环卫作业工作效率和清扫保洁质量。以《山南城市建设管理条例》为抓手,全面加强市容环境卫生管理,全年对城区随意倾倒垃圾现象教育劝导50起,在实行垃圾定点倾倒、定时清运、上门收集服务,对日产垃圾及时清运,清除县城卫生死角、陈年垃圾400余吨,实现县城环境卫生全覆盖。组织环卫人员,利用大型机械车辆,经过几十个日夜奋战,对县城区域内所有雅江沿岸垃圾进行集中清理,通过疏通整治,河道环境得到明显改观。

【市政维护】 2021年,县城管局对县城内市政道路、排污(排水)管道、道路照明等市政公共设施进行全面排查,发现问题30条,维修维护30条。主要维修维护扎唐路、折木路、友谊路、玉荣卡路、沿江大道维修市政道路及人行道400余米;折木路、株洲大道、扎唐路疏通污水管网100余米,园区东路、友谊路、玉荣卡路、沿江大道、扎唐路、扎中路等更换下水井盖40余处,修复市政照明20个,确保群众出行安全,提升县

城内市容市貌，强化县城公共设施正常服务能力。

【户外广告管理】 2021年，县城管局结合工作要求，有效清除广大热心市民举报的街头小广告200余处；对株洲路、美食街、友谊路等几条主干道沿街的破损灯箱广告进行拆除，对破损严重的户外门头招牌进行纠正和整改；在多条主干道上设置垃圾分类宣传标语和横幅20余处，广泛向市民宣传垃圾分类工作；通过疏堵结合的治理方式，目前城区户外广告基本达到美观大方、整齐划一的效果，成为县城一大新的亮点。

【燃气行业监管】 2021年，县城管局联合县公安局、应急管理局、市监局、消防大队召开全县液化器安全消防培训大会和消防安全演练。联合县公安局、应急管理局、市监局、消防大队等单位对加气站（CNG、LNG）、各瓶装液化气站多次开展大型联合检查。2021年县城管局本着“管行业、管安全”工作原则，结合安全生产“三年专项”整治行动，共对辖区两个液化气站检查安全生产5次，发现问题并整改10处，确保了2021年度扎囊县城镇燃气运营安全；联合消防大队开展液化气站防火安全演练2次，参与人数20余人，强化了液化气站工作人员防火处置能力和应急演变能力；同应急管理部门开展“安全生产月”活动，发放宣传资料200余份，受教群众200余人。加大对全县2家燃气储配站的安全监督和监控，对全县燃气企业进行年度动态考核。

【垃圾分类】 2021年，县城管局紧紧围绕住建部在《关于山南市2021年第三季度生活垃圾分类工作评估情况的通报》和市委副书记、市长次仁平措主持召开《山南市生活垃圾分类工作》会议上的重要指示精神。按照“近期大分流、远期细分类”的发展思路，逐步建设分类投放、分类运输、分类处置和利用的生活垃圾工作体系，进一步健全扎囊县生活垃圾管理网络、完善规章制度、明晰职责分工、加强协调配合、强化监管考核，采取试点先行、稳步推进的办法，努力提高生活垃圾分类覆盖面，不断改善人居环境，着力增强人民群众的获得感和幸福感。

【脱贫攻坚与乡村振兴有效衔接】 2021年，县城管局对城区生产生活垃圾定点搜集、定时清运、集中处理。积极治理城区污水。重点对集城区黑臭水体和污染水源进行整治，完成部分生活污水集中管网铺设，污水直排问题得到一定改善。

（顿　珠）

【机构领导】

局　长

多吉才旦（藏族，8月免）

李向阳（8月任）

副局长

顿　珠（藏族，2月任）

巴桑群培（藏族）

旦　巴（藏族）

文化·教育·体育

文化（文物）

【概况】 2021年，扎囊县文化局（文物局）（以下简称县文化局）紧紧围绕坚持以习近平新时代中国特色社会主义思想为指导，全面贯彻落实中共十九届六中全会精神和西藏第七次工作座谈会精神，贯彻习近平总书记“七一”重要讲话精神和在视察西藏时的重要讲话重要指示精神，推动扎囊文化事业繁荣发展。

【党建工作】 2021年，县文化局党支部紧紧围绕县委的决策部署，按照党建工作的总体要求，以党的建设工作为抓手，高度重视，精心组织、加强领导、配齐队伍，严格按照年初工作任务计划，以党的建设引领和推动扎囊县文化事业的发展。以党史学习教育和“三更”专题学习教育为依托，加强对党员的教育管理监督，增强纪律意识和规矩意识，严格落实党的各项事业。深入开展党建工作，牢牢把握建设团结坚强的领导班子和高素质党员干部队伍这个关键，加强文化局党的思想、组织和作风制度建设，使局党组的凝聚力、战斗力不断增强，促进文化工作的全面发展。对县文化局支部党组成员进行调整充实，配齐配全班子成员5名。其中支部书记1名、副书记1名、组织委员1名、宣传委员1名、纪律委员1名；中共正式党员19名、预备党员2名。党支部党员活动室开设在老活动中心二楼，活动室总面积60平米。室内的各类规章制度、配齐配全设施设备，主要用于召开党内党组会议、组织生活会、“三会一课”、“四议两公开”和集中学习、党史教育等开展党内各项活动。严格按照直属机关工委、县党史办公室和“三更”教育办公室各项要求，认真组织开展党员思想政治教育，教育引导广大党员干部坚定理想信念、提升党性修养。坚持“三会一课”、组织生活会、谈心谈话、民主评议党员等党内组织生活制度，推进党建工作科学规范有效开展。在

2021年3月10日，扎囊县文化局局长登巴（左二）带队执法检查文化市场相关经营证照

“三八”国际妇女节组织干群开展文化素质和身体素质提升活动。在“七一”中国共产党成立100周年庆祝活动中，组织党员集中观看中国共产党成立100周年大会实况，参加升国旗仪式、重温入党誓词等各类庆祝活动。截至年底，开展主题党日活动11次；上党课6次；支部委员会5次；召开党员大会2次；局党组会议12次；周例会18次；年初召开2021年组织生活会议1次，丰富组织生活方式，规范组织生活记录，不断提升党内组织生活的吸引力、感召力和针对性、时效性。文化局正式干部职工均为中共党员，定期交纳党费。年初及时调整充实党建工作领导小组、制订党的建设工作计划、思路并落到实处。发挥党员先锋模范作用，严格落实属地原则。开展各类学习，组织开展系列教育活动。围绕“学党史、悟思想、办实事、开新局”主题，开展“我为群众办实事”实践活动42次；召开党史学习会议7次；开展参观红色教育基地，重温红色历史记忆活动5次；围绕“学史明理、学史增信、学史崇德、学史力行”4个专题召开研讨会4次。召开“政治标准要更高，党性要求要更严，组织纪律性要更强”专题学习会议4次，观看警示教育片4集。

【党风廉政工作】 2021年，县文化局党支部明确职责任务，为党风廉政建设工作提供制度保障，及时调整充实党风廉政建设责任制工作领导小组，局长任组长，副局长和各科室负责人任成员，指定专人负责党风廉政建设具体工作。针对《党风廉政建设目标责任制》中的考核内容，逐条分解落实到每个成员，明确各自的工作职责，督促抓好落实，形成监督的整体效能，整体推进我局党风廉政建设。加强理论学习，凝聚反腐倡廉思想共识，不断推进党风廉政建设和反腐倡廉工作的深入开展。坚定干部职工对反腐倡廉工作的信心和决心，筑牢干部职工拒腐防变的思想防线，深入组织开展学习各级党风廉政工作会议精神，全年累计开展党风廉政教育集中学习活动15次，组织举办廉政党课2次，廉政党课以党风廉政理论文章为主，主要讲授党风廉政建设的重要性、紧迫性和基本知识。通过系统性的理论学习，党员干部廉洁从政的意识明显增强，自我约束、自我警醒、自我防范的主动性大幅提升。组织观看3部廉政警示教育片，从正反两个方面，向广大党员干部深刻揭示反腐倡廉的重要性和贪腐坠落的危害性，教育干部职工要不断增强纪律意识和法治观念，切实在行政勤政过程中自重、自警、自省、自觉依法行政和廉洁从政，全面增强文化干部群众和领导班子防腐拒变的整体能力水平。

制度建设。2021年，县文化局在及时组织党员干部学习区、市、县纪委最新文件、制度、批示的基础上，对党风廉政制度进行不断充实和完善，先后完善《扎囊县文化局党风廉政建设责任制度》《扎囊县文化局上下班制度》《扎囊县文化局财务制度》和《扎囊县文化局“三重一大”事项集体决策制度》严格执行领导干部廉政档案，廉洁自律公示和廉政谈话、述职述廉等制度，坚持和完善政务、党务、公用事业公开制度，规范公开的内容和形式，严格执行公务用车管理、财务管理等制度。对于工作思路、重要决策决议、奖惩考核情况以及涉及干

2021年5月16日，扎囊县艺术团到桑耶镇松卡居委会开展“戏曲进乡村”文艺下乡演出

部群众切身利益的内容都进行公开，公开方式主要以公示栏公布为主，公开期限一般为7天，确需扩大公开公示范围的，都在县电视台和县微信平台进行公示。

坚持做到“三个管好”。2021年，县文化局管好本人，严格按照中央八项规定精神，勤俭节约，严格制止奢侈浪费行为；严于律己，勤政廉洁，主动做到廉政承诺，并结合上半年工作总结，做好廉政述职，自觉接受群众监督。坚持全心全意为人民服务宗旨，认真履行人民赋予的职责，坚持与群众打成一片，尽职尽责地为人民群众办事；不搞以权谋私，假公济私，钱权交易而伤害国家和人民群众的利益；坚持求真务实，言行一致的工作作风，注重实效，不搞形式主义。凡是要求别人做到的，自己首先做到。禁止不做的，自己坚决不做，时时事事以自身廉洁自律的行为带动班子和影响群众。管好家庭，局领导班子都能严格管好家庭子女，教育亲友不以自己手中的权力和同事朋友关系而产生“衙内习气”。管好本单位的工作人员。局领导关心爱护干部职工的同时，不定期进行谈心谈话，教育干部职工正确对待所处的工作环境，要努力学习，勤奋工作，时时刻刻严格要求职工遵守党风廉政建设的有关规定。

执行领导干部廉洁自律的各项规定。2021年，县文化局严格执行领导干部廉洁自律的各项规定，学习贯彻落实“八个坚持、八个反对”“四大纪律、八项要求”，开展专项清理工作。

【非遗、文化产业工作】 2021年，扎囊县非物质文化遗产代表性项目31项。县文化局申报的木雕（扎囊木雕）制作技艺、敏珠林四藏香制作技艺被录入国家级第五批非物质文化遗产项目名录。申报国家乡村文化和旅游能人支持项目资金，班子研究后报送5名非遗项目传承人。在通过考核考评、层层审核后，非遗产业代表作品“金丝帽”制作传承人丹增赤列被选为文化和旅游部颁发的“乡村文化旅游能人”称号。加强文化产业品牌宣传和推广工作，继续收集和整理文化产业、非物质文化遗产类的影视、文字和图片资料。特别是我局积极响应大学生创传业创新工作，专门建立集中展陈及销售点，组织全县非遗及文创产品进行集中代销，拓宽产品销售渠道，从而助力文化产业发展和乡村“创业创新”事业。深入吉如乡雪拉村完成“格杰卓舞”抢救工作，并申报2022年扎囊县非物质文化遗产项目名录。组织开展21名非遗代表性传承人考核工作，并对11名自治区级传承人补助兑现11万元整（自治区级传承人每人每年1万元），10名县级非遗传承人补助兑现3万元（县级传承人每人每年0.3万元）。在全国第16个文化和自然遗产日，扎囊县农耕文化展厅对外开放，让干部群众了解和体验农耕文化的知识与乐趣。全年还开展非遗培训2期，培训时间2天，80人次参加培训。扎囊县3个藏戏队（热正岗藏戏队、吉林藏戏队、扎唐藏戏队）在藏历新年、望果节、氆氇文化节、文化和自然遗产日等节点上共开展9次展演活动，县文化局为热正岗藏戏队、吉林藏戏队发放展演专项资金1万元。深入各乡镇调研非遗工作，通过调研，收集整理6名（隆布百谐、热正岗藏戏、吉林藏戏、格杰卓舞、阿扎编筐、洛村皆庆）非遗项目传承人资料，计划申报2022年县级非遗传承人。

【文化市场工作】 2021年，扎囊县有歌舞娱乐场所9家、网吧3家，共12家经营单位。县文化局紧紧围绕加快建设“创建文明县城”“文化强县”这一中心，通过专题探讨、课题研究，定目标、明责任、强措施，深入探索文化市场监管新手段，推进并扎实开展各项工作，确保文化市场安全管理与有序推进。结合扎囊县文化市场工作实际不断创新工作思路，开展文化市场优质服务，培育和壮大文化产业强化文化市场管理与监督，确保全县文化安全，促进文化市场繁荣有序、健康发展，全局文化执法工作取得良好成效。共出动检查人员93人次、检查歌舞娱乐场所96家次、检查网吧40余家次、出动车辆19台。年初与各文化经营单位签订《政治安全责任书》和《疫情防控承诺书》。全年新审批共3家歌舞娱乐场所，县城1家，乡（镇）2家。在元旦、春节、藏历新年、清明、端午、中秋、“十一”国庆节等节假日，尤其是中国共产党成立100周年、西藏和平解放70周年大庆来临之际开展文化市场疫情防控检查和督查工作10次，保障文化市场安全。应县行政审批局的通知，响应全面推行证明事项告知承诺制，切实减少“奇葩”证明、循环证明、重复证明，制定《证明事项清单》和《证明事项告知承诺书》管理办法，简化办理文化经营许可证程序，为群众提供业务便利。组织3家互联网上网服务营业场所安装“文网卫士”，有效提升行政监管职能和执法效率，预防网吧接纳未成年人、登录不良违禁网站等行为，进一步规范网吧经营行为。

【扎囊县艺术团工作】 2021年，扎囊县艺术团有幸参加习近平总书记到西藏调研期间文艺晚会、2021自治区藏历新年晚会、2021年山南市藏历新年晚会和雅砻文化节等大型活动。扎囊县精品文艺作品《庆丰收》通过层层遴选参加西藏和平解放70周年文艺会演，作品展现扎囊儿女美满和谐的幸福生活和昂扬向上的精神风貌。依托传统节日将群众喜闻乐见的文艺节目带到基层，全年县艺术团开展文化惠民活动达70场次以上，观众人数达3万余人，同时赴措美县等进行文化交流演出，文艺创作作品达9部；62个行政村文艺演出队全年开展文艺演出达620余场，观众人数达9万余人。

【扎囊县综合文化工作】 2021年，扎囊县综合文化活动中心旧址因位置偏僻人流量较少，未能发挥其应有的作用。为切实提升综合文化活动中心的作用，切实方便广大群众在公共文化场地收益，通过局党组多次申请，得到县委、县政府的高度重视，决定把县食堂二楼、三楼、四楼授权给县综合文化活动中心使用，并于7月22日正式对外免费开放。新文化活动中心总面积约为1100平方米，内设公共空间、图书电子阅览室、台球室、健身房、多功能厅等功能区供群众免费使用。阅览室分为阅览区、查阅区、视听区。其中，阅览区藏书共8000余册、资料查阅区配备电脑30台、资料视听区可供读者观看音像视听资料；健身房设备包括跑步机、动感单车、哑铃、高低拉训器等；娱乐活动室设有台球、乒乓球、增势骰子等；多动能厅（培训教室）设备齐全，可供60余人举办培训、召开会议、观看电影等；每天定时向群众开放8小时，每周接待干部群众80余次。活动中心免费开放也进一步满足人民群众的精神文化需求。中国电信公司联合创建扎囊县公共数字文化服务平台，62个行政村文化服务平台已全面开通。公共数字文化服务平台不仅有效提高资源利用率，而且可实时通过公共数字化文化服务平台远程对行政村文艺演出队节目编排进行艺术指导；督促行政村文艺演出队、藏戏队、卓舞队等完成演出场次任务；对偏远村（居）进行采风时提供便利、节约成本，及时展示和了解各村（居）的群众文化活动风采和特色文化的展现，加强与乡（镇）、村（居）的文化交流与文化共享。对县级图书室纸质图书进行扩充更新。通过测评形式了解干部群众喜爱的书籍种类，购买600余册纸质图书，丰富广大干部群众精神食粮。

【群众文化服务活动】 2021年，县文化局结合主题党日活动，开展以“巾帼倾城·缺氧不缺精神”为主题的“三八”国际妇女节活动。“3·28”西藏百万农奴解放纪念日，组织广大干部群众在县数字电影院观看爱国影片《我和

2021年6月25日，扎囊县艺术团到县武警中队开展文艺演出

我的家乡》，并组织县电影队深入各村居开展“3·28”西藏百万农奴解放纪念日电影放映巡演活动。为丰富人民群众精神文化生活，举办丰富多彩的“4·28”世界读书日活动。联合扎囊县第三高级中学举办第四届校园艺术节闭幕式暨校园文艺比赛。有效利用公共文化资源，把图书、书架投入到各单位，县公安局、吉汝乡派出所、桑耶镇派出所等建成“警营书吧”，提高公共文化服务设施效能，满足干警的精神文化需求。联合教育局开展中国共产党成立100周年暨西藏和平解放70周年师生书画展。联合县幼儿园举办“童心向党”庆六一儿童节系列主题活动。举办2021年文化和自然遗产日系列活动。开展庆祝中国共产党成立100周年“送文艺进军营”演出活动。举办庆祝中国共产党成立100周年和西藏和平解放70周年“永远跟党走”文艺会演。组织行政村文艺演出队开展以习近平总书记在庆祝中国共产党成立100周年大会上讲话精神为主题的文艺会演。成功举办线上“第三届青年歌手大赛”活动。顺利完成2021年“农民丰收节暨氆氇文化节”。举办“感党恩·庆丰收”扎囊儿女心向党红歌歌舞大赛。开展新时代文明实践推动日暨“五下乡”活动。

【文化辅导培训】 2021年，县文化局以“美丽西藏 可爱家乡”优秀文化产品乡村供给工程资源为培训教材，组织艺术团编导人员深入各乡（镇）、各村（居）、各单位进行节目编排、辅导等。其中辅导作品《扎日青青》参加2021年山南市雅砻文化节并荣获“优秀组织奖”，舞蹈《百年风华 警心向党》《扎西谐青》《吉汝冲谐》《走进扎囊》等参加扎囊县举办的中国共产党成立100周年暨西藏和平解放70周年晚会和2021扎囊县氆氇文化节，特别是在习近平总书记到西藏视察期间，扎囊县的《庆丰收》舞蹈作品被选为演出曲目之一，并在西藏和平解放70周年晚会上作为特别节目进行会演。在自治区文化厅、市文化局等上级部门的组织协调下，扎囊县文化骨干人员参加业务培训7场，人数达12人次。组织开展非物质文化遗产传承人、文物野外看管人员业务培训。针对基层文化需求，选派1名业务能力较高的文化工作者到基层开展文化服务活动；面向社会公开招募2名文化工作者，协助开展群众文化活动、文化志愿服务等。为更加规范使用文化专项资金，组织乡（镇）文化站负责人开展文化专项资金诠释工作。完成2021年度各乡（镇）文化站和艺术团业务考核工作。

【文物保护】 文物保护宣传。2021年，县文化局加强文物宣传工作，提高文物保护意识，深入持久地宣传《中华人民共和国文物保护法》《文物保护条例》和关于文化遗产保护的方针政策，推进文物法律法规进机关、进乡村、进学校、进单位等“四进入”活动的开展。全年开展文物法制宣传活动次数达7次；深入寺庙、文物场所宣讲12场次，不断增强农牧民群众特别是僧尼的文物保护意识和文物法律意识。在扎囊县各综治宣传活动期间，发放文物、非遗等法律法规宣传册2600余册。

文物看管。2021年，县文化局组织举办扎囊县“文物看管人员文物保护安全知识实操培训”，强化文物看管人员和相关文物口工作人员的文物保护意识。除了理论及实操培训外，注重强化文物保护日常应用及管理工作，从而加大文物保护力度，提高现存文物保存水平，推进文物保护管理工作的制度化、规范化建设，建立健全县、乡（镇）、村（居）三级文物保护网络，制定文物安全防范、巡查、值班报告等相关制度。坚持对全县文物点进行定期不定期的检查，及时排除安全隐患，同时坚持部门之间的联动，与消防、民宗等积极配合，先后9次深入辖区开展文物保护单位消防安全专项大检查，对发现的火灾隐患，逐一登记、指导，并制定整改措施督促整改，共联合排查5次。根据相关法律法规要求，向2处文物保护点进行执法整改。

责任落实。2021年，县文化局 按照上级文物部门关于做好本县域内文物保护单位安全工作的要求，积极与各寺管会签订《2021年文物安全目标管理责任书》，建立各乡镇、各寺管会《文物安全岗位责任制》。对全县19处野外重要文物保护单位发放2021年看管人员工资并签订《2022年野外

2021年9月5日，扎囊县艺术团到阿扎乡章达村开展“行政村文艺队”在“新时代文明实践推动日”文艺演出

重要文物保护单位责任书》。各乡镇、寺管会实施责任倒查问责制，实现通力协作、齐抓共管、各负其责的工作格局，并把文物安全工作责任到人、到岗，不留死角和盲区，健全完善安全防范预案和定期检查制度，及时消除文物安全事故隐患。

【文物修缮管理】 2021 年，县文化局按照上级要求，申报文物保护单位的维修资金，同时作为监督单位配合区、市两级文物保护单位深入一线督促检查修缮力度。对松卡石塔文物保护点出现的盲目乱涂、乱画现象，组织专业人员进行为期 4 天的修缮工作，恢复野外文物原貌。对充堆寺、桑阿曲果林寺文物陈列室安装文物监控设备，并对强巴林寺、桑珠曲宗寺、日乌朗杰寺配齐配全安防设备，逐步加强偏远文物保护点的文物安全管理及安全隐患处置工作。推进文物保护专项资金申报工作，继续通过上级业务部门跟进结林措巴寺、阿扎寺、朵阿林寺遗址 3 个自治区级文物保护单位申报工作。

文化执法与鉴定。2021 年，扎囊县文化局在全县文物保护点开展为期 10 天的文物清查和整顿专项活动。其中整顿 2 处文物保护点，新增文物（专家已鉴定，已登记）共 36 件，未鉴定 9 件。其中敏竹林寺 6 件（专家已鉴定）、吉林措巴 2 件（专家未鉴定）、葱堆措巴 4 件（专家未鉴定）、桑阿曲果林 2 件（专家未鉴定）、日乌朗杰林 1 件（专家未鉴定）、查色寺 8 件（专家已鉴定）、顶古钦寺 19 件（专家已鉴定）、安孜拉康 3 件（专家已鉴定）。上述新增文物均为佛像、唐卡、石刻。

【电影放映】 2021 年，扎囊县电影队在各乡（镇）和村（居）场次放映 391 部，其中公益放映 28 部，共计 419 场。

（巴桑布赤）

【机构领导】

局　长

登　　巴（藏族）

副局长

巴桑布赤（藏族）

黄　　芸（女）

罗布次仁（藏族）

教育

【概况】 2021 年，扎囊县教育系统以办好人民满意的教育为宗旨，统筹疫情防控和教育改革发展，着力补齐教育短板，持续推进教育改革创新，不断提升教育现代化水平，完成全年各项工作任务。先后荣获“全国群众体育先进单位”“山南市四讲四爱群众教育实践活动先进集体”“先进基层党组织”等荣誉称号，表彰 18 次，中小考喜获“双冠”，教师个人表彰 13 人次，保持全县基础教育在全市十二县（区）的领先地位。

2021 年，扎囊县共有各级各类学校 37 所，其中初级中学 1 所，乡镇完小 6 所，村级教学点 1 所（附设幼儿班），乡（镇）、村级“双语”幼儿园 29 所。共有在校生 5193 人，其中中学 1139 人，毛入学率 102%，巩固率 100%；小学 2763 人，入学率、巩固率均达 100%；在园幼儿 1291 人，学前三年毛入园率 85%；适龄残疾儿童入学率 100%。共有教职工 462 人，其中中学 136 人（含援藏教师 6 人），小学 264 人，幼儿园 62 人。

【教育民生】 2021年，扎囊县学前三年毛入园率、小学入学率、初中毛入学率、残疾儿童入学率分别达到96.86%、100%、102%、100%，均完成市委、市政府下达的目标要求。控辍保学实现动态清零。残疾儿童送教上门实现全面覆盖，整合卫健、民政、残联群团等部门资源，开展送政策，送康复，送温暖等活动26次，投入资金5万余元，依法保障残疾儿童受教育权利。全县适龄儿童、少年全部实现就近就便入学。完成2021年各中小学、幼儿园教育经费18228.47万元、县本级财政对教育投入1300.5万元及年中上级指标资金770.65万元的下达、分配工作。完成自治区对小学“三包”和营养改善计划资金专项审计和第三方对项目审计整改工作。“三包”、15年公费教育、学生营养改善计划、大学生资助等政策全面落实，坚决防止因贫失学和因学致贫现象。共支出“三包”伙食费1167.24万元，“三包”装备费273.24万元，营养改善经费247.55万元，公用经费440.22万元，免补经费227.18万元，本级投入874.65万元，基建项目3990万元。采购全民体育健身、学校（幼儿园）教学、生活、娱乐等设施设备436.1万元。资助建档立卡大学生121人次，兑现补差资助金30.6687万元；资助大学生1358人次，兑现资助金1006.9万元。

【基础建设】 2021年，扎囊县教育系统基础建设项目共计16个，总投资10948万元，其中续建项目6个，总投资6370万元（含援藏资金280万元）；新建项目10个，总投资4578万元。

【教学成绩】 2021年，扎囊县各级各类学校坚持“五育并举”，以国家通用语言文字为主的教育体系基本建立，“五个100%”成果不断巩固，幼儿园办学评估体系全面执行。中考总成绩居全市十二县（区）第一，其他省市西藏高中班录取40人，1人获得全区生物单科状元；小考体检录取人数32人，首次位居全市第一（含市直小学），刷新小考纪录。3所村级幼儿园通过市级分类定级评估，并分别评为一类、二类幼儿园。制定《扎囊县中小学生“五项管理”工作实施方案》《扎囊县中小学学生课后服务工作实施方案》和督导台账，全面落实“双减”政策和五项管理工作，并定期上报国家基础教育管理平台。

【队伍建设】 2021年，扎囊县教育局（以下简称县教育局）制定《扎囊县教育系统“十四五”期间薄弱学科教师业务培训实施方案》，举办学前、中小学教师培训、交流、参观等活动6场次，累计培训教师287人次。开展学前教师教学竞赛、中小学青年教师教学竞赛、教师藏语汉语论文大赛、教师信息技术应用能力大赛，并推荐8名教师参加市级竞赛，获得一等奖2人、二等奖1人、三等奖3人，县教育局荣获“优秀组织奖”。

【德育教育】 2021年，县教育局围绕中国共产党成立100周年、西藏和平解放70周年开展“十二个一”系列教育活动，组织开展“3·28”西藏百万农奴解放纪念日活动、清明祭扫英烈、师生书画展、读书日、唱支山歌给党听文艺会演、师生演讲比赛等活动，开展“小小石榴籽，殷殷中华情”和“九九重阳，孝润童心”主题教育活动，持续加强师生爱国主义教育、反分裂教育、民族团结教育、“五史”教育等，铸牢中华民族共同体意识。举办首届教师心理咨询培训班，邀请国家级心理学专家进行心理健康讲座，受众师生300余人。

【党组织建设】 2021年，县教育局通过主题党日、“三会一课”、理论中心组学习、读书会等形式，充分利用“学习强国”等平台，开展专题化、多样化、常态化政治理论学习。局机关和各学校党组织集中学习200余次，党组书记、支部书记讲党课16场次，党史知识答题9次，开展研讨交流70余场次，撰写研讨发言稿190余篇，心得体会400余篇。组织召开党史学习教育专题组织生活会、全面从严治党工作推进会等，推动学校基层党建和业务双融合、双促进。完成“软弱涣散基层党组织”整顿工作任务，稳步推进中小学党组织领导下的校长负责制，按照中小学书记校长“一汉一藏”配备要求，配齐配强领导班子。开展中央第十巡视组和区党委第三巡视组巡视

2021年11月29日，扎囊县召开县委教育工作领导小组全体会议

“回头看”反馈意见整改和“软弱涣散”基层党组织整顿工作。制定印发《扎囊县教（体）局党组集中开展“以案促改”工作实施方案》，将《全面从严治党在西藏》、《正风反腐就在身边》、《说案明纪》、各级违纪违法通报等作为开展警示教育的重要教材，先后组织集中观看警示教育片16场次，观看爱国教育影片10场次，组织参观西藏博物馆、西藏第一党支部克松村，对校长、教师进行深入谈话提醒13人次。开展“结对帮扶”、“关爱孤寡老人”、残疾儿童“送教上门”等为民办实事活动30余件，投入资金20余万元；维修改造学校基础设施项目11个，投入资金222万元。

【校园安全】 2021年，扎囊县各级各类学校严格执行开学安全评估制、交通安全护送制和交接制、陪餐制、食品留样制、隐患定期排查制、24小时带班值班和信息零报告、校园安全事故“一票否决制”等稳定安全机制，深化学校及周边治安综合治理工作。7所中小学及30所乡镇、村级幼儿园安装“一键式”报警系统，监控设备运行率达85%。各校结合实际，充分利用黑板报、校园广播、网络、国旗下讲话、宣传警示标语、主题班（队）会、开学第一课等多种形式，开展交通、防火、防溺水、食品卫生安全教育、铁路安全教育30余次，应急演练6次，“法律进校园”宣传讲座7场次。教育局联合市场监督管理局、公安局、疾控中心、消防等单位检查校园安全工作15次，隐患排查整改17处。

【疫情防控】 2021年，县教育局健全防控工作机制，加强校园疫情防控指导，细化完善各类预案措施，严格落实封闭式管理要求，常态化组织校园消杀和卫生清理，持续开展人员信息摸排，履行师生出（返）藏报备程序，坚决筑牢校园疫情防线。有序推进疫苗接种工作，教职工完成第一针接种595人，第二针583人，第三针11人，疫苗接种率91%；3—17岁学生已完成第一针4233人，第二针1539人，接种率77%。发放口罩12.6万片、消毒液196桶、免洗手液120件、消毒喷雾器37个、测温仪40个，有效保障学校防控需求。

【乡村幼教专干及学前辅助教师岗前培训班】 2021年3月1—2日，县教育局举行为期2天的乡村幼教专干及学前教育辅助教师岗前培训。23名新分乡村幼教专干和20名新招聘学前辅助教师参加培训。

【薄弱学科教师业务培训】 2021年3月24—25日，县教育局组织小学道德与法治任课教师在教师培训中心开展第一期薄弱学科教师业务培训，共计22人参加培训。邀请自治区级骨干教师、山南市学科带头人、山南市一小高级教师多吉次仁作了题为《从这里，我们再出发》的专题讲座。参训人员对《品德与生活》《品德与社会》改版到《道德与法治》的教材进行对比分析，集中讨论道德与法治课程的教学策略。

【学习交流活动】 2021年3月29日，县教育局组织县中学22名教师前往拉萨市第八中学，通过听课、研讨、交流等方式，就理科实验操作、课堂教学、教研活动、教学管理等进行实地考察、培训。

【推进县域义务教育均衡发展动员部署会】 2021年4月27日，扎囊县召开推进县域义务教育均衡发展动员部署会，副县长丹增平措主持会议，县委教育工作领导小组组长、县委常务副书记欧雷出席会议并讲话，县教育局、发改委、财政局、人社局、各乡（镇）等成员单位主要负责人，县教体局全体干部职工，中小学校长，共计50人参加会议。

【义务教育均衡发展迎国检工作过程督导】 2021年5月10—11日，扎囊县组织开展义务教育均衡发展迎接国家督导评估验收过程督导，副县长丹增平措，宣传部、人大办、政协办、教育、公安、财政、发改、人社、市监、各乡镇等成员单位负责人共计20余人参加。

【师生书画展】 2021年5月31日，扎囊县举办“学习百年党史，汇聚团结伟力”民族团结师生书画展，共收集教师书法作品25幅、绘画作品18幅、手工作品28件；中小学生书法作品104幅；小学生及幼儿绘画作品49幅，最终评选出一等奖10名、二等奖20名、三等奖30名。

【幼儿园教师业务培训交流会】 2021年8月19日，县教育局组织开展2021年幼儿园教师培训交流会，全县60余名学前教师参加。幼儿园教师集中观看庆祝西藏和平解放70周年大会直播，并由县教育局党组书记、局长拉措姆讲授以“学党史，跟党走，做理想信念传人”为主题的党课。县教育局采购办、体卫安负责人，围绕“三包”物资管理、校园安全管理等工作进行业务培训，各园负责人围绕园务管理、活动设计、保教工作等进行经验交流。

【首届教师心理咨询培训班】 2021年11月10日，县教育局邀请株洲市第九批援藏教师，国家二级心理咨询师袁洁明老师围绕师生心理健康教育，为县级教研员、各小学心理健康教育负责人等10余名老师，作题为《关注心理健康，共建美好校园》的心理健康教育讲座，并在县中学新建心理咨询室进行模拟体验。

【观摩考察活动】 2021年11月16日，拉萨市尼木县组成以人民政府副县长、教育局局长洛旦为组长，尼木县教育局教研员、中小学校长、教务主任等29人为成员的教育观摩考察团，到扎囊县中学、吉汝完小、阿扎完小进行观摩考察。

【送培（教）下乡活动】 2021年11月18日，由山南市教育局教研室主任徐进带队，组织11名市级教学能手，到扎囊县中小学校开展送培（教）下乡活动，全县共计170名教师参加培训。

【县委教育工作领导小组全体会议】 2021年11月29日，召开县委教育工作领导小组全体会议。会议由副县长杨志军主持，县委教育工作领导小组组长、县委常务副书记欧雷出席会议并讲话。财政局、发改委、教育局、人社局等县委教育工作领导小组成员单位负责人、县教体局班子成员及科室负责人、中小学党支部书记、校长等，共计50余人参加会议。传达学习中共山南市委教育工作领导小组关于印发《山南市委教育工作领导小组2021年重点工作任务》的通知文件精神，审

2021年4月27日，扎囊县组织召开推进县域义务教育均衡发展动员部署会

议《扎囊县中小幼思想政治教育一体化建设工作实施方案(审议稿)》,听取2021年全县教育工作情况汇报及2022年工作思路,明确将2022年确定为“教育高质量发展推进年”。

【机构领导】

党组书记、局长

拉 措 姆(女,藏族)

党组成员、副局长

次仁卓玛(女,藏族)

副局长

李 伟

陈 善 苑(援藏)

扎囊县2021年聘任高级教师一览表

表3

姓名	出生年月	性别	民族	籍贯	政治面貌	入党时间	最高学历	工作单位	现专业职称	高级聘任时间(高级教师)
益西旺久	1978年10月	男	藏族	西藏扎囊	中共党员	1999年7月	大专	吉汝乡雪拉完小	高级教师	2021年8月
贡觉卓玛	1981年10月	女	藏族	西藏拉萨	中共党员	2008年7月	本科	扎囊县中学	高级教师	2021年8月

扎囊县教育系统2021年教师职称统计及结构比例一览表

表4

学 校	教师总数(人)	高级教师(人)	比例(%)	一级教师(人)	比例(%)	二级教师(人)	比例(%)	未聘教师(人)	比例(%)	备注
县中学	133	23	17.3	66	49.6	43	32.3	1	0.8	不包括2名工人,6名援藏教师
阿扎完小	90	15	16.7	53	58.9	22	24.4	0	0.0	—
吉汝乡吉汝完小	50	7	14.0	22	44.0	19	38.0	2	4.0	—
吉汝乡雪拉完小	30	4	13.3	9	30.0	15	50.0	2	6.7	—
扎其乡扎其完小	67	9	13.4	24	35.8	28	41.8	6	9.0	—
扎其乡朗塞岭完小	21	2	9.5	11	52.4	6	28.6	2	9.5	—
桑耶镇完小	51	7	13.7	20	39.2	21	41.2	3	5.9	—
扎唐镇幼儿园	26	1	3.8	5	19.2	15	57.7	5	19.2	—
全县总和	468	68	15	210	45	169	36	21	4	—

说明:根据西藏自治区人力资源与社会保障厅、西藏自治区教育厅关于印发《西藏自治区深化中小学教师职称制度改革工作实施方案》的通知精神,根据新的中小学教师职称等级体系,按照国家关于中小学岗位设置管理的有关规定,在核定编制内,由人社部门按高级(不含正高级)、中级、初级岗位1.1 : 4.7 : 4.2的比例进行设置,并在高级、中级岗位比例上向海拔4300米以上的学校及其他乡镇以下学校(不含县城所在地的乡镇学校)各倾斜2个百分点,正高级教师数量国家实行总量控制。

体育

【概况】 2021年，县教育局举办教育工会首届“烛光杯”足球赛、“奉献杯”篮球赛、“U-15校园足球赛”“小学U-13”逐梦杯足球赛和扎囊县氆氇文化节系列活动群众拔河比赛等师生、群众参与度和喜爱程度较高的体育赛事。各学校实施《学校体育工作条例》，达标施行面100%，坚持“两课两操一活动”，保证学生每天一小时的体育锻炼时间。

2021年4月22日，扎囊县教育（体育）举办首届“烛光杯”教职工足球赛

【首届“烛光杯”足球赛】 2021年4月22—30日，在扎囊县体育公园举办教职工全民健身活动之首届“烛光杯”教职工足球赛。来自全县38所学前、小学、中学、高中的136名教职工组成的8支参赛队参加比赛。

【U-13“逐梦杯”校园足球联赛】 2021年6月7—13日，在县体育公园举办“第三届U-13少年足球赛，来自全县各乡（镇）完小的78名学生组成6支足球队参加比赛。

旅 游

综述

【概况】 扎囊县旅游发展局（以下简称县旅发局），正科级单位，共有4人，其中四级调研员干部1名、副科级干部3名。2021年，扎囊县旅游接待45.63万人次，创收5216.4万元，分别同比增长33%和67.7%。通过旅游业，加快全县主要景区周边群众的增收致富步伐，巩固脱贫攻坚成果。

【旅游扶贫】 2021年，县旅发局按照“脱贫不脱政策、脱贫不脱责任、脱贫不脱帮扶”的原则，开展慰问及帮扶工作，先后4次组织在家全体党员到各自的结对帮扶贫困户家中看望慰问，并对党的各项惠民政策等进行再次宣讲。共慰问6户贫困户，送去慰问金5200元。深入单位包村吉汝乡格普村开展入户宣讲脱贫攻坚各类政策。

【基础设施建设】 2021年，县旅发局在项目建设过程中，将项目建设与精准扶贫紧密结合，在同等条件下，鼓励和提倡中标承建单位优先照顾建档立卡贫困群众务劳务工。2021年项目开工以来，支付阿扎乡阿扎村双联户旅游休闲站建设项目款352844.23元。支付阿扎村旅游基础设施建社项目质保金208860元。支付青朴景区旅游基础设施建设项目质保金315628.99元。支付扎央宗景区旅游基础设施提升改造项目质保金449801.95元。支付厕所革命托管费用42万元。

【建设项目申请】 2021年，县旅发局为打造“旅游强县”，全面提升旅游基础设施，实现旅游富民目标，申报桑耶旅游基础设施项目（涉资2931.43万元）、青稞旅游基础设施建设项目（涉资2500万元）、沙丘旅游产业配套项目（涉资3000万元），并得到立项和批复，开展大量前期工作。

【行业监管】 2021年，县旅发局共出动25人次进行10次安全生产检查，深化旅游行业隐患排查治理，督导旅游企业落实安全生产主体责任，提升旅游行业安全生产监管执法工作质量，夯实行业安全生产基础，持续打造稳定的旅游市场安全生产环境。3月、6月综治宣传工作期间及6月安全生产月，组织专人负责开展宣传活动，通过悬挂横幅、发放宣传资料、设立咨询台等形式，宣传旅游资源保护和旅游市场安全法规意识、安全生产意识，真正使每个人都行动起来，自觉维护社会稳定，自觉遵守国家法律。

【市场开拓】 为推荐全域旅游，壮大旅游产业，扩大扎囊旅游影响力，开拓旅游市场，2021年4月，在拉萨洲际大酒店开展旅游推介专场会。9月，参加西藏山南国道219线“一措再措”高原房车自驾露营节。11月，参加2021年冬游西藏山南“3 + 1”精品旅游线路踩线活动。

【招商引资】 2021年，县旅发局与山南市旅投公司、藏草集团、绿之源、西普农业等企业对接，共谋发展战略达成合作意向，吸引投资 3000 余万元。

【疫情防控】 2021 年，县旅发局加强组织领导，落实防控责任。成立扎囊县旅发局疫情防控工作领导小组，由局长周学良任组长，两位副局长任副组长，各景区景点负责人任领导小组成员。贯彻落实上级防控部门制定的政策，统筹、指导、推进景区景点和家庭旅馆、旅游餐饮等涉旅企业防控工作。开展疫情排查报告、应急响应、督导督查工作等疫情防控工作。加强景区景点防控管理。为保障旅游场所环境安全，各景区景点强化日常管理。每日安排人员值守，要求所有进出人员必须佩戴口罩、测量体温并出示健康码，严格落实一米线和环境消杀、日常通风等常态化防控措施，降低风险隐患。定期进行消杀防疫。常态化开展涉旅经营场所的消杀防疫工作，每日三次对景区景点、家庭旅馆、旅游餐饮等各类场所的进出通道、设备设施等区域进行全方位消杀，并对座椅、扶手等重点部位进行消毒，做到不留死角不留盲区。通过全面消杀，彻底消除可能存在的安全隐患，确保广大游客安全出游。严控旅游接待规模。自新冠肺炎疫情发生以来，扎囊县各景区景点严格控制接待上限，严格落实限流措施，特殊时期关闭景区景点。时刻防范人员聚集，针对藏历新年、萨嘎达瓦节、望果节等节点景区活动集中的特点，加强大型活动监管，督促景区制定节日期间防控方案，严格落实有关疫情防控措施。严格落实联防联控机制。疫情发生以来，配合县委、县政府及疫情办各项工作，开展疫情防控排查工作，并按时上报排查结果及防控工作进展。为筑牢“外防输入、内防扩散”的疫情防线，全年出动机关工作人员，分 3 批共 12 人次下沉景区景点，与旅游从业人员共同开展防控宣传、关口检查、信息采集登记等工作，确保景区景点防疫工作全覆盖，不留死角。加强防控新冠肺炎疫情宣传。为了向广大游客和旅游从业者普及疫情知识，传达防控政策，传送疫情信息，开展疫情防控宣传工作，截至年底，通过各种渠道开展健康教育宣传活动达 12 次，其中张贴疫情防控知识海报 150 张，悬挂疫情防控宣传横幅 10 条。

2021年12月21日，扎囊县委书记唐勇（右二）到沙丘公园建设工地检查指导工作

【党风廉政建设】 2021 年，县旅发局坚持以学习为本。通过理论学习计划、“学习强国” App 等途径将学习常态化、制度化，每月检查干部学习进度，通过学习提升全局党员干部综合素质，树立社会主义核心价值观，切实抓好党性、党风、党纪教育。筑牢思想防线。主要负责人不定期对局机关干部开展廉政谈话，全面了解党员干部在日常工作开展和勤政廉政等方面的情况。经常性开展廉政学习、警示教育活动，采取正反面教育相结合，以典型案例促使党员干部保持廉洁自律自觉性。落实主体责任。全面落实党风廉政建设责任制，强化“一岗双责”，持续深入贯彻落实中央八项规定及其实施细则精神，筑牢纪律法律底线思维，切实做到正风肃纪、正本清源。

【党建工作】 2021 年，县旅发局强化工作统筹，精心谋划部署，及时召开局党组会议，对举办机关党建工作和理论学习计划进行专题研究部署。结合工作实际，研究制订党建工作计划、理论学习计划，对年度局机关党建工作和

2021年9月24日，扎囊县旅发局局长周学良（左二）参加西藏山南国道219“一措再措”高原房车自驾露营节

学习安排作出统筹规划，明确目标任务、具体内容，压实责任，层层落实。加强组织建设，严格落实制度。严格执行新形势下党内政治生活的若干准则，增强党内政治生活的政治性、时代性、原则性、战斗性。按时召开党员领导干部民主生活会，局党组成员围绕主题，查摆问题，检视不足，剖析原因，开展批评和自我批评。坚持党员领导干部讲党课制度，落实“三会一课”、双重组织生活会等制度。组织开展民主评议党员、民主评议党支部活动。坚持每月开展主题党日活动，重温入党誓词、党员过“政治生日”等政治仪式，不断提高党建工作质量。

景点简介

【桑耶景区】 国家AAAA级旅游景区。

桑耶寺。桑耶藏文意为“无边寺”“存想寺”或“超出想象寺院”。该寺因创建时融合了藏族、汉族、印度三种建筑风格，亦被称为“三样寺”，位于扎囊县雅鲁藏布江北岸的桑耶镇，始建于8世纪中叶，是藏族文物古迹中历史悠久的著名寺院，也是有正规僧人的第一座完整的寺院。1996年，桑耶寺被评为第四批中国重点文物保护单位之一。2005年，桑耶景区被评为国家AAAA级旅游景区。寺院内珍藏着西藏自吐蕃地方政权以来各个时期的历史、宗教、建筑、壁画、雕塑等多方面的文物，是西藏古代文明之集大成者。《贤者喜宴》中曾赞道：“此寺是难以想象之建筑，世间无与伦比之寺院。”

措姆湖（桑耶景区附属景点）。位于桑耶寺西门外桑耶林卡境内，是横渡雅鲁藏布江后从松卡五白塔至桑耶寺必经之地。

松卡石塔（桑耶景区附属景点）。位于江北松卡公路旁边。

哈布神山（桑耶景区附属景点）。哈布山是西藏四大名山（拉萨药王山、泽当贡布山、贡嘎甲桑秋沃山、桑耶哈布山）之一，位于桑耶寺东面，形如一尊大象。南北长约1000米，高60余米。“哈布”的藏语意为喘气，因登山时需要喘气，故而得名。在哈布山顶部，还有一堆建筑废墟，原为哈布寺，是继桑耶寺后不久，为纪念赤松德赞、寂护、莲花生而建造。主供赤松德赞、寂护、莲花生塑像。每逢宗教节日之际，人们每每在此奉行纪念活动。这也是哈布山成为西藏四大名山之一的原因。

青朴修行圣地（桑耶景区附属景点）。青朴位于桑耶寺东北7.5千米的纳瑞山腰，海拔4300米。因莲花生、赤松德赞、白若扎那等吐蕃时期的著名历史人物最先在这里修行而闻名，加之此地环境幽静典雅，曾有不少名僧大师修行于此地。据传还有108座天葬台和108处泉水。截至年底，40多座修行洞和部分泉水和天葬台仍然可以看到，至今有200多名修行者在这里专心修行密法，是目前西藏洞穴里修行最集中的地方。除此之外，夏秋之际，这里草木茂盛，溪水清澈，可谓山清水秀。青朴有着独特的自然小气候，环境优美，适宜人居，是观光旅游和朝圣游的好去处。

措杰拉错（阿扎景区附属景点）。位于阿扎乡章达村，这里的海拔3600米。

【朗塞岭庄园】 朗塞岭庄园位于扎囊县扎其乡朗塞岭村，与著名的桑耶寺隔雅鲁藏布江相望，仅靠泽贡公路3千米，距泽当镇25

千米。国家重点文物保护单位。朗塞岭庄园是扎囊县境内一个封建大贵族的领地，据考证该庄园兴建于帕竹王朝时期。这个庄园自开始修建到最后完工，大约花费了几十年时间。为了进一步保护和展示该庄园，使国内外游客更深地了解帕竹地方政权时期实行的宗溪管理制度，2006年由国家投资对朗塞岭庄园进行抢救性维修，按照修旧如旧的原则，庄园的主体建筑基本恢复原样，对更好地保护文化遗产、了解和展示该庄园的历史起到十分重要的作用。距离山南地区25千米、距离扎囊县20千米。

【敏珠林寺】　全国重点文物保护单位。该寺是西藏第一座佛学院，位于扎囊县扎其乡塔巴林村一群山环抱的山谷里。敏珠林坐西朝东，正前方是开阔山谷，山清水秀。其主要建筑为祖拉康，共分为三层，东南西北四个方位各设拉康，内设有大小铜塔10座。敏珠林寺以父子或翁婿为传承，不完全限定血统关系，是宁玛派重要的分支之一，对藏传佛教中宁玛派的兴盛、发展、衰落及其传承教义有很高的历史研究价值。敏竹林寺的僧人不仅学习佛法，还教文化、医学、天文、历算等知识，敏珠林寺是享誉全藏的佛学院，并负责编写修订《藏历年表》，发往整个藏区。该寺所产藏香味香、持久、安神，具有一定的药用价值，在国内外享有较高的声誉。

【阿扎景区】　阿扎景区位于雅鲁藏布江北岸，是自治区AA级景区。主要景点包括阿扎寺及西藏自治区罕见的喀斯特溶洞景观扎央宗溶洞和宗贡布溶洞。该景区由江北公路经过贡嘎直达拉萨，交通尤为便利。

阿扎寺。阿扎寺位于阿扎乡阿扎村。建筑面积3300平方米。主殿坐北朝南，寺院大门东向，门前是山谷溪水，东面是贡布山，西面是迥拉姆山，南面向着雅鲁藏布江，北面可通扎央宗山。寺院依山傍水，风景秀丽。该寺由堪琼·白玛桑布于奔波旺时期建造，建成后属噶举派的楚普寺管理。经1958年维修后，寺院规模基本保持原貌。

扎央宗。海拔4500米，共有3个洞口，洞口皆向南，其中2个洞里面是相通的。相传莲花生曾在此修行过。靠东的一个洞，洞口较大，洞深12米，宽11米，高约15米，洞内面积有100多平方米。洞内有经堂和佛殿，主要供奉门顿、莲花生、寄护、赤松德赞、益若卡、处昆、拉玛群培等以及灵塔。在3个溶岩洞门口之间和附近还有不少的摩崖造像，以及藏文的“六字箴言”。其造像主要以莲花生为题材，林外还有一些兽头人身的护法神造像。扎央宗不仅是佛教徒的圣地、旅游的名胜地，而且无疑也是研究地质、钟乳石岩洞的活化石、活标本。

宗贡布。位于海拔4800米的宗贡布深度饿山腰。从阿扎村往东上坡30千米即可到达。山上草木茂盛，雪鸡野兔不时地穿行而过。此洞为早期形成的自然溶洞。宗贡布溶洞洞口深35.3米，宽26.4米，高约30米。洞内流出湍急的泉水，恰似聚拢吐水。宗贡布溶洞洞口朝西，当地人通常将这个大洞口为称“卡钦”（意为大口）。从洞口扶梯而上3米，是一个面积约60余平方米的平台，平台到洞顶高约20米，在洞的顶部和左右到处是大大小小的溶洞，成群的鸽栖身其中。由平台又分南北两个洞口。

（次仁央金）

【机构领导】

局　长

周学良

副局长

澎　琼（女，藏族，8月免）

次仁央金（女，藏族）

达娃卓玛（女，藏族）

卫生健康

综述

【概况】 2021年，扎囊县卫生健康委员会（以下简称县卫健委）以习近平新时代中国特色社会主义思想为指导，全面贯彻中共十九大和十九届二中、三中、四中、五中全会精神，中央第七次西藏工作座谈会议精神，习近平总书记在庆祝中国共产党成立100周年大会上重要讲话精神和在西藏视察期间重要讲话精神，增强“四个意识”、坚定“四个自信”、做到“两个维护”，始终坚持党的各项路线方针政策，全体干部职工团结一心，锐意进取，扎实工作，取得较好成绩。县卫健委共有编制4名，其中4名行政编制。实有5名，其中行政管理人员4名。扎囊县各级各类卫生机构63个，其中县直医疗单位2家、乡镇卫生分院5个、村居卫生室56个。

【疫情防控】 2021年，县卫健委全面深入学习贯彻习近平总书记关于打赢疫情防控人民战争、总体战、阻击战的重要指示精神，根据自治区、山南市、县疫情联防联控指挥部安排部署，全力抓好常态化疫情防控工作。

实施方案。2021年，县卫健委根据卫健委班子调整情况，为确保疫情防控工作持续抓好抓实，避免疫情防控工作上出现漏洞，及时调整充实防控医疗领导小组及10个防控专班组，明确分工职责，细化疫情防控工作方案，制定印发《扎囊县防控医疗组关于调整充实新型冠状病毒感染的肺炎疫情防控专家组的通知》《扎囊县防控医疗组关于“冬春季新型冠状病毒感染的肺炎”防控工作方案》《扎囊县医疗防控组关于新型冠状病毒感染的肺炎集中隔离点管理方案》等文件，明确工作目标，细化工作任务，强化组织实施。

“四早”措施完善。2021年，县卫健委加强多点触发监测预警工作，全面落实人、物同防工作，做到“应检尽检、愿检尽检”，截至年底，对区域协查、自驾、中高风

2021年10月25日，扎囊县卫生健康委员会党组第五次“三重一大”会议召开

2021年11月4日，扎囊县卫健委对卫生医疗机构进行院感防控督导检查

险地区、复工复产返县人员核酸检测采样累计180人次、冷链食品核酸采样20次、食品相关从业人员核酸采样106人次、快递及包裹核酸采样65批次，全年共计核酸检测6180人次，结果均为阴性。强化医疗机构"预检分诊""首诊负责"。各医疗卫生单位全面落实预检分诊，实行"首诊医师负责制"，不断加强县级医疗机构、乡镇卫生院、村卫生室及县域内诊所薄弱环节管理，严格规范发热病人处置流程。严格落实"日报告""零报告"制度，及时报告疫情发生、发展、变化情况，全年未发生疫情。密切关注国内疫情中高风险地区调整信息，严格按照疫情防控统一要求，做好人员隔离管控和日常健康监测工作。加强流行病学调查，对高、中风险区域返县人员，区域协查，排查人员，密接人员开展流行病学调查累计56人次。强化消杀消毒，全县各级医疗机构、疾控中心针对农贸市场等重点区域、重点场所、人员密集场所及县两会、村级换届选举重要活动累计消杀消毒300余场次。强化火车站疫情防控工作。对接火车站，联合疫情办设立火车站进出站口扫码、体温检测、行程轨迹登记点，张贴各类标识标牌，分别设立进出站人员临时隔离观察点各1处。自6月25日以来，每日派3名医护人员坚持在火车站开展监测工作，切实抓好入县关口。

加强疫情应对能力。2021年，县卫健委加强核酸检测梯队建设，共培养采样人员156名、检测人员12人。组织县中心医院、各乡镇卫生院联合当地政府共开展应急演练8次。集中开展新冠肺炎疫情防控培训20余次，共培训500余人次，开展新冠肺炎疫情防控知识考核4次。组织县城各行业部门防疫消杀人员，特别是学校、邮政物流领域，举办新冠肺炎疫情防控消杀消毒培训3次70余人。加强健康宣教，累计宣传70余场次。强化督导检查，加大对各级医疗机构疫情防控措施落实情况督导检查，开展督导检查16次。

疫苗接种。2021年，扎囊县共接种新冠疫苗53196人次，其中第一针接种28438人次（含3至11岁接种第一针2720人次）、第二针接种23838人次，第三针接种920人次；新冠肺炎核酸检测共计5180人次。

【公立医院综合改革迎检准备工作】 2021年，成立扎囊县迎检工作领导小组，并报请县政府后召开协调会议，明确各单位迎检任务、职责。对接湖南株洲市卫健委，邀请2名专家对扎囊县迎检工作进行为期1个半月指导。接受自治区、山南市5次迎检工作推进情况督导检查。由分管县长带队赴自治区卫健委汇报迎检准备工作，争取自治区支持和指导。完成公立医院综合改革工作汇报材料撰写和线路设定。完成县级公立医院14块迎检展板和乡镇卫生院7块迎检展板的设计。完成确定试点县以来的各类、各项材料的收集、整理、汇总工作及公立医院综合改革工作自评，经自评得95.5分。

【城乡居民（寺庙僧尼）健康体检】 2021年，县卫健委为贯彻落实自治区党委、政府的惠民政策，全面推进"健康西藏"和"健康山南"建设的战略部署，深入实施城乡居民暨僧尼免费健康体检工作。自4月6日开始，开展城乡居民及僧尼免费健康体检工作。10月

12 日，完成全县城乡居民及僧尼免费健康体检工作。

【免疫规划】 2020 年 10 月 1 日至 2021 年 9 月 30 日，全县常住人口应种 5782 针次、实种 5532 针次，接种率 95.68%；流动人口接种 2178 针次。建卡建证率达 100%。

【地方病防治】 鼠防监测。2021 年，县卫健委对阿扎、桑耶等鼠疫疫源点的 5 个施工单位及村委会对外来务工人员、当地村民等进行鼠防知识宣教，并与各施工单位和火车站负责人签订鼠防安全责任书。在亚杰村益嘎松多沟、永姆朵沟、念多沟等地开展鼠疫固定点系列监测工作，监测共采集血样 43 份，其中山羊血清 13 份、绵羊血清 8 份、狗血清 22 份，结果为阴性，专技人员向农牧民群众宣传鼠防“三不三报”［“三不”：不接触、不剥食病（死）黄鼠及其他野生动物；不在鼠洞周围坐卧休息，以防跳蚤叮咬；不到鼠疫病人或疑似鼠疫病人家中探视护理或吊丧。“三报”：发现病（死）鼠和其他病（死）动物要报告；发现鼠疫病人或疑似鼠疫病人应立即报告；发现原因不明的急死病人应立即报告］。进行旱獭密度监测、小型鼠密度监测，媒介监测，预防性投药、堵洞等系列监测，未发现人身与牲畜感染鼠疫情况，达到防止发生人间鼠疫目的。

碘缺乏病监测。2021 年，县卫健委对 5 个完小各抽取 5 年级 40 名学生进行碘缺乏病防治知识问卷调查，共调查学生 200 人，碘缺乏病防治知识平均知晓率分别为 83.7%；抽取 45 名育龄妇女进行碘缺乏病和饮水型地方性砷中毒防治知识问卷调查，碘缺乏病、防治知识平均知晓率分别为 56.8%。

带绦虫病监测。2021 年，县卫健委对每个监测点通过整群抽取 3 周岁以上常住居民 100 人，共采集粪样 500 人份，检出 107 例带绦虫卵感染患者。为扎囊县带绦虫病患者提供更好的干预救治措施，结合实际，制定《扎囊县食源性寄生虫病（带绦虫）监测干预救治方案》，依托县藏医院，组建县级带绦虫病病情评估专家组，专家组结合患者信息和诊疗方案，对病情进行科学评估，住院治疗天数最长控制在 7 天内，按照“救治疗效最好、不良反应最小、治疗费用最合理”的原则，为每个患者制定个性化诊疗方案，并进行治疗，共住院治疗 5 例，治愈率达 95% 以上。

2021年9月2日，扎囊县开展秋冬季新冠肺炎疫情处置综合演练

【慢性病防治】 2021 年，扎囊县高血压患者登记管理人数 2575 人，规范管理人数 2575 人，血压控制人数 1501 人；糖尿病患者登记管理人数 15 人，规范管理人数 15 人，血糖控制人数 13 人；65 岁以上老年人健康管理人数 2956 人；严重精神障碍患者管理人数 89 人，规范管理人数 89 人，新增 3 例疑似患者，目前待确诊。

【传染病防治】 2021 年，扎囊县网络直报系统共报告法定传染病 124 例，无甲类传染病报告，乙类传染病报告发病 6 种 88 例，丙类 2 种 36 例，其他传染病 14 例，无死亡病例，总报告法定传染病发病率为 338.28/10 万。及时发现、有效干预、及时救治，开展腮腺炎预防和救治工作，确保了不扩散。

【结核病防治】 2021 年，扎囊县接诊初诊患者 127 例，登记活动性肺结核患者 20 例，其中涂阴 15 例、涂阳 4 例、肺外 1 例，无未查痰人员。

【医疗就诊】 2021年，中心医院门诊总就诊量72757人次（其中县中心医院就诊36639人次、县藏医分院就诊8200人次、桑耶镇分院就诊5540人次、吉汝乡分院就诊12145人次、扎其乡分院就诊2932人次、阿扎乡分院就诊1661人次、扎唐镇分院就诊5640人次）；县中心医院收治住院病人563人、县藏医分院收治住院病人310人、藏医理疗人数达1600人；县中心医院住院手术63例，门诊手术378例，DR（数字化X射线摄影系统）检查6303人次、CT检查2628人，各种检验40004人，彩超6593人，胃镜210人，心电图343人，住院病人治愈率73.27%，好转率23.89%，病床使用率82.87%。

【妇幼健康】 强化孕产妇系统管理。全县产妇总数305人，活产数306人，产前建卡数263人，建卡率100%；孕产妇系统管理246人，孕早期检查率72.3%；产后访视305人，产后访视率100%；住院分娩305人，住院分娩率100%；高危产妇52人，住院分娩52人，高危孕产妇住院分娩率100%。强化儿童系统管理。按照儿童保健4.2.1体检制，重点加强对0—3岁儿童系统管理，儿童“四病”的防治及学龄前儿童体检工作。全县7岁以下儿童数为3273人，5岁以下儿童为1795人，3岁以下儿童为1237人，5岁以下儿童死亡2人，5岁以下死亡率5.8‰，6岁以下血红蛋白检测238人；强化新生儿疾病筛查工作。免费咨询新生儿疾病筛查相关知识的有237人，无创筛查155人，新生儿疾病筛查183人；强化阻断艾滋病母婴传播工作。首次建立母子保健手册和产检时进行免费检查“三病”，及时与病人做好沟通解释工作，向孕产妇传递艾滋病母婴传播知识和信息，能够阻断母婴传播及早治疗、早预防、早诊断。HIV（人类免疫缺陷病毒）免费咨询234人，孕期HIV抗体检测234人，孕期梅毒检测234人，孕期梅毒阳性3人，乙肝检测234人，乙肝3人；及时足额兑现住院分娩补助。扎囊县农村产妇196人，享受补助196人，补助率达100%。补助金额约495100元；同时规范发放工作，实行银行代发；强化农牧区妇女“两癌”筛查工作。2021年6月16日至7月16日，在全县范围内入村开展2021年度农牧民妇女“两癌”免费筛查工作，宫颈癌HPV（人乳头状瘤病毒）采样标本共计1665人，送检标本共计1665人。同步开展2021年度免费孕检和出生缺陷工作，年底已完成免费孕检181对，出生缺陷检查19对。

【健康扶贫】 按照脱贫不脱政策原则，充分利用公共卫生服务团队职能，扎实开展建档立卡贫困户及重点人群家庭医生签约及随访管理工作，签约及随访管理率达100%。

【健康教育与健康促进】 充分利用爱国卫生月主题宣传活动、食品安全宣传周、世界无烟日等宣传日、宣传周、宣传月等，发放计划免疫、结核、艾滋、爱国卫生运动、食品安全宣传等各类宣传手册2000余份、宣传单2000余份，受益人群达5000余人次；对辖区的人口开展健康知识知晓、技能掌握、行为形成情况和健康需求等内容的健康教育效果评估，健康教育覆盖达85%，居民知识知晓率达80%，满意度达90%以上；学校健康教育开展率达到100%，学生健康知晓率达≥90%，14岁以下儿童蛔虫感染率≤5%。同时对辖区内的8所学校，累计5342名学生，62个村（居），累计3132人开展健康教育，建立健全三级健康教育网络，建立健全健康知识宣传阵地。

【卫生监督】 2021年，受理卫生许可23件，经过审核、检查达到标准26家，其中新办19个、续办6个、补办1个。注销卫生许可证2个，办理合格证书、上岗证人数有129人（客运员2人、管理员17人、救生员1人、服务员109名）；完成全年食品安全风险监测采样工作，上半年采样食品为6种6份，下半年5种5份，样品采样完成率为100%，经检测结果均为合格，开展食源性疾病监测工作。监测网报共计13例，无食物中毒病例。完成水质监测任务。2021年，全县共有水监测点29个，实际设置29个，监测点设置率100%，监测乡镇覆盖率100%。枯水期水质监测合格率为41.18%，丰水期水质监测合格率为合格率62.50%。并根据监测结果，向有关部门提出意见建议。

【医疗援藏】 2021年，扎囊县推进三级医院对口帮扶贫困县级医院工作，力争对口援藏市的支持和帮扶，使2021年湖南组团式援藏医疗专技人员尽早进藏开展医疗工作，报请县委、政府同意后，4月组织接洽组到湖南省进行衔接，汇报扎囊县医疗卫生事业发展情况和援藏医疗工作开展情况，加强沟通，深化友谊，争取帮扶，先后赴湖南湘雅二医院、湖南省中医药大学第一附属医院、株洲市卫健委、株洲市三三一医院、株洲市中心医院、株洲市妇幼保健院，接洽2021年组团式医疗援藏、信息化远程教育、医务人员培训等事宜。2021年，在湖南省株洲市卫健委的倾力关怀下，对口援藏医疗单位在结束国家脱贫攻坚期间任务的情况下，仍然为扎囊县选派6名（其中3名1个月、3名6个月）组团式援藏专家开展医疗帮扶工作。截至年底，扎囊县卫生系统共在岗援藏专家10名，其中长期援藏1名，短期援藏6名，组团式援藏3名；派遣6名骨干医务人员分别在湖南湘雅二医院、湖南省中医药大学第一附属医院、株洲市中心医院3家进行为期半年的培训；就远程会诊、远程教育、远程影响诊断等与援藏医疗单位达成共识；继续深化了与株洲市三三一医院远程诊断协作事宜；为更好发挥援藏医疗队伍“传、帮、带”作用，提高本地医务人员的能力素质，明确援藏专家任务、本地医护人员的目标，确定考核指标，采取“一带一、一带多、多带一”的方式开展教育培养，专题举办“师带徒”仪式，2021年，10名援藏专家共带徒21名；援藏专家带头开展小儿多指、并指畸形整形手术、拇指狭窄性腱鞘炎切除术、吻合血管肌腱手外伤术、关节脱位骨折的手法复位与石膏固定术、新前庭大腺脓肿造口术、阴道前壁脱垂修补术、腹腔镜下输卵管结扎术、附耳切除术、多排螺旋CT三维重建技术的临床应用等新技术；帮助医院完善、优化了防疫制度。

（多　吉）

【机构领导】

主　任

扎西次仁（藏族，1月免）

多　　吉（藏族，1月任）

副主任

德庆曲珍（女，藏族，1月免）

洛　　曲（女，藏族）

李 青 龙

边巴阿旺（藏族，1月任）

医疗保障

【概况】 扎囊县医疗保障局（以下简称县医保局）为县政府正科级工作部门，行政编制3人，领导职数3人，实有人员7人。下设医疗保障服务中心，为副科级事业单位，事业编制3人，1名副科级领导职数，实有人员1人。2021年，县医保局落实全县医保筹资和医疗保险、生育保险、医疗救助待遇兑现，监督管理全县医疗保障基金、纳入医疗保障范围内的医疗服务行为和医疗费用，开展医保政策宣传，提高医疗资源使用效率和医疗保障水平。

【参保缴费】 2021年，扎囊县城乡居民参保人数34405人，参保率达95.6%，较2020年提高3.6%。稳定脱贫人口、重度残疾人员、孤

2021年11月11日，扎囊县政府副县长扎西央金（右一）带领医保局工人员深入各村（居）开展“二次结算”清缴工作

儿、低保对象、6065 人员，返贫监测户全部参保。

【待遇保障】 2021 年，扎囊县城乡居民基本医疗保险（含生育保险）共报销 1011 人次，兑现资金 837.51 万元（其中稳定脱贫人员 124 人次，兑现资金 98.97 万元；低保人员 26 人次，兑现资金 27.85 万元；重度残疾人员 18 人次，兑现资金 16.47 万元；特困人员 2 人次，兑现资金 0.52 万元）。城镇职工基本医疗保险报销 84 人次，兑现资金 12.55 万元。城镇职工生育保险报销 33 人次，兑现资金 45.23 万元。

【医疗救助】 2021 年，扎囊县共开展医疗救助 1088 人次，兑现资金 296.82 万元。其中稳定脱贫人员 10 人次，兑现资金 2.99 万元；低保 4 人次，兑现资金 1.14 万元；特困人员 18 人次，兑现资金 3.96 万元；重度残疾人员 3 人次，兑现资金 2.45 万元。

【基金监管】 2021 年，县医保局以规范医药服务行为和维护基金安全为目标，按照医保服务协议，结合“打击欺诈骗保、维护基金安全”专项治理行动，对县人民医院、藏医院和西藏进源医药有限公司扎囊第一分公司、第二分公司，西藏紫丹玛医药连锁有限公司扎囊县分公司，就药品收费、挂床住院、医药票据、医疗服务设施费用和刷医疗保险卡套取现金、购买非药品物品、虚开发票等行为及药品的进销台账、售药系统、门诊系统等进行监督检查和政策宣传，定点医药机构的医药服务行为持续向好。

2021年12月18日，扎囊县政府副县长扎西央金（左三）带领医保局工作人员深入扎其乡西卡学村开展城乡居民医疗保险征缴及政策宣传

【政策宣传】 2021 年，县医保局以综治宣传月、法治宣传周等重大节点为契机开展集中宣传，通过与下乡宣讲相结合，对参保缴费、医保报销、医疗救助等政策法规及报销流程开展宣传，全年累计开展宣传 20 余场次，发放《山南城乡居民医疗保险政策宣传册》3100 余份、《医疗保障基金使用监督管理条例》藏语版便民宣传资料 600 余份、城镇职工医疗保险待遇宣传单 300 余份、各类问答小礼品 1000 余份、现场答疑 30 余人次。

【党建工作】 2021 年，县医保局党支部以开展党史学习教育和“三更”教育为契机，以推进“机关党组织标准化”建设为出发点和着力点，以落实“三会一课”、主题党日、组织生活会、学习例会为抓手，将党建工作与业务工作同开展、同部署、同落实，以集中学习、专题党课、主题党日等多种形式开展学习 30 余次，发挥党内政治生活政治学习和党性修炼熔炉作用，引导党员干部在“学懂弄通做实”上下功夫，增强“四个意识”、坚定“四个自信”、做到“两个维护”。开创机关党建工作与业务工作齐抓共管、互促互进的新局面。

【党风廉政】 2021 年，县医保局严格执行一把手负总责，切实把党风廉政建设与业务工作一起部署、一起落实、一起检查、一起考核，切实履行“一岗双责”，真正做到管人与管事相结合、管业务与管党风廉政建设相结合，实现党风廉政建设和反腐倡廉工作与医保中心工作同部署、同落实。在重要节假日前，组织专题会议进行廉政提醒，组织全体干部观看警示教育片、通报违纪案例，全年举行党风廉政专题学习会 7 次。持续整治“四风”特别是形式主义、官僚主义，抓党风促政风带行风，营造风清气正的政治生态。

（任 杰）

【机构领导】

局 长

黎 藜（6 月免）

刘 芳（女，10 月任）

副局长

拉巴卓玛（女，藏族）

边 吉（女，藏族，10 月免）

萨甲顿珠（藏族，10 月任）

扎囊县中心医院

【概况】 扎囊县中心医院（以下简称扎囊县医院）始建于 1959 年，是一所集医疗、教学、预防、保健、急救为一体的综合性二级甲等医院和爱婴医院。2021 年，医院占地 32.70 亩，总建筑面积 15368.8 平方米（包括藏医院），业务用房有综合门诊楼、综合住院楼、传染病楼、医技楼、急诊部、供应室、制氧供氧中心、藏医院办公楼、藏药制剂中心、药库房以及小型附属用房。医院编制床位 30 张，有规划床位 120 张，实际开放 50 张床位。中心医院及藏医分院、各乡镇分院、疾控中心、妇保站全部职工共计 134 人，有正高 1 人，副高 2 人，中级 30 人（县中心医院 20 人、藏医分院 8 人、乡镇分院 2 人），初级职称 54 人（县中心医院 27 人、藏医分院 11 人，乡镇分院 16 人）。

扎囊县中心医院下设党政办公室、人力资源部、财务部（医保办）、医疗质控部、后勤保障部（中心务科、设备科、保卫科）、院感科、药械科、公共卫生科、信息化管理科等九个部委符合二级甲等医院要求的相关职能科室。配置的设备有 X 射线 DR 诊断仪，GE Optima 系列 62 排 CT、移动 C 型臂机、多功能麻醉机、多参数心电监护仪、心电图机、多普勒彩色超声仪、飞利浦多普勒 A–30 彩超仪、奥林巴斯电子胃镜、迈瑞 –800 型全自动生化检测仪、免疫发光仪、手术电子刀、微波治疗仪、胎心监测仪、婴儿暖床、心肺复苏仪、洗胃机、阴道镜以及多功能急救车等多类医疗使用设备。

【业务开展】 2021 年，扎囊县医院门诊总就诊量 72757 人次（其中，县中心医院就诊 36639 人次、县藏医分院就诊 8200 人次、桑耶镇分院就诊 5540 人次、吉汝乡分院就诊 12145 人次、扎其乡分院就诊 2932 人次、阿扎乡分院就诊 1661 人次、扎唐镇分院就诊 5640 人次）；县中心医院收治住院病人 563 人、县藏医分院收治住院病人 310 人、藏医理疗人数达 1600 人；县中心医院住院手术 63 例，门诊手术 378 例，放射 DR 检查 6303 人次、CT 检查 2628 人，各种检验 40004 人，彩超 6593 人，胃镜 210 人，心电图 343 人，住院病人治愈率 73.27%，好转率 23.89%，病床使用率 82.87%。

【党建工作】 2021 年，扎囊县医院以党建引领全局、促进医院整体发展。根据县直属机关工委每月的党建工作要点，逐条分析，逐项落实。每周严格落实党员固定学习日活动，每月严格开展“党员主题活动日”，先后围绕“感党恩、送温暖”——春节、藏历新年前夕看望慰问退休干部，“关爱女性、关爱健康”——隆重庆祝国际“三八”国际妇女节，“3·12”植树造林，扎囊县新时代文明实践活动之“五下乡”服务，参观红色基地，观看红色爱国影片，送医送

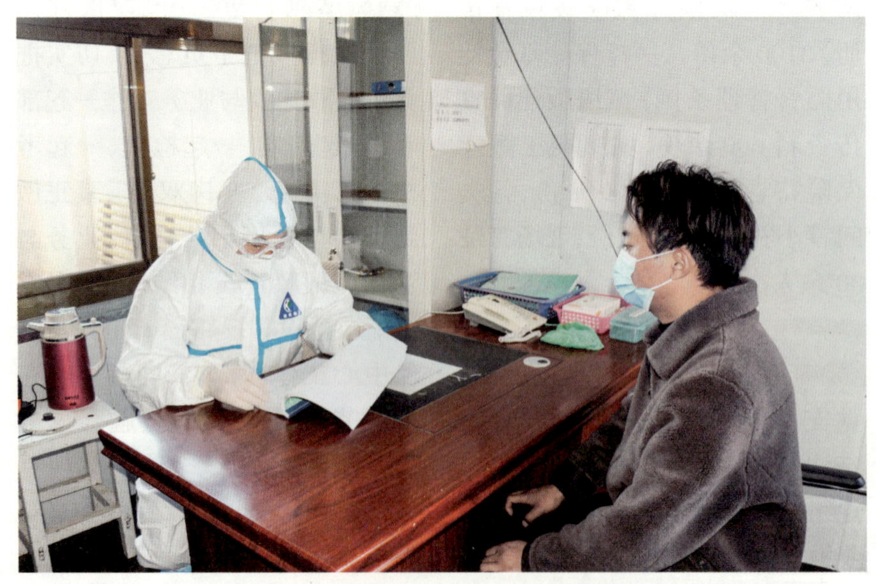

2021年2月8日，扎囊县中心医院开展疫情防控常态化演练

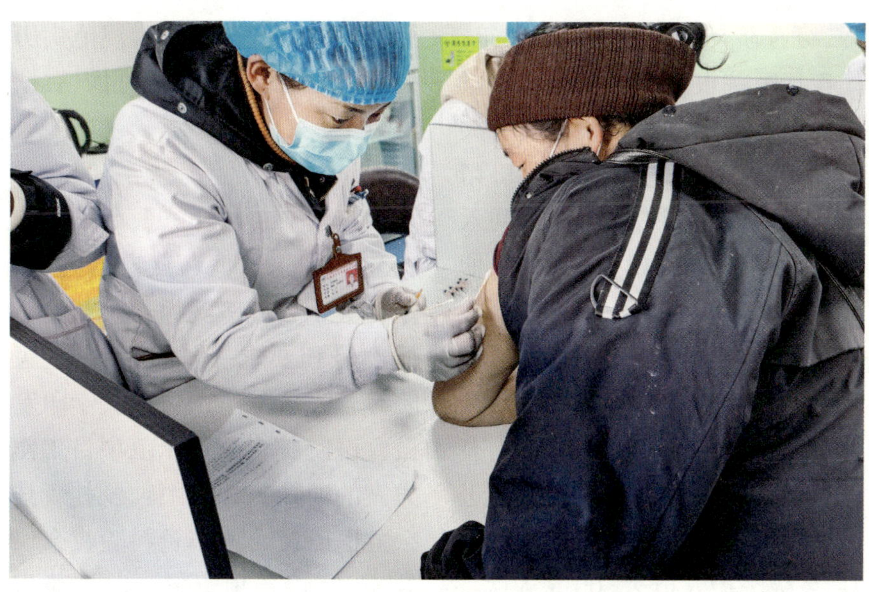

2021年1月11日，扎囊县中心医院开展重点人群新冠病毒疫苗接种工作

药等主题活动，组织党员集中观看教育警示片《党风廉政建设警示教育片合辑》、爱国影片《中国医生》。召开2020年民主生活会、2020年组织生活暨民主评议党员活动。深入开展“政治标准要更高，党性要求要更严，组织纪律性要更强”专题教育活动，县中心医院组织全体领导干部、各乡镇分院院长、全体党员、预备党员、入党积极分子、新提交入党申请书同志，集中学习“三更”教育文件、严格开展4次专题研讨交流活动，以学促用，将“三更”专题教育落到实处。深入学习贯彻习近平总书记在党史学习教育动员大会上的重要讲话精神，切实推进党史学习教育向纵深推进、在全院范围内开展。持续性开展每周固定学习会暨党史学习读书会、召开1次组织生活会、4次专题研讨会、开展我为群众办实事11次惠及群众4万余人。

【疫情防控】 2021年，扎囊县医院始终坚持对当前疫情防控工作进行深入研判分析、强化职责分工、目标明确、准备到位、强化医护人员学习、努力提升新冠肺炎疫情接种管理、严抓各项指标任务贯彻落实、一岗双责，确保疫情防控不麻木、不大意、不松懈，恪尽职守，坚守岗位。全年共开展新冠肺炎疫情防控处置应急演练3次，集中开展新冠肺炎疫情防控培训20余次，共培训500余人次，共开展新冠肺炎疫情防控知识考核4次，组织医护人员集中学习“医疗机构内新冠病毒感染预防和控制第三版”等业务内容，并组织医疗援藏专家及我院院感科医护人员，对该院及各分院每季度进行1次新冠肺炎疫情防控专项督导检查及每季度1次环境监测，切实做到发现问题整改问题。组织县疾控中心人员对乡、村级医务人员开展鼻咽拭子采集、保存、转运培训，共计培训156人次；对重点部门（学校、物流公司、公共场所、公安局等）工作人员，开展了消杀消毒、流行病学调查培训，参训人员共达205人。全县共接种新冠疫苗61155人次，其中第一针接种29798人次（含3—11岁接种第一针3709人次），第二针接种27552人次，第三针接种3805人次。对到时间可以接种的医务人员，进行应种尽种。全年新冠肺炎核酸检测共计5982人次。截至年底，根据“应检尽检”工作原则，组织县疾控中心工作人员对区域协查、自驾、中高风险地区、复工复产返县人员核酸检测采样累计160人次，流行病学调查累计56人次，冷链食品核酸采样20次，食品相关从业人员核酸采样24次，快递及包裹核酸采样20次，核酸检测结果均为阴性；对县城大型会议、活动及重点场所进行消杀消毒，累计消杀消毒达56场次。为了全面提高群众对疫情防控知识知晓率，通过各宣传日及专题宣传等形式进行宣讲新冠肺炎防控知识和新冠病毒疫苗接种知识，累计宣传70场次，受益人达7000余人次。

【业务培训】 2021年，扎囊县医院利用“三区三州”乡村医生远程培训能力建设为契机，对全县县、乡、村医进行培训，通过“智慧医疗”手机App，进行业务学习及业务考试，解决培训远、培训难问题，提升全县医护人员业务水平。10月25—29日，组织援藏专家及该院骨干医师，结合工作实际精心安排课程，为全县各乡镇、村级80余名医务人员开展为期一周的业务提升培训。此次培训包括内科、外科、妇科、护理、院感、超声、放射、院前急救、新冠肺炎疫情常态化防控等知识，共计19节课时，有效强化基层乡村医生的基础知识和基本技能，提高对常见病、多发病、传染性疾病的诊断、应急处理能力和公共卫生服务能力。

【免费健康体检】 2021年，扎囊县医院根据自治区党委、政府的惠民政策，将脱贫攻坚健康扶贫巩固提升与乡村振兴有效衔接，继续深入做好“因病致贫、因病返贫”健康扶贫工作，推进全市医疗卫生体制改革工作顺利进行，促进建立基本公共卫生服务逐步均等化长效机制，深入实施城乡居民暨僧尼免费健康体检常态化工作。按照县委、县政府及县卫健委统一安排部署，由县中心医院院领导带队，抽调援藏专家、中心医院各科室、藏医分院、各乡镇分院业务骨干组成2支体检组，于10月12日完成全县城乡居民及僧尼免费健康体检工作。

【三级医院对口帮扶】 2021年，扎囊县医院根据新时期脱贫攻坚的重要战略部署和健康扶贫有关要求，持续推进三级医院对口帮扶贫困县级医院工作，全院共入驻医疗援藏专家13名，其中长期援藏1名、短期援藏6名、组团式援藏6名（其中2周组团式援藏3人）。援藏专家秉承“老西藏精神”，发挥“传帮带”作用，每周有一名援藏专家对该院医护人员进行业务技术培训，全年共计培训县、乡级医护人员达500余人次。

2021年，援藏专家开展小儿多指、并指畸形整形手术、拇指狭窄性腱鞘炎切除术、吻合血管肌腱手外伤术、关节脱位骨折的手法复位与石膏固定术、新前庭大腺脓肿造口术、阴道前壁脱垂修补术、腹腔镜下输卵管结扎术、附耳切除术、多排螺旋CT三维重建技术的临床应用等新技术；逐步帮助医院完善、优化防疫制度，建立常态化防疫模式，巩固防疫的成果；细化医院奖惩制度，明确奖惩细则，提高医疗质量，规范病历书写，做到奖惩时有条可依、有据可行。

2021年5月12日，扎囊县中心医院第110届护士节表彰大会召开

【公立医院综合改革】 2021年，扎囊县医院根据西藏自治区、山南市关于公立医院综合改革的总体部署和要求，推进县级公立医院综合改革工作，根据《关于印发公立医院综合改革示范项目工作方案的通知》文件精神，及扎囊县公立医院综合改革资料验收会议要求，完善各项资料。向援藏省市湖南省株洲市卫健委申请，邀请2名曾经历过国家公立医院综合改革验收的医改专家到扎囊县指导迎评工作。截至年底，公立医院综合改革各项资料准备工作基本完成。

【家庭医生签约工作】 2021年7月26日，扎囊县医院组织各乡（镇）分院开展辖区村（居）家庭医生签约活动，深入各村开展各种形式基本公共卫生宣教，对慢性病进行深入摸底，签约到人的对慢性病进行细化管理，上半年全县重点人群及建档立卡户家庭医生签约、服务、履职率达100%。

【基层卫生服务能力建设】 2021年4月2日，根据县委宣传部“扎囊县新时代文明实践活动之‘五下乡’服务”活动统一安排，由医务科带队，组织县妇幼保健站、县疾控中心、县藏医医院骨干医护人员4人，深入吉汝乡热正岗村，开展妇幼保健、疫病预防知识等宣传教育工作，惠及群众

270余人。

6月24日，组织党员干部、医疗援藏专家10余人，在扎唐镇双语幼儿园开展“我为群众办实事”——“六一”国际儿童节扎唐镇双语幼儿园免费健康义诊活动，为幼儿园182名小朋友进行身高体重测量、生长发育评估，眼科、外科检查等。

7月15日，藏医分院组织基层名老藏医巡诊团队一行5人，深入阿扎乡藏医馆进行常规巡诊工作，此次巡诊主要包括康复理疗、眼科诊查、健康宣教、业务指导和藏医特色诊疗等内容。共诊查230人次，其中眼科就诊100人次、小针刀90人次(其中夹倔30人)、测血压40人次，免费发放药物4000余元。

8月30日，藏医分院按照党史学习专题教育学史力行和习近平总书记对民族医药发展的“传承精华、守正创新”的精神嘱托紧密融合，以“我为群众办实事”为契机，组织县藏医院20名藏医药专技人员，到扎其乡羊加村下乡开展丰富多彩的益民活动，此次活动，共义诊病人145人次，包括白内障、关节炎等病人。

9月1日，扎囊县医院邀请往届援藏医生刘伟教授，指导藏医分院央宗等眼科专技人员，为全县43名白内障患者开展复明手术。

9月13日，根据西藏自治区卫生健康委《关于开展2021年“服务百姓健康行动”西藏自治区大型义诊活动周的通知》要求，由副院长边巴次仁带队一行10人到桑耶镇易地搬迁点开展“服务百姓健康行动”大型义诊活动周，现场为百姓群众进行现场体检、诊疗、发放药品、健康宣传等项目，切实解决好群众在看病就医过程中的烦心事、忧心事，现场共计体检、诊疗200余人，发放常备胃药、降压药、止疼药、感冒药、藏药等药品，折合8000余元。

11月5日，根据县委宣传部“五下乡”活动安排，组织党员骨干医务人员、医疗援藏专家8人，在吉汝乡若村开展我为群众办实事，“五下乡——送医送药送健康”活动。为群众宣讲党的好政策、健康卫生知识、新冠肺炎疫情防控知识，发挥医疗专业技术，现场为群众进行测血压、疾病基础诊疗、藏医理疗，现场共计诊疗100余人次，发放常备胃药、降压药、常规藏药、止疼药、感冒药等常备药品3000余元。

11月15日，藏医分院以“藏医药文化传播——扎囊行”活动为契机，深入交通不便的偏远村居开展免费巡诊，送医送药，宣讲健康知识、医疗卫生政策、传染病防控等。

妇幼健康

【孕产妇系统管理】 2021年，扎囊县两镇三乡产妇总数305人，活产数306人，产前建卡数263人，建卡率100%；孕产妇系统管理246人，孕早期检查率72.3%；产后访视305人，产后访视率100%；住院分娩305人，住院分娩率100%；高危产妇52人，住院分娩52人，高危孕产妇住院分娩率100%。

【儿童系统管理】 2021年，扎囊县儿童保健严格实行4.2.1体检制，重点加强对0—3岁儿童系统管理，儿童“四病”的防治及学龄前儿童体检工作。全县7岁以下儿童数为3273人，5岁以下儿童为1795人，3岁以下儿童为1237人，5岁以下儿童死亡2人，5岁以下死亡率5.8‰，6岁以下血红蛋白检测238人。

【新生儿疾病筛查】 2021年，按自治区《新生儿疾病筛查项目工作实施方案》的相关要求，在全县范围内实施新生儿疾病筛查工作。免费咨询新生儿疾病筛查相关知识237人，无创筛查155人，新生儿疾病筛查183人。

【阻断艾滋病母婴传播工作】 2021年，按自治区《预防艾滋病母婴传播工作实施方案》及《山南市预防艾滋病、梅毒和乙肝母婴传播项目的工作方案》的通知要求，扎囊县妇幼保健站利用妇幼督导及下乡工作时加强健康宣传政策，试行首次建立母子保健手册和产检时进行免费检查“三病”，及时与病人解释，向孕产妇传递艾滋病母婴传播知识和信息，能够阻断母婴传播及早治疗、早预防、早诊断。上半年HIV免费咨询234人，孕期HIV抗体检测234人，无HIV抗体阳性，孕期梅毒检测234人，孕期梅毒阳性3

2021年9月14日，国家卫生健康委妇幼健康司工作组一行到县中心医院调研指导妇幼健康工作

人，乙肝检测 234 人，乙肝 3 人。

【分娩补助】 2021 年，扎囊县妇幼保健站贯彻落实西藏自治区《关于促进农牧区孕产妇住院分娩工作暂行办法的通知》和《山南市农牧民孕产妇住院分娩奖励、孕产妇护送与提前待产项目工作的方案》要求，自 6 月起，发放农村孕产妇住院分娩补助，截至年底，全县农村产妇 196 人，享受补助 196 人，补助率达 100%，补助金额约 495100 元。同时加强妇幼专干对项目知识的培训，督促其在孕早期为孕妇宣传住院分娩的好处，以确保符合政策的孕产妇及时享受政策补助，动员各乡镇卫生院不断加大对项目的宣传力度，使党的这项惠民政策家喻户晓，提高“两降一升”工作。

【“两癌”筛查】 2021 年 6 月 16 日至 7 月 16 日，扎囊县妇幼保健站在全县范围内入村开展本年度农牧民妇女“两癌”免费筛查工作。按照“两癌”筛查方案目标及服务能力和质量，为了避免漏诊、误诊及农牧民妇女能够及时得到筛查，工作组按照方案要求进行入村开展筛查工作，加强宣传“两癌”筛查工作重要性和防控知识，以自愿接受筛查。宫颈癌 HPV 采样标本共计 1665 人，送检标本共计 1665 人，截至 7 月 20 日，山南市宫颈癌筛查中心 1665 份标本之中已检测 878 份，剩余 787 份标本在检测中。878 已检测中 HPV 结果阳性 60 例，其中 16 型 2 例，18 型高危阳性 4 例，其他 16 型 54 例。剩余 HPV 结果在等待中，后续准备开展复检及活检工作。县中心医院乳腺癌彩超筛查 1665 例，发现乳腺囊肿、一级 1560 例、二级 62 例、三级 41 例、四级 2 例，市人民医院进一步做乳腺钼靶及活检复检工作。妇科检查和妇科超声检查发现细菌性阴道炎 235 例，滴虫性阴道炎 55 例，盆腔积液 12 例，附件囊肿 29 例，宫颈糜烂 180 例，宫颈肥大 81 例，子宫肌瘤 13 例，宫颈息肉 10 例，纳囊 27 例。在 2021 年度农牧民免费“两癌”筛查工作同时开展 2021 年度免费孕检和出生缺陷工作，截至年底，完成免费孕检 181 对，出生缺陷检查 19 对。

疾病预防与控制

【免疫规划工作】 2020 年 10 月 1 日至 2021 年 9 月 30 日，扎囊县常住人口应种 5782 针次、实种 5532 针次，接种率 95.68%；流动人口接种 2178 针次。建卡建证率达 100%。免疫规划针次、建卡建证、疫苗设备管理费用共计兑现 80882 元。

【传染病防治】 2021 年 1 月 1 日至 10 月 31 日，扎囊县网络直报系统共报告法定传染病 124 例，无甲类传染病报告，乙类传染病报告发病 6 种 88 例，丙类 2 种 36 例，其他传染病 14 例，无死亡病例，总报告法定传染病发病率为 338.28/10 万。

【鼠防监测】 2021 年，扎囊县疾控中心对阿扎、桑耶等鼠疫疫源点的 5 个施工单位及村委会对外来务工人员、当地村民等进行鼠防知识宣教，并与各施工单位和火车站负责人签订鼠防安全责任书。在亚杰村益嘎松多沟、永姆朵沟、念多沟等地开展鼠疫固定点系列监测工作，监测共采集血样 43 份，其中山羊血清 13 份、绵羊血清 8 份、狗血清 22 份，以上血样均已送至市疾控中心检测，结果均为阴性。在采样的过程中，专技人员向农牧民群众宣传鼠防“三不三报”的相关内容。

【碘缺乏病监测】 2021年，扎囊县疾控中心从全县5个乡镇中心小学各抽取5年级40名学生进行碘缺乏病防治知识问卷调查，同时在抽到的各学校附近村各抽取15名育龄妇女进行碘缺乏病和饮水型地方性砷中毒防治知识问卷调查。共调查学生200人，碘缺乏病防治知识平均知晓率为83.7%。调查家庭主妇45人，碘缺乏病、防治知识平均知晓率为56.8%。

【带绦虫病监测】 2021年，扎囊县疾控中心对每个监测点通过整群抽取3周岁以上常住居民100人，共采集粪样500人份，实验室同步进行改良加藤厚涂法“一粪两检”后，检出107例带绦虫卵感染患者。为进一步对带绦虫病患者提供更好的干预救治措施，制定《扎囊县食源性寄生虫病（带绦虫）监测干预救治方案》，依托县藏医院，组建县级带绦虫病病情评估专家组，专家组结合患者信息和诊疗方案，对病情进行科学评估，住院治疗天数最长控制在7天内，按照“救治疗效最好、不良反应最小、治疗费用最合理”的原则，为每个患者制定个性化诊疗方案。

【慢性病防治】 2021年，全县慢性病（高血压、糖尿病、精神障碍）患者的建档及随访工作主要由乡村医生负责，乡镇卫生院负责对数据随访的真实性、表格填写的完整性进行监督，每季度由疾控中心专技人员对慢性病患者进行随访，并及时统计、将随访记录录入系统，以及负责登记本的规范存档。截至2021年11月底，高血压患者登记管理人数2575人，规范管理人数2575人，血压控制人数1501人；糖尿病患者登记管理人数15人，规范管理人数15人，血糖控制人数13人；65岁以上老年人健康管理人数2956人；严重精神障碍患者管理人数89人，规范管理人数89人，无死亡人员，新增3例疑似患者。

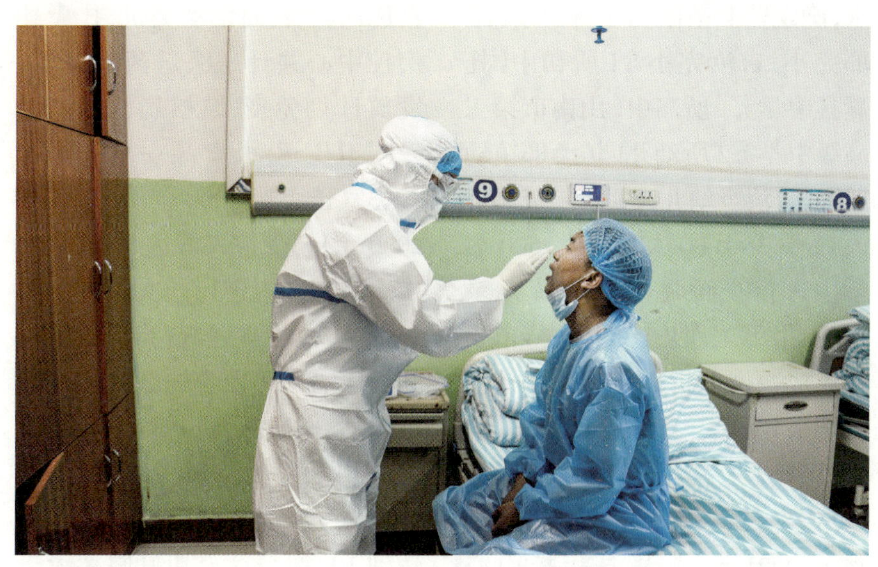

2021年6月16日，扎囊县中心医院开展住院病人疑似或确诊新冠肺炎应急处置演练

【结核病防治】 2021年，扎囊县医院接诊初诊患者127例，登记活动性肺结核患者20例，其中涂阴15例、涂阳4例、肺外1例。

【卫生行政许可证办理】 2021年，扎囊县共受理卫生许可23件。经过审核、检查达到标准23家，其中新办19个、续办6个、补办1个。注销卫生许可证2个、办理合格证书、上岗证人数有129人（客运员2名、管理员17名、救生员1名、服务员109名）。

【传染病防治监督执法】 2021年3月，全县医疗构进行执法检查，全县共检查县（区）级卫生行政部门1个、疾控机构1个，人民医院1家，乡镇卫生院7家，村卫生所及个体诊所13家，对发现存在问题的单位提出整改意见进行整改。6月，对全县医疗机构开展传染病防治监督评价工作，监督评价率达100%。

【食品安全风险监测】 2021年，为确保食品安全风险监测工作的顺利开展，扎囊县严格按照山南市疾控中心2021年食品安全风险监测计划的通知及任务分配表要求，制订详细的样品采集、存放、送样等工作计划和工作制度，严格按照采样要求规范采样，确保采样及时、准确。第一、二季度按照食品安全风险监测方案，此次采样食品为6种6份，第三四季度食品为5种5份，采样全过程严格按照无菌采样要求进行，样品采样完成率为100%，并及时将样品送至山南市疾控中心检验科，检测结果均为合格，按计划如期完成任务并及时上报工作。

【饮用水监测】 2021年，扎囊县饮用水应设置监测点29个，实际设置29个，监测点设置率100%。监测乡镇覆盖率100%。枯水期水质监测合格率为41.18%，丰水期水质监测合格率为合格率62.50%。为制定应急处置预案，加大巡查和保护力度，提高应急处置能力，发现问题及时做出应急措施提供依据。

【食品安全保障工作】 2021年，扎囊县开展食源性疾病监测工作。全县食性疾病监测网报共计13例，无食物中毒病例。

【公共场所卫生监督执法】 2021年，扎囊县疾控中心对县辖区内公共场所进行经常性卫生监督检查，其中旅馆业43户、娱乐场所6户、理发美发7户、游泳馆1户、美容店2户。全年经常性巡回监督15次，监督覆盖率为95%，25家公共场所家已开展量化分级，对不符合卫生要求的单位下发监督意见书共7份同时责令限期改正。

【“双随机、一公开”监督检查】 2021年，扎囊县开展“双随机、一公开”监督检查工作，此次“双随机”监督检查任务清单由市卫健委卫生监督科根据上级《2021年全区卫生健康“双随机、一公开”监督抽查计划》的要求在系统中随机抽出。对18家公共场所（2所学校、1家集中式供水单位、14家公共场所、1家传染病防治）进行监督检查。检查发现，大部分经营单位能够做到依法依规，规范经营，个别场所存在从业人员健康证过期，公共用品用具未按规定进行清洗、消毒、保洁等问题，针对检查中发现的问题，现场下达卫生监督意见书。

【学生常见病监测】 2021年，扎囊县疾控中心继续开展学生常见病和健康影响因素相关监测工作，采取针对性措施，推动学生常见病防控，保障青少年健康，根据《2021年山南市学生常见病和健康影响因素监测与干预方案》要求，确定监测范围为2所小学（桑耶完小、吉汝完小），1所初中（扎囊县中学），1所高中（山南市第三高级中学），2所幼儿园（桑耶镇幼儿园、吉汝乡幼儿园），各年级调查人数不少于80人，共对1600名学生进行全面调查，数据库双录入、上报等工作均已完成，待市疾控完成数据分析后反馈各学校监测结果。

【打击非法医疗美容专项整治行动】 2021年，扎囊县疾控中心对生活美容场所进行全面监督检查。11月14日，注销1所生活美容场所卫生许可证。其他2所在管理员的陪同下进行监督检查后，执法人员向生活美容场所负责人宣传相关法律法规，并强调生活美容场所未经核准不得开展相关医疗美容活动，禁止开展运用手术、医疗器械以及其他具有创伤性或侵入性行为的医疗美容活动。

【健康教育】 2021年，扎囊县疾控中心根据年度健康巡讲活动计划，巡讲人员入村（居），社区、校园、寺庙、企业、养老院、娱乐场所等地开展巡讲。开展健康教育宣传26次，利用“3·24”世界防治结核病日、“4·25”全国儿童预防接种宣传日、“5·15”全国碘缺乏病宣传日、“5·20”全国学生营养日、“10·10”世界精神卫生日、“12·1”世界艾滋病日、爱国卫生月主题宣传活动、食品安全宣传周、世界无烟日、预防高血压知识宣传、世界艾滋病日等宣传日、宣传周、宣传月活动契机，扎囊县疾控中心共计送医送药近万元，发放计划免疫、结核病、艾滋病、爱国卫生运动、食品安全宣传等各类宣传手册2000余份、宣传单2000余份，受益人群达5000余人次。对辖区内进行一次以健康知识知晓、技能掌握、行为形成情况和健康需求等内容的健康教育效果评估，健康教育覆盖达85%，居民知识知晓率达80%，满意度达90%以上；学校健康教育开展率达到100%，学生健康知晓率大于90%，14岁以下儿童蛔虫感染率小于5%。同时对辖区内的8所学校,累计5342名学生,62个村(居),累计3132人开展健康教育教育,建立健全三级健康教育网络,将健康教育与健康工作纳入每年年度工作计划,有工作措施,建立健全健康知识宣传阵地。

(旦增卓嘎)

【机构领导】

党委书记、副院长

丹增多吉(藏族)

党委副书记、院长

赵景辉

边巴次仁(藏族)

副院长

扎西东主(藏族)

廖红雨

陈广洲

刘雅菲(女,援藏)

扎囊县藏医院

【概况】 2021年,扎囊县藏医院占地面积8159平方米,建筑面积4051.4平方米,编制床位18张,核定事业编制22个,核定科级领导职数3名,全院共有职工38名(正式职工25名、聘用人员13名)。设有7个工作室(区),包括藏医内科、外科、妇科、眼科综合诊断室,基层名老专家工作室,藏药制剂室,特色诊疗室,综合病区、藏药房,理疗室,能够开展院前急救,熟练应用藏医、藏西医结合的方法和技能,对急诊病例24小时应诊、出诊、抢救、治疗,具备应对突发事件及藏医药管理部门、卫生行政部门派遣紧急医疗队的能力。扎囊县藏医院为山南市唯一一家人员编制最多、诊疗项目最全、受到上级部门及领导支持力度最大的一家县级藏医医院。

【医疗业务】 2021年,扎囊县藏医院门诊就诊人数18287人、住院人次286人(其中药浴人次103人,眼科人次39人);各项诊疗项目12519人次,其中霍麦794人次、雾化吸入5人次、龙杜434人次、其他各项11286次。

【特色诊疗】 2021年,扎囊县藏医院核心制度执行率不断提升,全院查房及教学查房不断完善,临床教学工作进一步得到提高。适宜技术开展量不断增加,藏医特色诊疗治疗人次不断增多,其中藏医特色诊疗技术服务患者比例占总理疗数的80%以上。为进一步巩固藏药浴申遗成果,建设药浴病区,规范藏药浴治疗相关服务流程,提升藏医药特色诊疗服务质量,先后编纂《扎囊县藏医院藏药浴操作规程》《扎囊县藏医院临床优势病种诊疗规范》。

【城镇医保】 2021年8月25日起,扎囊县藏医院全面实现新的城镇居民医保——“国家医疗保障信息平台西藏平台一卡通”就诊服务平台,凭本人社保卡、身份证,均可在门诊、住院即时核销结算,极大方便了广大群众的就医、购药等医疗服务。

【自身建设】 2021年,扎囊县藏医院先后开展彩超、心电图检查、碳13呼气试验、肺功能检测、动态血压监测、动态心电图等诊疗项目。这些项目的成功开展,对广大农牧民群众提供方便、快捷、优质服务的同时,也保障医院诊治能力,提升医院的综合实力。

【援藏工作】 2021年,扎囊县藏医院为缓解检查设备紧缺问题,提高工作效率,湖南省株洲市人

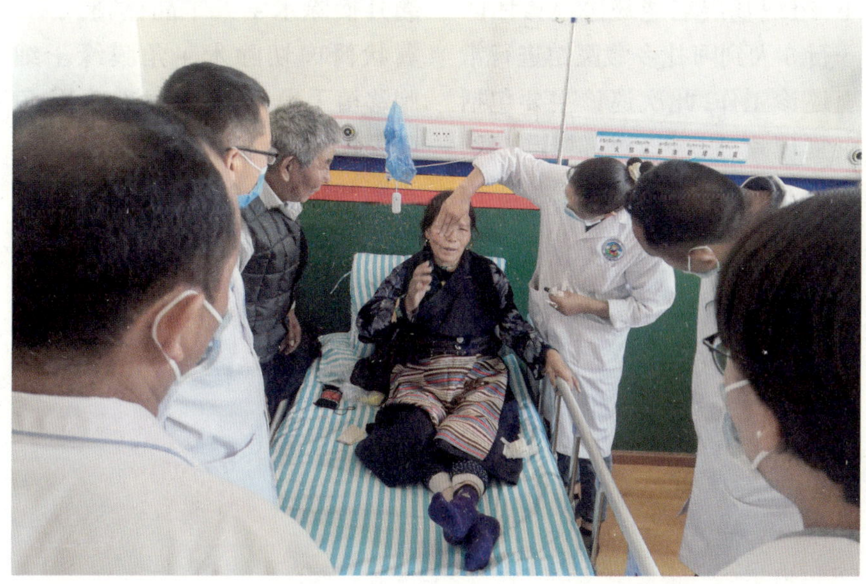
2021年6月24日,扎囊县藏医院开展每周星期四医院大查房

2021年10月17日，扎囊县藏医院向扎其分院及阿扎分院下派轮岗人员

民医院援藏专家周斌慷慨解囊，捐赠10台价值4000余元的电子血压计，彰显共产党人急为民所急的优秀品格，谱写湘藏一家亲的友谊之歌。此次所捐设备将用于日常诊疗活动的同时，主要用于下乡义诊等公益活动中，让更多的群众由此而获益。

【公益活动】 2021年7月15日，扎囊县藏医院选派优秀业务骨干，组织基层名老藏医巡诊团队一行5人到阿扎乡藏医馆进行常规巡诊工作，此次巡诊主要包括康复理疗、眼科诊查、健康宣教、业务指导和藏医特色诊疗等内容，共诊查260人次，其中眼科就诊人数100人(白内障登记人书8人，下睑内翻3人，青光眼1人，翼状胬肉1人)，小针刀90人次(其中夹倔30人)，测血压40人次，免费发放药物4000余元。

【眼科建设】 扎囊县藏医院眼科设备有裂隙灯、电子眼压机、电子验光仪、眼科A超、裂隙灯前置镜，能够开展手术项目有白内障囊外摘除术+人工晶体植入术、翼状胬肉切除术+角膜缘干细胞移植手术、下睑内翻矫正术、角膜异物剔除术及日常门诊的各种诊断和治疗。2021年，眼科门诊816人次，门诊手术5人(其中白内障1人，下睑内翻4人)，眼科住院病人39人(其中白内障34人、青光眼1人、翼状胬肉4人)。

【文化建设】 2021年5月12日，扎囊县藏医院在综合楼举办2021年第110个国际护士节表彰大会，对2021年先进优秀工作者进行表彰。

【藏医适宜技术】 2021年，扎囊县藏医院通过政府采购形式，采购藏药柜、操作柜、按摩椅、氧气瓶等价值10万元的相关设备。7月19日，扎囊县藏医院藏医药适宜技术推广设备发放仪式及座谈会在二楼藏式会议室举行，这些设备的采购和配备，有效解决村卫生室藏医适宜技术开展所遇到的困境，提高藏医适宜技术实际开展的精度和力度。

（桑旦拉姆）

【机构领导】

院 长

丹增多吉(藏族)

副院长

扎西东主(藏族)

陈 广 洲

社会生活

民政

【概况】 扎囊县民政局(以下简称县民政局)位于株洲路19号,为正科级行政单位,共有15人,其中行政管理人员6人,事业管理人员1人,事业专技人员4人,工勤人员4人。局所属单位1个,为申请救助家庭经济状况核对指导中心;下属独立事业单位1个,为县特困人员集中供养中心。残联为副科级行政单位,行政管理人员2人。

2021年,县民政局贯彻落实县委县政府决策部署和上级民政部门的工作要求,坚持做好疫情防控同时做好业务工作,并牢固树立以人民为中心的发展思路和“民政为民、民政爱民”的工作理念,紧紧围绕最底层的民生保障、最基本的社会服务、最基础的社会治理和专项行政管理职责,推进民政事业高质量发展。

【残联工作】 2021年,扎囊县残联全面落实残疾人“两项补贴”和“十大民心”生活补贴。全县共有各类持证残疾人1962人。其中一级168人,二级477人,三级569人,四级748人;视力280人,听力589人,言语39人,肢体616人,智力19人,精神84人,多重残疾335人。兑现“两项补贴”资金355.48万元,“十大民心”资金393.86万元,共计兑现749.34万元。为精神、智力和重度肢体残疾对象兑现“阳光家园”计划资金5.25万元。兑现3名残疾人就业创业扶持金4.5万元。兑现7人机动轮椅车燃油补贴0.27万元。兑现18名农村贫困残疾人实用技术培训补贴0.9万元。兑现21户残疾人家庭无障碍改造项目补贴7.5万元。兑现84名重症精神患者监护补贴20.16万元。开展残疾人基本康复服务工作,免费为残疾人适配轮椅、坐便椅等各类辅助器具196台(根、个、副),其中电动轮椅5台、轮椅17台、儿童轮椅3台、靠背架14台、坐便椅29台、智能拐杖52根、助听器8台、腋拐8对、防褥疮床垫

2021年6月17日,扎囊县民政局开展各乡镇低收入人口摸底排查工作

27 个、防褥疮坐垫 10 个、滤光镜 13 副、儿童站立架 1 台、翻身床 9 台。筛选 0—6 岁残疾儿童康复需求情况，4 名残疾儿童享受自治区和山南市康复中心提供的免费康复训练。为让贫困重度残疾人家庭生活更加方便，以带动和帮助自立自强，自主创业的残疾人为目标，委托扎其乡申藏村肢体四级残疾人欧珠为全县 21 户重度贫困残疾人进行家庭无障碍改造。改造项目针对每名对象的不同情况，一户一策，改造内容包括地面坡道处理、庭院地面平整、楼梯改造、安装扶手、厕所安装坐便器、购置翻身床和四角有防护儿童训练走路助行器等。开展征收残疾人就业保障金。与县税务局积极协作，完成 2020 年扎囊县征收残保金工作，应征收单位有 53 家，其中 12 家单位按比例就业持证残疾人 19 名，有 9 家单位符合免缴就业保障金政策。共征收资金 147.73 万元。根据市残联关于转发中国残联、民政部、区残联《关于加强和改进村（社区）残疾人协会工作的意见的通知》的通知精神，结合扎囊县实际，制定工作方案，成立 61 个村（社区）残协，选举 61 名村（社区）残协主席，70 名残协专职委员。开展助残活动，第 31 次全国助残日开展走访慰问一户多残和送教上门低保户活动，共计慰问 6 户 11 人，涉及资金 0.44 元；为 17 名高龄残疾人入户适配 15 个坐便器，15 个智能拐杖和 2 个轮椅。第 5 个全国残疾预防日，县残联协同县卫生服务中心为扎其乡羊加村疑似残疾人、重度残疾人和残疾户有孕妇的开展“进村（社区）、进家庭”入户体检，宣传残疾预防相关知识。市委组织部牵头，由市残联短期援藏专家和康复中心康复治疗师组成的工作队，为扎其乡热瓦村重度残疾和一户多残户开展图文资料进家庭、辅助器具发放进家庭、指导筛查服务进家庭、免费筛查进家庭活动。市残联组织市人民医院、县文广局、县残联在桑耶镇桑耶社区搬迁点，开展“一问二讲三帮四送”为残疾人办实事活动，为残疾人带来慰问金 1 万元，同时还为残疾人适配电动轮椅等辅助器具，组织残疾人观看文艺演出。残疾人就业创业取得新突破，在县残疾人创业基地开展残疾人缝纫技能培训班，共培训 18 人，就地就业 4 人，截至年底，残疾人创业基地就业 16 名残疾人。扎央棕绿色食品生产有限责任公司就业 4 名残疾人。残疾人自主创业 34 户，其中商店 17 家、茶馆 6 家、电焊加工 1 家、缝纫店 2 家、家具厂 1 家、馒头店 1 家、盲人按摩店 1 家、通信店 1 家、洗车场 2 家、养殖合作社 1 家、砖厂 1 家。

2021年5月16日，第31次全国助残日扎囊县民政局工作人员到扎其乡久村开展一户多残慰问

【集中供养中心】 2021 年，扎囊县集中供养老人 172 名，分散特困老人 157 人，最大年龄 83 岁，最小年龄 26 岁，平均年龄 71 岁，2021 年共计新增 12 人，清退 12 人，集中供养和分散老人共计 329 人。特困人员供养经费支出共计 527.98 万元，其中分散特困人员供养金 118.91 万元、集中特困人员零用钱 60.93 万元、其他生活开支 348.14 万元。根据市民政局要求，经县委、县政府同意，8 月招聘工作人员 21 人，其中管理专业人员 1 名、护理人员 16 名、工作人员 4 名，均为应往届高校毕业生，一定程度上解决扎囊县大学生就业问题。

【核对中心】 2021 年，核对中心共核对 649 户的救助申请，其中城乡居民低保对象共计 391 户；

临时救助对象 106 户；特困供养对象 152 户。

【城乡低保】 2021 年，因病因残城乡低保新增 12 户、30 人。由于收入增加、死亡等原因先后清退低保累计 25 户、71 人。农村低保标准每人每年 5060 元，实施差额补贴发放，共发放 168 户、521 人（其中建档立卡户 101 户、296 人）资金 157.36 万元（含市十大民心资金）；城镇低保标准每人每月 910 元，均实施差额补贴，共发放 20 户、31 人资金 25.44 万元（含十大民心资金）。共计发放低保资金 182.85 万元。高龄老人 44 人，补贴标准每人每年 600 元，共计兑现 2.64 万元。对 46 户的抽查，其中符合条件的 23 户、不符合条件的 23 户，对符合条件的低保户及时纳入低保范围，对不符合条件的家庭当面进行解释，并对各乡镇审核人员进行现场政策讲解以便在下步工作中更加准确开展低保认定工作。对重残户、重病户、一户多残户进行入户逐一排查是否存在返贫现象，并已有 6 户 8 人重残人员、1 户 1 人重病人员单户纳入兜底保障范围，解决群众燃眉之急。深入村居对 91 户、273 人进行摸排及核算家庭人均可支配收入，经核查最终将 25 户、99 人确定为扎囊县低收入家庭，并建立扎囊县低收入家庭动态监测信息平台，将符合条件的纳入低保范围，不符合条件的继续纳入监测范围。

【基层政权】 2021 年，县民政局配合县委组织部开展县乡换届选举工作，在选举工作中，由县委组织部牵头，民政部门作为换届选举成员单位，在县“两委”换届领导小组的领导下，参与村委会换届工作，严格按照《中华人民共和国村民委员会组织法》和其他有关规定，指导监督村委会换届选举和政策解释以及来访接待工作。修订完善全县 62 个村（社区）《村规民约》和《居民公约》的相关工作。为贯彻落实习近平总书记关于做好社区工作的重要指示精神，完成 62 个村居更换法人统一社会信用代码工作。采集录入全国基层政权建设和社区治理信息系统，已按上级民政部门要求正在进行基础信息确认及补录工作。加强易地搬迁村社区建设，对搬迁点社区建设进行调研、督促搬迁村民搞好换届、党建等工作，开展治安、文化娱乐等活动。依据《社会团体登记管理条例》和《民办非企业单位登记管理暂行条例》，全年共办理手续齐全的协会 3 个，并颁发社会团体法人登记证书。根据区党委关于全区藏传佛教寺庙财税监管工作的统一部署要求，为了规范宗教活动场所法人登记工作，保障宗教活动场所合法权益，在总结桑耶寺财税监管试点工作的基础上，制定《扎囊县民政局关于宗教活动场所法人登记工作实施方案》，并成立领导小组，为注册资金达到 10 万元的 4 座寺庙已办理颁发宗教活动场所法人登记证书。

【临时救助】 2021 年，县民政局以有效解决城乡居民突发性，紧迫性、临时性基本生活困难为目标，以充分发挥临时救助制度效能为主线，落实“兜底线、织密网、建机制”工作要求，坚持托底、高效、衔接，完善政策措施，加快形成救助及时、标准科学、方式多样、管理规范的临时救助工作格局，全面建立“救急难”工作机制。对各乡镇下拨临时救助备用金共计 19.66 元，其中扎其乡 5 万元、

2021年5月31日，“六一”慰问特殊教育学校就读的扎囊籍残疾儿童

吉汝乡5万元、扎唐镇4.14万元、桑耶镇4.6万元、阿扎乡0.92万元。2021年，共救助符合临时救助条件39户，拨付资金31.39万元，其中，县级申请对象符合条救助件共计15户52人，民政局发放救助资金13.17万元。乡镇级申请对象符合条件24户104人，乡镇发放临时救助资金18.22万元。

【流浪乞讨救助】 2021年，扎囊县未设流浪乞讨救助站，根据上级统一要求，由当地县民政局一次性救助到下一站的路费及伙食费（拉萨标准：大人100元，小孩50元；山南市标准：大人50元，小孩30元）。全年，县民政局接待流浪乞讨60人次，不符合条件5人，符合条件55人，共计发放前往拉萨救助站路费及生活费4650元。

【事实无人抚养儿童】 2021年，扎囊县事实无人抚养儿童共有5人，生活补贴标准每人每月600元，共兑现资金3.6万元。

【孤儿工作】 2021年，扎囊县共有孤儿32名，均集中在市儿童福利院统一管理。县民政局根据动态管理的原则，及时对孤儿监护人提出的书面申请及提供的相关证明材料进行核实，及时将符合条件的孤儿纳入保障范畴。每个集中孤儿每月生活费1059元（自治区配套），山南十大民心工程资金每人每月100元。扎囊县每年每人慰问资金1000元，共计为32名孤儿发放慰问金3.2万元。2021年有4名已过十八岁周期，已解除协议。

【婚姻工作】 2021年，县民政局坚持以“依法行政、为民服务”为宗旨，以创建文明窗口为载体，对结、离婚办证手续要严格审核，保证婚姻登记合法，共办理结婚登记374对，办理离婚登记63对，其间无一例违法事件发生，确保登记合格率100%。

【勘界工作】 2021年，县民政局按照自治区第六轮县级行政区域界线联合检查要求，完成扎囊—贡嘎、扎囊—浪卡子、扎囊—墨竹工卡三县的县级行政区域界线联合检查工作，检查组深入两县交界处查看界碑，开展两县农牧民矛盾纠纷排查调解工作，并签订平安边界协议。

（成　波）

【机构领导】

局　长

次仁多布杰（藏族，1月任）

副局长

尼玛德吉（女，藏族）

孟　　昊（8月免）

次　　吉（女，藏族）

残联理事长

单增卓嘎（女，藏族）

残联副理事长

达娃布次（女，藏族，1月任）

集中供养中心（福利院）院长

旦增平措（藏族）

人力资源和社会保障

【概况】 2021年，扎囊县人力资源和社会保障局（劳动监察大队）（以下简称县人社局）紧紧围绕全县中心工作，开拓创新，强化服务意识，完善工作机制，推进全县人力资源和社会保障工作健康有序发展。

【高校毕业生就业创业】 2021年，扎囊县高校毕业生共有462人，包括未毕业7人。截至年底，实现区

2021年10月19日，山南市人社局副局长旦增贡布（左三）到扎囊县人社局督导检查

内就业420人、区外就业34人，其中公职岗位就业77人、市场就业246人、企业就业143人、灵活就业131人、“三支一扶”就业14人、参军入伍2人、基层岗位15人、升学10人，就业率达100%。

就业帮扶工作。2021年，为准确掌握行政区域内的高校毕业生基本情况和就业动态，县人社局开展集中摸底调查工作，摸清高校毕业生基本信息、培训意愿、就业意愿、就业情况等，形成扎囊县2021年应届高校毕业生“一对一、多对一”就业帮扶明细表，开展应届高校毕业生结对帮扶工作，建立一人一档，做到统计数据精准。督促做好结对帮扶干部进一步核实所帮扶大学生基础信息，对还未就业的，开展岗位匹配和对接，确保每一名未就业高校毕业生都能获得3个以上高匹配度的推荐岗位。

就业政策宣传。2021年，县人社局充分利用各类宣传媒介，宣传党和政府促进高校毕业生就业的政策措施，提高政策宣传的针对性和有效性。强化对大学生、大学生家长的思想教育，引导高校毕业生及其家长转变就业创业观念，逐步破除高校毕业生“铁饭碗”意识，树立正确的就业观、择业观，营造高校毕业生市场就业、自主创业的良好舆论氛围，共发放各类宣传资料568份。

开发岗位。2021年，县人社局加大就业岗位收集工作，多渠道、多途径深度挖掘市场就业岗位，及时发布岗位信息，开展“一对一”岗位对接，组织高校毕业生参加区、市举办的各类招聘会，促进高校毕业生就业。开展扎囊县特困人员集中供养服务中心相关岗位招聘工作，有17名高校毕业生通过考试、面试，已实现就业。

2021年9月12日，扎囊县人社局召开党支部换届党员大会

创业就业。2021年，县人社局强化高校毕业生创业工作的思想引导和政策宣传宣讲工作，转变观念，树立正确的就业观、择业观，鼓励高校毕业生返乡创业就业，并根据申请情况开展实地调查，资料审核等工作后及时兑现创业资金。全年兑现创业资金365万元，涉及55人。

【农牧民技能培训】 2021年，县人社局始终将农牧民技能培训工作作为提高农牧民就业竞争力、促进农牧民转移就业的重要推手，坚持以市场为导向，以产业为依托，建设领域为重点，借助交通运输、民族手工业、餐饮服务等行业形势，切实加大宣传，强化组织领导，鼓励和引导农牧区富余劳动力外出务工。全年共开展技能培训25期，培训1037人，就业率均达40%以上，主要培训内容为中式烹调、藏餐厨师、氆氇编织、蔬菜园艺、民族手工缝纫、汽车驾驶等技能培训。

【农牧民转移就业】 2021年，扎囊县实现转移就业12061人，创收9075.60万元，分别完成市下达目标的100.50%和108.04%，均已超额完成任务。建设农牧民转移就业基地，以推动农牧民产业化转移，持续加大组织化劳务输出力度为目标，在原有的12家（其中市级3家、县级9家）转移就业基地上，与符合要求的企业负责人沟通协调，于9月新建设山南强巴林梦朗农民粮油加工有限公司、扎囊县古今民族传统手工纺织有限公司、扎囊县旭日氆氇产业有限公司3家县级农牧民转移就业基地。截至年底，15家农牧民转移就业基地累计吸纳农牧民群众606人次，累计创收达1694.5万元。

2021年10月18日，扎囊县人社局工作人员检查氆氇编织培训班

【社会保险扩面征缴工作】 2021年，县人社局加大对《中华人民共和国社会保险法》的学习和贯彻落实，强化措施，加大宣传力度，开展各项保险的录入和核对工作，做到应收尽收、应保尽保。严格落实各项社会保障提标政策，开展60岁以上养老金发放认证工作，并及时兑现城乡居民养老保险养老金。全年发放12467859.79元养老保险金，涉及4991人；发放丧葬补贴760037.38元，涉及380人。

【人事工资工作】 2021年，县人社局开展2021年度事业单位工作人员和工勤人员提前退休和离岗休养工作，将涉及的10人资料已上报县政府。开展事业单位专业技术人员职称聘任、申报工作，涉及35人。根据自治区、市事业单位岗位设置管理工作要求，开展扎囊县事业单位岗位设置工作，完成事业单位专技人员信息核实及申报工作和初步的编制设置工作。开展事业单位的增资核实调整和补发工作。开展2021年13名“三支一扶”工作人员派遣工作。

【劳动关系】 2021年，县人社局与项目主管单位衔接，在项目未开工前，督促项目承建单位到该局备案，预留民工工资保障金。以悬挂横幅、张贴标语、制作宣传栏、接受咨询、发放宣传单、深入施工现场等形式开展宣传11余次，主要宣传《中华人民共和国劳动合同法》、《中华人民共和国就业促进法》、《保障农民工工资支付条例》及最低工资标准等内容，发放宣传资料100余份。会同项目主管单位，充分发挥劳动监察职能，就劳动合同签订、工资支付情况、最低工资标准执行、工资保障金预留、参加社保、是否存在使用童工等情况开展用工情况专项检查3次。妥善处理群众来信来访，做到投诉一起、受理一起、解决一起，确保社会和谐稳定。全年共受理拖欠农民工工资案件15起，解决15起，为105名农民工讨回工资75.83万余元。

【党组织建设和党风廉政建设】 2021年，县人社局严格按照“一岗双责”要求，承担单位从严治党推进党风廉政建设主体责任，加强统筹安排，完善制度措施，勤廉率先垂范，较好完成县委、县政府和市人社局分配的各项工作任务。认真学习领会党风廉政建设“两个责任”精神，深刻理解“分管必须分责，分责必须分抓”的实质要求，自觉担起分管范围廉政建设负总责、亲自抓的重任。坚持把单位廉政建设和业务工作一同谋划、一同部署、一同落实。年初，代表单位党组分别与班子成员签订党风廉政建设“一岗双责”责任书，将任务层层分解，使每位党员干部都意识到抓党风廉政建设是本职，不抓就是失职，增强廉政建设参与意识，形成各方配合、上下齐抓共管的工作格局。同时将党风廉政建设和廉洁自律纳入单位年度班子和干部考核范畴，与评优评先挂钩，实行年终评议奖惩问责，进一步压实廉政责任。结合“三更”学习教育和党史学习教育，认真领会精神，使广大党员干部始终保持政治清醒，自觉服从发展需要，时刻牢记党的宗旨，做到在思想上自觉认同、坚决拥护，政治上绝对忠诚、坚决维护，行动上对标紧跟、坚决服从，从而推进党风政风民风持续好转。同时不断加强人社领导班子和机关人员的党风廉政建设，做到严格要求、严格管理、严格监督，召开组织生活会，开展批评与自我批评，对班子和班子成员定期进行民主评议。经常进行谈话、谈心，及时掌握每个干部职工的思想、学习、工作和生活等方面的情况，发现问题及时帮助解决，对出现的一些苗头性、倾向性的问题，及时谈话提醒、警示，做到防患于未然。严格执行中央八项规定、严格控制“三公”经费支出，按规定使用公车，坚决杜绝公车私用，严格财务审批，严控办公经费支出，按照精简节约原则严格按照标准执行各项支出。始终严格要求干部职工要把握“老老实实做人、勤勤恳恳做事”的生活原则，严格遵守《中国共产党党员领导干部廉洁从政若干准则》的各项规定，做到艰苦奋斗，勤俭朴素的生活作风，爱岗敬业、勤政为民。

（旦增曲吉）

【机构领导】

局　长

多　　吉（藏族，3 月免）

丁　　勇（3 月任）

副局长

拉姆卓玛（女，藏族）

侯　　东（8 月免）

旦增曲吉（女，藏族，8 月任）

肖　　向

退役军人事务

【概况】 2021 年，扎囊县退役军人事务局（以下简称县退役军人局）主要负责军队转业干部、复员干部、离退休干部、退役士兵、无军籍退休退职职工的移交安置工作和自主择业、就业退役军人服务管理，以及重大纪念活动、党建工作、党风廉政建设工作及全县“双拥”共建工作。全局有编制 3 人，分别为局长 1 人、副局长 2 人，下设机构有扎囊县退役军人服务中心和 5 个乡（镇）退役军人服务站。退役军人服务中心为副科级事业单位，编制 3 人，为主任 1 人、专技人员 2 人。5 个乡（镇）退役军人服务站工作人员均为兼职人员。

【党组织建设】 2021 年，县退役军人局党组、党支部深入学习贯彻习近平新时代中国特色社会主义思想，贯彻执行中央第七次西藏工作座谈会精神，开展学习党史、“三更”专题教育，不断加强党的纪律和作风建设，严守政治纪律和政治规矩，增强“四个意识”、坚定“四个自信”、做到“两个维护”，自觉在思想上政治上行动上同以习近平同志为核心的党中央保持高度一致，围绕全区“四个创建”（着力创建全国民族团结进步模范区，着力创建高原经济高质量发展先行区，着力创建国家生态文明高地，着力创建国家固边兴边富民行动示范区）“四个走在前列”（努力做到民族团结进步走在全国前列，努力做到高原经济高质量发展走在全国前列，努力做到生态文明建设走在全国前列，努力做到固边兴边富民行动走在全国前列）和山南市“六个走在前列”（要在铸牢政治忠诚上走在全区前列；要在推进社会治理体系和治理能力现代化上走在全区前列；要在推动高质量发展上走在全区前列；要在提升各族人民生活品质上走在全区前列；要在加强生态文明建设上走在全区前列；要在强边固防兴边富民上走在全区前列）的赶考之路，牢固树立大局意识，坚决落实中央、自治区、市、县决策部署。牢牢把握新时代退役军人工作发展方向，

2021年6月24日，扎囊县退役军人事务局组织召开“庆七一·感党恩”退役老党员座谈会

发挥退役军人事务局作用，在优抚对象困难救助、就业帮扶、关爱支持等方面做了大量工作，使广大退役军人、现役军人获得感、荣誉感、使命感不断增强，自觉发挥主力军作用。

2021年4月17日，扎囊县退役军人事务局为二等功臣之家送喜报

【开展"大走访"】 2021 年，县退役军人局为深入贯彻"五有"全覆盖要求，推进示范型退役军人服务中心（站）创建工作，用好管好各类信息系统，摸清摸准服务对象底数。县、乡、村退役军人事务机构开展信息统计工作，对 60 岁以上农村籍退役士兵进行全面反复校对基本信息，顺利完成信息统计，并录入系统，确保不遗漏一人，实现全面覆盖，为下一步扎囊县优待抚恤政策落实和优待证发放工作奠定基础。

【"双拥"共建】 2021 年，及时调整充实扎囊县双拥工作领导小组、建立领导小组职责、专项活动制度，召开 2021 年双拥工作领导小组会议，安排部署下一步双拥共建工作。县退役军人局注重加强军政军民团结、密切军政军民关系，营造双拥工作的浓厚氛围。年内，扎囊县双拥工作领导小组在重大节日期间组织县人武部、县武警中队开展"红色影片进军营""文艺演出进军营"等各种军地共建活动。

【考核验收】 2021 年，县退役军人局严格按照全国示范型退役军人服务中心（站）创建有关工作要求，落实扎囊县退役军人服务中心和 5 个乡（镇）退役军人服务站创建工作，完成自治区级、市级、阿里交叉验收组的实地考核验收工作。

【就业创业】 2021 年，县退役军人局为有效解决退役军人就业问题，保障自主就业退役军人的生活，积极与市退役军人事务局、县委政法委衔接，使 12 名自主就业退役军人在拉林铁路护路队实现就业。

【政策宣传】 2021 年，县退役军人局通过组织村居"两委"班子、驻村工作队集中宣传《中华人民共和国退役军人保障法》《军人抚恤优待条例》《军人地位和权益保障》，介绍移交接收、退役安置、教育培训、就业创业、优待抚恤、褒扬激励、服务管理等法律政策，让广大优抚对象对政策有更全面、更准确、更深刻的认识和理解，进一步提升退役军人的法治观念和维护自身合法权益的意识，让广大群众认识到尊重、关爱退役军人是全社会的共同责任。同时通过悬挂横幅 10 余条、发放宣传资料 800 余份、组织集中开展政策宣讲会 3 场次；通过"智慧扎囊""走进扎囊"微信公众号等新型媒体开展政策宣传，确保退役军人能及时享受相关服务和保障。

【党史学习教育】 2021 年，县退役军人局按照"我为群众办实事"活动要求，组织全局干部走村入户到退役军人家中开展调研，通过实地查看、聊家常、听诉求等渠道，收集退役军人家庭和个人生产生活方面存在的困难和问题 11 件，办结 11 件。以入户聊天的方式，向退役军人及家属讲解党史、新中国史、改革开放史、社会主义发展史、西藏地方与祖国关系史，特别讲解习近平总书记对各族群众的关心关爱和中国共产党领导下西藏发生翻天覆地的变化等，让广大群众坚定感党恩、听党话、跟党走的信心和决心。

【召开退役老党员座谈会】 2021年“七一”来临之际，为庆祝中国共产党成立100周年，县退役军人局、县人武部联合举办退役老党员座谈会。通过座谈会，收集退役老党员们的诉求和对扎囊县下一步双拥工作的意见建议。县委、县政府慰问退役老党员并发放慰问金。退役老党员们用最质朴的语言畅谈自己军旅生涯的真实感怀，感恩党和组织给予自己的培养，并表示将军人“特别能吃苦、特别能战斗、特别能奉献”的优良作风发扬光大，在工作、生活中身先士卒，发扬模范带头作用，用自身的言行感召周围的群众。

【公祭活动】 2021年，在国家第八个烈士纪念日期间，县退役军人局组织“三属”、县（直）各单位集体观看习近平总书记在天安门广场向人民英雄敬献花篮仪式现场直播。在清明节，组织扎囊县烈士家属前往山南市烈士陵园开展缅怀革命先烈祭扫活动，并为4户“三属”家庭送上慰问金0.4万元。

【建军节走访】 2021年，在“八一”中国人民解放军建军节来临之际，扎囊县委、县政府、县退役军人局，对县人武部、县武警中队、县消防、桑耶消防、困难退役军人、二等功勋家庭开展走访慰问活动，并送去慰问金。退役军人志愿服务队在“八一”建军节深入五保退役军人及困难退役军人家中开展慰问帮扶活动，送上慰问金。

【党风廉政】 2021年，县退役军人局贯彻县委、县政府关于党风廉政建设和反腐败斗争的决策部署，严格落实中央八项规定，深入查摆“四风”问题，不断增强干部职工廉政意识。始终把党风廉政建设工作作为“一把手”工程，制定主要领导“第一责任人”责任清单、班子成员“一岗双责”责任清单，严格落实“一岗双责”。严格执行廉政教育计划，组织干部职工观看教育影片，参观廉政教育基地，及时传达学习相关纪律通报。重要节日来临前，召开节前廉政会议，组织学习廉洁自律有关规定，提高对纪律规矩的敬畏之心。

（拉巴次仁）

【机构领导】

局　长

潘　娟（女）

副局长

拉巴次仁（藏族）

次仁白玛（女，藏族）

服务中心主任

美朵卓嘎（女，藏族）

供电

【概况】 2021年，扎囊县供电有限公司（以下简称县供电公司）供电面积1132平方千米，供电范围包括2个镇、3个乡，63个村，乡（镇）通电率、村村通电率均达到100%，户户通电率99.98%。截至年底，县供电公司共有110千伏变电站1座、35千伏变电站4座、变电容量17.75兆伏安；35千伏线路5条，总长115.21千米；10千伏线路10条，总长403.3千米；0.4千伏线路48千米；台区总数827个；供电人口39327人，服务客户2662户。

【队伍建设】 2021年，县供电公司全口径用工39人，其中在册职工23人（包括市公司下派2名副总），业务外包8人，劳务派遣

2021年7月15日，国网扎囊县供电公司组织全体员工集中观看党风廉政警示教育片《代价》

2021年5月22日，扎囊县供电公司全体员工参加国网山南供电公司组织的庆祝中国共产党成立100周年唱歌比赛活动

8人。其中50—54岁2人、45—49岁2人、40—44岁5人、35—39岁6人、30—34岁6人、29岁及以下18人；大学本科10人、大学专科10人、中等职业教育2人、高中1人、初中9人、小学及无学历7人；中级1人、初级17人、无职称等级人员21人；高级工4人、中级工11人、初级工1人、无技能等级人员23人。

【经营管理】 2021年，县供电公司完成总营业收入2209.83万元，其中主营业务收入2074.68万元，其他业务收入135.15万元。总营业成本2164.26万元，其中主营业务成本2594.17万元，其他业务成本88.02万元，其他收益-13.05万元，营业外支出1.10万元，净利润-505.98万元。

【安全生产】 2021年，县供电公司未发生人身触电伤亡事故以及电网事故，在平时的抢修巡检工作中，严格按照国家电网工作规程进行，按照习近平总书记的批示要求，牢固树立"人民至上、生命至上"理念，要牢固树立发展决不能以牺牲安全为代价的红线意识，以防范和遏制重特大事故为重点，坚持标本兼治、综合治理、系统建设，统筹推进安全生产领域改革发展。将人身安全放在首位，在春节、藏历新年等重要节日进行保供电，总共出保电车辆20余次、保电人员50余人，保证各大节日、重要活动期间的电力保障。

【营销服务】 2021年，县供电公司营销服务紧密围绕县委政府工作要求，致力提升扎囊县4.1万农牧民用电需求。全年累计完成购电量5035万千瓦时，同比上升21.8%；完成售电量4042.6万千瓦时，同比上升30.2%。综合线损率20.8%。

（贯　璐）

【机构领导】

总经理

边巴次仁（藏族）

副总经理

张　晓　鹏（8月任）

洛布扎西（藏族，8月任）

乡镇概况

扎唐镇

【概况】 扎唐镇地处县城所在地，东靠扎其乡，西邻贡嘎县的杰德秀镇，南接吉汝乡，北隔雅鲁藏布江与阿扎乡相望，平均海拔3600米，最高海拔5188米，最低3544米。全镇总面积189平方千米，村民经济收入主要来源于农牧业、民族手工业及劳务输出。民族手工业以编织氆氇、藏毯、卡点、制作陶瓷为主。劳务输出主要是季节性务工。全镇有3个居民委员会、10个村民委员会，55个自然村，91个村民小组，1956户，8592人，其中劳动人口4224人，占总人口比例的47%. 全镇现有党总支部8个，党支部26个，包括1个机关党支部、23个村（居）党支部、2个非公企业党支部，正式党员总共797名，其中机关党员119名、农牧民党员678名。“三老”人员75人，其中老党员68人、老干部3人、老劳模4人。扎唐镇干部职工51人（公务员27人，专技人员20人，工勤人员3人，“三支一扶”1人）。

【经济发展】 2021年，扎唐镇农村经济总收入21724.62万元，同比增长11.41%；农牧民人均纯收入14338.25元，同比增长11.41%；总耕地面积24153.3亩，粮食总产量6568.56吨，牲畜总头数19231头（匹、只），2021年全镇劳务输出4955人，劳务创收5027.5万元。

【村（居）换届】 扎唐镇下辖10个村、3个居委会，自村（居）“两委”换届选举工作启动以来，扎唐镇按照中央、自治区、市、县工作部署要求，结合下辖村（居）工作实际，扎实有序推进村（居）“两委”换届选举工作。按照先村（居）党组织、后居民委员会的顺序，截至2月27日，扎唐镇13个村（居）全部完成村（居）党（总）支部和村（居）民委员会换届选举工作。经过选举，扎唐镇13个村（居）新选出村“两委”班子成员81人（扎唐居党总支部书记平措和白仲村

2021年2月23日，扎囊县委书记雷丰（左二）到嘎杂村检查指导村居换届工作

党总支部书记仁青桑珠已招录为公务员)。其中,乡村振兴专干进入班子3人(桑玉村、啊嘎村、嘎杂村),留任村干部51人(党组织书记12人,主任8人,其他副职31人),新进村干部30人(党组织书记1人,主任5人)。男63人,女18人;藏族81人;35岁以下17人,60岁以上1人;大专及以上学历4人,高中(中专)学历4人,初中学历54人,小学及以下学历19人。其中,致富带头人9人,占比11.1%;技术能手17人,占比21%;优秀联户长3人;占比3.7%;文明家庭2人,占比1.2%;民族团结家庭2人,占比2.5%;外出务工经商人员4人,占比4.9%;其他2人,占比2.5%。新任村(居)两委班子平均年龄44.2岁。新任村(居)务监督委员会成员39人,党员39名,村干部为党员数达100%。

2021年2月24日,扎囊县委副书记、人大常委会主任巴桑次仁(右一)到杂玉村指导换届工作

【乡镇换届】 2021年,为了做好此次换届选举工作,扎唐镇党委认真落实“教育在先、警示在先、预防在先”的工作要求,切实加大换届纪律的宣传教育力度。经过党代会,充分发扬民主,体现民意,选举产生中共扎唐镇第二届委员会委员11名,平均年龄32.8岁,大专以上学历10人,占90.9%;选举产生纪律检查委员会委员5名,平均年龄30.6岁,大专以上学历5人,占100%。经过人大会,选举产生扎唐镇人民政府班子5名,平均年龄36.8岁,大专以上学历5人,占100%;选举产生人大班子2名,平均年龄34.5岁,大专以上学历2人,占100%。

抓好签名承诺。2021年,扎唐镇党委向县委承诺,镇党政班子成员向镇党委承诺,所有支部书记向镇党委作出承诺,广泛组织各村(居)开展签名承诺活动,签订《严守换届纪律承诺书》,严明“九严禁”、不信谣、不传谣等纪律要求,自下而上层层压实责任,自上而下逐级传导压力,强化各级的责任落实和政治担当。

抓好警示教育。2021年,扎唐镇党委采取召开党委会、村(居)党员大会等方式,组织全镇党员干部观看严肃换届纪律警示教育片《镜鉴》、学习《严肃换届纪律文件选编》,督促开展深刻剖析,汲取教训、引以为戒,始终做到严守政治规矩和政治纪律。同时,通过悬挂换届宣传标语、印制宣传卡片、发送提醒短信等方式,广泛宣传换届工作的政策规定和纪律要求,确保“九个严禁、九个一律”的换届纪律要求家喻户晓、人人皆知。换届期间,组织专题学习15次,接受警示教育的党员干部700余人次,悬挂宣传标语18条,签订换届纪律承诺书145份,印发换届纪律监督卡240余份。

抓好谈心谈话。2021年,扎唐镇党委组织开展与领导班子成员、后备干部和相关工作人员的谈心谈话活动,引导党员干部树立正确的人生观、价值观,立足岗位,做好本职工作,服从组织安排,正确对待进退留转,正确对待选举结果。

【巩固拓展脱贫攻坚成果与乡村振兴工作】 健全组织机构。2021年,扎唐镇为切实加强对巩固拓展脱贫攻坚成果同乡村振兴有效衔接工作的组织领导,根据人事变动,及时成立巩固拓展攻坚成果同乡村振兴有效衔接工作领导小组,以镇党委书记闫欣任组长、镇党委副书记、镇长嘎玛顿珠任副组长的巩固拓展脱贫攻坚成果同乡村振兴有效衔接工作领导小组，并下设办公室负责日常工作。分管领导亲自抓巩固拓展脱贫攻坚成果同乡村振兴有效衔接各项工作的落实，并配备3名乡村振兴专干专门负责巩固拓展脱贫攻坚成果同乡村振兴有效衔接工作日常业务，做到乡村振兴工作日常化，常抓不懈。

狠抓责任落实。2021年，扎唐镇党委书记闫欣多次深入扎唐镇各村（居）进行考察，出席相关会议并作重要讲话，对推进巩固拓展攻坚成果同乡村振兴有效衔接工作起到重要的指导作用。多次组织召开巩固拓展脱贫攻坚成果同乡村振兴有效衔接工作专题会议，针对生态岗位落实、乡村振兴政策培训、干部包村、脱贫不脱政策、成效考核、“回头看”工作准备等巩固拓展脱贫攻坚成果同乡村振兴有效衔接工作做重要的安排部署。同时，镇党委、政府坚持把乡村振兴工作纳入对镇、村干部的年度工作考核中，制定明确的考核制度，严格考核，奖惩分明，做到责任明确、措施具体、考核及时，建立乡村振兴工作的长效机制。

政策宣传。2021年，扎唐镇加大乡村振兴政策宣传力度，严格按照县委关于政策明白人的培养要求，消除干部和群众中存在的“两个不”，通过组织干部职工、贫困户集中学习、入户宣讲、下发乡村振兴政策宣传手册、开展扶贫夜校等多种方式，在全镇范围内加强政策明白人培养。全镇13个村（居）已经多次组织群众召开扶贫夜校进行政策宣讲共计200余次，并且组织全镇干部职工及各村（居）第一书记及村“两委”、驻村工作队集中到镇里开展乡村振兴知识培训共5次。切实做好乡村振兴政策的宣传活动。

精准识别和精准退出。2021年，扎唐镇根据《山南市关于健全防止返贫致贫动态监测和帮扶机制的工作方案》文件精神，严格按照贫困户识别程序及遵守“精准识别、不落一户、不漏一人”的原则，组织乡（镇）、村（居）干部进村入户，对贫困户进行摸排、核查、建档，切实做到“户有卡、村有册、乡有簿”，精准核定全镇建档立卡扶贫对象156户502人。严格遵守贫困人口和贫困村的退出程序，确保脱贫质量、退出结果真实可信，全镇贫困户156户502人全部稳定脱贫。继续落实好各项扶贫政策，完善动态监测、资金投入等机制，形成支持脱贫攻坚的强大合力，巩固提升脱贫攻坚成果。

2021年4月30日，扎唐镇党委换届选举现场

紧扣“两不愁三保障”。2021年，扎唐镇通过加大对贫困户的帮扶，改善生活质量，帮扶走访过程中密切关注贫困户的动态，确保贫困户在“两不愁”方面达标。严格落实教育扶贫相关政策，对上学义务阶段学生密切关注，做到入学率达到100%。对医疗保障方面，按照上级一系列政策性文件要求，使贫困户医疗保障进一步落实，方便贫困户就医，确保贫困患者得到及时、安全、规范、有效的治疗。住房保障方面，对2020年全镇进行摸底调查、危房户进行危房改造工作，年底全面实施完成。

“四不摘”方面。2021年，扎唐镇根据结对帮扶工作要求，积极组织全体干部，在每个季度对结对帮扶的贫困户开展至少一次慰问活动，不仅是为贫困户送去了生活必需品，还详细地了解贫困群众的家庭收支、家庭生活、身体状况等情况，鼓励他们要坚定信心、克服困难，早日摆脱生活困境，落实具体帮扶措施，为困难群众解难题、办实事、办好事，争取让贫困户早日走上脱贫致富道路。为了巩固脱贫成果，保障群众脱贫后不再返贫，定期或不定期地到村到户督查扶贫各项工作开展情况及各项政策等落实情况。坚持政策不变、力度不减。在精准扶贫巩固提升阶段，原有支持政策不变、扶持力度不减，对已脱贫的贫困户，可继续享受扶贫相关政策，避免出现边脱贫、边返贫现象。

2021年2月27日，扎唐镇羊嘎社区第十届民委员会及居务委员会换届选举大会召开

“比学赶超帮”活动。2021年，扎唐镇按照县乡村振兴局“比学赶超帮”活动的要求，在“比学赶帮超”工作落实上下功夫，与脱贫攻坚巩固提升结合起来，加强群众思想教育，激发贫困群众内生动力，让输血式扶贫转为造血式扶贫。

【党史学习教育】 2021年，扎唐镇持续检验、加强全体干部学习成效，扎唐镇积极组织开展党史专题知识测试、观看红色电影等相关活动。截至年底，共开展党史专题知识测试2次，观看党史电影7次，组织党员干部撰写党史学习心得体会1次，开展趣味运动会1次。自党史学习教育开展以来，扎唐镇紧紧围绕为民办实事宗旨，大力实施“我为群众办实事”活动，以保障和改善民生为重点，不断助推民生事业稳步前进。协助县政府帮助桑玉村10户57名群众开展异地搬迁，涉及资金100余万元。对接县政府，帮助木那村2户群众搬迁，解决其新建房屋所需的水泥50吨和其他物资，折合人民币约15万元。进行政策宣讲，协助施贡村2户群众就近搬迁，并为其解决修建房屋水泥40吨。协调县住建局，帮助久麦村修整扩建牛舍，新建砖砌排风口和牛舍54舍，涉及资金50余万元，有效保障久麦村搬迁群众的生命财产安全。为强化基层政权建设，经镇党委研究决定，对扎唐镇12个村（居）的村委会标准化建设进行修缮、维护，涉及资金约10万元。组织党员干部根据结对帮扶的工作要求，深入开展结对帮扶活动，深入贫困户家中询问家庭生产生活情况，宣传相关惠民政策，并为群众送去慰问物资价值约3万元。为进一步推动利民惠民政策更加公开公平公正落实和执行，加深农牧民群众对于惠民政策的了解，制作藏文版政策手册及海报200余份，接受群众政策咨询80余次。

书记上专题党课活动。2021年，扎唐镇以“贯彻2021年党史学习教育动员大会精神、重温党的光辉历史”为主题，通过书记上专题党课的形式，深入围绕四个历史时期，谈感受讲过去。激励扎唐镇党员干部时刻保持奋发有为的进取心，提振干事创业的精气神，永葆共产党人的政治本色。截至年底，扎唐镇党委共计组织开展书记上党课3次。

党史阵地教育。2021年，扎唐镇组织机关全体党员赴山南市烈士陵园和博物馆参观，了解革命烈士的英雄事迹，了解民族的光辉历史。此次活动，让党员干部深入了解地方革命史，强化党史学习成效。

理论学习中心组学习研讨。2021年，扎唐镇党委班子成员带头读原著、学原文、悟原理，紧紧围绕相关学习内容和主题，深入开展党史学习和研讨。截至年底，共计开展党史专题学习10次，集中研讨6次。

党史知识宣讲。2021年，为强化党史学习成效，扎唐镇党委班子以上率下，及时深入村（居）

进行党史知识宣讲，截至年底，扎唐镇党委领导班子共计下村（居）宣讲20余次，发放宣传读本450余份、物品400余件。

【农牧民增收】 推广优良种子。2021年，扎唐镇在施贡村创建“藏青2000”二级种子田1000亩，确保亩产量400千克；在木那村创建“山青9号”二级种子田500亩，确保亩产量400千克，增收100万元以上；在羊嘎居推广大田优良种子品种“5171”800亩；在阿嘎村、久麦村、杂玉村、白仲村、强巴林村、扎唐居高产创建2430亩，优化种植结构，抓好农业生产，努力提高农业生产效益，实现农牧民增收美好局面。

产业发展。2021年，扎唐镇13个村（居）共有14个产业项目。其中，阿嘎村有1个产业项目（砂石场），2021年村集体经济收入11.6万元，农牧民分红3.5万元。白仲村村集体收入为村粮油加工厂0.4万元/年，房租1.8万元/年，温室大棚5万元/年。嘎杂村有3个产业项目，分别是西藏沙渠防水保温节能科技发展有限公司、西藏雅江生物科技有限公司和扎囊县生活垃圾填埋场，为嘎杂村提供近100个以上就业工作岗位，带动当地群众经济人均收入约0.3万元。吉林村村集体收入为土地租金10万元/年。桑玉村产业项目有1个（藏香猪养殖合作社），2021年创收1.75万元。施贡村村集体收入为氆氇合作社、门面出租共6.2万元。杂玉村现有1个村集体经济收入项目：陶器烧制砖窑项目。羊嘎居产业项目有2个，分别是土地平整项目和奶牛养殖场项目，2021年村集体收入19万元。哲木居有2个产业项目，运输车队和村集体综合市场123间门面房，2021年居集体经济收入150万元。

农牧民转移就业工作。2021年，扎唐镇有劳动力人数为4224人，可转移就业劳动人数3116人，截至年底，转移就业人数3050人，完成目标任务的100%，创收2123.5万元，完成创收任务（万元）的99.5%；合作社7个，就业人数145人，创收800余万元。开展6期农牧民技能培训，共计211人，其中，民族手工业加工35人，氆氇编织20人，厨师培训84人，汽车B驾驶证72人。扎唐镇2020年共有应届高校毕业生113人，已就业112人，未就业1人。

【文化事业】 2021年，扎唐镇结合意识领域宣传工作，开展志智双扶，推进新时代文明实践活动，依托农家书屋等文化阵地，加大扎唐镇乡村文艺演出队人员素质的培植力度，抓好农家书屋建设，使之成为宣传文化、科学技术服务载体，提高意识形态工作影响力，推动文化事业发展，铸牢中华民族共同体意识。

【民政工作】 2021年，扎唐镇以“上为政府分忧，下为百姓解愁”为工作宗旨，切实履行改善民生，落实民权，维护民利的基本职责。扎唐镇特困人员共有80人，其中分散特困人员44人，兑现资金32.57万元；集中供养人员36人，兑现生活补贴12.96万元。2021年享受农村低保50户146人，发放补贴金额38.3万元，其中高龄老人低保15人，发放补贴金0.9万元。持证残疾人368人，“两项补贴”和“十大民心”资金兑现148.6万元，重症精神障碍患者监护人员11人，发放补贴2.6万元。无人抚养儿童1人，每月发放资金600元。临时救助5户18人，

2021年4月30日，扎唐镇党代表投票现场

救助资金4.2万元。

【平安创建】 强化领导职责到位。2021年，为认真做好平安创建活动，扎唐镇党委、政府牢固树立“发展是第一要务，稳定是第一责任”的指导思想，专门成立镇平安创建活动创建工作领导小组，由一把手亲自挂帅，下设办公室，负责有关具体工作。各村居也相应成立由党支部书记担任组长的“平安居”创建工作领导小组，还配备专门负责创建具体工作的副主任。要求每个村（居）每月至少召开一次专题会议，学习和研究本村治安状况，分析特点和规律，制定对策和措施，提高工作的针对性和实效性。确保平安创建工作的落实，推动平安创建工作的深入发展。以平安创建活动为契机，发动辖区居民群众参与，健全治保会、调解会、治安巡逻队、护村队、义务消防队等社会治安综合治理组织机构，在工作安排上做到了责任到人，任务明确，团结协作，形成合力。

强化制度措施到位。2021年，扎唐镇根据平安创建活动提出的各项要求，结合实际情况，由镇平安创建活动领导小组办公室负责修订值班值勤、治安防范、消防管理等制度，建立相关的登记表和稳定、治安、安全等台账。为巩固和发展平安创建工作成果，镇领导班子通过认真研究，制定平安创建活动工作方案、综治工作计划，使平安创建工作有计划、有步骤地进行，做到有制可查，有章可循。各村居根据镇的计划方案，紧密结合自身实际，制定工作措施，切实抓好贯彻落实。

强化稳定防控到位。2021年，扎唐镇组织发动护村队、党员先锋岗等组成村（居）巡逻队，并坚持经常性的活动，及时掌握社情动态，从而维护一方的稳定。结合平安创建活动，开展对全镇辖区内安全隐患和不稳定因素的排查工作，对排查出的不稳定因素，通过协调相关部门通知整改，通过查找根源和做思想工作，以及落实责任人等办法，不稳定因素都得以有效化解。镇综治办联合司法所、派出所开展矛盾纠纷排查24次，各村（居）组织驻村民警、联户长开展矛盾纠纷排查374次，查出矛盾纠纷9起，调处9起。在各村（居）制定消防安全应急预案，开展定期不定期安全巡逻检查并做好相关记录，对存在消防隐患的黑点进行排查整治，共开展消防安全隐患排查131次，查出隐患12起，当场整改12起，整改率100%；组织村（居）两委班子，小组长，建立村民群众和村居维护稳定信息员，密切注视村（居）可防性案件的发生。充分利用会议、横幅、标语、普法宣传小册子、举办文艺演出等多种途径，在群众中开展普法教育，广泛深入宣传宪法、民法、刑法、婚姻法、计划生育法、税法等知识，倡导“依法治镇、保镇平安”的观念，结合“12·4”国家宪法宣传日、3月综治宣传月、6月综治宣传周、“9·16”综治宣传日等宣传节点，对“扫黑除恶打非治乱”专项斗争宣传10次，悬利用村内小广播宣讲560余时次，LED屏滚动播放50余次，悬挂横幅50余条；发放社会治安防范宣传资料400余份，受教育群众达5000人次。

（曲 色）

【机构领导】

镇党委书记

赵 永（3月免）

闫 欣（4月任）

2021年8月20日，扎唐镇组织开展“学习党史、汲取力量”趣味知识竞赛暨西藏和平解放70周年庆祝活动

镇党委副书记、镇长
　　嘎玛顿珠（藏族）
镇党委副书记、人大主席
　　索朗巴珠（藏族，3 月免）
　　普布次仁（藏族，5 月任）
镇党委副书记
　　娥　　玛（藏族，3 月免）
　　陈 传 荣（藏族，4 月任）
镇党委委员、纪检书记、监察室主任
　　落桑卓嘎（女，藏族，3 月免）
　　庞 道 林（4 月任）
镇党委组织委员、宣传委员
　　陈 传 荣（3 月免）
　　曲　　色（女，藏族，4 月任）
镇党委统战委员、副镇长
　　桑杰多吉（藏族，3 月免）
　　索朗达娃（女，藏族，5 月任）
镇党委政法委员、副镇长
　　鲜　　松
镇党委委员
　　落桑达瓦（藏族，3 月免）
　　马 建 强（4 月任）
镇人民政府副镇长
　　尼　　珍（女，藏族，5 月任）
镇人民政府副镇长
　　江　　白（藏族，3 月免）
　　旦增欧珠（藏族，5 月任）
镇司法所所长
　　贡觉曲珍（女，藏族）

2021年7月13日，扎囊县政府县长索朗格桑（前排右一）到桑耶镇洛村实地考察乡村振兴建设示范点项目

桑耶镇

【概况】 桑耶镇位于扎囊县北部，东临乃东区多颇章乡，西临阿扎乡，南临扎其乡，北临拉萨市达孜区，地处藏中核心经济区和雅江沿江城镇密集带上，地形地貌以高原盆地、河谷谷地地形为主，平均海拔 3580 米，镇人民政府驻地桑耶居委会，海拔 3570 米，辖区总面积 823.71 平方千米，下辖 2 个社区、7 个行政村、27 个自然小组。随着泽贡机场高速、拉林（川藏）铁路竣工通车，拉萨山南快速通道建设加快，距离拉萨交通距离 170 千米，距贡嘎机场 110 千米，距山南市泽当镇 30 千米，距扎囊县城 19 千米，S5 通车后到拉萨市区不到 40 分钟，区位优势明显。全镇有 1430 户，户籍人口 5992 人，常住人口约 7500 人。另有 1 所中心小学，4 所教学点。著名景区主要有西藏历史上第一座佛法僧俱全的桑耶寺（国家 AAAA 级景区）、2 座日追、2 座拉康。有国家级文保单位 3 个（桑耶寺、康松桑卡林、松卡石塔）、自治区级文保单位 1 个（朵阿林寺），全年游客量和流动人口约 35 万人次。全镇以农业为主，农牧结合，有耕地面积 827.78 公顷；草场可利用面积 45772.39 公顷。已形成小麦、青稞、油菜、藏鸡、牛羊、藏猪等优势农业板块；工业方面除部分以家庭为单位的手工作坊外，属于起步阶段；第三产业主要以低层次的传统服务业（交通运输、餐饮、住宿、零售）为主，缺乏商贸、物流、农业配套服务等生产性服务业。

【基层党建】 2021 年，桑耶镇党委以坚持“党要管党、全面从严治党”工作总方针，全面推进从严治党在基层落地落实。全年召开镇党委专题会议 27 次、镇党委理论学习中心组学习研讨会 17 次，专题研究党建工作 6 次，发展党员 18 人。建立健全党委班子和科级干部联系村（社区）、学校、寺庙等党组织党建工作机制，深入各党组织开展宣讲，进一步提升用党的创新理论武装头脑、指导实践、推动工作的能力和本领。围绕党建“六个基本”夯实基层党建建设，提高村级组织活动场所使用率“十项要求”，提升服务群众的能力，成功打造桑耶社区为党建示范点，树立“比学赶超”的标杆。持续开展“三包五带五促”活动，结合结对帮扶、人居环境整治等活动组织全镇500余名党员带领广大农牧民群众转变思维、团结发展、增收致富。扎实推进整顿提升基础工作，加大对村“两委”素质提升、通用语言的培训。

【党风廉政】 2021年，桑耶镇党委强化党风廉政建设目标考核责任制，坚持年终述职述廉，开展民主评议活动，做到从源头预防腐败。认真落实中央八项规定和整治“四风”问题要求，对干部职工上下班、驻村工作队在岗、维稳工作、常态化疫情防控工作、党员信仰宗教等违反政治纪律开展情况督导30余次。定期开展党风、党性、党纪和廉洁从政教育，签订《党风廉政建设目标责任书》，组织16次条例准则、案例通报、廉政教育片专题学习，严守政治底线和纪律红线。

【经济发展】 2021年，桑耶镇实现农村经济总收入19002.80万元，农牧民人均纯收入完成20930.98元，人均现金收入达到12558.59元，劳务输出人数1759人，劳务输出总收入4523.9万元，年村集体经济收入达549.68万元。截至年底，全镇落户企业12家，分别为大利旅游公司、鑫玉采石场、乃卡石材加工厂、乃卡铜矿、松卡选矿场、江平生物、西普现代农业公司、亿利公司、中济桑耶石油公司、甘露藏药有限公司和松卡商砼站。全镇脱贫群众共计346户1405人（其中桑耶社区搬迁点276户1168人），人均纯收入13840元。

【农牧业】 2021年，桑耶镇春小麦种植233.41公顷，产量1321.68吨；（2020年度）冬小麦种植321.99公顷，产量1753.21吨；青稞种植101.83公顷，产量496.42吨；油菜种植97.78公顷，产量252.27吨；土豆种植85.38公顷，产量2017.10吨；西瓜种植3.33公顷，产量74.92吨；草莓种植3.33公顷，产量99.90吨；青饲料种植20公顷，产量701.25吨。牲畜饲养15143头（只、匹）。全镇农村经济总收入19002.80万元，同比增长18.67%；平均农村居民纯收入20930.98元，同比增长10.31%，其中人均现金收入12558.95元，同比增长10.31%。确保农牧业正常生产。抓好畜禽防疫，做到病害牲畜无害化处理，加强蝗灾综合防治管理，做好春防重点工作，确保没有重大疫情发生；做好能繁母猪、草畜平衡等补贴发放工作，增加农牧民发展畜牧业的信心，加大良种改良，培养农牧业种养殖示范户，以点带面推动畜牧生产在数量上和质量上有较大提升，以合作社及农牧服务中心为纽带，加大宣传我镇绿色、名特优畜产品，为拓宽销售渠道创造条件；继续加强推广优质种子、落实科学种植、建设高水平农业基础设施，确保土地提质增效增加粮食产量。切实做到一手抓疫情、一手抓生产，确保农业生产工作有序推进，未出现因疫情而停滞农牧业生产等情况。

【乡村振兴】 2021年，桑耶镇换届工作完成后及时调整充实乡村振兴工作领导小组。召开易地扶贫搬迁、生态岗位管理、产业项目建设等工作专题会议16次，通过全面部署、学用结合，确保做好新形势下的巩固拓展脱贫攻坚成果有效衔接乡村振兴工作。开展“防止返贫动态监测大调研”活动，通过“访、问、查、督”等方式，深入

2021年7月1日，桑耶镇组织干部职工开展热烈庆祝中国共产党成立100周年暨西藏和平解放70周年活动

调研、动态监测、政策落实、产业扶持、社会帮扶等工作，全面摸清掌握实际情况，探索构建预防致（返）贫长效机制，实现扶贫治理常态化，巩固脱贫攻坚成效，有效防止脱后返贫和新增贫困发生。全镇干部针对30户帮扶户开展4轮慰问活动，送出慰问金共计37200元。开展各项宣讲30余次，累计入户宣讲290户1400人次。完成国家扶贫系统里的疑似问题数据清洗及核实工作，开展建档立卡户动态调整和信息采集“回头看”工作，结对帮扶干部填写巩固提升工作台账，找出扶贫工作中存在的问题以及需要帮助解决的事项，动态管理、限期销项。

【为民办实事】 2021年，桑耶镇为提升易地搬迁点的人居环境和生产生活条件，做好后续扶持工作，通过有效对接援藏项目和充分动员党员干部，立足搬迁群众实际困难和问题，采取共产党员为民办实事等方式，为搬迁群众排忧解难，切实解决一批搬迁群众眼前的难事。在桑耶社区、洛村易地搬迁点开展为民办实事12次。在桑耶搬迁点协调加装98个太阳能LED路灯，在打麦场安装1个高杆灯；为改善易地搬迁群众的农业设施条件，协调解决农田网围栏11万余元；为3户比较困难的搬迁群众购买价值3万余元的崭新家具；为搬迁群众解决过渡期牲畜饲草料35吨；为12户三岩搬迁群众每户安装价值2000元的热水器；在洛村搬迁点及时排查住宅防水及水电设备、农田配套、发现农田水渠淤堵，第一时间组织58名洛村党员干部开展清理工作；协调解决桑耶社区三岩搬迁点6名护路队员，2名公益性岗位，2名城管临时工，1名国资公司临时工；及时对接桑耶社区三岩搬迁点群众13点诉求，解决协调解决驾驶证科目一、科目四培训；完成第二期搬迁群众交接工作，已完成生态岗位、护林员等情况对接；协调解决桑耶社区三岩搬迁户过渡期口粮16600千克，其中按人头发放大米每人50千克、面粉每人50千克、青稞每人100千克；协调解决扎若村搬迁点2021年过渡期口粮青稞，每人400千克；在桑耶社区易地扶贫搬迁点集体农机具发放项目中，协调县农业农村局解决农机具补贴共计60余万元；在桑耶社区易地扶贫搬迁点土地改良项目上，协调县发改委解决项目资金180万元。

【疫情防控】 2021年，桑耶镇以镇党委、政府为中心，协调镇域各方力量及时成立镇疫情防控工作领导小组，以干部包双联户的工作方法下开展疫苗接种排查工作，切实提升疫苗接种覆盖率。截至年底，全镇18岁以上人群疫苗接种率已达90%以上（除禁忌症外）。发挥政府领导作用，迅速安排部署摸排外来人员情况，各级党员积极响应，及时做好外来人员登记排查管理工作，并对属地企业提出要求，中、高风险地区人员不得入桑耶。专门成立宣传工作小组，以走村入户、张贴标语、悬挂横幅、发放资料、广播、微信等方法，确保每户每人熟知疫情防控基本知识。疫情工作领导小组工作成员采取包村方式，对各村居疫情防控工作及各类台账进行深入督导，对存在问题的地方及时指出，并进行纠正，确保全镇疫情防控工作无死角。

【维护稳定】 2021年，桑耶镇加强对桑耶寺、青朴修行区、艾玛隆

2021年6月10日，桑耶镇党委、政府组织群众接种新冠疫苗

2021年9月23日，桑耶社区搬迁点为搬迁户发放上半年过渡期口粮

庙，以及镇区的加气站、加油站、水厂、水库巡逻、排查工作。全面加强巡逻防控措施，确保安全稳定。高度重视新形势下的农牧区信访工作，尤其易地搬迁群众反映的众多痛点、难点问题和昌都市三岩片区 11 户 98 人搬进后出现的系列纠纷问题，坚持“事要解决”的态度，经常深入户中进行政策宣讲、法治宣讲，把问题化解在萌芽状态，切实维护稳定大局。做好基础设施建设项目的复工复产安全生产大检查工作，协助开展好两个搬迁点工作的同时，做好林业、农牧、交通、教育等部门项目建设的前期工作，以及野外火源进行调查。重大项目 S5 隧道项目共计 850 余人在场地复工。洛村矮化苹果、桑耶车厘子、江平生物、亿利等项目有序进行。

【生态环保】 2021 年，桑耶镇结合“3355”“十小进农家”“文明三字经”等工作，开展环境卫生集中整治、农村改厕和除“四害”、规范农村宅基地用地建设以及全镇绿化植树造林等活动。深入开展环境整治，严守生态红线。积极做好饮用水源地的整改、城乡环境卫生大整治、畜禽禁养区畜禽养殖场清理整治等工作，全力配合建设乡镇污水处理站、垃圾填埋场等基础设施。持续落实“河长制”，加强饮用水源地保护力度，推动节能减排。坚持不懈抓生态宜居美丽乡村建设。开展农村人居环境整治工作，推进农村“厕所革命”。严格执行河长制和“五清”行动，加强饮用水源地保护，守护绿水青山。

【社会民生】 2021 年，桑耶镇加大基本民生保障，确保城乡居民医疗保险、城乡居民养老保险参保率 100%。落实民生保障资金兑现工作，共兑现资金 233.8 万元。残疾人“两项”补贴资金落实 146 人 277800 元；“十大民心工程”兑现 223 人 281400 元；特困救助兑现 18 人 11385 元。严格落实“先诊疗、后报销”制度，各类医疗保障共兑现 64 人 196202 元，建档立卡贫困户兑现 5 人 11220.68 元，低保 2 人 6638.22 元。推进劳动转移就业，就业创业培训开展 2 期，基本完成县政府下达的转移就业人数和增收目标。发挥新时代文明实践站作用，组建文艺宣传队，全镇 9 个村（社区）均已组建完成文艺宣传队，其中松卡社区和乃卡村 2019 年就已组建完成，其他 7 个村（社区）于 2021 年初组建完成，最多人数达 20 人，最少 14 人。利用镇文化活动广场引导群众传承弘扬民族文化，推动乡风文明建设，全年开展群众性文化活动 58 场次，举办“庆祝中国共产党成立 100 周年暨西藏和平解放 70 周年”活动和松卡卓舞文化节，实现文化育民、文化乐民、文化富民的目标。

【项目建设】 2021 年，桑耶镇开展扶贫产业项目需求统计上报工作，结合西普农业车厘子、松卡现代农牧业基地、亿利防沙治沙、矮化苹果、洛村乡村振兴建设示范点等项目，督促各村（社区）制定切合实际的产业发展规划，发挥各村优势、做大特色产业、促进村集体经济发展找方向、谋出路，加快建设完成村内道路硬化和房前屋后的道路硬化，统筹推进饮水安全、危房改造、易地扶贫搬迁、水利养护工程等。协助和帮扶建档立卡户及早谋划和落实增收产业就业措施通过土地流转、劳务输出、技能培训、入股分红等利益联结方式，实现贫困群众长期就业 18 人，增收 569800 元。

（白吉拉姆）

【机构领导】

镇党委书记

索朗多布杰（藏族，4 月免）

庞　　伟（4 月任）

镇党委副书记、镇长

郑　　疆（4 月免）

江永郎加（藏族，4 月任）

镇党委副书记、人大主席

尼玛顿珠（藏族）

镇党委副书记

索朗多杰（藏族，4 月免）

桑杰多吉（藏族，4 月任）

镇党委纪检书记、监察室主任

多吉次仁（藏族）

镇党委组织、宣传委员

洛桑曲珍（藏族，女）

镇党委统战委员、副镇长

李 开 周

镇党委政法委员、副镇长

王 鹏 山

镇党委委员

欧珠顿旦（藏族）

镇派出所所长

丁真平措（藏族）

副镇长

唐　　悦（女）

拉巴卓玛（藏族，女，5 月任）

镇司法所所长

边　　久（藏族）

镇农牧服务中心主任

罗桑普赤（藏族，女）

镇后勤服务中心主任

旦增央吉（藏族，女）

镇文化综合服务站站长

索朗德吉（藏族，女）

吉汝乡

【概况】 吉汝乡地处扎囊县城以南约 13 千米处，与浪卡子县、措美县、琼结县相邻。全乡总面积 394 平方千米，下辖 20 个村，112 个村民小组。2021 年，全乡有农牧民群众 1889 户 9580 人，总耕地面积为 19347.54 亩，人均耕地面积 2.02 亩。2021 年，推广青饲玉米 129.6 亩，推广“喜拉 22”号 450.09 亩；全年发放尿素、二铵、复合肥等 5299 袋 265 吨，折合资金 27.064 万元；全年完成牲畜免疫接种 19030 头（其中牦牛 1587 头、黄牛 5281 头、绵羊及山羊 12162 头），完成黄牛改良 1307 头，发放饲料 5 吨。2021 年全乡有党总支 7 个、党支部 14 个、党小组 147 个，有党员 1169 人。

【经济发展】 2021 年，吉汝乡农村经济总收入 20290 万元，同比增长 14.65%（其中第一产业：2348.68 万元，同比增长 10.28%；第二产业 5820.18 万元，同比增长 11.09%；第三产业 12121.14 万元，同比增长 23.56%）；人均纯收入 14428 元，同比增长 18%；人均现金收入 8400.01 元，同比增长 15.59%；外出务工 3568 人次，收入 6260.325 万元，同比增长 8.5%；粮食总产量 5333.41 吨（其中青稞产量 2798.39 吨，小麦产量 2535.02 吨），油菜籽 265.68 吨；牲畜总数 19030 头（只），其中大畜 6868 头（只），小畜 12662 头（只），牲畜存栏 3390 头（只），农牧业生产稳定增长。

【农牧民增收】 2021 年，吉汝乡组织人员参加汽车驾驶、厨师、精品氆氇编制等技能培训活动。全年培训技术人才 300 余人，并以务工联队和个人自发外出务工的形式外出务工，全年劳务输出 3568 人次，务工收入达 6260.325 万元，提高农牧民群众的现金收入。入股西藏宏农农业发展有限

2021年4月30日，吉汝乡召开中国共产党吉汝乡第三次代表大会第一次全体会议

公司藏鸡产业园项目，享受投入金额的 2% 固定回报，每年固定分红 18.18 万元，受益村为夏如村、念萨村、吾隆村，每村每年收益近 6.6 万元。

【扶贫帮困】 2021 年，吉汝乡完善农村低收入人口定期核查和动态调整机制，对符合条件的对象做到应保尽保、应助尽助。及时核对兑现各项资金，分散五保户落实资金全年共发放 333960 元；残疾“十大民心”两项补贴资金全年共发放 1824850 元；严重精神患者监护人补贴全年共发放 81600 元；农村低保补贴资金全年共发放 573799.55 元；农村低保高龄老人补贴全年共发放 9000 元。开展低保入户调查工作，共入户 190 余次；确保低保户评选工作公平、真实、无漏洞，确保真正贫困的家庭获得帮助。临时救助困难家庭 10 户 10 万元。开展以脱贫户劳动力人口为工作对象，对原有的岗位进行重新筛选，将对生态岗位重新自查一遍，筛选并剔除不符合要求的，加强生态岗位履职监督，严格落实上级每月 5 次出勤要求。2021 年第一季度生态岗位 1165 人共兑现资金 1017623 元，第二季度生态岗位 1159 人共兑现资金 1014125 元，第三季度生态岗位 1157 人共兑现资金 1011209 元，第四季度生态岗位 1155 人共兑现资金 1010625 元。

【社会事业】 2021 年，吉汝乡全面实行“三包”制度，完善控辍保学工作。农村幼儿教育由少到多，已开办幼儿园教学点 8 个，适龄儿童入学率达到 100%。在“六一”国际儿童节、教师节日期间，到学校慰问，给师生们送去温暖，鼓励师生们勇攀新高，激励师生崇尚教育，增强发展教育的积极性，推进义务教育均衡发展。吉汝乡卫生院投入使用后，使医疗卫生事业得到全面提升，全乡住院分娩率达 100%，婴儿死亡率为零，大病统筹、大病救助等医疗保障能力全面提升。组织全乡 20 个行政村成立村级文艺演出队，投入专项资金 40 万元。通过培训指导，提升村级文艺演出队专业水平。

2021年7月10日，县二级调研员达娃（右三）、乡党委书记白玛次旺（左二）到亚庆寺开展调研

【乡村振兴示范村建设】 2021 年，吉汝乡谋划乡村特色产业发展，制定“十四五”乡村特色产业发展规划，要求第一书记、第十批驻村工作队深入调研，积极谋划乡村振兴工作，建立基础数据，扎西林村乡村振兴项目投资 2400 万元，已完成前期工作，申报 2022 年乡村振兴示热志岗村范点项目，计划投资 2900 万元。

【换届选举】 2021 年，吉汝乡登记选民 6655 名，划分选区 23 个，自上而下、上下结合提名并推荐，选出代表人民的利益和意志、模范遵守宪法和法律、有较强执行代表职务能力的吉汝乡第十四届人民代表大会代表 51 名，扎囊县第十四届人民代表大会代表 35 名，换届选举完成。

【党建工作】 2021 年，吉汝乡党委组织召开专题学习 5 次，中心组学习 10 次，集中宣讲活动 25 次，讲党课 2 次，完成党史专题学习 7 次研讨，开展“每周五读书学习会”10 期，全乡党员参与度达 95% 以上。全年共召开党委会议 15 次，其中专题研究党建工作 6 次，安排部署全乡党建工作，明确党建工作目标，细化工作任务，研究党建议题 5 项。乡党委紧扣主题主线，严格按照党中央、自治区相关文件精神，坚持原原本本、原汁原味开展学习，全乡共开展党史学习教育31次，受众3000余人次，开展党史专题测试1次，通过率达100%，使党史学习教育深入百姓心中。向上级争取村集体经济项目，为节念村肉羊养殖争取到项目资金50万元，为发展壮大村集体经济打牢经济基础。结合“乡镇干部进村入户”“一包到底”、结对帮扶等工作，开展集中服务活动，推动广大党员干部更好地服务人民群众，教育引导党员群众更加紧密地团结在以习近平同志为核心的党中央周围，充分拉近吉汝乡党群干群关系。紧抓“党建基础年”这根工作主线，加强发展党员和党员档案填写等基础工作的指导力度，截至年底，共指导村党（总）支部党建工作100余次，提升各村党（总）支部基层党组织标准化建设工作水平。稳步推进违规违纪发展党员专项整治工作。吉汝乡开展发展党员专项整治工作业务培训3期，培训党务工作者80人次，制作下发藏语汉语发展党员流程图20份。中共十八大以来发展的党员共计368名，排查甄别党员档案368人，乡镇机关党员53人（包括寺管会，派出所）、各学校党员13人，农牧民党员302人，发现涉嫌违规违纪问题24人，其中，违规异地入党9人，严重违反入党程序15人，立行立改297人。并将《排查解决违纪违规发展党员问题整改处理工作情况报告》提请党委会议审议，完成312名党员档案存在问题的补整改及归档工作。

【平安建设】 2021年，吉汝乡党委以3月综治宣传月、6月综治宣传周、12月法律宣传日等活动为契机，通过设立咨询点、张贴标语、悬挂横幅等方式，宣传维护社会和谐稳定相关内容。全年累计发放各类宣传单5000余份，受教育群众达4500余人，增强广大群众的“我要稳定”意识。开展安全生产大排查活动，对全乡可能存在安全隐患的地点进行有效排查，做到早发现、早整改，保证汛期、秋收、道路、水塘安全。组织专人下村宣讲安全知识40余次，发放安全生产手册80本、宣传画600张，交通警示牌4张，减速带4条。联合乡派出所深入全乡20个行政村，对各村居开展“问题”和“苗头”的双重梳理和摸排，通过询问驻村工作队、村“两委”班子，走村入户等形式开展矛盾纠纷线索摸排30余次。专门成立包村包片领导小组，制定工作目标、工作任务及工作职责。安排部署乡班子成员、村“两委”和联户长定期不定期深入联系点检查指导“双联户”等各项工作，确保全乡“双联户”整体工作稳步推进。乡镇村居成立红袖标队，党员、联户长组成的护村巡逻队。在乡村连接的主要路口设置了巡逻点，统一配备巡逻装备，每天在村委干部和工作队的带领下，护村队坚持日夜巡逻，风雨无阻。

（卢 杨）

2021年7月20日，吉汝乡党委书记白玛次旺（左三）到格普村调研乡村振兴工作

【机构领导】

县人大常委会副主任、乡党委书记
　　达　娃（藏族，5月免）

乡党委书记
　　白玛次旺（藏族，5月任）

乡党委副书记、政府乡长
　　杨学平（5月免）
　　张亚男（5月任）

乡党委副书记、人大主席
　　吾金单增（藏族，5月免）
　　杨定州（5月任）

乡党委副书记
朱 忠 奎(7 月免)
巴桑次仁(藏族,5 月任)
乡党委委员、纪检书记、监察室主任
玉　　珍(女,藏族,5 月免)
仁青尼玛(藏族,5 月任)
乡党委组织委员
萨甲顿珠(藏族,5 月免)
白玛央宗(女,藏族 5 月任)
乡党委宣传委员
泽仁曲西(女,藏族,5 月免)
白玛央宗(女,藏族,5 月任)
乡党委政法委员、政府副乡长
潘 博 浩(5 月免)
孙　　浩(5 月任)
乡党委政法委员
旦　　达(藏族,5 月免)
乡党委统战委员、副乡长
卢　　杨(5 月任)
乡党委委员
邓 飞 阳(5 月免)
彭　　胜(5 月任)
副乡长
次　　旺(藏族,5 月免)
次仁玉珍(女,藏族)
巴桑罗布(藏族,5 月任)
格　　桑(藏族)

扎其乡

【概况】 扎其乡地处雅鲁藏布江南岸,349 国道沿线,距离扎囊县城 6 千米,平均海拔 3620 米,土地总面积 280 平方千米。全乡下辖 17 个行政村,含 34 个自然村、92 个村民小组,有 2034 户 9249 人,其中劳动力 6704 人,占总人口的 72.48%。2021 年人均收入 15767 元,同比增长 14.6%。扎其乡顺利完成 2021 年党组织换届选举和村民委员会选举工作,17 个行政村选举出 96 名村干部和 51 名村务监督委员会(其中包括 17 名村务监督委员会主任)。

2021年5月14日，西藏自治区党委组织部工作组一行到德吉新村查看村居标准化建设使用及党建工作开展情况

农牧民群众主要经济来源于农牧业、手工业和劳务输出,农作物主要种植冬小麦、青稞、油菜和土豆等,畜牧业以养殖牦牛、黄牛、奶牛和绵羊为主,手工业以氆氇编织、加工和藏式木雕(虱雕)为主。

全乡主要地貌类型以山地为主、拥有丘陵与冲积平原,境内东部、中部、西部均有山脉纵贯,海拔均在 3500 米以上,形成由西向东的扎其沟与朗塞岭沟。

全乡属高原温带半干旱季风气候,灾害性天气频繁,气候干燥,全年降雨量较少。年平均气温为 5℃,年最低气温为 -8℃,最高气温 28℃。

全乡主要景观有敏珠林寺、朗赛林庄园。其中敏珠林寺为藏传佛教宁玛派六大寺庙之一,由鲁梅·慈臣协绕首创于 10 世纪末,清康熙十五年(1676)由宁玛派伏藏大师仁增·吉美多吉重建。寺庙坐西朝东,四面群山环抱,山清水秀,环境优美。寺内主要建筑为祖拉康佛殿,坐西向东,高 3 层。底层为大经堂;朗塞岭庄园始建于吐蕃地方政权晚期,在帕竹地方政权时期形成,是西藏历史上最早的高层建筑之一。整座庄园建筑除 7 层主楼外,有辅楼、望楼、碉楼、花园、壕沟及林卡,以及农田、牧场、手工业作坊等附属建筑,是西藏封建农奴社会的一个重要历史见证。

【基层党建】 2021 年,扎其乡党委及时制订下发 2021 年党建工作要点、工作计划,细化分解任务,与所属党组织层层签订目标责任书。全年共计召开党委会 14 次,专题研究党建工作 4 次,推动党建工作责任制全面落实。全乡广大党员干部不忘初心、牢记使命，更好联系服务群众，充分激发党员干部先锋模范作用。开展违规违纪发展党员摸排工作，通过入村调研、查阅档案等方式排查出中共十八大以来发展的党员共计378名，排查出问题60例（包括30例立行立改问题事项），截至年底，都按照要求，进行整改。遵循党员发展“十六字”方针，严格按照发展党员5个阶段25个步骤，全乡新发展党员24人，培养入党积极分子40名。

2021年5月28日，扎其乡第十四届人民代表大会第一次会议第二次全体会议（选举会）召开

【巩固脱贫成果与乡村振兴】

2021年，扎其乡多措并举促进群众增收。依托边久苗圃基地等务工地成立5个固定务工联队，吸纳扎其乡劳动力263人，人均年增收3.5万元。倡导组织各村劳动力到朗赛岭矮化苹果项目点务工，累计带动3.8万人次就业，共兑现民工工资750万元。鼓励36户群众入股扎其乡益民农产品等公司，共计年分红11.85万元。7月，举行群众入股扎囊县孜杏林草专业合作社2021年分红仪式。此次分红仪式涉及14个村，共73户，入股金额为115.3万元，分红金额11.53万元。经统计，2021年脱贫户人均年收入为12043.7元，同比增长15.1%。对易地搬迁户进行持续跟踪关注，扎其乡二期搬迁户22户81人，截至年底，1户完成拆旧复垦，4户按照有关规定已完成处理。实时监测返贫迹象，加强对脱贫人口分类管理，加强对返贫监测预警和边缘人口监测管理力度。从返贫资金中对因重大疾病、因灾等问题导致存在返贫迹象的20户，拨付返贫资金13.55万元，民政临时救助资金5万元。3户已纳入扎其乡返贫监测户，落实各项惠农政策，人均收入达1万元。落实政策资金，全年共兑现生态岗位资金296.3625万元，惠及3387人次。持续聚焦“两不愁三保障”，严格落实“四不摘”要求，保持各项扶贫政策不变，持续巩固“两不愁三保障”成果。加大合作医疗、“一孩双女”和住院分娩等相关政策的宣讲力度，加快村卫生室建设，加强地方病预防和疾病控制工作。

【党风廉政】 2021年，扎其乡党委始终坚持强化纪律规矩教育引导，组织党员干部集中学习党的理论知识、纪律知识和党的纪律条例32次，组织观看警示教育片《全面从严治党在西藏》第一至第四集、山南市违纪违法典型案例警示教育片《说案明纪》等6次。乡纪委协助乡扶贫办工作人员，通过实地走访、入户调查、查阅申请资料，对易返贫致贫3户的家庭状况、收入情况、实际困难等进行深入了解和实际监督，深入农户家30余次．扎其乡科级干部包村组深入辖区行政村、寺庙等地开展督导检查20余次，反馈意见建议24条。乡党委书记土登吉美、派出所所长扎西一行4人深入扎其乡完全小学、朗赛岭完全小学等检查学生餐饮具的清洗消毒、食品贮存情况、校园安全防范工作等进行全面检查20余次。

【农牧业发展】 2021年，扎其乡农作物播种总面积达30632.12亩。其中，粮食作物面积为2.7万亩，产量9782吨。经济作物面积为0.3万亩。协调县农业农村局及各村，确保春播正常开展。2021年春播，各村共到位化肥6080袋，共计资金418260元。顺利完成牲畜清点工作任务，全乡共有纯牧户7户，全乡牲畜共计18843头，春秋防共注射疫苗32468头，防疫率达到100%。全年新生仔畜3246头,仔畜成活率达97%以上,禽畜粪污综合利用率达95%以上,全乡未超载农牧户兑现资金987735.26元。

【政策落实】 2021年,扎其乡共兑现生态岗位资金296.3625万元,惠及3387人次。第一季度安排生态岗位849人(其中建档立卡户422人、低收入户427人)兑现资金74.2875万元,第二季度安排生态岗位847人(其中建档立卡户420人、低收入户427人)兑现资金74.1125万元,第三季度安排生态岗位846人(其中建档立卡户419人、低收入户427人)兑现资金74.0250万元,第四季度安排生态岗位845人(其中建档立卡户416人、低收入户429人)兑现资金73.9375万元;兑现五保户51人资金38.7090万元;低保户38户123人,兑现资金34.0212万元;兑现草补资金94.4835万元;兑现录取大学生资助资金396人共计267.4万元,其中计划内364人263.9万元,计划外32人3.5万元。

【社会民生】 2021年,扎其乡城乡居民养老保险共计参保人员5374人,其中60岁以上享受人员1360多人,正常缴费人员3335人以及特殊身份参保人员679人,参保金额总计为671500元;参加医疗保险人数为8980人,参保率达到100%。

【社会综合治理】 2021年,扎其乡与17个行政村、1个卫生院、2个学校、2个寺庙管委会签订《2020年度社会治安综合治理和维护稳定工作目标责任书》,将综治工作目标、工作责任落实到实处。落实全乡193名联户长的"十八员"职责任务,乡党委、政府通过以会代训形式、综治主题宣传活动对联户长进行讲解"先进双联户"创建工作要点、相关惠农惠民政策、"双联户""10+1"工作任务等相关知识,全年乡、村两级联户长共培训34场次,共宣传72场次,发放1600余份宣传资料,受益群众达5000余人。在"三大节日"、3月综治宣传月、"两大庆"等重大节庆和民俗宗教活动期间,全乡193名联户长认真履职联户长"十八员"职责任务,开展"10+1"工作任务,推进维稳安保任务,真正实现"三不出、三稳定"(大事不出,中事不出,小事也不出,经济稳定、金融稳定、资本市场稳定)。德吉新村"无公害蔬菜种植基地由"两个联户单位共同承包经营,其中米玛(联户长)13联户单位,共承包有5座温室大棚,年收入达到38070余元,农业支出12000元,年纯收入26070元,年底每户分红在4230元,带动5人就业;扎西曲杰(联户长)17联户单位,共承包有5座温室大棚,年收入达到42050余元,农业支出11200元,年纯收入30850余元,年底每户分红5256.25元,带动7人就业。实现生产和营销一体化,拓宽联户群众增收渠道。

【项目建设】 2021年,扎其乡实施建成朗塞岭水库排洪沟加固工程,投资100万元;建成罗堆村水渠项目,投资15万元;修建塔巴林水源点,投资3万余元;建设高标准农田1800亩,投资468万元。不断完善道路交通、农田水利基础设施的后期管护,引导村、组建立管护制度,形成管护长效机制。在朗赛岭村实施3992.9亩矮化苹果项目,投资约1.9亿元。推广种植优质良种,以孟卡荣、藏仲等农业基础较好的村为主体,推

2021年11月24日,扎其乡组织政协委员开展"不忘革命先烈、追寻红色记忆"活动

广“山青 9 号”“喜拉 22”“藏青 2000”“藏油 5 号”等优良品种种植面积，提高单产和总产值，2021 年全乡种子田建设 3170 亩。

2021年6月8日，扎其乡组织开展6月平安宣传月活动

【社会稳定】 2021 年，在各重要节点，扎其乡共发动群防群治队伍 101 支，参与开展工作 9000 余人次。狠抓矛盾纠纷排查调处。17 个行政村成立村人民调解委员会并设立温馨调解室。全乡委员、两会代表、社会组织共有 82 人被吸收参与到化解各类社会矛盾纠纷中来，努力构筑政府行政管理力量与社会民间自治力量互联、互补、互动的新格局。全年共开展矛盾纠纷排查 110 余次，发现矛盾纠纷 9 起，调处 9 起矛盾纠纷（其中 2 起口头调解），调解率 100%。开展重点地区排查整治工作。由乡综治办牵头，联合派出所在治安重点地区进行排查整治，对重点地区排查 30 余次，发现安全隐患 8 处，排除安全隐患 8 处。加大平安建设法治宣传。宣传新《中华人民共和国宪法》《中华人民共和国民法典》《西藏自治区治安综合治理条例》等相关法律法规。开展平安建设宣传 30 余场次，悬挂横幅 9 条、小展板 4 块，发放宣传资料 1000 余份，现场接受群众咨询 70 余人次。

【疫情防控】 2021 年，扎其乡通过召开会议、发放宣传资料、网络推送等举措，宣讲疫情防控知识要点，让群众知晓当前疫情防控形势，积极主动投身于疫情的日常防控工作中。乡政府发放各村口罩累计 1 万余只、体温枪 17 只、84 消毒液 18 箱，乡政府储备口罩 4411 只、消毒液 51 箱、电动喷雾器 27 个、体温枪 20 个、防护服 150 套、一次性手术衣 858 个、一次性手套 1270 套，并将各种防控应急物资单独存放于乡疫情防控物资储备库，随时处于备用状态，扎实提升突发疫情处置能力和水。全力推进全乡新冠疫苗接种工作，先后召开疫苗接种动员部署会、疫苗接种工作推进会 5 次，乡政府积极协调、配合县卫健委、指导乡卫生院疫苗接种工作，及时安排专人负责疫苗接种人员信息登记工作，确保信息登记工作准确无误。截至年底，全乡接种新冠疫苗率达 80% 以上。

【生态环保】 2021 年，扎其乡加强生态工程建设，加强与县林草局、自然资源局的协调，积极申请资金支持，组织党员干部和农牧民群众参加植树造林活动，绿化周边环境；协助县自然资源局落实基本农田和林草地的保护政策；响应上级“草补”政策，号召农牧民参与到生态工程建设的大行列中。开展农村人居环境卫生整治工作，落实乡、村两级“河长制”，实行包片责任制网格化管理，按照县委提出的“3355”工作法常态化要求，通过广播、宣传栏、各种会议、入户宣传、微信等多种形式，教育引导群众改变柴草杂物乱堆、垃圾乱倒、畜禽乱跑等不良习惯。通过张贴环保标语 40 余条，限塑标语 20 条，发放治理“白色污染”倡议书 200 余份，发放环保袋 1000 多个，提高人们环境卫生意识，引导群众自觉维护乡村环境。每月各村开展 4 次以上卫生整治活动并将其写入村规民约中，重点整治全乡范围内村庄、道路、河床、垃圾池周边的“白色垃圾”旧经幡、旧哈达等。开展村庄清洁工作评比，营造人人参与、争当先进的环保氛围，逐步实现全乡卫生管理规范化，确保乡容村貌更加干净整洁，人居环境进一步提升。2021年，扎其乡农村人居环境卫生整治工作获得全县第一名，奖金3万元。

（史重涛）

【机构领导】

乡党委书记

边巴次仁（藏族，4月免）

土登吉美（藏族，5月任）

乡党委副书记、乡人民政府乡长

庞　伟（4月免）

何　沁（5月任）

乡党委副书记、乡人大主席

吉米念扎（藏族）

乡党委副书记

贡　珍（藏族）

乡党委政法委员、宣传委员、政府副乡长

李孟芸（女，5月任）

乡党委委员、纪检书记

索朗卓嘎（女，藏族）

乡党委统战委员、政府副乡长

巴桑次仁（藏族，4月免）

拉布次仁（藏族，4月任）

乡党委组织委员

张茂佳（女，5月任）

乡党委委员

陈俊宇（4月免）

旺　扎（藏族，5月任）

乡政府副乡长

达瓦顿珠（藏族）

史重涛（5月任）

阿扎乡

【概况】 阿扎乡地处雅鲁藏布江中游北岸，居扎拉山南坡，地势北高南低，东西高中间低。幅员面积248平方千米，位于县驻地西北，与县城隔江相望，东接本县桑耶镇，西邻贡嘎县昌果乡，北抵拉萨达孜县。最高海拔5585米，最低海拔3600米，处于北纬29° 21′、东经91° 16′。阿扎乡是一个农牧并重、农业为主的小乡，全乡下辖3个行政村，13个自然村，57个双联户，1个派出所，2个寺管会，1所卫生院，3处教学点（阿扎、章达、江津）。全乡共有590户2599人，其中农户539户2380人，牧户51户219人；脱贫户141户593人，享受生态岗位补偿340人；残疾人157人，五保户24人，其中集中供养22人；低保户7户27人。阿扎乡党委和政府于2021年进行换届，共有39名在编人员（其中行政编制23名、事业编制15名、工人1名），其中驻村干部6名（3名第一书记）。

2021年4月20日，扎囊县委组织部部长黄建（中）到阿扎乡检查指导换届选举工作

【经济发展】 2021年，阿扎乡农村经济总收入7381.17万元，平均农村居民纯收入达18406.02元，人均现金收入达11076.01元。全乡草场面积263796亩，各类农作物播种面积共6612.9亩，其中粮食作物面积5142.16亩（小麦面积3091.2亩、青稞面积1991.4亩、豆类面积59.56亩）、经济作物面积1291.8亩（油料作物584.7亩、蔬菜作物612.3亩、瓜果作物94.8亩）、饲草料面积178.95亩。实现粮食总产量1733.97吨，牲畜存栏达9023头（只、匹）。农业主要种植冬小麦、青稞、青饲玉米、油菜、土豆等。工业以民族手工业为主，有轻纺（编制氆氇）、编筐等。旅游资源和矿产资源十分丰富。乡境内有著名的扎央宗溶洞、宗贡布溶洞、查色寺等旅游景点。矿产资源主要有铜、铁、大理石等。

【脱贫攻坚】 2021年，阿扎乡脱贫户141户593人，享受生态岗位补偿340人，其中重点生态公益林护林员242人，草原监督员59人，城镇保洁员和环境监察员26人，村级水管员6人，地质灾害巡视员3人，旅游厕所保洁员4人。

【农牧业生产】 2021年，阿扎乡科学调整种植业结构，合理调整粮、经、饲比例，制定农业综合开发规划、"一乡一策"和"一村一品"等，建立人工种草、青饲玉米、生态林等基地，基地建设成效显著。全乡粮食播种面积为6285.75亩，其中冬小麦为1358亩、春青稞2163亩、油菜380亩、蔬菜304亩、其他作物92亩。落实草场承包责任制，开展基本草原划定工作，兑现草畜平衡资金443358.17元，纯牧户保底政策资金195800元，天然草原监督员补助资金32400元。积极开展春季动物防疫疫苗注射工作，完成注射9023头，免疫率达到100%，全乡未发生任何重大动物疫病。

【教育事业】 2021年，阿扎乡始终优先发展教育，贯彻落实全县教育工作会议要求，推进县域义务教育均衡发展工作，协助县教育部门抓好春秋季开学工作，确保学生安全返校。全乡适龄儿童的入学率、巩固率均达100%，初中入学率、巩固率分别达100%。认真开展大学生资助工作，截至年底，完成大学生资助发放工作，共兑现大学生资助金62.8万元，受助学生84人。其中区外68人，兑现资金53.3万元；区内16人，兑现资金9.5万元，建档立卡户大学生兑现补差额1.3万元。开展高校毕业生就业政策宣传工作，组织开展集中宣讲和入户宣讲16次，2021年应届毕业生16人，完成就业18人，就业率达81.25%。

【医疗卫生】 2021年，阿扎乡协助县卫生部门开展农牧民健康体检工作和"送医下乡"活动。加强农牧区合作医疗管理，组织3个行政村开展合作医疗交纳工作，全乡参保人数达2611人，其中阿扎村760人、章达村1092人、江津村759人。认真落实"一孩双女"政策，全乡"一孩双女"家庭共46户，每户补助960元，特别扶助对象9人，其中2人每年补助4200元，其余7人每人每年补助5400元。

2021年7月5日，阿扎乡党委书记杨泽平（左二）慰问江津村老党员

【文化事业】 2021年，阿扎乡以争先创优为动力，以加强基层公共文化建设为重点，以繁荣乡村文化为目标，强化宣传，加大文化建设与文化活动开展力度，推动乡辖区内文化事业发展。乡文化服务中心在做好免费开放的同时，开展各类文艺培训、文化辅导及群众性文化普及工作等活动共计20场次。组织文艺演出队参加市级非遗舞蹈大赛、非遗舞蹈展演、雅砻文化节、氆氇文化节等文艺会演，协助上级部门做好非物质文化遗产普查、保护工作，既为创建公共文化服务示范体系提供有力保障，也极大地丰富农牧群众业余文化生活，强化精神文明建设。开展第七次西藏工作座谈会精神、党的十九届六中全会精神等宣讲活动、新文明实践活动等各类宣讲230场次，受教育人数达5500人次，开展各类实践活动126场次，受益群众达2026人次。

【民政工作】 2021年，阿扎乡落实党的各项强农惠民政策，关心弱势群体生产生活，足额发放五保户、农村低保等专项民生资金，重点开展低保户抽查摸底统计确定工作。全乡共7户27人享受低保政策，共发放低保资金52258.36元。分散五保户2户2人，

2021年7月23日，阿扎乡党委组织党员干部与章达村群众开展义务植树活动

每人每年生活补贴 7590 元，共计 15180 元。全乡有残疾人 157 人，共发放残疾补贴 646750 元。

【生态环保】 2021 年，阿扎乡加强生态环境保护建设，认真落实县环境综合整治工作会议以及县委提出的各项要求，组织各村集中开展环境整治工作，落实河长制制度，在河水较少、水流较缓的月份开展河道清理工作。认真落实“厕所革命”工作，完成厕所改造 291 户。

【林业方面】 2021 年，阿扎乡加大林业法律法规宣传，加强对小叶杜鹃、爬地柏和马鹿、黑颈鹤等珍稀植被和野生动物的保护。加快植树造林步伐，开展植树造林，结合植树造林活动，初步实现“步步皆绿”。全乡在章达村搬迁点以及拉萨周边开展的植树造林活动中，植树 800 余株。

【基础设施建设】 2021 年，阿扎乡争取各项基础设施项目，配合县直有关业务部门实施了江津村旅游改造提升、阿扎村和章达村防洪堤、阿扎村和章达村高标准农田改造、章达村 12 户易地搬迁配套设施建设和章达村易地搬迁点高标准农田开发等项目建设。

【安全生产】 2021 年，阿扎乡加强安全生产管理，加强安全生产法律法规宣传，落实安全目标责任制。经常性开展拉网式大检查，对辖区内各企业、建筑工地、商店、景区、宾馆、饭店及教学点开展安全生产综合治理和检查，排查隐患，确保人民群众生命财产安全。

（朱雪琴）

【机构领导】

乡党委书记

孟 再 波（4 月免）

杨 泽 平（4 月任）

乡党委副书记、乡长

旦　　达（藏族）

乡党委副书记、人大主席

白玛塔青（5 月免）

陈 俊 宇（5 月任）

乡党委副书记

贡　　珍（女，藏族）

吴 华 丽（女）

乡党委委员、纪委书记、监察室主任

樊　　蓉（女，1 月免）

谭 新 文（1 月任）

乡党委政法委员、副乡长

沈 善 德（4 月免）

德吉曲宗（女，藏族，4 月任）

乡党委宣传委员、副乡长

旦增曲措（藏族）

达　　珍（女，藏族）

乡党委委员

花 艳 超

沈 善 德

附 录

受县(区)级以上表彰的先进集体一览表

表5

获奖单位	获奖名称	表彰时间	授予单位
扎囊县公安局	全国普法工作先进单位	2021年	中央宣传部、司法部、全国普法办
扎囊县公安局桑耶派出所	成绩突出集体	2021年	公安部
扎囊县教育(体育)局	全国群众体育先进单位	2021年	国家体育总局
扎囊县	2020年度全国村庄清洁行动先进县	2021年	中央农办、农业农村部
扎囊县工商业联合会	2020—2021年全国“五好”县级工商联	2021年	中华全国工商业联合会
中共扎囊县吉汝乡委员会	全区脱贫攻坚先进集体	2021年	中共西藏自治区委员会、西藏自治区人民政府
扎其乡申藏村	2021年度先进基层党组织	2021年	中共西藏自治区委员会、西藏自治区人民政府
扎囊县邮政分公司	巾帼先进集体	2021年	西藏自治区妇联
扎囊县公安局交警大队	最美交警先进集体	2021年	西藏自治区公安厅交管局
扎囊县邮政分公司	全区十强县支局	2022年	西藏自治区邮政公司
扎囊县退役军人服务中心	自治区2021年度示范型退役军人服务中心(站)创建工作温馨窗口	2021年	西藏自治区退役军人事务厅、西藏自治区退役军人服务中心
扎囊县卫生服务中心党支部	2021年度先进基层党组织	2021年	中共山南市委员会、山南市人民政府
中共扎囊县中心医院委员会	2021年度先进基层党组织	2021年	中共山南市委员会、山南市人民政府
中共扎囊县公安局机关第一支部委员会	2021年度先进基层党组织	2021年	中共山南市委员会、山南市人民政府

续表5

获奖单位	获奖名称	表彰时间	授予单位
中共扎囊县桑耶镇完小支部委员会	2021年度先进基层党组织	2021年	中共山南市委员会、山南市人民政府
中共扎囊县阿扎寺管会支部委员会	2021年度先进基层党组织	2021年	中共山南市委员会、山南市人民政府
中共扎囊县吉汝乡热正岗村总支部委员会	2021年度先进基层党组织	2021年	中共山南市委员会、山南市人民政府
吉汝乡吉汝完小	全市“四讲四爱”群众教育实践活动先进集体	2021年	中共山南市委宣传部
共青团扎囊县委员会	山南市“重温党史辉煌 凝聚奋进力量”党史知识竞赛优秀组织奖	2021年	山南市委党史学习教育领导小组办公室、共青团山南市委员会
扎囊县公安局	山南市公安机关第一届警务实战技能比武车辆查缉团体第一名	2021年	山南市公安局
扎囊县公安局	山南市公安机关第一届警务实战技能比武负重体能团体第一名	2021年	山南市公安局
扎囊县公安局	山南市公安机关第一届警务实战技能比武道路交通事故现场勘查团体第一名	2021年	山南市公安局
扎囊县公安局	山南市公安机关第一届警务实战技能比武团体第二名	2021年	山南市公安局
扎囊县公安局	山南市公安机关第一届警务实战技能比武理论考试团体第二名	2021年	山南市公安局
扎囊县公安局	山南市公安机关第一届警务实战技能比武92式手枪应用射击团体第三名	2021年	山南市公安局
扎囊县公安局	山南市公安机关第一届警务实战技能比武警务实战公开课和实训课团体第三名	2021年	山南市公安局
扎囊县教育（体育）局	最佳组织奖	2021年	山南市教育局
扎囊县教育（体育）局	2021年度全国中小学青年教师教学竞赛山南市小学组选拔赛优秀组织奖	2021年	山南市教育局
扎囊县文化（文物）局	扎囊县民族团结进步模范单位	2022年	中共扎囊县委员会、扎囊县人民政府
扎囊县公安局阿扎乡派出所	先进基层党组织	2021年	中共扎囊县委员会 扎囊县人民政府
桑耶镇党委	2021年度先进基层党组织	2021年	中共扎囊县委员会、扎囊县人民政府
扎囊县政府办	扎囊县民族团结进步模范单位	2022年	中共扎囊县委员会、扎囊县人民政府
扎囊县卫生服务中心党支部	2021年度先进基层党组织	2021年	中共扎囊县委员会、扎囊县人民政府
吉汝乡党委	2021年度先进基层党组织	2021年	中共扎囊县委员会、扎囊县人民政府

续表5

获奖单位	获奖名称	表彰时间	授予单位
扎其乡孟卡荣村党支部	2021年度先进基层党组织	2021年	中共扎囊县委员会、扎囊县人民政府
扎唐镇嘎杂村党支部	2021年度先进基层党组织	2021年	中共扎囊县委员会、扎囊县人民政府
阿扎完小党支部	2021年度先进基层党组织	2021年	中共扎囊县委员会、扎囊县人民政府
敏竹林寺管会党组	2021年度先进基层党组织	2021年	中共扎囊县委员会、扎囊县人民政府
中共湖南省第九批援藏工作队扎囊县工作队支部	2021年度先进基层党组织	2021年	中共扎囊县委员会、扎囊县人民政府
江津村	2021年度扎囊县村庄清洁整治行动第一名	2021年	中共扎囊县委员会、扎囊县人民政府
扎囊县公安局	扎囊县信访先进单位	2021年	扎囊县人民政府
扎囊县公安局	庆建党百年展干部风采职工系列文体活动之绑腿比赛团体第一名	2021年	扎囊县人民政府

说明：由于各单位资料提供不全，可能有遗漏

受县（区）级以上表彰的先进个人一览表

表 6

姓名	性别	民族	工作单位	获奖名称	表彰时间	授予单位
嘎玛吾珠	男	藏族	扎其乡孟卡荣村	全国粮食生产先进个人	2021 年	农业农村部
黄新春（援藏）	男	汉族	扎囊县发展和改革委员会	“牢记援藏使命 建功雅砻大地”主题创建活动奉献之星	2021 年	中共湖南省援藏工作队前线指挥部、湖南省第九批援藏工作队
慕育军	男	汉族	原扎囊县人民政府	人民满意的公务员	2021 年	中共西藏自治区委员会、西藏自治区人民政府
扎西白玛	女	藏族	扎囊县吉汝乡	全区脱贫攻坚先进个人	2021 年	中共西藏自治区委员会、西藏自治区人民政府
平措顿珠	男	藏族	扎囊县水利局	全区脱贫攻坚先进个人	2021 年	中共西藏自治区委员会、西藏自治区人民政府
巴桑次仁	男	藏族	扎其乡司法所	普法工作先进个人	2021 年	中共西藏自治区党委宣传部、西藏自治区司法厅、西藏自治区普法办
俊美多吉	男	藏族	扎囊县公安局办公室	二等功	2021 年	西藏自治区公安厅
扎桑旺姆	女	藏族	扎囊县人民法院	2021 年度西藏自治区高级人民法院法庭先进个人	2021 年	西藏自治区高级人民法院
杨金凤	女	汉族	扎其乡朗赛岭完小	2021 年度“基础教育精品课”优质课	2021 年	西藏自治区教育厅
单增贡布	男	藏族	扎囊县林业和草原局	全区“十三五”防沙治沙突出贡献先进个人	2021 年	西藏自治区林业和草原局、西藏自治区人力资源和社会保障厅
格桑德吉	女	藏族	扎囊县藏医院	西藏特培优秀学员	2021 年	西藏自治区人社厅
次仁多吉	男	藏族	扎囊县中心医院	2021 年特培优秀学员	2021 年	西藏自治区人社厅
江白	男	藏族	扎囊县财政局	全区脱贫攻坚优秀个人	2021 年	西藏自治区乡村振兴局
多吉次旦	男	藏族	扎囊县邮政分公司	全区十强经理	2022 年	西藏自治区邮政公司
黄高飞	男	汉族	扎囊县公安局校区便民警务站	2021 年度优秀共产党员	2021 年	中共山南市委员会、山南市人民政府
多吉次仁	男	藏族	扎囊县文化局	2021 年度优秀驻村工作队	2021 年	中共山南市委员会、山南市人民政府
丹增多吉	男	藏族	扎囊县中心医院	2021 年度优秀共产党员	2021 年	中共山南市委员会、山南市人民政府
王新兵	男	汉族	扎囊县扎唐寺管会	2021 年度优秀党务工作者	2021 年	中共山南市委员会、山南市人民政府

续表6

姓名	性别	民族	工作单位	获奖名称	表彰时间	授予单位
旦　　达	男	藏族	阿扎乡人民政府	2021年度优秀基层干部	2021年	中共山南市委员会、山南市人民政府
吉宗晖	男	汉族	扎囊县顶固钦寺管会	2021年度优秀基层干部	2021年	中共山南市委员会、山南市人民政府
白玛康卓	女	藏族	扎其乡朗赛岭完小	山南市"四讲四爱"优秀宣讲员	2021年	中共山南市委宣传部
普布罗亚	男	藏族	扎囊县公安局查色寺警务室(局扫黑办)	三等功	2021年	山南市公安局
丁真平措	男	藏族	扎囊县公安局桑耶镇派出所	三等功	2021年	山南市公安局
次仁多吉	男	藏族	扎囊县公安局刑事侦查大队	三等功	2021年	山南市公安局
占　　堆	男	藏族	扎囊县公安局刑事侦查大队	嘉奖	2021年	山南市公安局
尼玛次仁	男	藏族	扎囊县公安局网络安全监察室	嘉奖	2021年	山南市公安局
旦增多旺	男	藏族	扎囊县公安局治安管理大队	嘉奖	2021年	山南市公安局
仓决多吉	男	藏族	扎囊县公安局刑事侦查大队	嘉奖	2021年	山南市公安局
白玛仁增	男	藏族	扎囊县公安局扎其乡派出所	嘉奖	2021年	山南市公安局
洛桑扎西	男	藏族	扎囊县公安局扎塘镇公安派出所	嘉奖	2021年	山南市公安局
格桑占堆	男	藏族	扎囊县公安局查色寺警务室(局扫黑办)	嘉奖	2021年	山南市公安局
旦增曲扎	男	藏族	扎囊县公安局凯巴卡便民警务站	嘉奖	2021年	山南市公安局
索朗次旦	男	藏族	扎囊县公安局查色寺警务室	山南市公安机关第一届警务实战技能比武理论测试第8名	2021年	山南市公安局
扎西杰姆	女	藏族	扎囊县公安局治安管理大队	山南市公安机关第一届警务实战技能比武女子负重跑第2名	2021年	山南市公安局
拉巴加措	男	藏族	扎囊县公安局法制室	山南市公安机关第一届警务实战技能比武理论测试第7名	2021年	山南市公安局
米玛次仁	男	藏族	扎囊县公安局阿扎乡公安派出所	山南市公安机关第一届警务实战技能比武92式手枪第8名	2021年	山南市公安局
米玛次仁	男	藏族	扎囊县公安局阿扎乡公安派出所	山南市公安机关第一届警务实战技能比武男子负重跑第3名	2021年	山南市公安局
杨金凤	女	汉族	扎其乡朗赛岭完小	山南市小学青年教师"无生课堂"三等级	2021年	山南市教育局

续表6

姓名	性别	民族	工作单位	获奖名称	表彰时间	授予单位
央金拉姆	女	藏族	山南市生态环境局扎囊县分局	2021年度优秀公务员	2021年	山南市生态环境局
余　燕	女	汉族	山南市生态环境局扎囊县分局	2021年度优秀共产党员	2021年	山南市生态环境局
多吉次旦	男	藏族	扎囊县邮政分公司	2021年度先进管理者	2022年	山南市邮政分公司
丹　增	男	藏族	扎囊县邮政分公司	2021年员工标兵	2022年	山南市邮政分公司
次仁扎西	男	藏族	中国人民解放军77675部队	二等功	2021年	中国人民解放军77675部队政治部
周学良	男	汉族	扎囊县旅游发展局	2021年度扎囊县民族团结模范家庭	2021年	中共扎囊县委员会、扎囊县人民政府
普布央宗	女	藏族	扎囊县文化局	2021年度优秀专技人员	2021年	中共扎囊县委员会、扎囊县人民政府
米玛普尺	女	藏族	扎囊县文化局	2021年度优秀专技人员	2021年	中共扎囊县委员会、扎囊县人民政府
多吉次仁	男	藏族	扎囊县文化局	2021年度优秀第一支部书记	2021年	中共扎囊县委员会、扎囊县人民政府
张晚文	男	汉族	扎囊县交通运输局	2021年优秀共产党员	2021年	中共扎囊县委员会、扎囊县人民政府
曲　宗	女	藏族	扎囊县财政局	2021年度优秀公务员	2021年	中共扎囊县委员会、扎囊县人民政府
白玛康卓	女	藏族	扎其乡朗赛岭完小	2021年度优秀共产党员	2021年	中共扎囊县委员会、扎囊县人民政府
达娃措姆	女	藏族	扎囊县中学	2021年山南市初中教师教学竞赛复赛地理组三等奖	2021年	中共扎囊县委员会、扎囊县人民政府
次仁朗杰	男	藏族	桑耶镇桑普村	2021年度优秀党务工作者	2021年	中共扎囊县委员会、扎囊县人民政府
仁　其	男	藏族	桑耶镇桑耶社区	2021年度优秀党务工作者	2021年	中共扎囊县委员会、扎囊县人民政府
白玛索朗	男	藏族	桑耶镇人民政府	2021年度优秀共产党员	2021年	中共扎囊县委员会、扎囊县人民政府
陈燕艳	女	汉族	桑耶镇人民政府	2021年度优秀共产党员	2021年	中共扎囊县委员会、扎囊县人民政府
边巴央珍	女	藏族	桑耶镇桑耶社区	2021年度优秀基层干部	2021年	中共扎囊县委员会、扎囊县人民政府
索朗尼玛	男	藏族	扎囊县公安局顶古钦寺公安派出所	三等功	2021年	中共扎囊县委员会、扎囊县人民政府
索朗旺堆	男	藏族	扎囊县公安局指挥中心	2021年度优秀公务员	2021年	中共扎囊县委员会、扎囊县人民政府

续表6

姓名	性别	民族	工作单位	获奖名称	表彰时间	授予单位
格桑仁庆	男	藏族	扎囊县公安局安孜拉康公安派出所	2021年度优秀公务员	2021年	中共扎囊县委员会、扎囊县人民政府
朗色旺堆	男	藏族	扎囊县公安局国内安全保卫大队	2021年度优秀公务员	2021年	中共扎囊县委员会、扎囊县人民政府
格桑晋美	男	藏族	扎囊县公安局查色寺警务室	2021年度优秀公务员	2021年	中共扎囊县委员会、扎囊县人民政府
白玛扎西	男	藏族	扎囊县公安局桑耶镇公安派出所	2021年度优秀公务员	2021年	中共扎囊县委员会、扎囊县人民政府
朗　加	男	藏族	扎囊县公安局国内安全保卫大队	2021年度优秀公务员	2021年	中共扎囊县委员会、扎囊县人民政府
郑　堆	男	藏族	扎囊县公安局吉汝乡公安派出所	2021年度优秀公务员	2021年	中共扎囊县委员会、扎囊县人民政府
扎西旺旦	男	藏族	扎囊县公安局扎塘镇公安派出所	2021年度优秀公务员	2021年	中共扎囊县委员会、扎囊县人民政府
蒋先亮	男	汉族	扎囊县公安局阿扎乡公安派出所	2021年度优秀公务员	2021年	中共扎囊县委员会、扎囊县人民政府
多吉次仁	男	藏族	扎囊县公安局敏竹林寺公安派出所	2021年度优秀公务员	2021年	中共扎囊县委员会、扎囊县人民政府
尼玛次仁	男	藏族	扎囊县公安局公共信息网络安全监察室	2021年度优秀公务员	2021年	中共扎囊县委员会、扎囊县人民政府
多　扎	男	藏族	扎囊县公安局桑耶镇公安派出所	2021年度优秀公务员	2021年	中共扎囊县委员会、扎囊县人民政府
达娃次仁	男	藏族	扎囊县公安局扎其乡公安派出所	2021年度优秀公务员	2021年	中共扎囊县委员会、扎囊县人民政府
巴桑次仁	男	藏族	扎囊县公安局扎其乡公安派出所	2021年度优秀公务员	2021年	中共扎囊县委员会、扎囊县人民政府
旦增西绕	男	藏族	扎囊县公安局交通警察大队	2021年度优秀公务员	2021年	中共扎囊县委员会、扎囊县人民政府
边巴拉姆	女	藏族	扎囊县公安局办公室	2021年度优秀公务员	2021年	中共扎囊县委员会、扎囊县人民政府
旦增多旺	男	藏族	扎囊县公安局治安管理大队	2021年度优秀公务员	2021年	中共扎囊县委员会、扎囊县人民政府
魏良君	男	汉族	扎囊县公安局办公室	2021年度优秀公务员	2021年	中共扎囊县委员会、扎囊县人民政府
贡嘎朗杰	男	藏族	扎囊县公安局扎塘镇公安派出所	三等功	2021年	中共扎囊县委员会、扎囊县人民政府
次仁加措	男	藏族	扎囊县公安局敏竹林寺公安派出所	2021年度优秀公务员	2021年	中共扎囊县委员会、扎囊县人民政府
巴桑拉姆	女	藏族	扎囊县公安局公共信息网络安全监察室	2021年度优秀公务员	2021年	中共扎囊县委员会、扎囊县人民政府

续表6

姓名	性别	民族	工作单位	获奖名称	表彰时间	授予单位
次仁多吉	男	藏族	扎囊县公安局刑事侦查大队	2021 年度优秀公务员	2021 年	中共扎囊县委员会、扎囊县人民政府
索朗巴珠	男	藏族	扎囊县公安局	2021 年度优秀公务员	2021 年	中共扎囊县委员会、扎囊县人民政府
格桑多吉	男	藏族	扎囊县公安局	2021 年度优秀公务员	2021 年	中共扎囊县委员会、扎囊县人民政府
次仁多吉	男	藏族	扎囊县公安局扎塘镇公安派出所所长	2021 年度优秀公务员	2021 年	中共扎囊县委员会、扎囊县人民政府
邢艳彬	男	汉族	扎囊县公安局吉汝乡公安派出所	2021 年度优秀公务员	2021 年	中共扎囊县委员会、扎囊县人民政府
丁真平措	男	藏族	扎囊县公安局桑耶镇公安派出所	2021 年度优秀公务员	2021 年	中共扎囊县委员会、扎囊县人民政府
扎西杰姆	女	藏族	扎囊县公安局治安管理大队	2021 年度优秀公务员	2021 年	中共扎囊县委员会、扎囊县人民政府
单增罗布	男	藏族	扎囊县公安局桑耶镇公安派出所	2021 年度优秀公务员	2021 年	中共扎囊县委员会、扎囊县人民政府
黄高飞	男	汉族	扎囊县公安局	2021 年度优秀公务员	2021 年	中共扎囊县委员会、扎囊县人民政府
旦增扎西	男	藏族	扎囊县公安局查色寺警务室	2021 年度优秀公务员	2021 年	中共扎囊县委员会、扎囊县人民政府
洛桑江措	男	藏族	扎囊县公安局阿扎乡公安派出所	2021 年度优秀公务员	2021 年	中共扎囊县委员会、扎囊县人民政府
李勇	男	汉族	扎囊县公安局民族路便民警务站	2021 年度优秀公务员	2021 年	中共扎囊县委员会、扎囊县人民政府
黄文尧	男	汉族	扎囊县公安局办公室	三等功	2021 年	中共扎囊县委员会、扎囊县人民政府
戴永宽	男	汉族	扎囊县公安局凯巴卡路便民警务站	2021 年度优秀公务员	2021 年	中共扎囊县委员会、扎囊县人民政府
郦丽丽	女	汉族	扎囊县公安局 101 线便民警务站	2021 年度优秀公务员	2021 年	中共扎囊县委员会、扎囊县人民政府
白玛旺堆	男	藏族	扎囊县公安局吉汝乡公安派出所	三等功	2021 年	中共扎囊县委员会、扎囊县人民政府
拉巴加措	男	藏族	扎囊县公安局法制室	2021 年度优秀公务员	2021 年	中共扎囊县委员会、扎囊县人民政府
格桑朗杰	男	藏族	扎囊县公安局吉汝乡公安派出所	2021 年度优秀公务员	2021 年	中共扎囊县委员会、扎囊县人民政府
强巴次仁	男	藏族	扎囊县公安局株洲广场便民警务站	三等功	2021 年	中共扎囊县委员会、扎囊县人民政府
仓决多杰	男	藏族	扎囊县公安局刑事侦查大队	2021 年度优秀公务员	2021 年	中共扎囊县委员会、扎囊县人民政府

续表6

姓名	性别	民族	工作单位	获奖名称	表彰时间	授予单位
旦增曲扎	男	藏族	扎囊县公安局凯巴卡路便民警务站	2021年度优秀公务员	2021年	中共扎囊县委员会、扎囊县人民政府
边　巴	男	藏族	扎囊县公安局顶古钦寺公安派出所	三等功	2021年	中共扎囊县委员会、扎囊县人民政府
尼　玛	男	藏族	扎囊县公安局办公室	2021年度优秀公务员	2021年	中共扎囊县委员会、扎囊县人民政府
扎西次仁	男	藏族	扎囊县公安局桑耶镇便民警务站	2021年度优秀公务员	2021年	中共扎囊县委员会、扎囊县人民政府
格桑旺堆	男	藏族	扎囊县公安局安孜拉康公安派出所	2021年度优秀公务员	2021年	中共扎囊县委员会、扎囊县人民政府
普　琼	男	藏族	扎囊县公安局桑耶镇便民警务站	2021年度优秀公务员	2021年	中共扎囊县委员会、扎囊县人民政府
拉巴扎西	男	藏族	扎囊县公安局敏竹林寺公安派出所	2021年度优秀公务员	2021年	中共扎囊县委员会、扎囊县人民政府
卓　越	男	汉族	扎囊县公安局扎其乡公安派出所	三等功	2021年	中共扎囊县委员会、扎囊县人民政府
晋　美	男	藏族	扎囊县公安局扎塘镇公安派出所	2021年度优秀公务员	2021年	中共扎囊县委员会、扎囊县人民政府
李　勇	男	汉族	扎囊县公安局民族路便民警务站	2021年度优秀共产党员	2021年	中共扎囊县委员会、扎囊县人民政府
巴桑次仁	男	藏族	扎囊县人民法院	2021年度优秀共产党员	2021年	中共扎囊县委员会、扎囊县人民政府
郦丽丽	女	汉族	扎囊县公安局101线便民警务站	2021年度优秀党务工作者	2021年	中共扎囊县委员会、扎囊县人民政府
次仁桑珠	男	藏族	扎囊县公安局安孜拉康公安派出所	2021年度优秀基层干部	2021年	中共扎囊县委员会、扎囊县人民政府
格桑扎西	男	藏族	中共扎囊县委组织部	2021年度优秀工作人员	2021年	中共扎囊县委员会、扎囊县人民政府
德　吉	女	藏族	中共扎囊县委组织部	2021年度优秀工作人员	2021年	中共扎囊县委员会、扎囊县人民政府
丁永涛	男	汉族	扎囊县人民政府	2021年度优秀公务员	2021年	中共扎囊县委员会、扎囊县人民政府
索朗巴珠	男	藏族	扎囊县公安局	2021年度优秀公务员	2021年	中共扎囊县委员会、扎囊县人民政府
黄　健	男	汉族	扎囊县委组织部	2021年度优秀公务员	2021年	中共扎囊县委员会、扎囊县人民政府
达　娃	男	藏族	扎囊县人大常委会	2021年度优秀公务员	2021年	中共扎囊县委员会、扎囊县人民政府
杨志军	男	汉族	扎囊县人民政府	2021年度优秀公务员	2021年	中共扎囊县委员会、扎囊县人民政府

续表6

姓名	性别	民族	工作单位	获奖名称	表彰时间	授予单位
扎西央金	女	珞巴族	扎囊县人民政府	2021年度优秀公务员	2021年	中共扎囊县委员会、扎囊县人民政府
达　　娃	男	藏族	扎囊县委	2021年度优秀公务员	2021年	中共扎囊县委员会、扎囊县人民政府
马忠福	男	汉族	扎囊县政协	2021年度优秀公务员	2021年	中共扎囊县委员会、扎囊县人民政府
骆　　新	男	汉族	扎囊县纪委监委	2021年度优秀公务员	2021年	中共扎囊县委员会、扎囊县人民政府
高　　超	男	汉族	扎囊县纪委监委	2021年度优秀公务员	2021年	中共扎囊县委员会、扎囊县人民政府
杨宇森	男	汉族	扎囊县纪委监委	2021年度优秀公务员	2021年	中共扎囊县委员会、扎囊县人民政府
边巴曲杰	男	藏族	扎囊县委办公室	2021年度优秀公务员	2021年	中共扎囊县委员会、扎囊县人民政府
米玛次仁	男	藏族	扎囊县委办公室	2021年度优秀公务员	2021年	中共扎囊县委员会、扎囊县人民政府
玉　　金	男	藏族	扎囊县委办公室	2021年度优秀公务员	2021年	中共扎囊县委员会、扎囊县人民政府
达瓦次仁	男	藏族	扎囊县人大常委会办公室	2021年度优秀公务员	2021年	中共扎囊县委员会、扎囊县人民政府
吾金单增	男	藏族	扎囊县人大常委会办公室	2021年度优秀公务员	2021年	中共扎囊县委员会、扎囊县人民政府
邓鹏程	男	汉族	扎囊县人民政府办公室	2021年度优秀公务员	2021年	中共扎囊县委员会、扎囊县人民政府
德　　吉	女	藏族	扎囊县人民政府办公室	2021年度优秀公务员	2021年	中共扎囊县委员会、扎囊县人民政府
土旦群培	男	藏族	扎囊县政协办公室	2021年度优秀公务员	2021年	中共扎囊县委员会、扎囊县人民政府
尼玛扎西	男	藏族	扎囊县政协办公室	2021年度优秀公务员	2021年	中共扎囊县委员会、扎囊县人民政府
德吉卓玛	女	藏族	扎囊县委组织部	2021年度优秀公务员	2021年	中共扎囊县委员会、扎囊县人民政府
尼玛次仁	男	藏族	扎囊县委组织部	2021年度优秀公务员	2021年	中共扎囊县委员会、扎囊县人民政府
张小奇	女	汉族	扎囊县委宣传部	2021年度优秀公务员	2021年	中共扎囊县委员会、扎囊县人民政府
边巴旺姆	女	藏族	扎囊县委宣传部	2021年度优秀公务员	2021年	中共扎囊县委员会、扎囊县人民政府
尼玛洛桑	男	藏族	扎囊县委统战部	2021年度优秀公务员	2021年	中共扎囊县委员会、扎囊县人民政府

续表6

姓名	性别	民族	工作单位	获奖名称	表彰时间	授予单位
查果央金	女	藏族	扎囊县委统战部	2021年度优秀公务员	2021年	中共扎囊县委员会、扎囊县人民政府
巴桑群培	男	藏族	扎囊县敏珠林寺管会	2021年度优秀公务员	2021年	中共扎囊县委员会、扎囊县人民政府
古　桑	男	藏族	扎囊县敏珠林寺管会	2021年度优秀公务员	2021年	中共扎囊县委员会、扎囊县人民政府
洛桑达瓦	男	藏族	扎囊县安孜拉康管委会	2021年度优秀公务员	2021年	中共扎囊县委员会、扎囊县人民政府
扎西桑旦	男	藏族	扎囊县扎唐寺管会	2021年度优秀公务员	2021年	中共扎囊县委员会、扎囊县人民政府
次仁他青	男	藏族	扎囊县顶古钦寺管会	2021年度优秀公务员	2021年	中共扎囊县委员会、扎囊县人民政府
益西桑姆	女	藏族	扎囊县充堆寺管会	2021年度优秀公务员	2021年	中共扎囊县委员会、扎囊县人民政府
次珍拉姆	女	藏族	扎囊县查色寺管会	2021年度优秀公务员	2021年	中共扎囊县委员会、扎囊县人民政府
索朗达娃	男	藏族	扎囊县强巴林寺管会	2021年度优秀公务员	2021年	中共扎囊县委员会、扎囊县人民政府
巴　桑	男	藏族	扎囊县亚庆拉康管委会	2021年度优秀公务员	2021年	中共扎囊县委员会、扎囊县人民政府
归　吉	女	藏族	扎囊县阿扎寺管会	2021年度优秀公务员	2021年	中共扎囊县委员会、扎囊县人民政府
次　罗	男	藏族	扎囊县委政法委	2021年度优秀公务员	2021年	中共扎囊县委员会、扎囊县人民政府
格桑德吉	女	藏族	扎囊县委国安办	2021年度优秀公务员	2021年	中共扎囊县委员会、扎囊县人民政府
索朗多杰	男	藏族	扎囊县委巡察办	2021年度优秀公务员	2021年	中共扎囊县委员会、扎囊县人民政府
索朗卓嘎	女	藏族	扎囊县人民法院	2021年度优秀公务员	2021年	中共扎囊县委员会、扎囊县人民政府
欧苏慢	男	回族	扎囊县人民法院	2021年度优秀公务员	2021年	中共扎囊县委员会、扎囊县人民政府
达娃罗布	男	藏族	扎囊县人民法院	2021年度优秀公务员	2021年	中共扎囊县委员会、扎囊县人民政府
仁增卓嘎	女	藏族	扎囊县人民法院	2021年度优秀公务员	2021年	中共扎囊县委员会、扎囊县人民政府
仁增拉姆	女	藏族	扎囊县人民法院	2021年度优秀公务员	2021年	中共扎囊县委员会、扎囊县人民政府
罗军桑布	男	藏族	扎囊县人民检察院	2021年度优秀公务员	2021年	中共扎囊县委员会、扎囊县人民政府

续表6

姓名	性别	民族	工作单位	获奖名称	表彰时间	授予单位
次仁卓嘎	女	藏族	扎囊县人民检察院	2021年度优秀公务员	2021年	中共扎囊县委员会、扎囊县人民政府
平措拉姆	女	藏族	扎囊县人民检察院	2021年度优秀公务员	2021年	中共扎囊县委员会、扎囊县人民政府
唐　　鑫	男	汉族	扎囊县人民检察院	2021年度优秀公务员	2021年	中共扎囊县委员会、扎囊县人民政府
央　　珍	女	藏族	扎囊县总工会	2021年度优秀公务员	2021年	中共扎囊县委员会、扎囊县人民政府
德吉曲珍	女	藏族	扎囊县总工会	2021年度优秀公务员	2021年	中共扎囊县委员会、扎囊县人民政府
苏新越	男	汉族	扎囊县妇联	2021年度优秀公务员	2021年	中共扎囊县委员会、扎囊县人民政府
米玛扎西	男	藏族	扎囊县工商联	2021年度优秀公务员	2021年	中共扎囊县委员会、扎囊县人民政府
阿旺曲达	男	藏族	扎囊县发改委	2021年度优秀公务员	2021年	中共扎囊县委员会、扎囊县人民政府
拉措姆	女	藏族	扎囊县教育局	2021年度优秀公务员	2021年	中共扎囊县委员会、扎囊县人民政府
单增卓嘎	女	藏族	扎囊县民政局	2021年度优秀公务员	2021年	中共扎囊县委员会、扎囊县人民政府
蔺智虹	女	藏族	扎囊县司法局	2021年度优秀公务员	2021年	中共扎囊县委员会、扎囊县人民政府
贡觉曲珍	女	藏族	扎囊县司法局	2021年度优秀公务员	2021年	中共扎囊县委员会、扎囊县人民政府
旦增平措	男	藏族	扎囊县财政局	2021年度优秀公务员	2021年	中共扎囊县委员会、扎囊县人民政府
曲　　宗	女	藏族	扎囊县财政局	2021年度优秀公务员	2021年	中共扎囊县委员会、扎囊县人民政府
平措扎西	男	藏族	扎囊县人社局	2021年度优秀公务员	2021年	中共扎囊县委员会、扎囊县人民政府
巴桑仓决	女	藏族	扎囊县人社局	2021年度优秀公务员	2021年	中共扎囊县委员会、扎囊县人民政府
多吉才旦	男	藏族	扎囊县自然资源局	2021年度优秀公务员	2021年	中共扎囊县委员会、扎囊县人民政府
巴桑次仁	男	藏族	扎囊县自然资源局	2021年度优秀公务员	2021年	中共扎囊县委员会、扎囊县人民政府
尼　　玛	女	藏族	扎囊县住建局	2021年度优秀公务员	2021年	中共扎囊县委员会、扎囊县人民政府
古桑德吉	女	藏族	扎囊县交通运输局	2021年度优秀公务员	2021年	中共扎囊县委员会、扎囊县人民政府

续表6

姓名	性别	民族	工作单位	获奖名称	表彰时间	授予单位
索朗曲珍	女	藏族	扎囊县水利局	2021年度优秀公务员	2021年	中共扎囊县委员会、扎囊县人民政府
次仁央宗	女	藏族	扎囊县农业农村局	2021年度优秀公务员	2021年	中共扎囊县委员会、扎囊县人民政府
色　　珍	女	藏族	扎囊县农业农村局	2021年度优秀公务员	2021年	中共扎囊县委员会、扎囊县人民政府
格桑卓玛	女	藏族	扎囊县商务局	2021年度优秀公务员	2021年	中共扎囊县委员会、扎囊县人民政府
巴桑布赤	女	藏族	扎囊县文化局	2021年度优秀公务员	2021年	中共扎囊县委员会、扎囊县人民政府
多　　吉	男	藏族	扎囊县卫健委	2021年度优秀公务员	2021年	中共扎囊县委员会、扎囊县人民政府
边巴阿旺	男	藏族	扎囊县卫健委	2021年度优秀公务员	2021年	中共扎囊县委员会、扎囊县人民政府
周学良	男	汉族	扎囊县旅游发展局	2021年度优秀公务员	2021年	中共扎囊县委员会、扎囊县人民政府
次仁白玛	女	藏族	扎囊县退役军人事务局	2021年度优秀公务员	2021年	中共扎囊县委员会、扎囊县人民政府
米玛顿珠	男	藏族	扎囊县应急管理局	2021年度优秀公务员	2021年	中共扎囊县委员会、扎囊县人民政府
曲　　珍	女	藏族	扎囊县审计局	2021年度优秀公务员	2021年	中共扎囊县委员会、扎囊县人民政府
邓飞阳	男	汉族	扎囊县市监局	2021年度优秀公务员	2021年	中共扎囊县委员会、扎囊县人民政府
李高原	男	藏族	扎囊县市监局	2021年度优秀公务员	2021年	中共扎囊县委员会、扎囊县人民政府
洛桑曲珍	女	藏族	扎囊县统计局	2021年度优秀公务员	2021年	中共扎囊县委员会、扎囊县人民政府
李国江	男	汉族	扎囊县乡村振兴局	2021年度优秀公务员	2021年	中共扎囊县委员会、扎囊县人民政府
洛桑曲珍	女	藏族	扎囊县乡村振兴局	2021年度优秀公务员	2021年	中共扎囊县委员会、扎囊县人民政府
次仁玉珍	女	藏族	扎囊县林草局	2021年度优秀公务员	2021年	中共扎囊县委员会、扎囊县人民政府
李晓旭	女	汉族	扎囊县林草局	2021年度优秀公务员	2021年	中共扎囊县委员会、扎囊县人民政府
仁增曲珍	女	藏族	扎囊县医保局	2021年度优秀公务员	2021年	中共扎囊县委员会、扎囊县人民政府
普布卓玛	女	藏族	扎囊县信访局	2021年度优秀公务员	2021年	中共扎囊县委员会、扎囊县人民政府

续表6

姓名	性别	民族	工作单位	获奖名称	表彰时间	授予单位
其　米	女	藏族	扎囊县信访局	2021年度优秀公务员	2021年	中共扎囊县委员会、扎囊县人民政府
达普琼	男	藏族	扎囊县行政审批和便民服务局	2021年度优秀公务员	2021年	中共扎囊县委员会、扎囊县人民政府
顿　珠	男	藏族	扎囊县城管局	2021年度优秀公务员	2021年	中共扎囊县委员会、扎囊县人民政府
次仁央宗	女	藏族	扎囊县编译局	2021年度优秀公务员	2021年	中共扎囊县委员会、扎囊县人民政府
潘博浩	男	汉族	扎囊县统计局	2021年度优秀公务员	2021年	中共扎囊县委员会、扎囊县人民政府
普布次仁	男	藏族	扎囊县扎唐镇	2021年度优秀公务员	2021年	中共扎囊县委员会、扎囊县人民政府
索朗达瓦	女	藏族	扎囊县扎唐镇	2021年度优秀公务员	2021年	中共扎囊县委员会、扎囊县人民政府
庞道林	男	汉族	扎囊县扎唐镇	2021年度优秀公务员	2021年	中共扎囊县委员会、扎囊县人民政府
鲜　松	男	汉族	扎囊县扎唐镇	2021年度优秀公务员	2021年	中共扎囊县委员会、扎囊县人民政府
旦增欧珠	男	藏族	扎囊县扎唐镇	2021年度优秀公务员	2021年	中共扎囊县委员会、扎囊县人民政府
卓玛拉宗	女	藏族	扎囊县扎唐镇	2021年度优秀公务员	2021年	中共扎囊县委员会、扎囊县人民政府
王敬玲	女	汉族	扎囊县扎唐镇	2021年度优秀公务员	2021年	中共扎囊县委员会、扎囊县人民政府
德吉卓玛	女	藏族	扎囊县扎唐镇	2021年度优秀公务员	2021年	中共扎囊县委员会、扎囊县人民政府
白玛次旺	男	藏族	扎囊县吉汝乡	2021年度优秀公务员	2021年	中共扎囊县委员会、扎囊县人民政府
张亚男	男	汉族	扎囊县吉汝乡	2021年度优秀公务员	2021年	中共扎囊县委员会、扎囊县人民政府
杨定州	男	汉族	扎囊县吉汝乡	2021年度优秀公务员	2021年	中共扎囊县委员会、扎囊县人民政府
巴桑次仁	男	藏族	扎囊县吉汝乡	2021年度优秀公务员	2021年	中共扎囊县委员会、扎囊县人民政府
白玛央宗	女	藏族	扎囊县吉汝乡	2021年度优秀公务员	2021年	中共扎囊县委员会、扎囊县人民政府
巴桑罗布	男	藏族	扎囊县吉汝乡	2021年度优秀公务员	2021年	中共扎囊县委员会、扎囊县人民政府
巴桑卓玛	女	藏族	扎囊县吉汝乡	2021年度优秀公务员	2021年	中共扎囊县委员会、扎囊县人民政府

续表6

姓名	性别	民族	工作单位	获奖名称	表彰时间	授予单位
文　苘	男	汉族	扎囊县吉汝乡	2021年度优秀公务员	2021年	中共扎囊县委员会、扎囊县人民政府
扎西白玛	女	藏族	扎囊县吉汝乡	2021年度优秀公务员	2021年	中共扎囊县委员会、扎囊县人民政府
贾忠元	男	汉族	扎囊县吉汝乡	2021年度优秀公务员	2021年	中共扎囊县委员会、扎囊县人民政府
何　沁	男	汉族	扎囊县扎其乡	2021年度优秀公务员	2021年	中共扎囊县委员会、扎囊县人民政府
吉米念扎	男	藏族	扎囊县扎其乡	2021年度优秀公务员	2021年	中共扎囊县委员会、扎囊县人民政府
贡　珍	男	藏族	扎囊县扎其乡	2021年度优秀公务员	2021年	中共扎囊县委员会、扎囊县人民政府
索朗卓嘎	女	藏族	扎囊县扎其乡	2021年度优秀公务员	2021年	中共扎囊县委员会、扎囊县人民政府
拉布次仁	男	藏族	扎囊县扎其乡	2021年度优秀公务员	2021年	中共扎囊县委员会、扎囊县人民政府
达瓦顿珠	男	藏族	扎囊县扎其乡	2021年度优秀公务员	2021年	中共扎囊县委员会、扎囊县人民政府
达娃央珍	女	藏族	扎囊县扎其乡	2021年度优秀公务员	2021年	中共扎囊县委员会、扎囊县人民政府
索朗晋宅	男	藏族	扎囊县扎其乡	2021年度优秀公务员	2021年	中共扎囊县委员会、扎囊县人民政府
江永郎加	男	藏族	扎囊县桑耶镇	2021年度优秀公务员	2021年	中共扎囊县委员会、扎囊县人民政府
尼玛顿珠	男	藏族	扎囊县桑耶镇	2021年度优秀公务员	2021年	中共扎囊县委员会、扎囊县人民政府
洛桑曲珍	女	藏族	扎囊县桑耶镇	2021年度优秀公务员	2021年	中共扎囊县委员会、扎囊县人民政府
欧珠顿旦	男	藏族	扎囊县桑耶镇	2021年度优秀公务员	2021年	中共扎囊县委员会、扎囊县人民政府
唐　悦	女	汉族	扎囊县桑耶镇	2021年度优秀公务员	2021年	中共扎囊县委员会、扎囊县人民政府
次　旺	男	藏族	扎囊县桑耶镇	2021年度优秀公务员	2021年	中共扎囊县委员会、扎囊县人民政府
陈燕艳	女	汉族	扎囊县桑耶镇	2021年度优秀公务员	2021年	中共扎囊县委员会、扎囊县人民政府
杨泽平	男	汉族	扎囊县阿扎乡	2021年度优秀公务员	2021年	中共扎囊县委员会、扎囊县人民政府
旦　达	男	藏族	扎囊县阿扎乡	2021年度优秀公务员	2021年	中共扎囊县委员会、扎囊县人民政府

续表6

姓名	性别	民族	工作单位	获奖名称	表彰时间	授予单位
达　　珍	女	藏族	扎囊县阿扎乡	2021年度优秀公务员	2021年	中共扎囊县委员会、扎囊县人民政府
尼玛罗桑	男	藏族	扎囊县阿扎乡	2021年度优秀公务员	2021年	中共扎囊县委员会、扎囊县人民政府
桑吉旦增	男	藏族	扎囊县阿扎乡	2021年度优秀公务员	2021年	中共扎囊县委员会、扎囊县人民政府
靳军龙	男	汉族	扎囊县阿扎乡	2021年度优秀公务员	2021年	中共扎囊县委员会、扎囊县人民政府
范　　亮	男	汉族	扎囊县阿扎乡	2021年度优秀公务员	2021年	中共扎囊县委员会、扎囊县人民政府
巴　　桑	男	藏族	扎囊县吉汝乡吉汝村	2021年度优秀公务员	2021年	中共扎囊县委员会、扎囊县人民政府
仁　　庆	男	藏族	扎囊县扎其乡扎加村	2021年度优秀公务员	2021年	中共扎囊县委员会、扎囊县人民政府
央　　宗	女	藏族	扎囊县阿扎乡	2021年度优秀公务员	2021年	中共扎囊县委员会、扎囊县人民政府
旦增罗布	男	藏族	扎囊县扎唐镇木那村	2021年度优秀公务员	2021年	中共扎囊县委员会、扎囊县人民政府
边巴曲杰	男	藏族	扎囊县委办公室	2021年度优秀公务员	2021年	中共扎囊县委员会、扎囊县人民政府
张　　莉	女	汉族	扎囊县信访局	2021年度优秀公务员	2021年	中共扎囊县委员会、扎囊县人民政府
赵景辉	男	汉族	扎囊县中心医院	2021年度优秀公务员	2021年	中共扎囊县委员会、扎囊县人民政府
扎西群培	男	藏族	扎囊县桑耶镇	2021年度优秀公务员	2021年	中共扎囊县委员会、扎囊县人民政府
洛追桑布	男	藏族	扎囊县中学	2021年度优秀公务员	2021年	中共扎囊县委员会、扎囊县人民政府
旦增伦珠	男	藏族	扎囊县亚庆寺管委会	2021年度优秀公务员	2021年	中共扎囊县委员会、扎囊县人民政府
巴桑次仁	男	藏族	扎囊县交通运输局	2021年度优秀公务员	2021年	中共扎囊县委员会、扎囊县人民政府
李海峰	男	汉族	扎囊县武装部	2021年度优秀公务员	2021年	中共扎囊县委员会、扎囊县人民政府
薛河山	男	汉族	扎囊县吉汝乡	2021年度优秀党务工作者	2021年	中共扎囊县委员会、扎囊县人民政府
吴华丽	女	汉族	扎囊县阿扎乡	2021年度优秀党务工作者	2021年	中共扎囊县委员会、扎囊县人民政府
邓　　培	男	汉族	扎囊县扎其乡	2021年度优秀党务工作者	2021年	中共扎囊县委员会、扎囊县人民政府

续表6

姓名	性别	民族	工作单位	获奖名称	表彰时间	授予单位
索朗曲珍	男	藏族	扎囊县扎唐镇羊嘎社区	2021年度优秀党务工作者	2021年	中共扎囊县委员会、扎囊县人民政府
巴桑卓玛	女	藏族	扎囊县人大常委会办公室	2021年度优秀党务工作者	2021年	中共扎囊县委员会、扎囊县人民政府
边巴卓玛	女	藏族	扎囊县水利局	2021年度优秀党务工作者	2021年	中共扎囊县委员会、扎囊县人民政府
罗　杰	男	汉族	扎囊县扎其完小	2021年度优秀党务工作者	2021年	中共扎囊县委员会、扎囊县人民政府
洛桑达瓦	男	藏族	扎囊县安孜拉康管委会	2021年度优秀党务工作者	2021年	中共扎囊县委员会、扎囊县人民政府
玉　珍	女	藏族	扎囊县吉汝乡	2021年度优秀基层干部	2021年	中共扎囊县委员会、扎囊县人民政府
普布次仁	男	藏族	扎囊县吉汝乡	2021年度优秀基层干部	2021年	中共扎囊县委员会、扎囊县人民政府
史重涛	男	汉族	扎囊县扎其乡	2021年度优秀基层干部	2021年	中共扎囊县委员会、扎囊县人民政府
米　玛	男	藏族	扎囊县扎其乡	2021年度优秀基层干部	2021年	中共扎囊县委员会、扎囊县人民政府
巴桑次仁	男	藏族	扎囊县阿扎乡	2021年度优秀基层干部	2021年	中共扎囊县委员会、扎囊县人民政府
索朗措姆	女	藏族	扎唐镇阿嘎村	2021年度优秀基层干部	2021年	中共扎囊县委员会、扎囊县人民政府
孟　昊	男	汉族	扎囊县民政局	2021年度优秀基层干部	2021年	中共扎囊县委员会、扎囊县人民政府
多　吉	男	藏族	扎囊县查色寺管会	2021年度优秀基层干部	2021年	中共扎囊县委员会、扎囊县人民政府

说明：由于各单位资料提供不全，可能有遗漏

在县委经济工作会议上的讲话

中共扎囊县委书记 唐 勇

（2022年1月12日）

同志们：

现在，我们召开县委经济工作会议，主要任务是坚持以习近平新时代中国特色社会主义思想为指导，深入学习贯彻党的十九届六中全会精神，学习贯彻中央、区党委、市委经济工作会议精神，全面总结2021年经济工作，分析研判当前形势，安排部署2022年经济工作。一会儿，索朗格桑同志还要做具体安排，大家一定要抓好贯彻落实。下面，我先讲几点意见。

2021年12月8日至10日，中央经济工作会议在北京召开，习近平总书记出席会议并发表了重要讲话，会议全面总结一年来取得的六个方面成就，深刻分析我国经济形势面临的“三重压力”，提出做好经济工作“四个必须”的规律性认识，明确做好今年经济工作的指导思想和七个方面重点任务，系统阐述认识和把握新发展阶段的重大理论和实践问题，强调党要加强对经济工作的领导，为我们做好今年经济工作，指明了前进方向，提供了根本遵循。2021年12月25日，区党委经济工作会议在拉萨召开，王君正书记作了讲话，全面总结工作，分析发展形势，明确指导思想，提出“八个狠抓”的重点任务，为我们做好经济工作提供了重要遵循。2021年12月26日，市委经济工作会议在泽当召开，许成仓书记作了讲话，客观总结工作成绩，深入研判经济形势，指出面临的挑战和机遇，全面部署经济工作，为我们谋划全年经济工作明确了重点任务和方法路径。

全县各级党组织和广大党员干部要坚决捍卫“两个确立”，自觉增强“四个意识”、坚定“四个自信”、做到“两个维护”，提高政治判断力、政治领悟力、政治执行力，认真学习领会，吃透精神实质，把准目标任务，切实把思想和行动统一到党中央、区党委决策部署和市委具体要求上来，全力以赴狠抓贯彻落实，奋力推进新时代扎囊长治久安和高质量发展新局面。

一、全面总结成绩，增强推动高质量发展的信心和决心

2021年，在习近平总书记和党中央的关心关怀下，在区党委、市委的坚强领导下，在株洲市的大力支援下，我们团结带领全县各族干部群众，坚持以习近平新时代中国特色社会主义思想为指导，深入学习贯彻习近平总书记关于西藏工作的重要论述和新时代党的治藏方略以及习近平总书记视察西藏重要讲话重要指示精神，胸怀“两个大局”、心系“国之大者”，紧紧围绕中国共产党成立100周年和西藏和平解放70周年，坚持以人民为中心的发展思想，坚持稳中求进工作总基调，完整准确全面贯彻新发展理念，立足扎囊实际，主动融入和服务新发展格局，紧紧围绕“四件大事”“四个确保”，主动担当作为、积极开拓进取，各项事业取得显著成效，实现“十四五”良好开局。预计完成地区生产总值19.5亿元、同比增长8.2%，全社会固定资产投资18亿元、同比增长40.2%，社会消费品零售总额2.44亿元、同比增长8%，财政收入5721万元、同比增长30.2%，农村居民人均可支配收入16925元、同比增长15.55%。

社会大局持续和谐稳定。牢固树立总体国家安全观，坚持警钟长鸣、警惕常在，强化维稳政治责

任，织牢安全防控体系，全力维护国家安全和社会稳定。全面加强社会综合治理，确保了建党 100 周年、西藏和平解放 70 周年和习近平总书记视察西藏期间的绝对安全。依法管理宗教事务，“三个不增加”要求落到实处。持续深化道路交通、建筑施工、学校、消防等重点行业领域安全生产专项治理，安全生产形势持续向好。常态化抓好疫情防控工作，积极有序推进疫苗接种，牢牢守住了人民群众生命健康安全。

高质量发展迈上新台阶。全县“十四五”规划项目列入自治区盘子 49 个，市盘子 134 个。拉林铁路通车运营，S5 线拉萨至泽当快速通道加快建设，预计今年年底建成通车。卓玉水库、火车站配套工程、久麦、卓普搬迁点等重点项目建成投运。桑耶文化旅游创意园区、县城公租房、老旧小区改造等建设项目扎实推进。农网改造升级全面完成，主电网实现行政村全覆盖，5G 网络实现县城全覆盖，4G 网络实现村覆盖、户延伸。农业种植业结构不断优化，苗圃、苹果、车厘子、葡萄、文冠果、花椒、蔬菜等绿色产业稳步发展，肉、蛋、奶产量保持稳定。

人民生活水平不断提升。及时发放中央大庆礼品，落实各项政策，广泛开展走访慰问。在做好自治区“十三项民生实事”基础上，创新开展“扎囊县百件民生实事”，有效解决了一大批群众的急难愁盼问题。全年实现农牧民转移就业 12601 人，创收 8975.6 万元。应届高校毕业生实名制就业 462 人，就业率达 100%。教育、医疗、文化、社保等各项事业稳步发展，不断满足了人民群众对美好生活的向往。

乡村振兴战略全面推进。压实县乡村三级书记抓乡村振兴责任，严格落实“四个不摘”要求，健全防止返贫动态监测和帮扶机制，坚决守住“防止返贫”的底线。全面完成农村住房提升改造和厕改工作任务，农村基础设施条件持续改善。阿扎安置点功能提升、桑耶片区人居环境整治和产业扶持项目全面实施，易地扶贫搬迁后续工作持续推进。桑耶洛村乡村振兴示范点，桑耶社区、吉汝扎西林村乡村振兴项目加快建设，挂牌成立县乡村振兴局，有效增强乡村振兴工作力量，乡村振兴工作实现良好开局。

改革开放持续深化。坚持有效市场和有为政府更好结合，“放管服”改革纵深推进，营商环境全面优化，市场主体达到 3760 户，注册资金 36 亿元，政务服务事项网上可办率达 100%，兑现减税降费资金 570 余万元，完成招商引资投资 9000 万元，实施 8 个援藏项目，总投资 3200 万元，发展活力不断增强。

生态环境保持良好。强力推进自治区党委第三巡视组巡视“回头看”反馈问题全面整改，依法整治违法采砂采石行为，阿扎乡章达村、白鸡山、孤西鸟采石场纳入 2021 年雅江流域“山水林田湖草沙冰”生态保护修复项目范围并实施。着力打造雅江中游“百里生态走廊”，实施国土绿化面积 1.99 万亩，开展“万人万亩”义务植树造林 0.38 万亩，成功创建自治区级生态文明建设示范乡镇 1 个、示范村 8 个，生态安全屏障日益坚实。

党的建设全面加强。落实新时代党的建设总要求和组织路线，深入开展党史学习教育、“三更”专题教育，持续加强党的政治建设。圆满完成县乡村领导班子换届，基层党组织和干部人才队伍建设持续加强。抓紧抓实巡视巡察整改工作，政治生态持续向好。加强对人大、政府、政协及“两院”工作的领导，各级党组织和群团组织作用有效发挥。

这些成绩的取得，根本在于习近平总书记的领航把舵和党中央的关心关怀，根本在于习近平新时代中国特色社会主义思想和新时代党的治藏方略的科学指引，更离不开区党委、市委的坚强领导，离不开株洲市及其援藏工作队的大力支援和辛勤付出，离不开全县各族干部群众的共同奋斗。在此，我代表县委向大家表示衷心的感谢！

在肯定成绩的同时，我们也要清醒地认识到经济社会发展面临的困难和挑战。一是推动高质量发展的支撑不足。三次产业体系结构不平衡，工业经济发展滞后，新兴产业少，产业化程度低、产业链短，带动能力不足，随着重大项目的减少，拉动发展的动力不强。二是区域、城乡发展不平衡、不协调、不可持续问题突出。通过蒙草、亿利、江平、绿之源等优质企业带动，江北在基础建设、产业发展、生态治理、统筹城乡等方面初见成效，而江南区域优势不明显，产业结构较单一，整体发展相对滞后，南弱北强有拉大趋势。三是干部抓落实能力不足。有的干部担当精神不足，责任意识淡薄，工作被动应付，执行力不强；有的干部创新意识不强，缺乏统筹能力与系统观念，面对困难头痛医头、脚痛医脚，不善于用改革创新的办法解决发展中的问题，与推动高质量发展的工作要求仍有较大差距。这些问题，需要我们在下一步工作中认真研究、加以解决。

当前我们正处于政治稳定、经济繁荣、创新活跃、人民幸福的伟大时代，建设社会主义现代化新扎囊具有强大的政策优势和千载难逢的战略机遇。一是特殊政策前所未有。习近平总书记为西藏工作领航掌舵，党中央对西藏各族人民给予特殊关怀，中央实施乡村振兴战略、西部大开发、东西部协作为推动西藏发展注入不竭动力。自治区确定了“一核一圈两带三区”区域发展战略，山南市打造雅江中游“百亿产业长廊”，为推动扎囊高质量发展提供了难得机遇。我们要积极主动、全面对接，推动各项政策落到实处。二是发展基础前景广阔。扎囊有千年编织氆氇的历史，有各具特色的民族手工艺术，有国家级、自治区级的文物保护单位，有丰富多彩、绚丽多姿的自然景观，发展文旅服务业基础较好。江南粮仓地位持续巩固，制种优势持续凸显，江北交通、土地等发展要素较全，为企业落户提供有力保障。三是区位优势更加凸显。扎囊处于“一核一圈两带三区”区域发展重要位置，交通网络四通八达，拉林铁路全线通车，S5线拉萨至泽当快速通道预计年底全线贯通，北入隧道打造拉萨后花园、西进机场连接物联网，东近乃东融入经开区，南伸琼结、措美，是全市交通最便利的县，推动招商引资、产业发展、物流运输等优势明显。

同志们，能够认识问题是一种清醒，勇于解决问题是一种担当，能够解决问题是一种能力。我们要深刻认识和准确把握党中央、区党委、市委对经济工作的分析研判和安排部署，牢固树立只争朝夕的机遇意识，努力把看得见的机遇、政策转化为实实在在的项目和资金效益。

二、聚焦重点任务，努力推动高质量发展走在全市前列

今年将召开党的二十大，做好今年经济工作意义重大、影响深远。今年经济工作总体要求是：坚持以习近平新时代中国特色社会主义思想为指导，全面贯彻落实党的十九大和十九届历次全会以及中央第七次西藏工作座谈会精神，深入贯彻习近平总书记视察西藏重要讲话重要指示精神，深入贯彻落实习近平总书记关于西藏工作的重要论述和新时代党的治藏方略，贯彻落实中央、区党委、市委经济工作会议精神，坚持和加强党对经济工作的全面领导，坚持稳中求进工作总基调，落实“三个赋予一个有利于”要求，立足新发展阶段，贯彻新发展理念，融入新发展格局，围绕“四个创建”“四个走在前列”“六个走在全区前列”，以“抓项目、壮产业、促招商、建园区、兴桑耶”为抓手，统筹疫情防控和经济社会发展，统筹发展和安全，继续做好“六稳”“六保”工作，切实抓好“四件大事”、着力实现“四个确保”，推动扎囊长治久安和高质量发展走在全市前列，以优异成绩迎接党的二十大胜利召开。主要预期目标是：地区生产总值增长8%以上、社会固定资产投资增长12.5%以上、社会消费品零售总额增长8%以上、财政收入增长5%以上、农牧民人均可支配收入增长13%。

确定这样的预期目标，既体现我们坚决对标对表党中央、区党委和市委经济工作会议的决策部署，全面落实“三个赋予一个有利于”要求的明确态度；又基于发展基础、未来趋势和现实可能的考虑，有利于我们稳定预期目标、坚定高质量发展信心。

为实现上述目标，我们要重点抓好以下几个方面的工作。

（一）完整准确全面贯彻新发展理念，推动经济社会高质量发展。我们要深刻领会党中央、区党委、市委对当前经济形势的分析判断和规律性认识。一要把准稳字当头、稳中求进工作要求。坚持稳中求进工作总基调，保持清醒头脑、坚定发展信心，正确处理稳和进的关系，完整准确全面贯彻新发展理念，落实“三个赋予一个有利于”要求，聚焦发展不平衡不充分问题，一心一意谋发展、聚精会神搞建设，坚定不移做好扎囊自己的事情。二要把准新发展阶段重大理论和实践问题。在本次中央经济工作会议上中央提出了共同富裕等5个新发展阶段

需要正确认识和把握的重大理论和实践问题，我们要深入学习领会，把握精神实质，结合扎囊实际，推动经济社会发展从“有没有”向“好不好”转变，持续增强农牧民群众获得感、幸福感、安全感。三要把准区、市最新目标要求。我们要紧紧围绕自治区党代会提出的“四个创建”“四个走在前列”和市第二次党代会提出的“六个走在全区前列”要求，立足扎囊资源条件和发展条件，抢抓政策机遇，精准发力，全面推进，努力推动高质量发展走在全市前列。

（二）坚持以人民为中心的发展思想，不断满足人民群众对美好生活的向往。全面落实“三个赋予一个有利于”要求，坚持把改善民生、凝聚人心作为经济社会发展的出发点和落脚点，把群众身边的小事作为党委、政府的大事，用心用情用力解决好群众的急难愁盼问题，不断增进民生福祉，坚持量力而行、尽力而为，扎实推动共同富裕，使广大人民群众的获得感成色更足、幸福感更可持续、安全感更有保障。一要强化就业优先政策。就业是最大的民生。要把高校毕业生就业作为重点，持续引导学生和家长转变就业观念，落实好大学生就业创业特殊优惠政策鼓励自主创业，稳妥招收乡村振兴专干、科技专干促进就业，积极与援藏省市对接吸纳就业，确保全县高校毕业生就业率保持在98%以上。做好城镇低收入群体、易地搬迁群众、残疾人、退役军人等就业创业工作，稳定现有就业，增加新的就业，促进失业人员再就业，动态消除零就业家庭。二要促进农牧民增收。要把农牧民增收作为当前和今后工作的头等大事，压实乡（镇）和村（社区）党组织书记抓增收的主体责任，有效发挥各村务工联队作用，引导剩余劳动力有组织、有纪律、有保障外出就业，落实400万元以内投资项目交由当地符合条件的农牧民施工企业实施的措施，支持群众参与能干会干的项目建设和后期管护。县增收工作领导小组要加强农牧民收入定期调度、考核工作力度，确保农牧民人均可支配收入增长13%。三要推进教育均衡。要全面贯彻党的教育方针，围绕立德树人根本任务，把爱国主义精神贯穿学校教育教学全过程，办好新时代思政课，深化国家通用语言文字和“五史”教育。要加大教育投入，把更多资金投向基础教育领域，巩固提升均衡发展水平、“5个100%”和控辍保学成果，做到“向教育要质量、向教学要成绩”，坚决保住“双第一”的殊荣。要发展素质教育，强化数理化学科建设，办好职业教育。要加强师德师风建设，教师要成为“大先生”，做学生为学为事为人的示范，促进学生全面发展，培养立大志、明大德、成大才、担大任，堪当民族复兴重任的时代新人。四要提升医疗水平。要加快实施健康扎囊行动，落实全民健康促进政策，让广大群众就近享有公平可及、系统连续的预防、治疗、康复、健康促进服务。要深化公立医院综合改革，构建紧密型医共体，深化医疗“组团式”“小组团”援藏，加强县乡村医疗人才队伍建设，为群众提供优质高效的健康服务。要持续推行全民健康体检和家庭医生签约，落实“先诊疗后付费”、一站式结算服务、“一村两医”等制度，巩固“两降一升”成果。要抓好城镇职工、城乡居民两项基本医疗保险，及时报销医疗保险费用。要深入开展爱国卫生运动，加快全民免费疫苗接种工作，做到应接尽接。五要深入推进文化惠民工程。围绕铸牢中华民族共同体意识，大力弘扬中华优秀传统文化，加强基层公共文化场所建设，扎实开展文化进乡村、进校园、进军营活动，丰富群众文化生活。培育和扶持民间创作力量，开展全县群众文艺优秀作品评选，在文艺精品创作、服务人民群众上实现新突破。开展好非物质文化遗产的传承和保护工作，积极申报自治区级文物保护单位修缮项目。六要健全社会保障体系。持续健全完善覆盖城乡居民的保险制度和社会救助机制，进一步完善困难职工、低保五保、残疾人员、妇女儿童、孤寡老人、退役军人等困难群众的服务保障体系。要加快推进县城公租房、老旧小区改造项目建设进度，进一步健全城镇住房保障供应体系。要及时足额兑现各类社会保障资金，织密织牢民生保障安全网。

（三）坚持推动有效投资，促进产业持续健康发展。经济发展主要靠投资拉动，我们要牢固树立“今天的项目就是明天的产业，今天的投资结构是明天的产业结构”意识，把项目建设和实体经济发展摆在更加重要的位置上，建好项目“点”、延长产业

"线"、扩大经济"面",推动经济实现质的稳步提升和量的合理增长。一要狠抓项目建设。项目是经济社会发展的基础和支撑。我们要牢牢扭住"投资拉动"这个牛鼻子,跟进对接落实"十四五"规划项目,加快推动矮化苹果洗选和仓储,孟卡荣村、章达村、热正岗村乡村振兴,阿扎乡完小建设等项目,抓好扎囊民族手工业园区、桑耶文旅创意园区等项目建设,不断提高项目的开工率、竣工率和投产率,实现"多争取、快建设、强管理、促效益"的目标。二要抓好招商引资。牢固树立"你发财我发展、你发大财我大发展"的理念,立足扎囊,放眼全国,进一步增强开放意识和让利精神,发挥好株洲对口支援、雅砻文化节、氆氇文化节等平台作用,坚持"引进来、走出去",通过召开招商引资推介会、文化交流会、经贸洽谈会等,着力引进一批实体经济项目落户扎囊,力争今年招商引资突破3亿元。三要完善基础设施。科学谋划、加快建设一批重大基础设施和公共服务项目,不断补齐农牧区基础设施短板。协助推动S5拉萨至泽当快速通道建成通车,做好民主水库前期工作,持续谋划老旧小区改造项目。加快提升5G信号覆盖面,有效排查和消除网络信号盲区,完善农牧区水电路讯网设施建设工程。四要加快特色产业发展。按照"优化一产、壮大二产、提升三产"要求,落实"藏粮于地、藏粮于技"战略,坚决遏制耕地"非农化"、防止"非粮化",加快高标准农田建设,确保青稞安全,巩固粮食主产县地位。调整种植结构,大面积种植矮化苹果、苗圃、饲草料、生态林、蔬菜等。谋划建设饲草基地,大力发展高山畜牧业,鼓励支持农村庭院经济发展,助推千家万户的小生产更好融入千变万化的大市场,全面做优特色农牧业。依托民族手工业园区,扶持氆氇、金丝帽、氆雕、藏香、陶器等民族手工业,采用现代经营理念、创意设计、现代工艺,提升"氆氇之乡、智慧扎囊"品牌影响力,全力做精民族手工业。坚持特色、高端、精品,抓住拉萨山南经济一体化发展和幸福家园建设,谋划连接拉萨、山南旅游精品路线,推广一日游、周末游,推进全域旅游,全力做强文化旅游服务业。

(四)全面实施乡村振兴战略,加快推进农业农村现代化。习近平总书记指出,"民族要复兴,乡村必振兴""坚持把解决好'三农'问题作为全党工作的重中之重,举全党全社会之力推动乡村振兴"。我们要按照乡村振兴总要求,落实好乡村振兴促进法,全面做好乡村振兴这篇文章。一要推动巩固拓展脱贫攻坚成果同乡村振兴有效衔接。严格按照"四个不摘"要求,压实县乡村三级书记责任,持续巩固脱贫攻坚成果,完善防返贫动态监测和帮扶机制,用好防返贫应急资金和风险保障金,对三类人员实施定期监测、动态管理、及时清零,坚决守住防返贫底线。持续发展壮大扶贫产业和村(社区)集体经济,做实做细做好易地扶贫搬迁后续工作,加强搬迁群众思想教育、产业扶持、创业就业、矛盾调处等帮扶工作,确保实现住得下、能融和、可致富、促和谐。二要全面推进乡村建设行动。坚持"缺什么补什么"的原则,紧紧围绕乡村产业、人才、文化、生态、组织振兴,推动资金、人才、技术、项目向农牧区倾斜,持续推动"十项提升工程",统筹推进乡村道路、供水供电、网络信息、村容村貌整治、公共服务质量提升等。加快村庄规划编制,着力打造扎其乡孟卡荣村、阿扎乡章达村等乡村振兴示范点。三要持续提升社会文明程度。要加强农牧区精神文明建设,发挥好新时代文明实践中心(站)作用,举办好氆氇文化节、农牧民运动会,丰富农牧民文化体育生活。要持续巩固提升"十小进农家"、"3355"工作法、"文明三字经"等工作成果,推进农村人居环境综合整治,着力实现物质文明与精神文明双促进、双提升。

(五)坚持人与自然和谐共生,加快推动生态文明建设。坚持习近平生态文明思想,树牢"绿水青山就是金山银山、冰天雪地也是金山银山"理念,坚持走生态优先、绿色发展之路,加快推进美丽扎囊建设。一要守住生态安全底线。严格落实"党政同责,一岗双责"体制机制,牢固树立生态保护底线红线意识,正确处理好保护与发展的关系,实施最严格的生态保护、企业准入和责任追究制度,完善领导干部自然资源资产离任审计,坚持"三高"企业和项目零审批、零引进。二要加强生态工程建设。

开展“万人万亩”义务植树活动、荒滩荒漠治理、拉萨周边防护林建设，持续打造好雅江中游“百里生态走廊”、“湘藏生态走廊”，持续提高雅江两岸绿色“颜值”。实施乡村“四旁”植树和“见缝插绿”工程，推广林草兼种模式，力争新增植树造林面积600余亩，加快国家级生态文明示范县创建。积极推动“光伏+”等高附加值阳光产业，积极探索符合发展需求的清洁能源应用模式，主动服务和融入国家“双碳”目标。三要强化生态环境治理。坚持山水林田湖草沙冰一体化保护和系统治理，加快实施2021年雅江流域生态保护修复项目，着力推动白鸡山、孤西鸟、鑫玉等采石场生态修复工作。持续巩固农村零星印染污染、家庭作坊印染污染治理成效。严格落实生态补偿机制，及时兑现生态岗位资金，更好地调动农牧民群众保护生态的积极性，逐步实现更多群众吃上“生态饭”。

（六）坚持改革创新，不断增强发展活力。坚持推进全面深化改革，正确处理政府与市场的关系，推动有效市场有为政府更好结合，实施更大范围、更宽领域、更深层次开放，不断增强发展活力。一要纵深推进简政放权。持续推进政府职能转变、提高办事效率，着力破除重审批、轻监管、弱服务弊端，全面推行负面清单、责任清单管理模式，实现“一网一门一次”办理、高频事项“最多跑一次”。二要深化重点领域改革。坚持越改越好、越改越符合实际、越改越对群众有利原则，深化国有企业改革，按照现代企业管理制度，推动阿布扶贫开发责任有限公司、嘉博有限责任公司、邦典手工业发展有限公司加快发展。深化农牧区改革，落实农村土地“三权分置”要求，加快农牧区土地、草地、集体产权制度改革，发展多种形式适度规模经营，推动实现资源变资产、资金变股金、农牧民变股东。三要加快扩大开放。主动服务和融入全区“一核一圈两带三区”区域发展新格局，立足扎囊在拉萨山南一体化发展中的定位，加快打造扎囊与区、市协同发展的区域经济发展格局。加大智力援藏、产业援藏、就业援藏，落实好对口援藏计划内资金，积极争取计划外援藏资金，引进援藏省市企业，为高质量发展增添活力。

（七）统筹发展与安全，持续营造和谐稳定的社会环境。牢固树立总体国家安全观，始终警钟长鸣、警惕常在，以防患于未然为原则做工作、以防止出大事打基础做准备、以敢于担当落实责任为标准看干部，全面筑牢维护稳定的铜墙铁壁，全力为党的二十大胜利召开营造和谐稳定的社会环境。一要深化反分裂斗争。坚持“两个不动摇”斗争方针科学制定、健全完善各种方案预案，经常性开展实战演练。二要强化社会面管控。进一步健全完善群防群治工作机制，充分发挥基层组织、党员干部、驻村驻寺干部、“双联户”、便民警务站、“四护队”等力量作用，不断夯实筑牢社会治理的人民防线。坚持重点问题要防、难点问题要盯、热点问题要疏、一般问题要复，加强矛盾纠纷排查调处，加强“双拖欠”、项目建设等领域隐患排查化解，防止越级访、集体访和群体性事件。三要做好安全生产。持续强化风险意识和底线思维，严格落实安全生产责任制，重点整治道路交通、建筑施工、校园等领域安全隐患，防止重特大安全事故发生，保障人民群众生命财产安全。

三、狠抓作风建设，推动各项决策部署落实落地落细

一分部署、九分落实。进入新发展阶段，越是形势复杂、挑战严峻，越要坚持和加强党对经济工作的集中统一领导，把党领导经济工作的制度优势转化为治理效能，以钉钉子精神，以“抓铁有痕、踏石留印”的工作作风，推动会议确定的各项目标任务落地见效。

（一）坚持党的领导，做到“两个维护”。要坚持党对经济工作的领导，进一步增强“四个意识”、坚定“四个自信”、做到“两个维护”，不断提升政治判断力、政治领悟力、政治执行力，坚决把思想和行动统一到党的十九届六中全会精神上来，统一到自治区第十次党代会、市第二次党代会精神上来，统一到中央、区党委、市委经济工作会议的决策部署上来，始终在重大理论和实践问题上坚决向党中央看齐、向党的理论和路线方针政策看齐、向党中央决策部署看齐，切实把“两个维护”落实到高质量发展的各个环节、体现到具体工作中。

（二）坚持系统观念，提升工作本领。要紧紧围

绕习近平总书记提出的“八种本领”和“七种能力”，坚持系统观念和全局观念，坚持问题导向、目标导向、结果导向，加强经济、科技、法治知识学习，特别是要悟透以人民为中心的发展思想，坚持正确政绩观，敬畏历史、敬畏文化、敬畏生态，慎重决策、慎重用权，增强对政策的敏感性，注重开展调查研究，既要政治过硬，也要本领高强，不断提升推动经济社会高质量发展的本领和能力。

（三）坚持转变作风，狠抓工作落实。全县各级党组织和广大党员干部要深入学习贯彻王君正书记关于领导干部要带头做“六个表率”的指示要求，学习贯彻区党委、市委关于改进作风狠抓落实工作动员部署会议精神，党员干部特别是党员领导干部，坚持以上率下、以身作则，充分发挥示范带动作用。县委督查室、政府督查室要立足既定的目标任务，着力加强常规督查、专项督查、联合督查，以强力有效的督查推动各项目标任务落实落地，确保部署的工作不落空、交办的事项有回音，做到干一件成一件、积小胜为大胜。

（四）坚持全面从严治党，推动党风廉政建设。要牢固树立西藏虽然处于反分裂斗争前沿阵地和主战场、维护稳定任务重，但在党风廉政建设和反腐败斗争问题上没有任何特殊性的思想，坚持一手抓反分裂斗争、一手抓党风廉政建设和反腐败斗争，聚焦政策支持力度大、权力集中、资金密集、资源富集的部门、行业、领域，紧盯权力运行的关键环节，精准运用“四种形态”，坚决整治群众身边的腐败和不正之风。党员领导干部要发挥模范带头作用，知敬畏、存戒惧、守底线，始终为党分忧、为国尽责、为民奉献，以“关键少数”示范带动“绝大多数”，让党在扎囊的执政基础牢牢夯实、坚如磐石、稳如泰山。

同志们，做好今年经济工作任务艰巨、责任重大。让我们更加紧密地团结在以习近平同志为核心的党中央周围，坚持以习近平新时代中国特色社会主义思想为指导，深入贯彻落实中央、区党委和市委经济工作会议精神，改进作风、狠抓落实，努力推进扎囊长治久安和高质量发展走在全市前列，以优异的成绩迎接党的二十大胜利召开。

名词解释

“三重压力”：需求收缩、供给冲击、预期转弱

“四个必须”的规律性认识：必须坚持党中央集中统一领导，沉着应对重大挑战，步调一致向前进。必须坚持高质量发展，坚持以经济建设为中心是党的基本路线的要求，全党都要聚精会神贯彻执行，推动经济实现质的稳步提升和量的合理增长。必须坚持稳中求进，调整政策和推动改革要把握好时度效，坚持先立后破、稳扎稳打。必须加强统筹协调，坚持系统观念。

“八个狠抓”：要狠抓项目带动、确保有效投资，狠抓产业发展、确保动能转换，狠抓改革创新、确保活力释放，狠抓乡村振兴、确保巩固衔接，狠抓绿色转型、确保生态良好，狠抓边境建设、确保固边兴边富民，狠抓民生改善、确保成果共享，狠抓作风转变、确保落地落实。

“一核一圈两带三区”：“一核”就是做大做强拉萨核心增长极，发挥好拉萨的辐射带动作用，确保拉萨当好全区经济社会发展排头兵；“一圈”就是大力破除体制机制壁垒，着力促进设施联通、产业协同、要素流通，加快形成以拉萨为中心，辐射日喀则、山南、林芝、那曲的三小时经济圈；“两带”就是加快建设边境沿线发展带，统筹推进川藏、青藏、拉日等铁路沿线经济带建设；“三区”就是坚持区域统筹和重点引领，协调推进藏中南重点开发区、藏东清洁能源开发区、藏西北生态涵养区建设。

“四个创建”：着力创建全国民族团结进步模范区、高原经济高质量发展先行区、国家生态文明高地、国家固边兴边富民行动示范区。

“四个走在前列”：努力做到民族团结进步走在全国前列、高原经济高质量发展走在全国前列、生态文明建设走在全国前列、固边兴边富民行动走在全国前列。

“六个走在全区前列”：在铸牢政治忠诚上走在全区前列、在推进社会治理体系和治理能力现代化上走在全区前列、在推动高质量发展上走在全区前列、在提升各民族人民生活品质上走在全区前列、在加强生态文明建设上走在全区前列、在强边固防兴边富民上走在全区前列。

忠诚履职尽责　纵深推进全面从严治党
持续巩固扎囊风清气正良好政治生态
（讨论稿）

——在中国共产党十届扎囊县纪律检查委员会第二次全体会议上的工作报告

县纪委副书记、监委副主任　朱军强

（2022 年 3 月 11 日）

我代表中国共产党扎囊县第十届纪律检查委员会常务委员会向第二次全体会议作工作报告，请各位委员予以审议，请列席会议的同志提出意见。

这次全会的主要任务是：坚持以习近平新时代中国特色社会主义思想为指导，深入学习贯彻党的十九大和十九届历次全会精神，深入贯彻落实十九届中央纪委六次全会精神，贯彻落实自治区第十次党代会和十届自治区纪委二次全会精神，贯彻落实山南市第二次党代会和二届山南市纪委二次全会精神，回顾总结我县 2021 年纪检监察工作，安排部署 2022 年工作任务。刚才，唐勇书记作了讲话，对深入系统学习贯彻十九届中央纪委六次全会精神特别是习近平总书记重要讲话精神和十届自治区纪委二次全会、二届山南市纪委二次全会精神作出全面部署，对准确把握我县党风廉政建设和反腐败斗争形势，坚持不懈推进全面从严治党向纵深发展，落实各级党委和纪委政治责任提出了明确要求。我们要深入学习领会，坚决抓好贯彻落实。

一、2021 年工作回顾

2021 年是中国共产党成立 100 周年和西藏和平解放 70 周年。县纪委常委会在市纪委监委和县委的坚强领导下，坚持以习近平新时代中国特色社会主义思想为指导，及时跟进贯彻落实习近平总书记重要指示批示精神、上级重大决策部署，忠诚履行党章和宪法赋予的职责，持之以恒正风肃纪，坚定不移惩贪治腐，奋力推动全面从严治党向纵深发展，全县党风廉政建设和反腐败工作取得新进展、迈上新台阶。

（一）以党史学习教育为主线，学深悟透习近平新时代中国特色社会主义思想。始终把坚持学习贯彻习近平新时代中国特色社会主义思想作为首要政治任务，召开 15 次县纪委常委会学习习近平总书记“七一”重要讲话精神、在西藏考察调研重要讲话精神等，用党的最新理论成果武装头脑、指导实践、推动工作。坚持集中学习和自主学习相结合深入开展党史学习教育，召开了 34 次“大学习、大提升”集中学习会、30 次党史学习教育会，传达学习《习近平谈治国理政》第三卷及 4 本党史学习教育必读书目，不断在持续深入学习中提升政治判断力、政治领悟力、政治执行力。深入开展“我为群众办实事”实践活动，解决群众急难愁盼问题 5 件，在力行每一件实事中践行了初心使命。

（二）一以贯之强化政治监督，自觉坚定践行“两个维护”。抓好中央、自治区巡视反馈问题整改，跟进全县采石采矿领域整治，摸底采石采矿点5处，跟进督促生态修复治理。严明党的政治纪律和政治规矩，积极稳妥推进党员信仰宗教等违反政治纪律行为的专项整治，督促整治松卡石塔宗教标语、各单位办公场所、机关食堂车辆停放点、干部周转房悬挂宗教饰品、放置宗教物品、等问题82条，在重点宗教活动期间开展专项监督检查63次，盘查人员434人次。通过出席政法系统专题整改民主生活会（组织生活会）、作专题廉政报告、宣讲"自查从宽、被查从严"政策等方式，压实政法队伍整改政治责任。共受理政法队伍问题线索1件，立案审查调查1件，给予党纪处分3人，以有力的监督执纪问责确保政法队伍教育整顿出实效。聚焦常态化疫情防控纪律、维稳工作纪律、制止餐饮浪费、农村乱占耕地建房等开展监督检查86次，督促立行立改问题135条，建立健全了长效机制，在围绕中心、服务大局中践行了"两个维护"。严把廉政意见回复关口，以做好换届提名人选党风廉政意见回复为重点，对信访件、问题线索和处分情况进行综合分析，对13名同志提出了否定意见，切实防止"带病上岗""带病提拔"。

（三）始终保持反腐败高压态势，稳妥有序推进"三不"机制。县纪委监委共接收信访举报件次12次，受理问题线索33件，同比增长13.8%；处置问题线索39件次，同比增长34.5%，立案11件、处分18人，同比分别增长22%、28.6%。给予副科级以上干部党纪处分2人，组织处理4人，收缴违纪资金4万余元，下发典型案例通报4起。全年运用监督执纪"四种形态"处理37人次，其中运用第一种形态处理19人次，占比51.4%；运用第二种形态处理15人次，占比40.5%；运用第四种形态处理3人次，占比8.1%，对严重违纪违法的公安辅警扎某给予开除党籍处分，体现出执纪必严的决心。严格落实"三个区分开来"要求，为扎其乡申藏村1名受到不实举报的党员澄清正名。结合党史学习教育、"三更"专题教育，通过组织观看警示教育片、传阅违纪违法党员干部忏悔录、干部任前廉政谈话、参观警示教育基地、印发典型案例通报等方式，深化廉政教育成效，筑牢党员领导廉洁自律意识，提高拒腐防变能力。认真落实"以案促改"工作实施办法，督促教育系统开展警示教育大会，下发以案促改通知书1份，下发监察建议书3份，督促健全规章制度6项，"不能腐"的笼子越扎越紧。

（四）紧紧围绕将好作风弘扬在新时代的新要求，锲而不舍推进作风建设，持之以恒正风肃纪。聚焦违规发放津贴补贴、违规公款吃喝、违规公务接待、"私车公养"、不吃公款吃老板等问题，通过下发节前廉洁提醒短信、组成专项督导组等方式开展"四风"问题日常监督检查，督促整改公车管理、二维码粘贴不规范问题23起；开展"私车公养"问题自查清理工作，组织指导5个乡镇党委和58家县直单位党委（党组）检视问题10条，提醒谈话相关责任人2名，收缴违规资金8108元，坚决纠治了"车轮上的腐败"问题。严肃查处违反中央八项规定及其实施细则精神、区党委实施办法、市委实施意见问题线索2件，给予党纪政务处分2人，引导党员干部弘扬新风正气，以好的作风振奋精神、树立形象、赢得民心。持续加大作风建设问题通报曝光力度，对全县18次大型会议会风会纪律进行专项监督，通报曝光2人，促进了我县作风建设提升。

（五）稳步推进十届县委首轮巡察，积极发挥巡察监督利剑作用。按照区党委和市委巡视巡察相关工作指示要求，对九届县委巡察工作进行全面进行归纳总结，科学谋划十届县委未来五年巡察工作，以高质量、全覆盖为目标，制定《十届县委2021—2025年巡察工作规划》。安排了2名同志参与粮食购销领域专项整治巡察。顺利启动了十届县委第一轮巡察工作，共抽调21人组建3个巡察组，将村（社区）党组织班子和成员作为重点监督对象，对12个村（社区）党（总）支部开展了常规巡察，发现反馈问题156个，移交问题线索1件。

（六）深入开展专项整治，持续提升群众获得感和满意度。坚持民有所呼、我有所应，始终把整治和查处群众身边不正之风和腐败问题作为重要政治任务。聚焦过渡期内"四个不摘"政策落实不力、返贫动态监测和帮扶机制落实不到位等问题，开展专项监督12次，帮助群众追回拖欠五年的耕地补偿款1.02万余元，严肃查处当确、嘎玛等基层群众身边的微腐败案件，追缴违纪资金16.7万余元。深入开展养老保险资金使用管理、温室大棚使用专项监督检查，清查死亡人员冒领养老保险金8人，收缴违规领取养老保险资金0.7万余元，维护了群众切身利益。督促收回违规出借财政资金1046.6万余元，切实保障了财政资金回笼使用。开展村（社区）违规出借集体资金专项整治，涉及资金481万余元，收回资金365万余元，层层压实责任，确保收回工作稳步推进。深入推进粮食购销领域腐败问题专项整治，建立了粮食购销领域腐败问题线索移送机制，严格执行每半月问题反馈制度，做到专项整治工作常跟进、底数清、有成效。对全县7个供热领域项目建设、运行、管理等情况进行摸排，向县教育、民政系统反馈意见建议3条，确保供热项目有人管、能运行。开展惠民惠农财政补贴"一卡通"管理问题专项治理8次，发现问题70余条，目前相关工作正在开展中。

（七）一体履行协助职责和监督责任，持续夯实管党治党根基。始终把履行全面从严治党"协助"职责摆在突出位置，通过重大事项请示报告、定期汇报党风廉政建设和反腐败工作、及时提出管党治党意见建议等方式，积极主动为党委主体作用发挥提供有效载体、当好参谋助手。分别召开了2021年上半年专题研究全面从严治党工作推进会、述责述廉会议，听取责任履行情况汇报，召开了3次任职暨廉政谈话会，涵盖新提拔使用干部200余人，建立了《上级纪委同下一级党委（党组）班子集体谈话和上级纪委书记同下一级党委（党组）书记谈话制度》，对日常监督中掌握的思想、工作、作风、生活中的一般性问题及时向本人提出，进行约谈或个别谈话。严格执行请示报告报备制度，定期主动向上级纪委、县委汇报重要会议召开、重大专项治理推进、重要领导批示办理、重要政策制度文件制定、重要问题线索处置进展情况75次，在坚持党对纪检监察工作的绝对领导之下推动主体责任和监督责任贯通协调、同向发力，不断夯实管党治党根基。

（八）紧紧围绕加强自身建设，打造忠诚干净担当的纪检监察队伍。突出抓能力提升，做实全员培训，坚持线上线下相结合，依托中央纪委国家监委"在线培训"专栏、学习强国等学习平台，进行线上培训；安排7名乡镇纪检监察干部到县纪委监委跟班（跟案）学习，选派5名干部参加中国纪检监察学院的培训，不断提升纪检监察干部政治素养和业务素养，推动新时代纪检监察工作高质量发展。坚持"正人先正己"，进一步加强机关规范化建设，对执纪违纪、执法违法纪检监察干部严肃处理，严防"灯下黑"，对违反工作纪律的2名纪检监察干部进行通报批评，以铁的纪律维护纪检监察队伍的纯洁性。

在看到成绩的同时，也要清醒认识到，我们的工作与新时代高质量发展要求相比还有不少差距，有的政治站位不高，对"监督保障执行、促进完善发展"理解不透彻、落实不到位，政治监督不够深实、效果有待提升；有的担当负责不够，对"一把手"和同级监督办法不多，基层监督比较薄弱；有的专业能力不强，贯通执纪与执法不够，思想政治工作还不够深入细致，案件质量还需持续提升；有的律己不严，担当精神不够，严管严治还有差距等。对此，我们必须高度重视，认真解决，决不能辜负党的重托和人民的期盼。

二、2022年主要工作

今年是我国进入全面建设社会主义现代化国家、向第二个百年奋斗目标进军新征程的重要一年，也是全县上下深入学习贯彻习近平总书记在西藏视察时的重要讲话精神和贯彻落实自治区第十次党代会精神的开局之年，我们将迎来党的二十大，做好纪检监察工作意义重大。总体要求是：坚持以习近平新时代中国特色社会主义思想为指导，深入学习贯彻党的十九大和十九届历次全会及中央第七次西藏工作座谈会精神，学习贯彻习近平总书记关于西藏工作的重要论述和新时代党的治藏方略，认真贯彻落实十九届中央纪委六次全会特别是习近平总书记重要讲话精神，深入贯彻落实自治区第十次党代会和十届自治区纪委二次全会安排部署，按照山南市第二次党代会和二届山南市纪委二次全会要求，坚决捍卫"两个确立"、增强"四个意识”、坚定“四个自信”、做到“两个维护”，坚持稳中求进工作总基调，坚持实事求是、守正创新，坚持全面从严治党战略方针，坚持高质量发展主题主线，自觉运用党的百年奋斗历史经验，弘扬伟大建党精神，在新征程上继续推进自我革命，坚持不懈把全面从严治党向纵深推进，继续打好党风廉政建设和反腐败斗争攻坚战持久战，发挥好监督保障执行、促进完善发展作用，为推进“四件大事，实现“四个确保”，着力推进“四个创建”，努力做到“四个走在前列”和市委“六个走在前列”提供坚强政治保障，以优异成绩迎接党的二十大胜利召开。

（一）持续巩固拓展党史学习教育成果，始终践行党的初心使命。持之以恒深学细悟习近平新时代中国特色社会主义思想，持续跟进学习贯彻习近平总书记最新重要讲话和重要指示批示精神，系统把握科学内涵、精神实质和实践要求，不断提高政治判断力、政治领悟力、政治执行力。把深入学习党的十九届六中全会精神，深刻领悟“两个确立”的决定性意义，把“两个维护”作为最高政治原则和根本政治责任，教育引导督促全县各级党组织和广大党员干部始终坚定正确政治方向，把“两个确立”转化为坚决做到“两个维护”、为党分忧、为民奉献的实际行动。持续巩固拓展党史学习教育成果，并转化为坚定理想信念、砥砺党性初心、忠诚履职尽责的思想自觉和实际行动。

（二）聚焦“国之大者”，推动政治监督具体化、常态化。聚焦自治区党委提出的“四个创建”“四个走在前列”战略部署和市委“六个走在全区前列”工作目标及县委工作要求加强监督检查，推动用好战略机遇、政策机遇和历史机遇。制定政治监督工作指引，建立监督事项清单，压实主责部门责任，推动习近平总书记重要讲话重要指示和党中央及区党委决策部署在扎囊落地见效。紧紧围绕“四件大事”落实、“十四五”规划实施，督促各级党委（党组）对党中央决策部署和区、市、县重点工作安排具体化、责任化、清单化，确保任务有人领、工作有人抓、进度有人盯、成效有人问。坚持把“五级书记”抓乡村振兴纳入政治监督，坚决整治形象工程以及劳民伤财，盲目决策造成资金浪费和贪污挪用、重建设轻管理、违规举债等违背新发展理念行为。聚焦决策权、审批权、监管权以及执法司法权，强化对“一把手”和领导班子履行全面从严治党责任、执行民主集中制、落实重大事项请示报告制度、依规依纪依法履职用权等情况监督。严明政治纪律和政治规矩，对贯彻落实《关于违反党的政治纪律行为的处分规定》强化监督，坚决防患“七个有之”问题，严肃查处拉帮结派、搞小圈子以及违反反分裂斗争纪律的问题，特别是政治问题和经济问题相互交织的，要一查到底，坚决清除政治上的“骑墙派”“两面人”。及时发现和纠正落实上级决策部署不坚决、搞变通甚至有令不行、有禁不止的行为，重点查处和纠治不敬畏、不在乎、喊口号、装样子的错误表现，以及空泛表态、应景造势、敷衍塞责等突出问题。要强化对全县各级党组织执行新形势下党内政治生活若干准则，执行民主集中制，落实重大事项请示报告制度监督检查，持续巩固发展党内风清气正的政治生态。

（三）以更高要求深化“三不”一体理念，持续巩固拓展反腐败斗争成果。把“严”的主基调长期坚持下去。坚持受贿行贿一起查，聚焦政策支持力度大、投资密集、资源集中的领域和环节，重点查处政治问题和经济问题交织的腐败案件，坚决查处基础设施建设、项目审批、项目招投标、公共资源交易等方面的腐败问题，对各种隐性腐败、新型腐败扭住不放、一查到底，坚决做到态度不变、决心不减、尺度不松。重点查处“关键少数”“关键岗位”特别是“一把手”和年轻干部腐败问题，加强与审判机关、检察机关的协作配合，做到行贿受贿一起查，不法利益和国家损失一起追，形成联合惩戒工作格局，持续强化不敢腐的震慑。坚持惩前毖后、治病救人，把思想政治工作贯穿始终，精准运用“四种形态”，让咬耳扯袖、红脸出汗成为常态。持续推进“以案促改”制度化、常态化。坚持查防结合、纠建并举，进一步完善“以案促改”工作机制，充分发挥办案治本功能，把查办案件与堵塞漏洞、强化监管、修复政治生态结合起来，注重分析案件发生的深层次原因，系统查找思想、作风、监管、制度等方面存在的薄弱环节，用好纪检监察建议有力武器，督促案发单位总结教训、完善制度、堵塞漏洞，做实以案促改、以案促治，切实发挥查处一案、警示一片、治理一域的综合效应。做实做细同级同类干部警示教育。扎实做好案件查办的“后半篇文章”，深入挖掘个案背后的深层次问题和同类案件的规律性问题，有针对性地对同级同类干部开展警示教育。持续加大“廉洁”阵地建设，讲好廉政课堂、拍好警示教育片、用好忏悔录、打造廉洁文化基地，分层分类开展警示教育，引导党员干部坚定理想信念、增强纪法意识。加强家风建设，营造崇廉尚廉的社会氛围，筑牢不想腐的思想防线。

（四）深化作风建设，持续加固中央八项规定精神堤坝，持之以恒纠治“四风”。坚持风腐一体纠治，警惕由风及腐的新表现、新变种，密切关注苗头性、倾向性、潜在性问题，持续纠治影响党中央决策部署贯彻落实、漠视侵害群众利益、加重基层负担的形式主义、官僚主义问题，坚决防止简单化、乱作为，坚决反对不担当、不作为。深入纠治损害党的形象、群众反映强烈的享乐主义、奢靡之风，开展违规收送礼品礼金、违规吃喝问题、不吃公款吃老板、公车私用、私车公养、打“擦边球”违规发放津贴、违规接受管理服务对象宴请等专项整治，坚决防止“四风”隐形变异、反弹回潮。深入开展改进作风狠抓落实“四查四问”，集中查处和纠治贯彻党中央重大决策部署、自治区党委、市委、县委工作要求只表态不落实、不担当不作为、层层加重基层负担、“怕慢假庸散”以及“把说了当做了，把做了当做好了，把做了一点当做了全部”等突出问题。加强整治作风顽疾，严查党员干部赌博、以赌博为名送现金、工作期间饮酒、酒驾醉驾。深入纠治严肃查处政府采购价格虚高、公车过度保养装饰、违规占用周转房、“三包”费用管理使用乱象以及食堂餐饮浪费等问题。紧盯工程分割转包、效能低下、漠视群众疾苦等问题开展专项监督。严肃查处领导干部、配偶、子女违规经商办企业等问题。

（五）突出巡察政治定位，推动巡察工作质量全面提升。聚焦“两个维护”根本任务，对照党的十九届六中全会重大决策部署，对标对表自治区党委、市委巡察工作计划，结合我县巡察对象特点实际，认真谋划2022年巡察工作安排，扎实稳步、规范有序开展十届扎囊县委第二、三轮巡察。深化巡察监督政治体检功能，将“一把手”履行第一责任人职责和廉洁自律情况纳入巡察重要内容，紧盯领导班子和关键少数，紧盯人民群众反映强烈的突出问题，着重检查了解党的路线方针政策贯彻有没有传达学习、有没有细化措施、有没有落实到位到底，确保执行不偏向、不变通、不走样。建立健全听取巡视巡察整改监督情况汇报机制，加强对巡视巡察整改日常监督，重点强化涉粮领域巡察反馈问题整改日常监督，总结经验、打造标杆，探索建立符合基层实际的巡察整改监督办法。强化巡察成果运用，推动把解决共性问题、突出问题与健全完善制度机制、深化改革等有机结合，实现监督、整改、治理有机贯通。

（六）以更坚定信念践行初心使命，不断增强人民群众获得感幸福感安全感。全面助力推进乡村振兴。聚焦巩固拓展脱贫攻坚成果同乡村振兴有效衔接、乡村振兴政策落实等加大监督检查力度，严查乡村振兴战略实施中不担当、不作为等形式主义、官僚主义问题，坚决斩断伸向各类帮扶和乡村振兴项目资金的“黑手”，切实保障群众权益。持续推动解决群众“急难愁盼”问题。把整治群众身边腐败和不正之风摆到更加突出位置，用心用情做好信访举报工作，对群众“急难愁盼”问题及时分析研判，牵头开展专项整治。持续深化惠民惠农财政补贴资金“一卡通”、粮食购销领域腐败、农村乱占耕地建房、长期借公款不还、违规出借村集体资金等问题专项治理。常态化惩治涉黑涉恶腐败和“保护伞”。集中纠治就业创业、教育医疗、养老社保、生态环保、安全生产、食品药品安全等群众反映强烈的突出问题。常态化推进扫黑除恶“打伞破网”，持续深化政法队伍教育整顿成果，坚决整治执法司法领域顽瘴痼疾，促进社会公平正义，保障群众合法权益。强化小微权力有效监督。进一步健全完善基层监督体系，综合运用片区协作、交叉检查等方式整合基层监督力量，充分发挥村务监督委员会作用，进一步规范“小微权力”运行。深化开展村（社区）集体“三资”提级监督，由点及面、由表及里，监督保障惠民富民、促进共同富裕政策措施在“最后一公里”落地见效。

（七）着力提升监督治理效能，不断压实“两个责任”。进一步加强对干部的日常教育管理监督，按照上级部署，开展好政治谈话，经常“咬耳扯袖”。进一步履行好监督和协助职责，加强对“一把手”监督和同级监督，强化监督考核、推动责任履行，促进管党治党主体责任和监督责任贯通协同联动。用问责传导压力，严肃处理主体责任缺位，监督责任空转，干部管理失之于软等问题，强化党组织和党员领导干部的责任意识、政治担当。做实日常监督。推动监督下沉，积极探索把监督融入日常的有效办法和途径，推动纪律监督、监察监督、巡察监督相互衔接，构建监督信息共享机制，汇总集成信访举报、问题线索、巡视巡察反馈意见、专项检查情况等信息，实现共享共用、精准研判。加大谈话函询说明情况的抽查核实力度，适当提高谈话比例，防止“一函了之”。发挥纪委监委监督推动作用，促进党内监督与其他监督贯通融合、形成合力。

（八）勇于自我革命，推动纪检监察机关规范化法治化专业化建设。以开展“大学习、大提升”活动为契机，带头深学习习近平新时代中国特色社会主义思想，《中国共产党纪律检查委员会工作条例》《中华人民共和国监察法》《中华人民共和国监察官法》《中华人民共和国监察法实施条例》等，不断提升纪检监察干部的政治素质和业务能力。规范县纪委常委会议事决策，认真贯彻民主集中制原则，严格落实常委会工作规则，切实提高科学决策、民主决策、依法决策能力，做到分工不分散、放权不放任、团结不结团、厚爱不溺爱。规范机关日常工作，坚持靠制度管权管人管事，加强对机关制度执行情况的监督检查，形成按职责分工、按流程运转、按制度办事的良好秩序。加强法治化建设，强化法治意识，自觉遵纪遵法、学纪学法、守纪守法、用纪用法，做到以法治思维和法治方式强化监督、防治腐败，在组织体系上发挥新效能，在贯通执纪执法上形成新机制。强化程序意识，健全监督执纪执法工作流程规定，规范执纪执法文书使用和管理，加强规范性文件备案审查，持续做好制度的立、改、废工作。强化证据意识，严格依纪依规依法收集、固定、审查各种证据材料，常态化组织案件质量自查，持续打造“铁案工程”，确保每一起案件都经得起历史和人民的检验。加强规范化建设，完善监督执纪执法权力运行内控机制，严格权力、手段、措施界限规定，坚决查处执纪违纪、执法违法、失职失责行为，加强内部教育，引导纪检监察干部决不能以案谋私、决不能颐指气使、决不能不作为乱作为。加大乡（镇）纪检干部轮岗交流力度，不断在跟班、跟案中提高日常监督检查、处置问题线索、运用纪法规定、思想政治工作能力。强化专业素养，学习历史知识、厚植文化底蕴、强化专业思维，锤炼做好纪检监察工作的综合素质，善于利用综合信息、数据共享等科技手段精准发现问题，建设高素质专业化的纪检监察干部队伍。

同志们，面对日趋复杂的形势，时代给我们纪检监察工作提出更高要求。让我们更加紧密地团结在以习近平同志为核心的党中央周围，在市纪委监委和县委的坚强领导下，自觉运用党百年奋斗历史经验推动纪检监察工作高质量发展，不断开创我县党风廉政建设和反腐败斗争新局面，为建设社会主义现代化新扎囊不懈奋斗，以优异成绩迎接党的二十大胜利召开！

扎囊县人民法院工作报告

——在扎囊县第十四届人民代表大会第三次会议上

扎囊县人民法院党组书记、院长　嘎　珠

（2022 年 1 月 14 日）

各位代表：

现在，我代表扎囊县人民法院向大会报告工作，请予审议，并请各位政协委员和列席人员提出意见。

过去一年的主要工作

2021 年，在县委的坚强领导、人大常委会有力监督、上级人民法院的正确指导下，在政府、政协及社会各界关心支持下，扎囊县人民法院坚持以习近平新时代中国特色社会主义思想为指导，全面贯彻落实党的十九大和十九届二中、三中、四中、五中、六中全会精神，认真学习贯彻习近平法治思想，深入贯彻落实中央第七次西藏工作座谈会精神，贯彻落实习近平总书记视察西藏时的重要讲话和重要指示精神，贯彻落实自治区第十次党代会和市第二次党代会精神，自觉增强“四个意识”、坚定“四个自信”、捍卫“两个确立”、做到“两个维护”，紧紧围绕“努力让人民群众在每一个司法案件中感受到公平正义”目标，坚持服务大局、司法为民、公正司法，忠实履行宪法法律赋予的职责，依法服务和保障扎囊高质量发展，各项工作取得新发展。

一年来，扎囊县人民法院受理案件 411 件（含诉前调解 64 件），审结、执结 387 件，综合结案率 94.16%，法定审限内结案率 100%。

一、聚焦主责主业，服务保障发展

坚持把党的绝对领导落实到工作各环节全过程，充分发挥党建引领作用，以主责主业为抓手，护稳定、促发展、利民生。

（一）维护安全稳定大局

贯彻总体国家安全感，常态化开展扫黑除恶专项斗争，坚持“一案三查”（既要查办黑恶势力，又要追查黑恶势力背后的“关系网”和“保护伞”，还要倒查党委、政府的主体责任和有关部门的监管责任）工作制度，持续巩固专项斗争成果，坚决维护政治安全、社会安定、人民安宁。受理各类刑事案件 15 件 25 人，结案 15 件，结案率 100%，其中，其中审结故意伤害案件 1 件 1 人，审结盗窃、诈骗等多发性侵财犯罪 4 件 6 人，审结危险驾驶、交通肇事等危害公共安全犯罪案件 5 件 5 人，审结帮助信息网络犯罪活动罪案件 5 件 13 人。

（二）服务保障高质量发展

助推法治政府建设，加大行政行为合法性审查，支持、监督行政机关依法履职，保护行政管理相对人合法权益。完整、准确、全面贯彻落实新发展理念，坚持把审判工作融入扎囊经济社会发展大局，通过公正高效审判，促进发展、规范秩序、保障权益。受理民商事案件 215 件，结案 201 件，结案率达到 93.49%，其中调撤案件 163 件，调撤率为 81.09%，督促程序办结 8 件，依法适用简易程序审结案件 59 件，简易程序适用率为 28.64%。审结案件中，合同纠纷案件 180 件、人格权纠纷案件 1 件，财产损害赔偿纠纷 4 件、婚姻家庭纠纷 16 件。

（三）提升便民利民实效

坚持和发展新时代“枫桥经验”，认真贯彻习近平总书记“坚持把非诉讼纠纷解决机制挺在前面”的

指示要求，不断完善制度机制，探索创新工作方法，指导人民调解组织妥善调处纠纷，最大限度把矛盾解决在早、化解在小，提升基层社会治理实效。会同司法行政机关做好法律援助，帮助涉诉困难群众打好官司、维护好权益。坚决落实立案登记制，畅通立案诉讼服务渠道，决不让群众无处申诉，决不许对群众诉求置之不理。全年，共审查立案327件。深入推进一站式多元解纷和诉讼服务工作机制，推进案件繁简分流、轻重分离、快慢分道，提升案件办理效率，为实现公平正义提速。全年，依托诉讼服务大厅人民调解平台诉前调解案件64件，立案调解案件11件，多元化纠纷调解并司法确认案件2件。

（四）巩固扩大执行战果

坚持把实现当事人胜诉权、兑现“真金白银”作为执行工作的奋斗目标，组织召开执行联席会议2次，巩固扩大综合治理“执行难”工作格局。运用网络查控系统，创新财产发现机制，完善失信惩戒机制，着力解决查人找物难题，执行战果持续扩大。受理各类执行案件117件，执结107件，执结率达到91.45%。申请执行总标的达1300万余元，结案标的达600万余元。着力遏制规避执行行为，让失信被执行人“一处失信、处处受限”。纳入失信被执行人名单19人，其中正在发布个人信息15人，限制失信被执行人高消费32人，其中19人被限制乘坐飞机、高铁等38次。加大协同作战，提升执行效能。对外发起事项委托案件21件，其中区外19件，区内2件，受理其他法院事项委托案件8件，其中区外2件，区内6件。申请布控14人次，布控到位9人。公安机关、金融机构积极协助查控被执行人及其财产120余次，查控资金近500余万元。加强处置被执行人财产。线上线下查封房产6处，以物抵债6件160余万元，司法拍卖4件，其中成交1件，成交率100%，溢价率23.46%。有财产可供执行案件在法定审限内结案率100%，无财产案件终本合格率100%，涉诉信访案件办结率100%。

二、坚持双轮驱动，提升司法质效

坚持司法改革和智慧法院建设双轮驱动，持续释放中国特色社会主义法治制度优势，提升司法质效和人民满意度。

（一）持续深化司法改革

扎实推进以审判为中心的刑事诉讼制度改革，落实“让审理者裁判，由裁判者负责”的办案质量终身负责制，落实法官、合议庭办案责任制，强化审判委员会、专业法官会议作用，推行类案检索制度，促进类案裁判标准统一、适用法律统一。坚持以程序公正保障实体公正，突出庭审中心地位，落实证据裁判、疑罪从无、审判公开等原则，规范庭审秩序，保障诉讼权利。全面落实庭前会议、非法证据排除，为25名被告人指定辩护律师，充分保障被告人诉讼权利。优化文书前置检索、全覆盖案件质量评查制度，严格区分审判质量瑕疵与违法审判责任，倒逼案件质效提升。落实院庭长办案要求，健立健全院庭长办案机制，实现院庭长办案常态化，院庭长办案238件，占案件总数的68.58%。持续优化完善业绩考评和奖惩激励机制，进一步激发内生动力。

（二）深化智慧法院建设

全业务网上办理，基本实现“一张网”办公办案、全程留痕。相继开通“12368”诉讼服务热线、微信缴纳案件诉讼费服务，依托西藏移动微法院平台，搭建网上立案、跨域立案、人民法院调解平台，形成“一厅一网一线”格局。年内，网上立案14件，审核通过13件，网上立案率4.32%，跨域立案21件，其中管辖案件8件，协作案件13件，切实做到有案必立、有诉必理。

三、坚持政治统领，锻造过硬队伍

始终把政治建设摆在首位，以政治建设为统领，着力打造革命化、正规化、专业化、职业化法院队伍。

（一）在理论学习中坚定信仰提升素能

以党史学习教育、政法队伍教育整顿、“三更”专题教育和“五大专项行动”“大走访大调研大化解”等为契机，以党组理论中心组学习、“三会一课”、主题党日、周学习会等为载体，通过线上线下学习、实地参观等形式，充分发挥党组、党支部统筹作用，组织干警深入进行政治教育、党史教育、警示教育、英模教育、中华民族共同体意识教育和法律业务学习，期间，积极组织干警撰写心得体会。全年，领导班子讲党课4次，开展各类集中学习70余次，组织开展警示教育参观学习5次，组织聆听先进事迹报告5次,组织进行线上线下知识测试8次、书法比赛1次、政治轮训1次,干警的理论素养持续提升,政治信仰持续坚定,业务能力持续增强。

(二)在贯彻落实中主动作为彰显忠诚

认真落实重大事项请示报告制度,向县委、县委政法委请示报告6次,确保党中央、区党委、市委、县委各项决策部署在人民法院得到不折不扣执行。深入推进党建与业务互融互促,探索创新工作举措,同谋划同部署同推进,开展"抓党建带队建促审判"主题党日6次,以党建引领业务方向,以业务延伸党建脉络,做到政治能力和业务能力同步提升,党的建设和业务工作共同推进。坚决贯彻民主集中制原则,落实好党组议事规则,坚持末位表态,坚持把党的领导同发扬民主、严格依法办事、尊重客观规律有机统一,组织召开党组会议15次,确保重要事项规范研究、规范推进、规范解决。积极落实意识形态工作责任制,加强新闻宣传,加大稿件审核,严把正确舆论方向,发布信息100余条,市级以上新闻媒体采用1条。

(三)在遵规守纪中强化担当履职尽责

坚持全面从严治党、从严治院、从严管理。召开全面从严治党专题会2次,层层签订党风廉政责任书,梳理完善廉政风险点及防控措施清单。以政法队伍教育整顿和"五大专项行动""大走访大调研大化解"等为契机,组织开展形式多样、内容丰富的警示教育20余次。自查出六大顽瘴痼疾"6+N"之N类问题90条,均已整改,自查出六大顽瘴痼疾类问题12件,核实认定2件,均按照"自查从宽,被查从严"政策及有关规定,对责任人员进行处理。结合问题整改,及时补短板、强弱项,完善制定相关制度10项。

(四)在为民服务中锤炼党性增强本领

巩固脱贫攻坚,助力乡村振兴。选派一名员额法官入村担任第一书记,2名法律素养高、业务能力强的干警入村开展驻村工作,为深化村居法治建设贡献力量。组织干警向结对帮扶的20户困难群众支持帮扶折合资金3万余元,在帮扶解决急难愁盼问题的同时,积极宣讲政策法律,提升群众法治意识。

落实普法责任,提升法宣质效。制定《三进法制宣传工作方案》暨刑事法官进学校、民事法官进乡村、执行法官进企业的工作方案,以法官为生力军、审判法庭为主阵地、案件庭审为公开课,充分发挥司法功能,在审判执行中彰显良法善治。以农牧民群众生产生活、外出务工经商所急需的法律知识为主要内容,走进村居,走上田间地头,通过以案释法和发放宣传纪念品等方式,拓展法治宣传的广度和深度。选派资深法官"送法进校园",开展模拟法庭、"公众开放日"等活动,通过让群众亲身体验司法过程,提升法宣产品的吸引力和接受度。开展普法宣传10余场,发放宣传资料2000余份,受教育群众1万余人。

(五)在接受监督中改进作风提升质效

坚持拓宽内外监督渠道,以高质效的内外监督促进高质量的司法公正。强化外部监督方面,自觉接受人大监督,认真落实、办理代表意见建议2件;定期不定期向人大常委会专题报告工作情况,根据审议意见改进工作。认真接受民主监督,加强与政协沟通,广泛听取政协委员意见。主动接受纪检监察监督,依法接受检察机关法律监督,共同维护法律权威和司法公正。同时,深化司法公开,落实好庭审直播、裁判文书上网等各项制度,庭审直播68次,直播率100%,裁判文书上网290件,其中文书公开139件,信息公开151件。开展"开门纳谏,倾听民意"座谈会1次,入户发放民众测评满意表、征求意见表5000余份,征求意见25条。落实好陪审员制度,优化陪审员队伍结构,现有人民陪审员39人,参与审理31件55人次,参审率达36.91%,积极邀请人大代表、政协委员、村居群众等参与调解44起系列案件,确保人民群众有序高效参与和监督法治建设。强化内部监督方面,严格执行"三个规定",规范"三个规定"平台填报,全院填报50条事项,其中院领导填报22条。持续完善绩效考核细则,发挥好绩效考核引导作用,定期不定期开展案件质量评查工作,对发现的问题深入剖析原因,立行立改,确保司法执法质效持续提升。

各位代表,一年来,扎囊县人民法院的发展进步,根本在于习近平新时代中国特色社会主义思想的科学指引,在于县委坚强领导、上级人民法院正确指导、县人大及其常委会有力监督,得益于县政府大力支持、县政协民主监督和社会各界关心支持。在此，我代表扎囊县人民法院全体干警向大家表示衷心的感谢和最诚挚的敬意！

在看到成绩的同时，我们清醒认识到，工作中还存在一些问题短板：一是党建引领业务的成效还需进一步提升。发挥党建引领作用，促进业务工作长远发展的举措还不够多；一些好的经验做法没有被及时固化成制度。二是业务工作质效还需进一步提高。案多人少、攻坚办案现象还需优化解决措施，司法执法专业化水平还需持续提升，部门之间协同配合还需进一步加强。三是服务中心大局质效还需进一步提高。立足法院职责，发挥职能作用和平台优势，服务中心大局的思路举措还不够多，在助力打造以源头预防为先、非诉机制挺前、法院裁判终局为核心的诉源治理体系中，与相关部门的协同发力不够到位。运用大数据思维和能力，发现并强化地方法治薄弱点的举措还不够丰富创新，为地方治理提供司法参谋和助力的举措不够多、力度不够大、成效不够明显。

2022 年工作思路

各位代表，2022 年扎囊县人民法院工作的总体思路是：坚持以习近平新时代中国特色社会主义思想为指导，全面贯彻落实党的十九大和十九届二中、三中、四中、五中、六中全会精神，贯彻落实中央第七次西藏工作座谈会精神和习近平法治思想，贯彻落实自治区第十次党代会和山南市第二次党代会精神，巩固并转化党史学习教育、政法队伍教育整顿和“三更”专题教育成果，完整、准确、全面贯彻新发展理念，忠实履行宪法法律赋予的职责，以更高质量的人民法院工作，服务和保障扎囊长治久安和高质量发展。

一、持续深化政治建设

始终把政治建设作为根本建设摆在首位抓紧抓实，自觉增强“四个意识”、坚定“四个自信”、捍卫“两个确立”、做到“两个维护”。通过巩固并转化党史学习教育、政法队伍教育整顿和“三更”专题教育成果，持续提升领导干部讲党课、政治轮训、专题讲座等的频次和质效，持续夯实政治忠诚的思想根基，持续加深坚持党对法院工作绝对领导的理解，坚定走中国特色社会主义法治道路的决心和信心，坚决捍卫中国特色社会主义制度。坚持以人民为中心的理念，体民情、察民意、学民智、解民忧，把讲政治、抓业务、抓落实紧密结合起来，尽职尽责做好审判执行和中心工作，以更高的政治判断力、政治领悟力、政治执行力，贯彻落实中央和区、市、县党委决策部署，确保法院工作正确政治方向。

二、持续提升服务质效

充分发挥人民法院职能作用，在案件办理中持续做到政治效果、法律效果、社会效果相统一，让人民群众更加直观感受到、触摸到公平正义。深挖执行联动机制优势，加大信用联合惩戒力度，强化执行规范化，把执行工作机制落实落细，把执行理念用好用活，用更多的“真金白银”兑现当事人胜诉权益。深入推行案件繁简分流，坚持“简案快审、繁案精审”，持续做到“该繁则繁，当简则简，繁简得当”，有效化解案多人少矛盾，持续提升司法质效。坚持民有所呼、我有所应，持续营造更加稳定、公平透明、可预期的法治化营商环境。持续争取县委、政府支持，加强与相关部门的协作配合，在“党委领导、政府主导、社会参与、多元并举、法治保障”的诉源治理大格局中发挥更大作用。强化司法执法大数据统筹、分析、运用，以法治视角及时发现地方治理薄弱点，以法治思维及时针对性提出意见建议，为地方治理持续赋能。

三、持续强化双轮驱动

持续深化司法体制改革，提升制度落实质效。持续优化绩效考核指标，以更科学的考核指标引领工作开展。持续加强案件评查力度，丰富创新举措，降低评查工作成本，提升评查实效。持续深化智慧法院建设，加大信息化建设投入，倾向性吸收、培养信息化人才，依托信息化建设，持续深化信息公开，以监督促提高，持续优化线上司法服务，着力提升信息化赋能实效，提高群众法治获得感。全面加强审判管理，调整充实审判管理力量，加强业务学习，提升审判管理能力，强化职权范围内的审判管理实效，持续提升业务专业化水平。

四、持续加强队伍建设

突出政治标准，培养好使用好干警，持续组织抓好政治理论和业务学习，引导干警自觉强化自主学习，确保干警政治能力和业务能力同提升。持续严格落实司法办案责任，突出法官、合议庭主体地位，充分发挥合议庭、审判委员会及专业法官会议作用。压实全面从严治党主体责任，严肃党内政治生活，严格落实“一岗双责”。全面落实院庭长审判监督管理职责，及时跟进学习并贯彻落实相关机制制度，严格落实防止干预司法“三个规定”，强化日常监督，加强外部制约，创新方法、丰富载体，持续拓宽内外监督渠道。优化绩效考核体系，将作风类指标深度深入绩效考核体系，持续提升作风建设实效，以作风建设为动力，促进工作质效持续提升。

各位代表，同心才能走得更远，同德才能走得更近。2022 年，扎囊县人民法院将更加紧密地团结在以习近平同志为核心的党中央周围，在县委坚强领导、人大及其常委会有力监督、上级法院正确指导下，在政府、政协和社会各界关心支持下，同心同德，强化担当，忠诚履职，为扎囊长治久安和高质量发展贡献更优质的服务和保障！

扎囊县2021年财政预算执行情况和2022年财政预算(草案)的报告

——扎囊县第十四届人民代表大会第三次会议上

扎囊县财政局局长 旦增平措

各位代表、各位委员:

受县政府委托,现将扎囊县2021年预算执行情况和2022年预算草案提请县十四届人大三次会议审议,并请各位代表提出意见和建议。

一、2021年预算执行情况

2021年是中国共产党成立100周年、西藏和平解放70周年,在以习近平同志为核心的党中央坚强领导下,在市委、市政府和县委、政府的正确领导下,在县人大常委会的有力监督和县政协的参政议政下,全县各部门坚持稳中求进工作总基调,统筹疫情防控和经济社会发展,扎实做好“六稳”工作,全面落实“六保”任务,严格执行扎囊县第十三届人民代表大会常务委员会第二十八次会议审查批准的预算,为实现“十四五”开局之年奠定了良好的基础,预算执行总体良好。

(一)2021年预算安排情况

2021年预算安排总财力为112271.03万元,比上年增加35166万元,增长45.61%。其中:本级财政收入预算安排3712万元,比上年增加50万元,增长1.36%;预算稳定调节基金1596万元,比上年增收732万元,增长84.7%。转移性收入106963.03万元,比上年增加34383.53万元,增长47.37%。其中:返还性收入1547万元,与上年持平;一般性转移支付收入100813.21万元,比上年增加37371.61万元,增长58.9%;专项转移支付收入4602.82万元,比上年减少2988.08万元,减少39.36%。

人员支出安排27743.76万元,比上年增加1151.74万元,增长4.33%,占当年总预算财力的24.71%;商品和服务支出安排2024.31万元,比上年增加6.24万元,增长0.31%,占当年总预算财力的1.8%;专项支出安排82502.96万元,比上年增加34007万元,增长71.12%,占当年总预算财力的73.49%。

(二)2021年本级财政实际完成收入情况

2021年,县政府按照年初县第十三届人民代表大会常务委员会第二十八次会议通过的预算编制要求,2021年财政收入要增长13%的目标,扎实开展我县2021年财政收支工作,完成县第十三届人大常务委员会交办的任务。2021年本级财政收入实际完成5721万元,完成年初预算数4446万元的126.67%,完成任务数4622万元的123.77%,同比增收1327万元,增长30.2%。其中:税收收入3881万元,占总收入的67.83%,比上年增收1630万元,增长72.41%;非税收入1840万元,占总收入的32.16%,比上年减少283万元,减少13.21%。

(三)2021年财政实际支出完成情况

2021年财政支出共完成126753万元,同比增加12368万元,增长10.81%。其中:一般公共服务支出17101万元,同比减支1237万元,减少6.74%;教育支出18208万元,同比减少1917万元,减少9.52%;科学技术支出同比减少100%;文化旅游体育与传媒支出 932 万元，同比减支 514 万元，减少 35.54%；社会保障和就业支出 7433 万元，同比减支 2056 万元，减少 22.66%；卫生健康支出 7210 万元，同比减支 1671 万元，减少 18.81%；节能环保支出 8 万元，同比减支 2751 万元，减少 99.71%；城乡社区支出 861 万元，同比减支 793 万元，减少 47.94%；农林水支出 62646 万元，同比增加 26030 万元，增长 71.09%；交通运输支出 499 万元，同比减支 1709 万元，减少 77.4%；金融支出 0 万元，同比减少 100%；自然资源海洋气象等支出 222 万元，同比减支 131 万元，减少 37.1%；住房保障支出 3819 万元，同比增加 382 万元，增长 11.11%；粮油物资储备支出 2 万元，同比减少 66.67%；灾害防治及应急管理支出 424 万元，同比减支 17 万元，减收 3.85%。

（四）本级政府性基金收支执行情况

2021 年本级政府性基金收入为 876 万元，同比减收 778 万元，减少 47.03%；基金支出为 181 万元，同比减支 5421 万元，减少 96.77%。

二、2021 年全县预算执行和财政工作主要特点

2021 年，财政部门认真贯彻落实区、市、县三级党委中心工作，严格落实扎囊县第十三届人民代表大会常务委员会第二十八次会议和审批意见，面对财力十分吃紧的形势，兼顾稳增长和防风险需要，有效开展了财政工作正常运转及促进经济稳定发展。

（一）保基本民生，优先保障重点支出

在确保人员工资和正常工作的运转前提下，我们采取民生优先、统筹兼顾的原则，牢固树立“政府过紧日子、群众过好日子”思想，积极压缩一般性支出。一是民生领域投入资金共计 8044.21 万元；二是教育投入 1300.5 万元；三是社会局势稳定投入 50 万元。

（二）狠抓预算执行，严格控制“三公”经费支出

支出统筹兼顾，突出“有保有压”，牢固树立“政府过紧日子、群众过好日子”思想，坚持把“三保”放在财政支出的优先位置，支持保障以脱贫攻坚为主的基本民生支出，进一步推进扶贫资金动态监管工作，提高扶贫资金管理水平。资金投向重点民生领域，着力保障乡村振兴战略实施和基层政权建设等重点工作。进一步狠抓预算执行，继续强化预算执行主体责任，促进预算单位财政资金安全规范高效，积极压缩一般性支出，压缩“三公”经费支出，确保每一分钱都花在刀刃上。

2021 年，我们在勤俭节约精打细算的原则下编制了年初预算，在预算执行过程中，邀请第三方开展了 2020 年预算绩效考核工作，从而让各部门严肃财经纪律、规范资金用途，源头控制，厉行节约。全年“三公”经费总支出为 184.68 万元，同比减少 76.49 万元，下降了 29.29%。

（三）开展专项检查，规范资金管理

根据《西藏自治区财政厅关于印发〈关于开展全区行政事业单位私设“小金库”、援藏资金管理使用以及公款代缴水电费等情况专项检查的工作方案〉的通知》要求，县政府高度重视及时起草工作方案，成立专项领导小组，在全县各单位及各乡（镇）内开展自查自纠，通过自查各单位及各乡（镇）无私设“小金库”、未发现违规使用援藏资金。10 家单位发现公款代缴水电费，共计资金 144719.02 元。发现的问题，各单位按照财政局的安排及时对违规资金全部已上缴国库，进一步规范了全县各单位资金的管理。

（四）努力盘活财政存量资金，合理使用直达资金

为唤醒沉睡资金，激活资金沉淀，使资金流动起来，发挥财政资金的使用效益。根据财政部财预〔2015〕15 号文件《关于推进地方盘活财政存量资金有关事项的通知》的通知精神，于 4 月份开始着手开展存量资金清理工作，并于 5 月份开始全面开展收缴工作，收缴的资金全部已存入国库中，并从存量中预算安排资金 3453.28 万元。二是按照国务院“六稳”“六保”的要求，合理分配和使用直达资金，全年收到上级直达资金共计 8880.30 万元，分解率达 100%，全年累计支出 6062.44 万元，支出进度达 68.3%。

（五）扶贫资金落实及时，精准扶贫措施到位

2021 年到位中央、自治区、市、县脱贫攻坚统筹整合资金 65837.94 万元，其中衔接资金 62574.21 万元，脱贫攻坚涉农资金统筹整合共涉及 18 个项目，

其中产业发展项目8个、基础设施累项目迁基础设施建设项目9个、1个生态岗位项目，截至目前统筹整合资金累计支出51797.41万元，支出率为78%。

2021年上级下达生态岗位资金总量1958.18万元，全年安排岗位3531个，按照人均3500元，已兑现资金1241.77万元，剩余资金716.41万元，用于2022年生态岗位。

（六）强化各项监管措施，提高资金使用效益

一是邀请了第三方中介机构对预算执行情况开展绩效考核工作，并以预算绩效管理事前评估、事中监控、事后评价结果考核工作为抓手，全力推动财政预算管理改革。二是扎实推进财政应收应付款清理处置工作，进一步加强政府债务和隐形债务风险防控管理，严控任何形式的新增债务，2021年新增政府专项债券资金10500万元，用于扎囊县民族手工业园项目，债券期限为20年，利率3.48%。新增政府一般债券资金2700万元，用于新建园区东路项目，债券期限为七年。三是加强扶贫资金和直达资金动态监控管理工作，指导并督促相关部门认真做好监控数据录入及绩效考核工作。

（七）理清国有资产状况、加快国有企业发展

为深入贯彻落实习近平总书记关于全面深化改革、西藏工作的重要论述和新时代党的治藏方略，着力推动党中央和区党委全面深化改革决策部署落地成效，2021年按照县委的工作安排，县政府聘请第三方中介机构理清我县五家企业国有资产状况、债权债务情况及生产经营情况，并对各企业国有资产进行造册，录入县国资委台账。并加强嘉博有限责任公司、阿布扶贫开发责任有限公司等国有企业监督管理力度，加快国有企业发展。

过去一年，财政发展改革各项工作取得积极进展，为推进我县长治久安和高质量发展提供了有力保障，取得了一定的成绩。成绩的取得离不开县委的正确领导，离不开人大、政协及代表委员们的监督指导，也离不开中央和对口援藏的大力支持，凝聚着全县干部群众的智慧和心血。在肯定成绩的同时，我们也清醒地认识到，财政工作还面临一些问题和挑战。主要是：财政收入增长基础不稳，重点和刚性项目支出需求增速较快，财政收支矛盾依然突出；部分项目单位对项目前期准备工作不科学、不充分，预算执行缓慢与预算追加频繁并存；财政专项资金管理还有薄弱环节，重规模轻绩效问题较为突出。我们将高度重视这些问题，采取有力措施，认真加以解决。

三、2022年预算草案

2022年是深入贯彻落实自治区第十次党代表会议精神的开局之年，是全面实施“十四五”规划的重要之年，更是党的二十大召开之年，做好财政预算编制意义重大。2022年我们坚持以习近平新时代中国特色社会主义思想为指导，全面贯彻党的十九大和十九届历次全会精神，深入贯彻中央经济工作会议和中央第七次西藏工作座谈会精神，深入贯彻习近平总书记关于西藏工作的重要论述和新时代党的治藏方略，按照自治区第十次党代会和自治区党委经济工作会议的精神，以及市委经济工作会议的部署，以迎接服务党的二十大胜利召开为主线，弘扬伟大建党精神和“两路”精神、老西藏精神、孔繁森精神，坚持稳中求进工作总基调，完整、准确、全面贯彻新发展理念，服务融入新发展格局，全面深化改革开放，坚持创新驱动发展，推动高质量发展，继续做好“六稳”“六保”工作，着力推进“四个创建”、努力做到“四个走在前列”，保证财政支出强度，加快支出进度，坚持党政机关过紧日子，严肃财经纪律，促进经济稳中向好、稳步提质，持续改善民生，保持社会大局稳定，以优异成绩迎接党的二十大胜利召开。

（一）2022年预算收支安排

按照指导思想的要求，2022年财政预算编制工作遵循“稳字当头，稳中求进”“紧盯形势，突出重点”“深化改革，突出绩效”的原则，征求各方意见，形成2022年预算草案。

截至2022年1月7日，收到上级财力指标共计43116万元。（上级业务科室财力指标还未下达完）。

预算支出安排为43116万元，其中：人员支出32017.7万元，占总支出的74.26%；商品和服务支出2080.6万元，占总支出的4.8%，专项支出9017.7

万元，占总支出的 20.9%（扶贫及支农财力指标还未下达）。

四、2022 年重点工作

1. 围绕政策落实，服务中心大局。全面落实减税降费和支持市场主体发展相关政策，发挥财政资金撬动作用，实现积极的财政政策，强化财源梯队建设，推动经济稳步发展；时刻关注经济形势和上级部门政策走向，抢抓先机、积极作为，密切配合，积极争取上级政策和资金支持；管好用好财政直达资金和债券资金，充分发挥直达资金对经济发展的作用。

2. 围绕增收节支，提升保障能力。一是加强与税务部门的沟通，做好 S5 项目和各行业部门的对接工作，努力完成增值税、耕地占用税和印花税的征收工作。二是继续加大优质招商引资企业扶持力度，推动我县财税收入稳步增长。三是规范行政事业性收费、国有资源（资产）有偿使用收入、罚没收入等非税收入按月及时缴纳，达到应收尽收。四是坚持厉行节约、过紧日子，加强综合预算管理，牢牢把握财政“三保”重点，坚持量入为出、有保有压，强化预算硬约束，大力压减一般性支出，严格执行进度考核通报和单位结转结余、预算安排挂钩机制，统筹财力保障重点支出。

3. 加强预算执行管理，压实主体责任。一是深化预算绩效管理，进一步完善“花钱必问效，无效必问责”机制，加快实现预算编制有目标，预算完成有评价，评价结果有运用的全过程绩效管理。二是狠抓项目管理，促进经济增长。坚持把项目建设作为经济增长的支撑点，继续做好项目的组织和建设。对投资已到位尚未开工的项目，项目负责单位要抓紧落实，尽快组织，确保尽早开工建设；对已开工的建设项目，要进一步细化工作任务，倒排工期，尽快形成更多的实物工作量，确保项目资金尽快形成实际支出。三是深入推进预算绩效管理，拓宽绩效评价广度深度，压实预算单位主体责任，强化结果运用；健全预算管理体系，进一步明晰财政事权和支出责任，强化综合预算管理，推动建立规范透明、标准科学、约束有力的预算制度。四是强化财政管理监督，严格预决算、“三公”经费信息公开，主动配合人大、审计等监督部门开展审查，提升财政监管实效；统筹推进国资国企、财税金融、财政国库集中支付等各方面改革，发挥财政在政府机构改革中的基础性作用。

4. 围绕财政改革，提高管理水平。充分发挥财政在推进国家治理、稳定经济的基础和支柱作用，全面推广一体化改革。2022 年是预算管理一体化信息系统推进的一年，我们按照上级业务部门的工作要求下，进一步规范预算编制、预算执行、预决算公开等相关工作。

5. 围绕民生实事，推动乡村振兴。要始终把解决好“三农”问题作为重中之重，坚持优先发展、压实责任，坚持综合施策、系统推进，坚持改革创新、激发活力，把农业农村作为财政支出的优先保障领域，公共财政更大力度向“三农”倾斜，确保投入力度不断增强、总量持续增加，确保财政投入与乡村振兴目标任务相适应。积极履行民生工程牵头责任，强化民生工程统筹协调、调度反馈，科学统筹财力，加快推进基本公共服务均等化；巩固深化脱贫攻坚成效，做好脱贫攻坚和乡村振兴有效衔接，加大对农村基础设施建设、产业发展、生态保护、环境改善等方面的投入力度，加快培育农村新型主体，改善人居环境和公共服务水平；全面落实财政惠民政策，扶持壮大村级集体经济，推进政策性农业保险提标扩面；着力支持农村各项改革，破除体制机制障碍，服务乡村振兴发展，不断增强农民幸福感、获得感。

各位代表，做好 2022 年财政工作，责任重大，使命光荣。我们将更加紧密团结在以习近平同志为核心的党中央周围，以习近平新时代中国特色社会主义思想为指导，认真贯彻党中央、国务院决策部署，在县委、政府的坚强领导下，自觉接受县人大的监督，认真听取县政协的意见和建议，朝着自治区第十次党代会描绘的宏伟目标，埋头苦干、勇毅前行，扎实做好各项财政工作，努力建设团结富裕文明和谐美丽的社会主义现代化新扎囊，以优异成绩迎接党的二十大胜利召开。

扎囊县人民检察院工作报告

——在扎囊县第十四届人民代表大会第三次会议上

扎囊县人民检察院检察长 揣丽颖

（2022 年 1 月 14 日）

各位代表：

现在，我代表扎囊县人民检察院向大会报告工作，请予审议，并请各位政协委员和列席会议的同志提出意见。

2021 年工作回顾

2021 年，在县委和山南市人民检察院的正确领导下，在县人大的有力监督下，在县政府、县政协及社会各界关心支持下，在援藏省市检察机关大力支援下，紧扣稳定发展生态强边“四件大事”，全面贯彻落实党中央、区党委、市委、县委和上级检察院的决策部署，牢牢把握新时代检察机关政治属性和宪法定位，推动“四大检察”全面协调充分发展，为服务保障扎囊长治久安和高质量发展作出了突出贡献。全年共受理各类案件 55 件，其中刑事案件 37 件，行政检察 1 件，公益诉讼检察 17 件。

一、旗帜鲜明讲政治，着力筑牢对党政治忠诚

坚持以习近平新时代中国特色社会主义思想为指导，深入学习贯彻党的十九大、十九届二中、三中、四中、五中、六中全会和中央全面依法治国工作会议，中央第七次西藏工作座谈会精神，深入学习贯彻习近平总书记在党史学习教育动员大会上的重要讲话精神，“七一”重要讲话精神，深入学习贯彻习近平总书记在西藏视察时的重要讲话和重要指示精神，深入学习贯彻《中共中央关于加强新时代检察机关法律监督工作的意见》，全面贯彻落实自治区第十次党代会、市第二次党代会和市两会精神，深入开展党史学习教育、检察队伍教育整顿、“三更”专题教育，坚持和捍卫“两个确立”，切实增强“四个意识”、坚定“四个自信”、做到“两个维护”，胸怀“两个大局”、心系“国之大者”，着力提高检察干警政治判断力、政治领悟力、政治执行力，始终在思想上、政治上、行动上同以习近平同志为核心的党中央保持高度一致，确保检察工作的正确政治方向。

始终坚持党对检察工作的绝对领导，做到一切检察工作“从政治上看”，找准找实检察工作服务大局的切入点、着力点，推动“四大检察”“十大业务”深度融入“四件大事”“八大任务”。坚决执行《中国共产党政法工作条例》，全年向县委、上级院党组请示报告重大事项 5 次，召开党组（扩大）会议 13 次，推动党的政治建设与检察业务工作深度融合，政治担当与检察履职深度融合，以高度的政治自觉、法治自觉、检察自觉，确保党中央重大决策部署和区党委、市委、县委及上级检察院工作安排，在我院各项工作环节落实落细，以做好检察工作的实际行动体现对以习近平同志为核心的党中央的绝对忠诚。

二、围绕服务中心大局，强化检察产品供给

（一）全面参与社会治理。一是严格贯彻落实各项决策部署，全力维护国家安全和社会稳定。全年共出动检力 350 人次、警车 60 余台次，做好值班带班、治安巡逻、加油站值班、蹲点督导等各项工作，合理有序安排人员调度，保证业务、维稳两不误；二是利用“12309”检察服务平台积极开展矛盾

纠纷排查,在网络舆情收集研判工作中,迅速行动,采取有力措施,成功化解矛盾纠纷 1 次,切实发挥党组织战斗堡垒,推进社会有效治理,打造新时代检察版"枫桥经验";三是应对新冠肺炎疫情,全院干警坚定信心,通过创新办案模式、参与法律宣传、慰问一线工作人员、爱心捐款等方式,在履职尽责中为我县打赢疫情防控阻击战和复工复产复学提供检察助力。

(二)依法打击刑事犯罪。牢固树立可捕可不捕的不捕、可诉可不诉的不诉、疑罪从无的司法理念,在打击和震慑犯罪的同时,坚定良法善治的信念,宽严相济,保障社会长治久安。全年共受理公安机关提请批准逮捕案 10 件 15 人,经审查批准逮捕 7 件 9 人,作出不批准逮捕决定 3 件 6 人;受理公安机关移送审查起诉案件 26 件 54 人,经审查,提起公诉 13 件 23 人,不起诉 5 件 17 人;不起诉复议案件 1 件 5 人,经审查维持原决定;正在办理 8 件 14 人。

(三)扫黑除恶力求长效。成立"扫黑除恶、打非治乱"专项斗争领导小组,制定方案计划,明确工作重点,细化职责分工,选派干警配合县专项斗争整体工作推进,与相关部门形成合力,共同开展多层次、多阵地、多种形式的专项斗争主题宣传。在脱贫攻坚、主题教育调研等工作中贯穿专项斗争宣传 15 余次,发放各类宣传材料 1200 余份,多措并举构建专项斗争的强大社会支持阵营。在宣传中,同步开展线索摸排,未发现涉黑涉恶线索。

(四)依托职能办好实事。充分发挥检察职能优势,在为民办实事中展现检察温度。一是守护人民群众舌尖上的安全。深入商铺、药铺、饭馆等开展公益诉讼线索排查,针对排查中发现的食品药品过期、经营证照不齐全等问题,督促市场监督管理局依法履职,切实保障食品药品安全。二是守护人民群众脚底下的安全。深入主要街道,开展窨井盖安全隐患大排查,针对排查中发现的窨井盖缺失等问题,督促县城市综合管理局依法履职;三是守护美好生态环境。深入三乡两镇,针对生活垃圾随意堆放,河道采砂现象频发等进行公益诉讼专项排查,针对违规违法问题,督促各乡镇和相关部门依法履职。四是守护生产经营安全。深入各生产经营单位,开展安全生产领域督促检查,针对排查出的安全生产措施不完善、设施不齐备等问题,督促应急管理局等单位依法履职。

(五)深耕细作法律宣传。在做好释法说理工作的同时,常态化开展法宣工作。在各法宣节点选派业务精通、理论功底深厚的干警参与县综治宣传月等普法活动 15 次;创新方式方法,开展学习民法典等多项主题普法宣传 20 余次;开展不同主题检察开放日 3 次,提供法律咨询服务,发放法律宣传资料 3800 余份,受教育群众 5000 余人,有力提升了人民群众的法治意识。

(六)情系群众助村居。牢记民心是最大的政治。今年,院党组选优配强,强基惠民。为驻村点解决经费及发放物资折合人民币共计 19800 余元;干警结对帮扶投入物资共计 22000 余元。在开展巩固脱贫攻坚成果和乡村振兴系列工作中,全院干警一心为民、一心为仆的优良作风,赢得了广大农牧民群众认可,进一步密切了党群、干群关系,群众满意度进一步提升。

三、坚守法治促公正,着力助推法治扎囊建设

落实"双赢多赢共赢"监督理念,构建一体协作、一体推进、一体监督、一体共赢,立足新时代新要求,牢固树立能动司法检察理念,强化依职权主动监督,实现在办案中监督、在监督中办案,切实维护社会公平公正。

(一)刑事检察更加有力

认真贯彻羁押必要性审查制度,深入贯彻宽严相济刑事司法政策,落实少捕慎诉慎押司法理念,完善落实认罪认罚从宽制度。经审查决定不批准逮捕 3 件 6 人,不起诉 5 件 17 人。适用认罪认罚从宽审结 12 件 22 人。提出量刑建议 23 人,法院采纳 23 人,采纳率达 100%。坚决纠正有案不立、不当立案、侦查违法等问题。提前介入重大、疑难、复杂刑事案 1 件 1 人,纠正漏捕后起诉 1 人,纠正起诉遗漏罪行 1 件。强化对刑罚变更执行的同步监督,办理羁押必要性审查案件 26 件 54 人,加强检警衔接,"侦查监督与协作配合办公室"揭牌成立,检警侦查监督与协作配合更加健全完善。

(二)民事检察细化优化

持续加强对生效民事裁判、调解书的监督。调

取审查县人民法院近两年生效民事裁判类文书共148份，其中民事裁判文书91份、民事调解书12份、民事裁定书4份、支付令1份；持续强化民事执行监督，调取审查县人民法院近两年生效的民事执行卷宗共40册，审查率达74%，均未发现错误。

（三）行政检察力求突破

以实现案结事了为着眼点，以促进执法规范，有效提升地方治理效能为出发点，着力做好行政检察工作。全年共从各相关行政执法单位调卷4册，针对适用法律法规不全面、文书制作不规范等问题向县自然资源局制发检察建议1份，督促依法规范履职。同时，我们以此契机，着力强化行政检察工作的主观能动性，探索行政检察工作与新时代更高要求相适应的工作思路和具体实践，切实补短板，谋发展。

（四）公益诉讼行稳致远

聚焦法定领域，扎实推进公益诉讼检察工作，筑牢生态保护检察屏障。全年共受理案件线索17件，立案17件，诉前磋商14件，公开听证1次，发出检察建议3份，均被相关行政单位采纳并及时整改回复。督促林地修复，挽回流失的国有资产402.7万余元。

（五）未检工作力谋创新

坚持打击与保护双向发力，全面推开涉未成年人"四大检察"业务统一集中办理，以零容忍态度严厉打击侵害未成年人犯罪，办理涉及未成年人刑事案件1件1人，对2起涉案未成年人进行训诫教育。为有效推动最高人民检察院"一号检察建议"的落实，全面有序推进未成年人检察工作新领域。并打造"未检＋公益诉讼"检察模式，依托未成年人检察教育中心，培养"小宣传员"，让"小朋友"教育"大朋友"，营造"小手"牵"大手"的法治教育氛围。

四、凝心聚力谋创新，着力推进自身高质量发展

深刻认识新时代检察工作面临的形势任务，聚焦短板弱项，以检察改革为动力，坚持系统观念、法治思维，严要求高标准加强领导班子和队伍建设，抓住"关键少数"，管好关键人，抓好关键事，从严管理，提高检察职能。

稳步推进检察体制改革。以改革思维解难题、促发展，完成院内设机构改革，推动形成"四大检察"，"十大业务"职能体系，优化检察职权配置。实行检察人员分类管理和检察官办案责任制，健全员额检察官轮岗机制，充分发挥"关键少数"示范带动作用，院领导办理各类案件9件，压实入额院领导办难案、办大案的责任。

稳步推进对口受援工作。坚持"六位一体"援藏工作格局，"输血"变"造血"，积极探索受援新模式，推进检察工作新发展。今年来，湖南省株洲市人民检察院先后两次赴我院考察，传授先进的执法理念、办案经验，提升了干警执法办案水平。我院积极组织业务骨干，前往株洲市人民检察院交流学习，建立案件讨论联系平台，争取援助资金70万元，用于改善办公条件。

稳步推进检察科学管理。一是深入开展党史学习教育、政法队伍教育整顿、"三更"专题教育，持续加强党的建设，全面推进从严治党走深走实。确保全体党员干部学有所思、学有所悟、学有所得。今年来共组织集中学习36次、撰写学习心得12篇，集中参观烈士陵园1次，参观山南市人民检察院警示教育基地1次，开展专题研讨6次、党史理论知识测试2次，党组书记讲党课7次，进一步夯实了理论根基，提高了理论水平。二是以教育整顿为契机，及时对照案件线索办理"回头看"三个要点，深入开展自查、倒查案件102件，查出顽瘴痼疾线索19件，已按期全部办结，并建章立制6项。落实管党治党政治责任，推进"两个责任"落到实处，签订党风廉政建设责任书50份，签订党员干部不信仰宗教承诺书19份，开展廉政谈话60余次，营造风清气正的政治生态。狠抓纪律作风建设和自身反腐倡廉建设，对全院干警执纪监督32次，全年选派7人次参加各类业务培训。

公开公正主动接受各界监督。在提升执法专业化水平和检察监督能力的同时，着力强化主动接受监督的思想和行动自觉，持续深化检务公开，依法依规有序推进案件信息公开工作，确保公正司法，切实维护社会公平正义。全年，共制作电子卷宗36册，公开法律文书36份，接待律师阅卷5次，公开案件程序性信息36件，开展检察开放日活动4次。

各位代表、各位委员，2021年，扎囊县人民检察

院取得的进步，根本在于以习近平同志为核心的党中央的坚强领导和习近平新时代中国特色社会主义思想的旗帜指引，得益于县委和山南市人民检察院的正确领导，得益于县人大及其常委会的有力监督和大力支持，得益于县政府、政协和社会各界人士的关心和支持。在此，我谨代表扎囊县人民检察院全体干警向关心支持我院事业发展的各位同仁和社会各界人士致以衷心的感谢和崇高的敬意！

回首2021年，我们清醒地认识到，自身工作还存在一些短板和问题。一是政治理论总体上还不够扎实，执法专业化水平与新时代检察要求之间还有不少差距，“四大检察”“十大业务”发展不均衡，民事检察和行政检察还有很大发展空间。二是党建与业务与服务大局融合方面的创新探索相对乏力，融入中心工作的前瞻性、精准性不够，应对疑难复杂案件的能力不足，“四大检察”业务方面工作理念更新不够及时，工作方法创新上还有很大的空间。

2022年工作思路

各位代表、各位委员：2022年，是党的二十大召开之年，是百年大党第二个百年的开启之年，是向第二个百年奋斗目标再起航之年。自治区第十次党代会为未来五年西藏长治久安和高质量发展绘制了宏伟蓝图，市第二次党代会作出了“六个走在全区前列”的重要部署。在新的征程上，我院总体思路是：坚持以习近平新时代中国特色社会主义思想为指导，全面贯彻习近平总书记关于西藏工作的重要论述和新时代党的治藏方略，全面贯彻习近平法治思想，深入学习贯彻党的十九大和十九届历次全会精神、自治区第十次党代会精神、市第二次党代会精神，全面落实《中国共产党政法工作条例》，增强“四个意识”、坚定“四个自信”、做到“两个维护”，锚定“四件大事”，聚焦“六个走在全区前列”，以高度的政治责任感和使命感，深度融入全面服务保障大局，奋力谱写全面依法治国新篇章，凝心聚力推进扎囊长治久安和高质量发展。

一要强化思想引领，始终坚持党对检察工作的绝对领导。自觉贯彻落实党中央、区、市、县委及上级检察院决策部署，坚持一切检察工作“从政治上看”，不断增强谋划检察工作的政治能力，从政治高度认识和处理业务问题，推动党的政治建设与检察业务工作深度融合，把政治担当与检察履职统一起来，自觉把党的绝对领导落实到检察工作各方面、全过程。始终把党的领导作为最高政治原则，贯穿检察工作始终，坚决维护习近平同志的核心地位，维护党中央权威和集中统一领导，深刻认识“两个确立”重大意义，充分彰显检察机关“政治”属性。

二要增强大局意识，全面服务保障扎囊长治久安和高质量发展。始终牢记“国之大者”在对检察工作的时代要求，紧扣“四件大事”，主动融入县委关于中心工作的重要部署，谋划推进法治扎囊、平安扎囊，充分发挥职能作用，切实担负起打击危害国家安全犯罪、维护社会大局稳定的政治责任。全面谋划加强生态检察工作，依法严厉打击破坏环境资源犯罪，切实加强生态公益诉讼工作。谋划推进民生检察，持续加强群众来信来访件件有回复、检察建议、公开听证等工作，以法治护大局，促进“四大检察”“十大业务”与“四件大事”深度融合，为扎囊长治久安和高质量发展提供更优质的“检察产品”。

三要加强侦查活动监督力度，规范侦查行为。加强刑事审判监督，确保司法公正；强化刑罚执行监督，防止脱管漏管；履行民事诉讼、行政诉讼及执行监督职能，维护司法公正和法律权威；加强公益诉讼检察力度，维护国家利益和社会公共利益。同时，坚持以人民为中心的执法司法理念，落实司法救助制度、认罪认罚从宽制度、少捕慎诉慎押刑事司法制度，持续做好优化刑事“案－件比”、保护未成年人成长、促进民营经济健康发展、保障人民群众舌尖上、头顶上、脚底下的安全、控制城市噪音污染、妥善处理涉法涉诉信访案件等人民群众最关心最直接最现实的问题。努力破解不会监督、不愿监督、不敢监督等难题，全方位提升法律监督质效，传导司法温度，传递检察温情，让人民群众在每一起司法案件中感受到公平正义。

各位代表、各位委员，征途漫漫，惟有奋斗。新的时代赋予检察机关新的使命，新的征程激励检察机关砥砺前行。扎囊检察将更加紧密地团结在以习近平同志为核心的党中央周围，认真学习贯彻本次大会精神，在县委的坚强领导下，在人大及社会各界的有力监督下，在县政府及有关单位的关心支持下，牢记初心使命，忠诚担当履职，为扎囊长治久安和高质量发展作出新的更大贡献，以优异成绩迎接党的二十大胜利召开！

附件1

《扎囊县人民检察院工作报告》有关用语说明

1.“四大检察”：2019年初召开的全国检察长会议上，最高人民检察院张军检察长对“四大检察”全面协调充分发展提出了明确要求：做优刑事检察工作，突出专业化。通过完善办案机制，把捕诉一体在办案质量和效率方面的优势发挥出来。做强民事检察工作，在“深”字上做文章。进一步拓宽思路、积极作为，将民事检察工作做得更实更富成效。做实行政检察工作，要做到精准、抓好典型性、引领性案件的监督，做一件成一件、成一件影响一件，争取双赢多赢共赢效果。做好公益诉讼检察工作，加大工作力度。要把握规律、发现问题，与法院和有关行政执法部门进一步加强衔接。

2.“十大业务”：普通刑事犯罪检察业务、重大刑事犯罪检察业务、职务犯罪检察业务、经济金融犯罪检察业务、刑事执行和司法人员职务犯罪检察业务、民事检察业务、行政检察业务、公益诉讼检察业务、未成年人检察业务、控告申诉检察业务。

3.“认罪认罚从宽制度”：认罪认罚从宽是指犯罪嫌疑人、被告人自愿如实供述自己的罪行，对于指控犯罪事实没有异议，同意检察机关的量刑意见并签署具结书的案件，可以依法从宽处理。2019年10月24日，最高人民检察院联合最高人民法院、公安部、国家安全部、司法部召开新闻发布会，共同发布《关于适用认罪认罚从宽制度的指导意见》，对认罪认罚从宽制度的基本原则、当事人权益保障等作出了具体规定。

4.“少捕慎诉慎押”：少捕慎诉慎押是指对绝大多数的轻罪案件体现当宽则宽，慎重羁押、追诉，加强对逮捕社会危险性的审查，依法能不捕的不捕，尽可能适用非羁押强制措施，尽可能减少犯罪嫌疑人羁押候审；依法行使起诉裁量权，对符合法定条件的充分适用相对不起诉，发挥对羁押必要性的审查，及时变更、撤销不必要的羁押；对危害国家安全、严重暴力、涉黑涉恶等重罪案件以及犯罪情节虽较轻，但情节恶劣、拒不认罪的案件体现当严则严，该捕即捕，依法追诉，从重打击。

附件2

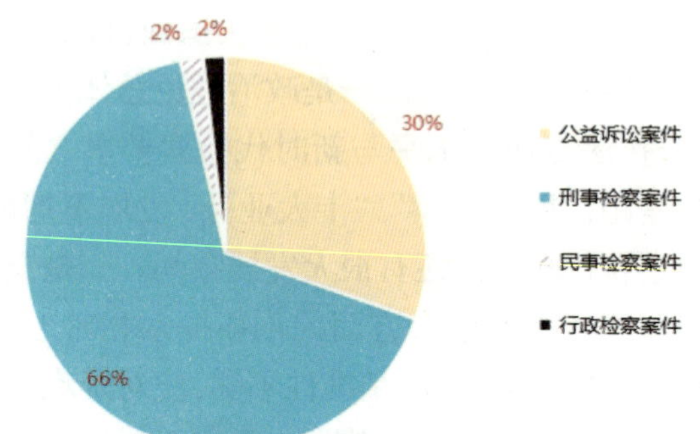

图1 四大检察案件数量统计图

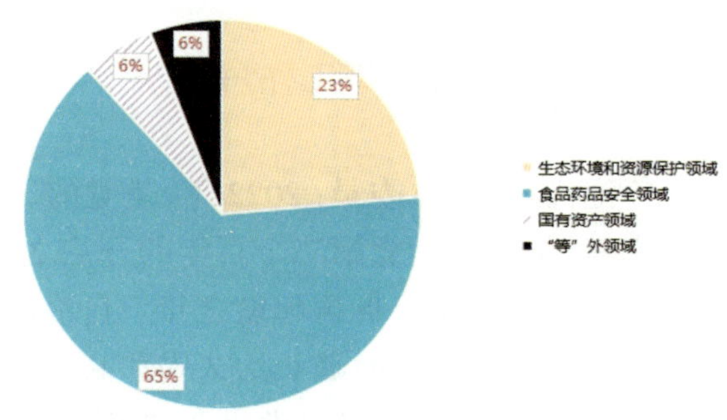

图2 公益诉讼案件数量统计图

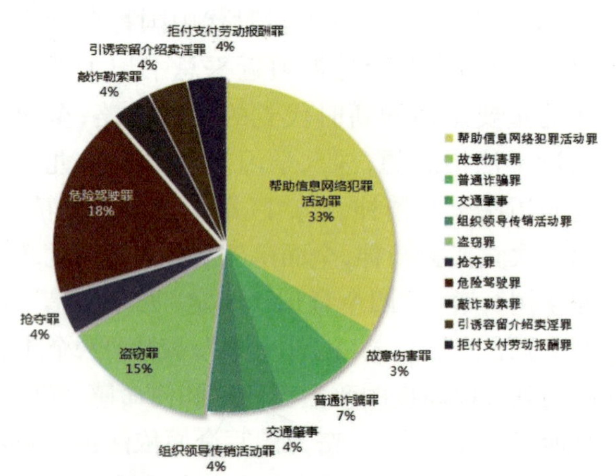

图3 刑事检察案件数量统计图

扎囊县 2021 年国民经济和社会发展计划执行情况及 2022 年国民经济和社会发展计划(草案)的报告

——在扎囊县第十四届人民代表大会第二次会议

扎囊县发展和改革委员会主任 阿旺曲达

各位代表、各位委员:

受县人民政府的委托,我向大会书面报告扎囊县 2021 年国民经济和社会发展计划执行情况及 2022 年国民经济和社会发展计划(草案),请予审议,并请各位代表、委员和列席会议的同志提出意见。

一、2021 年国民经济和社会发展计划执行情况

2021 年以来,坚持以习近平新时代中国特色社会主义思想为指导,全面贯彻落实党的十九大和十九届历次全会精神,全面贯彻习近平总书记关于西藏工作重要论述、视察西藏时的重要讲话精神和新时代党的治藏方略,贯彻落实中央第七次西藏工作座谈会、中央民族工作会议精神,在自治区党委、政府,市委、市政府的坚强领导下,在县委、县政府的有力指导下,聚焦"四件大事",统筹疫情防控和经济发展,扎实做好"六稳"工作,全面落实"六保"任务,努力做到"四个走在前列",与全国一道全面建成小康社会,全年主要目标任务顺利完成,经济继续保持稳中有进、稳中向好的良好趋势。

(一)经济运行健康有序。全年,预计地区生产总值达到 19.5 亿元,同比增长 8.2%。三次产业产值分别为:一产 9500 万元、同比增长 4%;二产 12 亿元、同比增长 10%(其中:工业预计完成 5000 万元,同比增长 10%)、三产 6.6 亿元,同比增长 10%。全县预计完成固定资产投资 18 亿元,同比增长 40.2%(招商引资投资 0.9 亿元,同比减少 64%);全县累计实现社会消费品零售总额 2.44 亿元,同比增长 8%;全县实现地方财政收入累计完成 5721 万元,同比增长 30.2%。全县税收累计完成 8994 万元,同比增长 95%。农村人均可支配收入 16925 元,同比增长 15.55%。粮食产量 2.7 万吨,同比增长 9.1%。

(二)项目工作推进有力。一是严格按照项目管理要求,统筹规划、布局合理、功能完善、特色突出,同时本着"促发展、惠民生"的方针,使一批重点建设项目有序稳步推进。全年开工建设项目 63 个,总投资 107.84 亿元,预计完成投资 18 亿元。其中,国家投资项目 60 个,预计完成投资 17.1 亿元,同比增长 66%;民间投资项目 3 个,预计完成 0.9 亿元,同比减少 64%,占全年计划的 49.2%。二是在各行业部门的积极作为,通力协作下拉林铁路(扎囊段)、市政配套设施主体工程、S5 拉萨至泽当快速通道、卓玉水库等重点项目及时复工建设,矮化苹果、"两江四河"流域绿化工程、高标准农田、久麦搬迁点等重大项目进展顺利。三是紧盯区、市"十四五"规划项目调整完善的窗口期,积极主动与区发改委汇报衔接,推动更多项目纳入自治区规划盘子。全县"十四五"储备规划项目 321 项,总投资 140.73

亿元。其中初步列入自治区项目盘子49个，总投资8.35亿元；市项目盘子134个，总投资23.68亿元。

（三）产业效益逐步显现。一是旅游经济迅速升温。通过控制流量、加强防护等方式，切实做到了科学防控疫情、加速旅游经济恢复“两不误”。着力推进雅江风光带、桑耶寺、扎央宗、敏珠林寺、青朴等旅游景区环境不断优化。全年接待游客45.63万人次，创收5216.4万元，比去年增加11.23万人次，同比增长33%；增收2100万元，同比增长67.7%。二是规下工业效益提升。全面彻落关于做好疫情防控、降低企业经营成本等政策措施，招商引资项目预计完成投资9000万元；全县8家规下工业企业复产，复产率达89%，实现营业收入8196.43万元；全社会用电量达到3320.6万千瓦时，同比增长31%。

（四）乡村振兴大力实施。2021年以来，全县工作重心已从搬迁点建设全面转向搬迁群众后续扶持，扭住精准识别、有效帮扶、风险消除“三个关键”，建立健全风险预警，分析研判，协调处置“三项机制”，实现动态清零。实施乡村振兴项目3个，其中：乡村振兴示范村1个，乡村振兴项目2个，总投资7481.69万元，脱贫群众人均可支配收入达12509.44元，同期增长14.48%。

（五）民生福祉全面增进。一是就业形势更加稳定。积极落实就业和再就业政策，坚持稳定就业和扩大就业并重，就业再就业工作稳步推进。全面落实大学生结对帮扶工作机制，应届高校毕业生实现就业462人，就业率达到100%。开展农牧民技能培训1017人，实现农牧民转移就业12061人，创收8975.6万元，城镇失业登记率严格控制在3%以内。针对400万元以下的项目，交付当地农民施工队实施，带动农牧民群众就近就便增收。让农牧民群众切实享受到发展带来的红利。二是教育事业稳步推进。全年用于改善各学校基础设施建设项目26个，总投资1.42亿元。全年资助大学生1355人次，兑现资金1005.5万元；资助建档立卡大学生274人次，发放资金187.1万元；中、小学升学率达到100%。中考总成绩、小考体检录取人数居全市十二县（区）第一。三是卫健事业健康发展。县乡村一体化紧密型医疗服务体系顺利推进，进一步完善和优化县域基本医疗和公共卫生服务体系，提高县域医疗卫生资源配置和使用效率，加快提升基层医疗卫生服务能力，推动落实分级医疗，建成了目标明确、权责清晰、分工协作的新型县域医疗卫生服务体系，逐步形成服务、责任、利益、管理的共同体。四是社会保障全面推进。积极完成社会保险扩面任务，基本养老保险、城镇职工基本医疗保险、城镇居民基本医疗保险、失业保险、工伤保险、生育保险等参保率达95.6%，各类社会保险参保人数3.4万人次，兑现各类医疗保障资金1011.56万元。

（六）改革开放纵深推进。始终坚持深化“放管服”改革，推进“一网、一门、一次”改革，县政府服务事项网上可办结率达100%。政务服务大厅共接待到访9300人次左右，受理事项8824件，办结8824件，办结率为100%，其中：婚姻登记430件、食品经营类1195件、身份证及户籍业务类2472件、不动产权登记20件、医保类4187件、保险类254件。坚持“政府主导、企业实施、无偿划转、政策支持、试点先行、稳妥推进”原则，统筹推进清产核资、权证办理、职工安置、人员用工、资产无偿划转、社保统筹、国有产权登记等各项工作。

（七）底线红线坚守有力。全县环境质量持续保持良好。地表水：扎囊县地表水两个点位24项检测指标均达到《地表水环境质量标准》（GB 3838—2002）Ⅲ类标准；空气：扎囊县环境空气4项检测指标达到《环境空气质量标准》（GB 3095—2012）二级限值要求；县城集中式生活饮用水水源地：扎囊县4处集中式生活饮用水水源地水质39项检测指标均达到《地下水质量标准》（GB/T 14848—2017）Ⅲ类标准。坚持“绿水青山就是金山银山”的理念，启动实施各类造林绿化工程2.16万亩。其中，开展义务植树活动，植树造林面积达3810亩；持续推进“两江四河”造林绿化、重点区域公益林、先造后补造林等7个造林绿化工程，造林面积达10343.8亩，预计完成投资4876.95万元；完成乡村“四旁”植树15.05万株，预计完成投资752.75万元。

（八）援藏工作扎实推进。援藏工作队始终把改善民生作为援藏工作的出发点和落脚点，全力推进援藏项目落地落实。全年实施计划内援藏项目8个，总投资3200万元。教育、医疗人才“组团式”技术援藏人员23名，同时积极协调推动建设援藏“十四五”项目库，储备计划内项目14个，投资1.3亿元。

（九）疫情防控有力有效。按照落实外防输入，内防反弹总要求，坚持常态化防控和应急防控相结合，全年组织医务人员开展疫情诊疗、防护服穿脱流程、流行病学调查等培训20余次，培训人次共计500余人。核酸检测室率先建成并投入使用，日检测能力达3000人次，累计开展核酸检测6251人次，全年累计接种疫苗61786剂次。

一年来，在县委、县政府的坚强领导下，全县经济社会发展取得了很大的进步，在看到成绩的同时，也要清醒认识到我县经济社会发展中还存在的矛盾和问题：经济下行的压力仍然较大，主要指标增速总体趋缓；实体经济面临困难较多，企业成本增加，生产经营困难，生存压力较大；部分投资者投资信心不足，存在观望等待心理，签约项目实际开工率不高；生态资源环境约束加大，污染防治和绿色发展任务艰巨。

二、2022年国民经济和社会发展主要预期目标

2022年是实施“十四五”规划的关键之年，也是站在新的战略起点上、全面适应经济社会发展新常态的关键之年。综合各方面因素，我县2022年国民经济和社会发展主要预期目标是：地区生产总值增长8%以上；全社会固定资产投资增长12.5%以上；社会消费品零售总额增长8%以上；农村居民人均可支配收入增长13%。围绕预期目标，重点做好以下几方面的工作：

（一）夯基础，壮大县域经济

保证一、二、三产健康发展。在高度重视“三农”工作的同时，积极开展农业发展调研工作，加强对农业基础设施建设的投入力度，确保农业平稳健康发展。立足区位优势和资源优势，加快发展优势特色工业及基础设施建设，改善投资环境，优化招商服务。加强优势企业政策扶持力度，强化项目资金引导作用。以桑耶寺、敏珠林寺、扎央宗、沙漠公园、西普农业等景区为载体，加强全县旅游景区、景点的规划和推广策划工作，加快旅游配套设施建设，提升旅游服务接待工作的能力，着力打造和重点推介藏源特色旅游产业，以及与旅游相关的配套服务产业。进一步深化招商引资工作。注重政策导向，紧盯国家产业政策和投资导向，加强与企业的对接力度，对重大项目实行“一事一议”、特事特办，完善招商引资考核制度，同时提升专业招商队伍在产业研究、政策掌握、信息分析等方面的能力和水平，积极开展委托招商、代理招商、网络招商等招商方式。

（二）增后劲，强化发展支撑

聚力项目建设。围绕“十四五”规划、乡村振兴战略，拉萨山南一体化建设等重大工作，积极谋划储备一批重大项目，争取取得上级更多的支持，做好前期工作，完善各类手续，确保项目全速推进，促使项目尽早获得许可，加快投产达效，狠抓项目开工率、竣工率和投产率，带动固定资产投资稳步增长；同时紧紧抓住中央对西藏工作的优惠政策和有利时机，结合我县实际，加大跑项争资力度，为我县经济社会发展积蓄后劲。抓好营商环境。继续深化“放管服”改革，完善政府权力清单、责任清单、涉企收费清单，实现清单之外无收费。认真落实结构性减税和普遍性降费政策，兑现县级支持企业发展奖励措施，有效降低企业制度性交易成本。绘制“十四五”蓝图，着眼习近平总书记强调的“十四五”时期的发展政策，要坚持发展为了人民、发展成果由人民共享，“十四五”时期，聚焦发展不平衡不充分问题，以要素和设施建设为支撑，要在巩固脱贫成果方面下更大功夫、想更多办法，将“十四五”规划同乡村振兴有序衔接，尤其是同日常生活息息相关的交通设施、就医就学、养老社保等方面全覆盖贯彻。围绕我县实现高质量发展的短板弱项，积极跟踪对接“三个重大”（重大政策、重大改革、重大项目）。持续做好拉林铁路复线修建各项工作，同时聚焦我县部分村居不通油路的问题，精心谋划好一批重要农村公路项目，建设更多的团结线、幸福路。

（三）抓治理，扮靓城乡容颜

抓好文明创建。结合创建文明城市、“3355”工

作法、禁塑方案等，持续改善人居环境，继续实施厕所革命、供水管网改造，严厉打击各类环境违法行为，加快推进县城整体功能提升项目的实施。持续深化移风易俗，大力弘扬社会主义核心价值观，积极宣传道德模范、好人事迹，常态化开展新时代文明实践志愿服务活动。致力于乡村振兴。推进高标准农田和农田水利“最后一公里”项目建设，实现优质青稞种植面积达到预期目标。大力培育新型农业经营主体，大力发展合作社和家庭农场。推进农村人居环境整治三年行动，实施农村厕所、垃圾、污水“三大革命”，实现农村生活垃圾无害化处理，完成农村改厕任务。加快推进美丽乡村建设，力争完成全部村居的规划编制。完善城镇规划，坚持城乡统筹发展理念，以科学规划为引领，以发展城镇经济和增强城镇承载力为支撑，加快城镇化发展进程。按照“十四五”规划和2022年建设计划，加快城镇道路、水利、通信、环保等市政建设，完善城镇功能，增强城镇综合承载能力。

（四）促改革，释放发展活力

支持创新驱动。突出民族手工业园区建设，深化产学研合作，建立一批研发中心、工程技术中心、企业技术中心，引进创新型试点企业、高新技术企业，推动规下企业高速度增长。推进创新与产业深度融合，引导企业采用现代信息技术提高数字化、网络化、智能化水平。推动改革深化。推动各项管理改革纵深推进，深化农村土地制度改革，推进农村集体产权工作，贯彻落实农村土地承包关系稳定并长久不变的政策，推进承包地确权登记成果应用。完善医院运行机制，有效保障群众看病就医，促进医疗资源合理利用，建立科学有序的就医秩序，缓解看病就医存在的矛盾。

（五）惠民生，共享发展红利

巩固脱贫攻坚。持续巩固提升“两不愁三保障”，加快推进产业就业扶贫、基础设施建设、易地扶贫搬迁后续帮扶、基本公共服务等重点工程加强就业和社会保障工作。大力实施积极就业政策，通过项目带动就业。提高公共服务水平。加快公共服务标准化均等化进程。深化教育综合改革，全力促进教育高质量发展迈上新台阶、师德师风呈现新气象、教育现代化实现高标准。积极引进优质医疗资源，加大全科医生、乡村医生培养力度，提高医疗服务水平，进一步提升居民的健康素养和水平。深入实施文化惠民工程，广泛开展群众性文艺活动，着力打造特色文化品牌。优化社会治理。深入推进依法治县，进一步规范行政执法，强化司法公正，推动全民守法。深化网格化服务管理工作。创新多元化纠纷解决机制，搭建司法调解、人民调解、行政调解一体化的平台。打好防范化解重大风险攻坚战，加强应急管理队伍建设，健全完善维稳工作新机制，全面管控各类风险，确保社会大局持续稳定。培育文化产业。充分发挥我县“中国民间文化艺术之乡”和“智慧扎囊”历史文化美誉。深入挖掘和保护非物质文化遗产，培育新兴文化产业。挽救濒临失传的非物质文化遗产，加以引导和扶持。积极探索市场路子，拓宽销售渠道。

各位代表、委员，2022年，我们有信心在县委、县政府的领导下，在县人大的监督和支持下，不忘初心、牢记使命，扎实工作，与时俱进，开拓创新，扎实推进、强力落实“十四五”规划，为扎囊经济社会高质量发展做出贡献！

名词解释

1.“三项机制”：健全城乡融合发展机构、改革农村管理服务机制、创新乡村振兴投入机构。

2.“三个关键”：全面深化农村的改革、采取有效措施鼓励引导城市的资本、人才和技术下乡。

3.“四个走在前列”：自治区第十次党代会提出：努力做到民族团结进步走在全国前列、努力做到高原经济高质量发展走在全国前列、努力做到生态文明建设走在全面前列、努力做到固边兴边走在全国前列。

4.“六稳”“六保”：六稳指的是稳就业、稳金融、稳外贸、稳外资、稳投资、稳预期工作。“六保”分别是保居民就业、保基本民生、保市场主体、保粮食能源安全、保产业链供应链稳定、保基层运转。

5.“两江四河”：雅鲁藏布江、怒江和拉萨河、年楚河、雅砻河、狮泉河。

扎囊县 2017—2021 年国民经济和社会发展主要指标完成情况

扎囊县地区生产总值情况表

表 7　　单位：万元

指标名称	2017 年	2018 年	2019 年	2020 年	2021 年
地区生产总值	119432	135545	160578.8	180166.5	195158.9

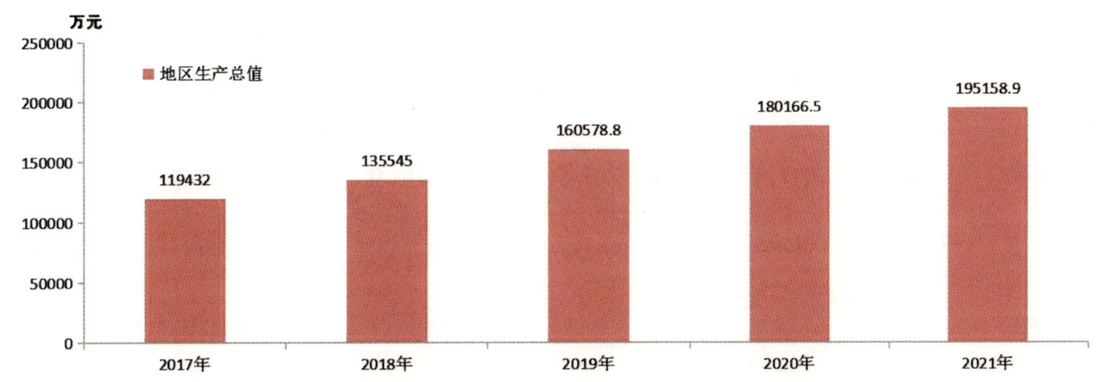

图 1　扎囊县地区生产总值图

扎囊县地区生产总值可比价增速情况表

表 8

指标名称	2017 年	2018 年	2019 年	2020 年	2021 年
地区生产总值增速（可比价增速）	9.00%	9.70%	8%	7.70%	7.30%

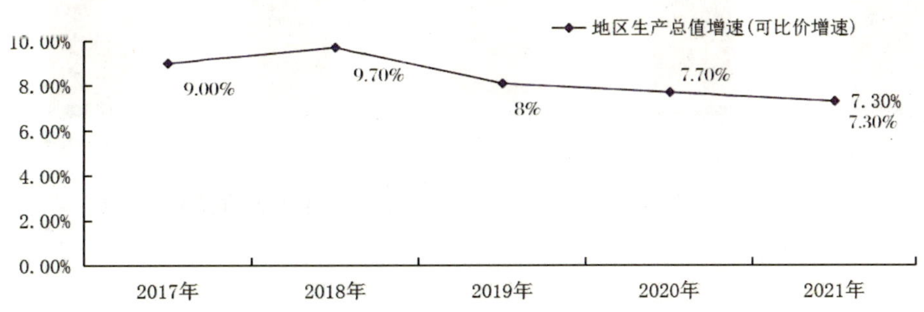

图 2　扎囊县地区生产总值同比增长速度图

扎囊县 2017—2020 年三次产业结构对比情况表

表 9 单位：万元

指标名称	2017 年	2018 年	2019 年	2020 年	2021 年
地区生产总值	119432	135545	160579	180166.5	195158.87
第一产业	6765	7503.7	8183.9	9156.3	10034.21
第二产业	80722	104241	95699.5	113144.6	110475.91
第三产业	31946	23800	56695.4	57865.6	74648.75

扎囊县 2017—2020 年三次产业占生产总值的比重情况表

表 10

指标名称	2017 年	2018 年	2019 年	2020 年	2021 年
第一产业	5.66%	5.67%	5.10%	5.08%	5.14%
第二产业	67.59%	77.34%	59.60%	62.80%	56.61%
第三产业	26.75%	16.99%	35.30%	32.10%	38.25%

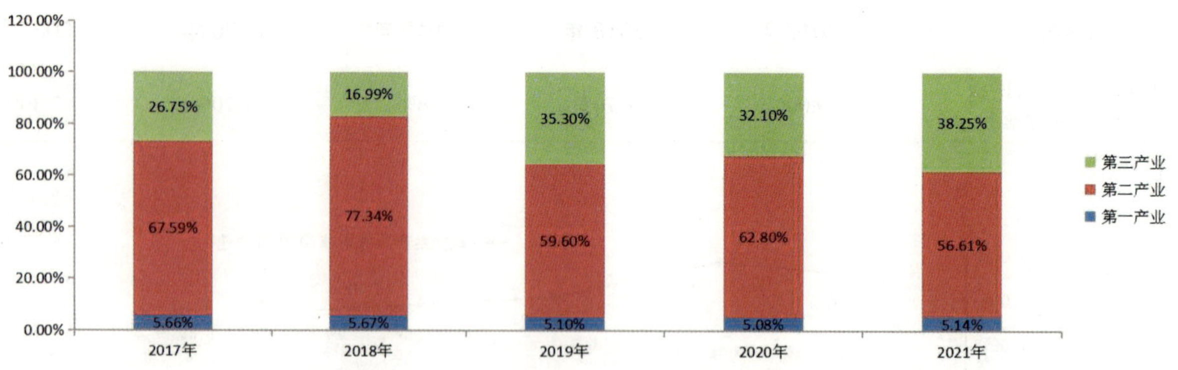

图 3 扎囊县 2016—2020 年三次产业占生产总值的比重图

国民经济和社会发展主要指标（扎囊县全社会固定资产投资额）情况表

表 11

指标名称	2017 年	2018 年	2019 年	2020 年	2021 年
全社会固定资产投资额	336474	251637	144101	128372	193541

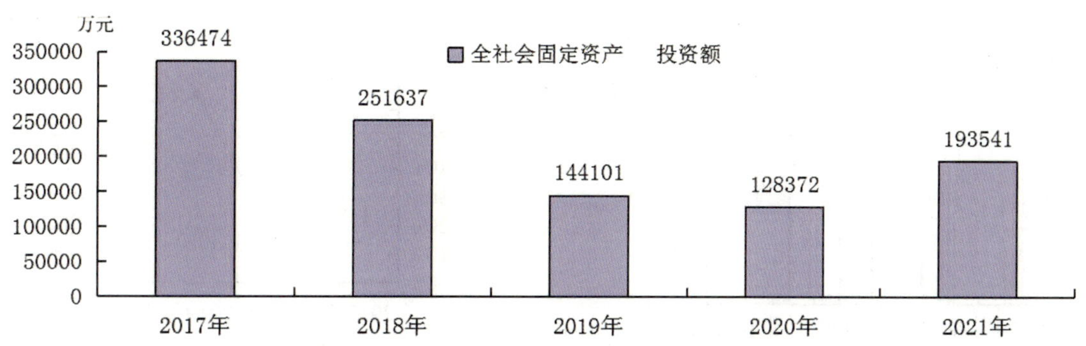

图 4　扎囊县全社会固定资产投资额趋势图

扎囊县全社会固定资产投资额（同比增长）情况表

表 12

指标名称	2017 年	2018 年	2019 年	2020 年	2021 年
全社会固定资产投资额（同比增长）	31.00%	–19.60%	–42.73%	–10.90%	50.80%

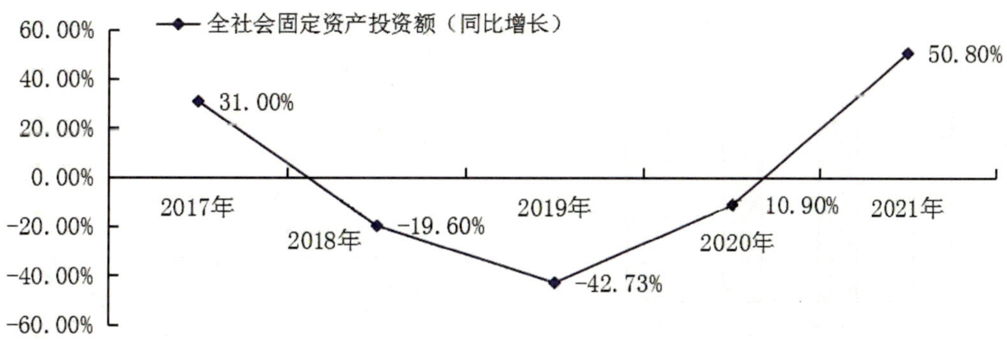

图 5　扎囊县全社会固定资产投资额（同比增长）趋势图

国民经济和社会发展主要指标（扎囊县社会消费品零售总额）情况表

表 13

指标名称	2017 年	2018 年	2019 年	2020 年	2021 年
社会消费品零售总额（万元）	8033	9190	15223	22639.6	23360
同比增长速度（%）	14	14.40	65.65	48.70	3.20

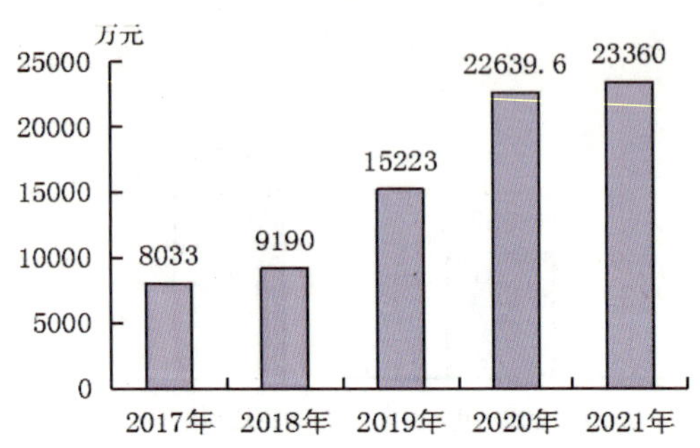

图6 扎囊县社会消费品零售总额趋势图

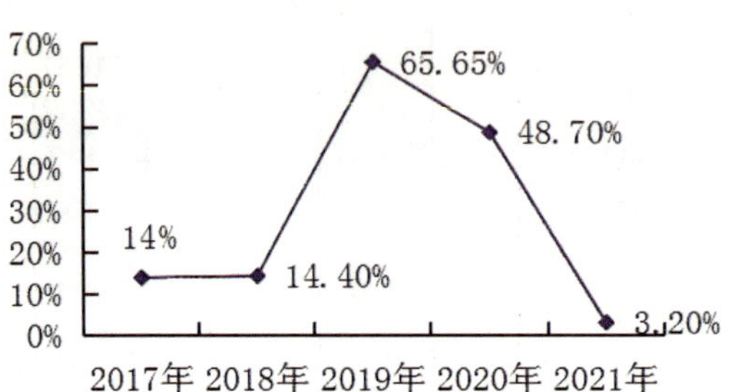

图7 扎囊县社会消费品零售总额同比增长速度趋势图

国民经济和社会发展主要指标（扎囊县财政收入）情况表

表 14

指标名称	2017 年	2018 年	2019 年	2020 年	2021 年
财政收入（万元）	4635	4752	4402	4394	5721
同比增长速度（%）	32	2.50	-7.37	-0.20	30.20

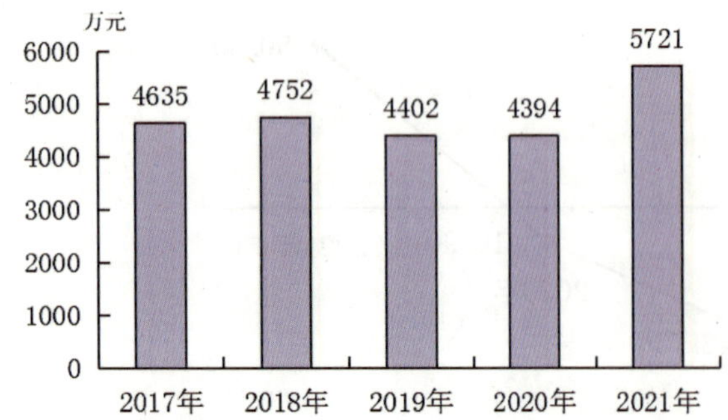

图8 扎囊县地方财政收入趋势图（万元）

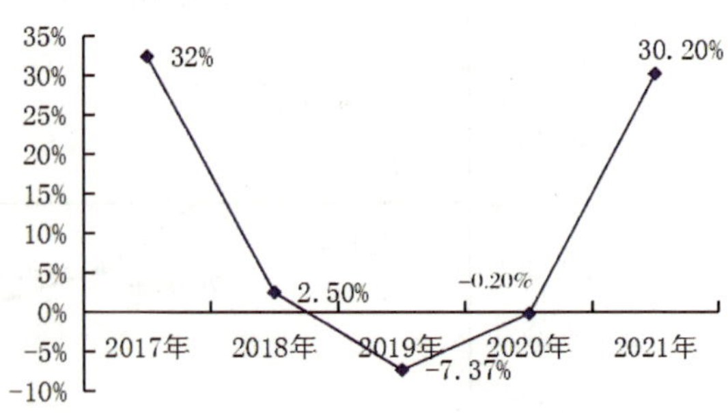

图9 扎囊县地方财政收入同比增长速度趋势图

国民经济和社会发展主要指标（扎囊县税收收入）情况表

表 15

指标名称	2017 年	2018 年	2019 年	2020 年	2021 年
税收收入（万元）	8305	7020	6950.31	4771.69	8994.05
同比增长速度（%）	195	–15.50	–0.99	–31.35	88.50

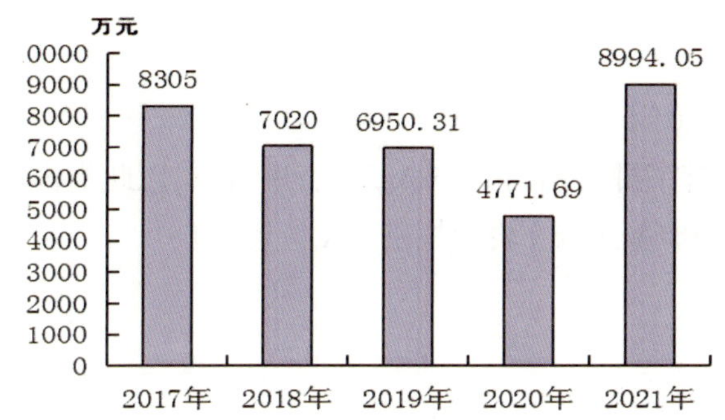

图 10 扎囊县地方税收收入趋势图

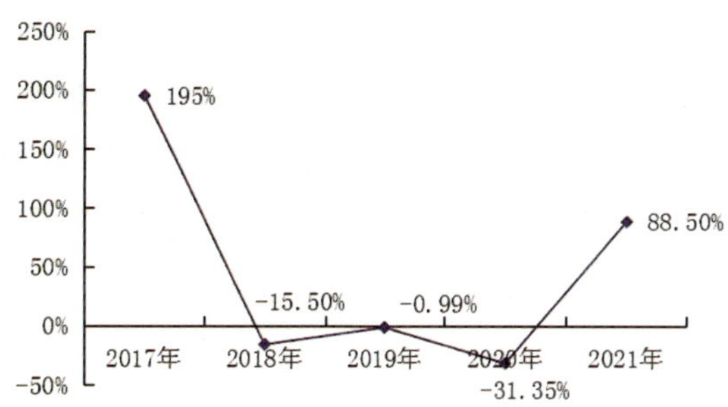

图 11 扎囊县地方税收收入同比增长速度趋势图

国民经济和社会发展主要指标〔扎囊县农村居民人均纯收入（可支配收入）〕情况表

表 16

指标名称	2017 年	2018 年	2019 年	2020 年	2021 年
农村居民人均纯收入（可支配收入）（元）	10385	11517	13026	14654	16896
同比增长速度（%）	13.7	10.9	13.1	12.5	15.3

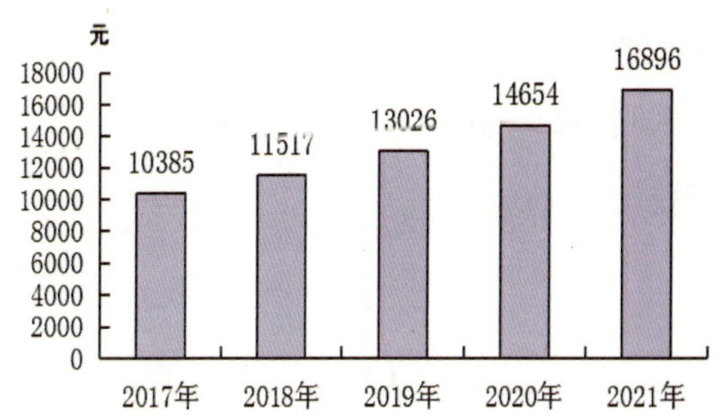

图 12 扎囊县农村居民人均纯收入（可支配收入）趋势图

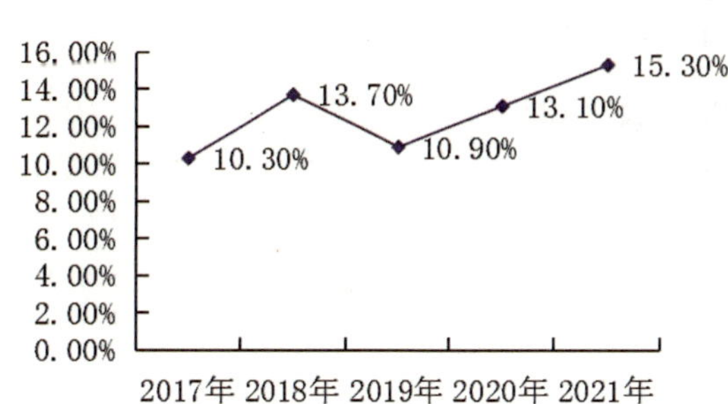

图 13 扎囊县农村居民人均纯收（可支配收入）同比增长速度趋势图

索 引

说 明

一、本索引采用主题分析法编制。索引范围包括篇目、类目、部(门)目、条目等。
二、本索引按主题词首字汉语拼音音序(同音按音调)排列,若首字拼音相同则按第二字音序排列,以此类推。
三、索引款目后的数字表示内容所在的页码,数字后的拉丁字母(a、b、c)表示栏别(从左至右)。
四、篇目、类目、部(门)目用黑体字。

A

B

C

D

E

F

G

H

J

K

P

Q

R

S

T

W

X

Y

U

Z